全国高校网络与新媒体专业规划教材

编委会

总 主 编 石长顺
副 主 编 郭 可　支庭荣
主编单位
　　　　　　华中科技大学
　　　　　　上海外国语大学
　　　　　　暨南大学
　　　　　　华南理工大学
　　　　　　武汉理工大学
　　　　　　河南工业大学
　　　　　　沈阳体育学院
　　　　　　广州大学
编委会成员（按英文字母顺序排序）
　　　　　　陈冠兰　陈沛芹　陈少华　单文盛　郭　可
　　　　　　韩　锋　何志武　黄少华　惠悲荷　季爱娟
　　　　　　李　芳　李　军　李文明　李秀芳　梁冬梅
　　　　　　鲁佑文　尚恒志　石长顺　唐东堰　王　艺
　　　　　　肖赞军　杨　娟　杨　溟　尹章池　于晓光
　　　　　　余　林　张合斌　张晋升　张　萍　郑传洋
　　　　　　郑勇华　支庭荣　周建青　邹　英

全国高校网络与新媒体专业规划教材

丛书主编 石长顺
丛书副主编 郭 可 支庭荣

文化产业概论

Introduction to Cultural Industry

尹章池 等编著

图书在版编目(CIP)数据

文化产业概论/尹章池等编著.—北京：北京大学出版社，2014.8
（全国高校网络与新媒体专业规划教材）
ISBN 978-7-301-24606-1

Ⅰ.①文…　Ⅱ.①尹…　Ⅲ.①文化产业－高等学校－教材　Ⅳ.①G114

中国版本图书馆 CIP 数据核字(2014)第 176795 号

书　　　名	文化产业概论
著作责任者	尹章池　等编著
策 划 编 辑	李淑方
丛 书 主 持	李淑方
责 任 编 辑	李淑方
标 准 书 号	ISBN 978-7-301-24606-1/G·3857
出 版 发 行	北京大学出版社
地　　　址	北京市海淀区成府路 205 号　100871
网　　　站	http://www.pup.cn　　新浪官方微博：@北京大学出版社
微信公众号	通识书苑（微信号：sartspku）　科学元典（微信号：kexueyuandian）
电 子 邮 箱	编辑部 jyzx@pup.cn　　　总编室 zpup@pup.cn
电　　　话	邮购部 62752015　发行部 62750672　编辑部 62767857　出版部 62754962
印 　刷 　者	河北滦县鑫华书刊印刷厂
经 　销 　者	新华书店
	787 毫米×1092 毫米　16 开本　18.5 印张　320 千字
	2014 年 8 月第 1 版　2024 年 9 月第 4 次印刷
定　　　价	38.00 元

未经许可，不得以任何方式复制或抄袭本书之部分或全部内容。
版权所有，侵权必究
举报电话：010-62752024　电子邮箱：fd@pup.cn

总　　序

教育部在2012年公布的本科专业目录中,首次在新闻传播学学科中列入特设专业"网络与新媒体",这是自1998年以来为适应社会发展需要,该学科新增的两个专业之一(另一个为数字出版专业)。实际上,早在1998年,华中科技大学就面对互联网新媒体的迅速崛起和新闻传播业界对网络新媒体人才的急迫需求,率先在全国开办了网络新闻专业(方向)。当时,该校新闻与信息传播学院在新闻学本科专业中采取"2+2"方式,开办了一个网络新闻专业(方向)班,面向华中科技大学理工科招考二年级学生,然后在新闻与信息传播学院继续学习两年专业课程。首届毕业学生受到了业界的青睐。

在教育部新颁布《普通高等学校本科专业目录(2012)》之后,全国首次有28所高校申办了网络与新媒体专业并获得教育部批准,继而开始正式招生。招生学校涵盖"985"高校、"211"高校和省属高校、独立学院四个层次。这28所高校的网络与新媒体专业,不包括同期批准的45个相关专业——数字媒体艺术和此前全国高校业已存在的31个基本偏向网络新闻方向的传播学专业。2014年、2015年、2016年、2017年又先后批准了20、29、47和36所高校网络与新媒体专业招生,加上2011年和2012年批准的9所高校新媒体与信息网络专业招生,到2018年全国已有169所高校开设了网络与新媒体专业。

媒体已成为当代人们生活的一部分,并逐渐走向21世纪的商业和文化中心。数字化媒体不但改变了世界,改变了人们的通信手段和习惯,也改变了媒介传播生态,推动着基于网络与新媒体的新闻传播学教育改革与发展,成为当代社会与高等教育研究的重要领域。尼葛洛庞帝于《数字化生存》一书中提出的"数字化将决定我们的生存"的著名预言(1995年),在网络与新媒体的快速发展中得到应验。

据中国互联网络信息中心(CNNIC)2019年8月发布的第44次《中国互联网络发展状况统计报告》显示,截至2019年6月,我国网民规模已达8.54亿,较2018年年底增长2598万,互联网普及率达61.2%,较2018年年底提升1.6个百分点。互联网用户规模的迅速发展,标志着网络与新媒体技术正处在一个不断变化的流动状态,且其低门槛的进入使人与人之间的交往变得更为便捷,世界已从"地球村"走向了"小木屋",时空概念的消解正在打破国家与跨地域之间的界限。加上我国手机网民数量持续增长,手机网民规模已达8.47亿,较2018年年底增长2984万,网民使用手机上网的比例达99.1%,较

2018年年底提升0.5个百分点。这是否更加证明移动互联网时代已经到来,"人人都是记者"已成为现实?

网络与新媒体的发展重新定义了新媒体形态。新媒体作为一个相对的概念,已从早期的广播与电视转向互联网。随着数字技术的发展,新媒体更新的速度与形态的变化时间越来越短(见图1)。当代新媒体的内涵与外延已从单一的互联网发展到网络广播电视、手机电视、微博、微信、互联网电视等。在网络环境下,一种新的媒体格局正在出现。

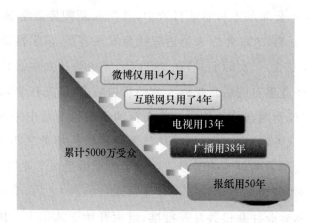

图1　各类媒体形成"规模"的标志时间

基于网络与新媒体的全媒体转型也正在迅速推行,并在四个方面改变着新闻业,即改变着新闻内容、改变着记者的工作方式、改变着新闻编辑室和新闻业的结构、改变着新闻机构与公众和政府之间的关系。相应地也改变着新闻和大众传播教育,包括新闻和大众传播教育的结构、教育者的工作方式和新闻传播学专业讲授的内容。

为使新设的"网络与新媒体"专业从一开始就走向规范化、科学化的发展建设之路,加强和完善课程体系建设,探索新专业人才培养模式,促进学界之间的教学交流,共同推进网络与新媒体专业教育,由华中科技大学广播电视与新媒体研究院及华中科技大学武昌分校(现更名为"武昌首义学院")主办,北京大学出版社承办的"全国高校网络与新媒体专业学科建设"研讨会,于2013年5月25—26日在武汉举行。参加会议的70多名高校代表就网络与新媒体专业培养模式、网络与新媒体专业主干课程体系等议题展开了研讨,通过全国高校之间的学习对话,在网络与新媒体专业主干课和专业选修课的设置方面初步达成一致意见,形成了网络与新媒体专业新建课程体系。

网络与新媒体主干课程共14门:网络与新媒体(传播)概论、网络与新媒体发展史、网络与新媒体研究方法、网络与新媒体技术、网页设计与制作、网络与新媒体编辑、全媒体新闻采写、视听新媒体节目制作教程、融合新闻学、网络与新媒体运营与管理、网络与新媒体用户分析、网络与新媒体广告策划、网络法规与伦理、新媒体与社会等。

选修课程初定 8 门：西方网络与新媒体理论、网络与新媒体舆情监测、网络与新媒体经典案例、网络与新媒体文学、动画设计、数字出版、数据新闻挖掘与报道、网络媒介数据分析与应用等。

这些课程的设计是基于当时全国 28 所高校网络与新媒体专业申报目录、网络与新媒体专业的社会调查，以及长期相关教学研究的经验讨论而形成的，也算是首届会议的一大收获。新专业建设应教材先行，因此，在这次会议上应各高校的要求，组建了全国高校网络与新媒体专业"十二五"规划教材编写委员会①，全国参会的 26 所高校中有 50 多位学者申报参编教材。在北京大学出版社领导和李淑方编辑的大力支持下，经过个人申报、会议集体审议，初步确立了 30 余种教材编写计划。这套网络与新媒体专业"十二五"规划系列教材包括：

《网络与新媒体概论》《西方网络与新媒体理论》《新媒体研究方法》《融合新闻学》《网页设计与制作》《全媒体新闻采写》《网络与新媒体编辑》《网络与新媒体评论》《新媒体视听节目制作》《视听评论》《视听新媒体导论》《出镜记者案例分析》《网络与新媒体技术应用》《网络与新媒体经营》《网络与新媒体广告》《网络与新媒体用户分析》《网络法规与伦理》《新媒体与社会》《数字媒体导论》《数字出版导论》《网络与新媒体游戏导论》《网络媒体实务》《网络舆情监测与分析》《网络与新媒体经典案例评析》《网络媒介数据分析与应用》《网络播音主持》《网络与新媒体文学》《网络与新媒体营销传播》《网络与新媒体实验教学》《网络文化教程》《全媒体动画设计赏析》《突发新闻教程》《文化产业概论》等。

这套教材是我国高校新闻教育工作者探索"网络与新媒体"专业建设规范化的初步尝试，它将在网络与新媒体的高等教育中不断创新和实践，不断修订完善。希望广大师生、业界人士不吝赐教，以便这套教材更加符合网络与新媒体的发展规律和教学改革理念。

石长顺

2014 年 7 月

2019 年 9 月修改

（作者系华中科技大学广播电视与新媒体研究院院长、教授；

武昌首义学院副校长，兼任新闻与文法学院院长）

---

① 后更名为 21 世纪高校网络与新媒体专业系列教材。——编辑注

前　言

文化产业不仅是国家文化形态,而且越来越成为强大的经济实体,创造出了可观的经济效益,成为经济发展的引擎,并是一国综合国力的最直观、最具体的反映。文化产业是21世纪的朝阳产业,已成为许多国家和地区经济发展的支柱产业。

美国的电影产业和传媒产业、英国的音乐产业、日本的动漫产业、韩国的网络游戏产业等都成为国际文化产业的标志性品牌。文化产业同高科技产业,是迄今为止世界上最有前景的两个巨型产业。今天的世界文化市场可谓四分天下:美国占有市场总额约43%,欧洲34%,亚洲、南太平洋国家19%,其他国家占有剩余的份额。

经济全球化必然带来文化产品和服务的全球化。我国对外开放的进一步扩大,既为我们学习借鉴世界优秀文化成果,推动我国文化走向世界、提高文化软实力提供了有利条件,也使我国文化面临激烈的国际竞争。2011年10月,中共十七届六中全会决定,"加快发展文化产业,推动文化产业成为国民经济支柱性产业"。2012年11月,中共十八大提出了"扎实推进社会主义文化强国建设"的战略部署,标志着我国文化改革与发展迎来新的历史机遇。在"社会主义文化强国"的国家战略目标愿景下,文化产业作为我国文化改革发展的最主要战略支撑,将会在文化强国的实现道路上发挥越来越重要的作用。

"文化强国"战略背景下,我国文化产业发展在当前和今后一段时期内将呈现出一系列新的政策趋势。国际国内文化产业的发展态势助推文化产业立法进程,总揽全局的文化产业基本法有望出台。韩国、日本两国文化产业发展的经验表明,立法对于后发型文化产业国家实现产业赶超战略具有重要的作用。韩国1998年确立了"文化立国"战略,并在1999年颁布《文化产业振兴基本法》,并以"基本法"为"元本"出台了《网络数字内容产业发展法》《关于游戏产业振兴的法律》《关于音乐产业振兴的法律》《关于电影和录像产业振兴的法律》等行业法。日本于2004年制定了文化产业(内容产业)的基本法——《关于促进内容的创造、保护及应用的法律》(简称"文化产业促进法"),作为促进影像产业、音乐产业、游戏产业和出版产业四大内容产业发展的基本法律依据。在"文化强国"目标引导下,在当前文化产业上升为国家战略的背景下,法律的缺失必然会制约我国文化产业的发展速度和参与国际文化产业竞争的广度和深度。因此,加快文化产业基本法的出台就显得尤为迫切。值得肯定的是,文化产业在行业政策法规、文化市场规范、文化市场主体培育、文化产业准入政策、财政金融政策等方面政策实践的不断深入,为建立统一、归整、完善的文化产业基本法奠定了良好的基础。

以投融资、财政税收为主的文化经济政策将成为政策建构的重点内容。作为经济领域的一个产业门类,我国文化产业政策内容的重点必然会从初始阶段的产业"正名"政策、市场培育政策向发展阶段的以财政税收为主的文化经济政策转变。

发展文化产业是社会主义市场经济条件下满足人民多样化精神文化需求的重要途径。必须坚持社会主义先进文化的前进方向,坚持把社会效益放在首位、社会效益和经济效益相统一,按照全面协调可持续的要求,推动文化产业跨越式发展,使之成为新的经济增长点、经济结构战略性调整的重要支点、转变经济发展方式的重要着力点,为推动科学发展提供重要支撑。

从目前的情况看,我国的文化体制还不能完全适应经济全球化的新形势,我国国有经营性文化单位参与文化市场竞争的能力还不强,我国深厚的文化底蕴和丰富的文化资源还没有转化为国际影响力和竞争力。如果不加快发展,形成我们自己的文化优势,就难以在激烈的国际文化竞争中站稳脚跟。

数字技术、网络技术的迅猛发展和广泛应用,深刻改变了人们获取知识、传递信息、鉴赏文化的渠道和方式,既极大增强了文化的创造力和传播力,为催生新兴文化业态和新的表现形式提供了广阔空间,也对占领新兴文化阵地、运用现代传播技术加快文化改革发展、维护国家信息安全和文化安全提出了新的要求。这就要求我们深化文化体制改革,建立与现代传播技术迅猛发展相适应的体制机制,促进文化与科技融合,加快构建以企业为主体、市场为导向、产学研相结合的文化技术创新体系,催生新的文化业态,用先进技术传播先进文化,不断增强我国文化整体实力和竞争力。

为了适应文化产业经营管理人才需求急速增长的局面,全国许多高校相继设立了文化产业方向的专业。2004年教育部批准山东大学、中国海洋大学、中国传媒大学、云南大学四所大学开办文化产业管理专业,至2013年开办此专业的高校已经达到115所。

目前,多数学者对于"文化产业概论"课程的教学目标达成共识,即培养学生具有一定文化底蕴和艺术修养、了解文化艺术市场与管理的一般规律、具备相应组织管理及营销策划等实际能力。"文化产业概论"属文化产业管理本科专业核心课程,也是艺术学、设计学、新闻学、传播学等专业的入门课程和学科基础课程。本课程的教学质量直接影响学生专业意识的培养与后续专业课程的学习。因此,提高本课程的教学质量对实现文化产业相关专业人才的培养目标具有重要意义。

为实现文化产业相关专业学生"通文化、善创意、懂经营"的创新型应用性人才培养目标,笔者认为,在本课程教学实践中,必须围绕"怎样培养好复合型人才"这一中心,改进教学内容与教学方法,着力提升学生的综合知识素养、开阔全球视野和提高分析问题、解决问题的能力。因此,笔者从"淡化知识传授,强化能力培养"的实践性教学思路出发,优化精简理论教学内容,增加了与其他教程不同的内容。通过多种视角吸引学生参与到教学过程中,全方面提高学生的创新能力与实践水平。

武汉理工大学尹章池教授负责规划本教材的体系与结构,拟定章节提纲,撰写各章节主要内容,确定编写体例,完成教材的初稿审核,并统稿和定稿。另有武汉理工大学华夏学院和江汉大学的教师和武汉理工大学的研究生参与了具体章节的撰写。具体分工如下:第一章,石闻悦、钟其英撰写;第二章,周颖、刘依撰写;第三章,廖玉洁、钟其英撰写;第四章,夏莉霞、田静撰写;第五章,王媛媛、蔡姗撰写;第六章,杨春娇、田静撰写;第七章,杨春娇、刘依撰写;第八章,廖玉洁撰写;第九章,石闻悦撰写;第十章,周颖撰写。

如上所述,本书融合了相关研究和教材的最新成果,在书中和书后尽量标注了参考资料出处,对所有脚注和参考文献的作者以及或有遗漏文献的作者表示敬意和感谢。

编著者

2013.12.19

目 录

第一章 文化产业概述 (1)

第一节 文化与文化产业 (1)
一、文化 (1)
二、文化产业 (4)

第二节 文化产业与文化事业 (12)
一、文化产业 (12)
二、文化事业 (13)
三、文化产业与文化事业的关系 (13)
四、文化产业体制改革 (15)

第三节 文化产业理论 (19)
一、法兰克福学派 (20)
二、英国文化学派 (21)
三、美国文化产业理论 (23)
四、西方文化产业的应用理论 (27)
五、中国文化产业理论研究 (28)

第四节 文化产业与国家文化软实力 (29)
一、文化软实力 (29)
二、我国文化软实力面临的挑战 (31)
三、发展文化产业,提升我国文化软实力 (32)

第二章 文化产业的现状与政策 (39)

第一节 世界文化产业的发展现状 (39)
一、美国的文化产业 (39)
二、欧洲的文化产业 (42)
三、亚洲的文化产业 (45)

第二节 中国文化产业的发展现状 (47)
一、新中国成立后至改革开放前文化产业的发展 (47)
二、改革开放三十年来中国文化产业的主要成就 (47)
三、中国文化产业发展中存在的主要问题 (52)

第三节 国内外产业政策比较 (54)
一、发达国家文化产业政策 (54)

二、我国的文化产业政策 …………………………………………………………(56)
　　三、国外文化产业政策对我国文化产业发展的启示 ……………………………(57)

第三章　文化产业的资源分类与开发 …………………………………………………(60)
第一节　文化产业资源 ………………………………………………………………(60)
　　一、文化产业资源的含义及其特点 ………………………………………………(60)
　　二、文化产业资源的多重属性 ……………………………………………………(63)
　　三、文化产业资源的类型 …………………………………………………………(65)
第二节　文化产业分类 ………………………………………………………………(67)
　　一、文化产业的分类方式 …………………………………………………………(67)
第三节　文化产业资源的保护、开发和利用 ………………………………………(71)
　　一、文化产业资源的保护与开发 …………………………………………………(71)
　　二、我国文化产业资源的开发原则和战略重组 …………………………………(79)

第四章　文化产业的主体 ………………………………………………………………(85)
第一节　文化产业主体的构成 ………………………………………………………(85)
　　一、生产者 …………………………………………………………………………(85)
　　二、经营者 …………………………………………………………………………(87)
　　三、管理者 …………………………………………………………………………(96)
第二节　文化产业市场主体的培育 …………………………………………………(103)
　　一、我国文化产业市场主体建设存在的主要问题 ………………………………(103)
　　二、形成市场主体建设缺陷局面的原因 …………………………………………(105)
　　三、文化产业市场主体建设的方法与路径 ………………………………………(107)

第五章　文化产业模式 …………………………………………………………………(111)
第一节　文化产业模式内涵的界定及分类 …………………………………………(111)
第二节　美国文化产业模式 …………………………………………………………(111)
　　一、美国文化产业在世界上稳居榜首 ……………………………………………(111)
　　二、美国文化产业的特点 …………………………………………………………(112)
第三节　欧洲文化产业模式 …………………………………………………………(115)
　　一、英国文化产业模式 ……………………………………………………………(115)
　　二、法国文化产业模式 ……………………………………………………………(117)
　　三、德国文化产业模式 ……………………………………………………………(117)
第四节　日韩文化产业模式 …………………………………………………………(118)
　　一、日本模式 ………………………………………………………………………(118)
　　二、韩国模式 ………………………………………………………………………(124)
第五节　中国文化产业模式 …………………………………………………………(130)
　　一、中国文化产业发展之路 ………………………………………………………(130)
　　二、中国文化产业亲民之路 ………………………………………………………(132)
　　三、中国文化产业的科技之路 ……………………………………………………(132)
　　四、中国文化产业创意之路 ………………………………………………………(133)

第六章　文化市场与调研 (136)
第一节　文化市场 (136)
一、文化市场对文化产业的影响 (136)
二、树立现代文化市场观 (137)
第二节　文化市场的构成 (137)
一、文化产品 (138)
二、文化产品生产者 (139)
三、文化产品消费者 (140)
四、文化商业中介 (141)
第三节　文化市场的营销调研 (142)
一、文化市场的营销环境 (142)
二、文化产品消费者行为分析 (144)
三、文化市场调查和预测 (146)
四、文化市场营销的STP (149)

第七章　文化产业的经营管理 (157)
第一节　文化企业战略 (157)
一、企业战略及其内容构成 (157)
二、企业战略的制定与执行 (159)
三、文化企业战略模式 (160)
四、企业战略制定与实施应当注意的问题 (161)
第二节　文化产业的品牌塑造 (162)
一、品牌的概念 (163)
二、品牌塑造战略 (165)
三、品牌价值维护 (167)
第三节　文化产业的资本运营 (170)
一、资本市场和资本运营 (171)
二、文化产业资本运营的环境 (173)
三、文化产业资本运营的方式 (176)
第四节　文化产业的管理模式 (179)
一、文化产业的宏观管理 (179)
二、文化产业的微观管理 (183)

第八章　文化产业的法律和标准规范 (192)
第一节　文化产业法律体系 (192)
一、文化产业法律法规含义和作用 (192)
二、国外文化产业的法律法规 (193)
三、我国文化产业法律法规概述 (197)
第二节　文化产业标准体系 (212)
一、我国文化标准化工作概述 (212)

二、新闻出版标准 (213)
　　三、文化行业标准 (217)
　　四、广播影视标准 (218)
　　五、其他标准 (219)
第三节　文化产业行业自律 (222)
　　一、新闻出版行业自律 (222)
　　二、广播影视行业自律 (224)
　　三、文化艺术行业自律 (225)
　　四、广告行业自律 (227)

第九章　文化创意与内容产业 (230)

第一节　文化创意 (230)
　　一、文化创意 (230)
　　二、创意产业 (232)
第二节　内容产业 (245)
　　一、内容产业的含义与特点 (245)
　　二、内容产业与文化产业链 (247)

第十章　文化企业核心竞争力 (260)

第一节　核心竞争力简述 (260)
　　一、核心竞争力的含义 (260)
　　二、核心竞争力的特征 (261)
第二节　文化企业的核心竞争力 (263)
　　一、文化企业的核心竞争力的含义 (263)
　　二、文化企业核心竞争力的构成与培育 (265)
第三节　核心竞争力指标体系 (274)
　　一、公共出版服务绩效评价指标体系构建 (275)
　　二、文化创意产业集聚区竞争力评价指标体系构建 (278)
　　三、文化企业核心竞争力指标体系构建的意义 (281)

第一章 文化产业概述

学习目标

1. 通过对文化产业基本概念的学习,掌握文化产业的相关定义及内涵。
2. 通过学习文化产业与文化事业,理清两者之间的关系。
3. 了解文化产业理论的各大学派及相关理论学说。
4. 通过对文化软实力的学习,了解其重要性及提升方式。

第一节 文化与文化产业

文化产业已成为美国、日本等发达国家国民经济的支柱产业。当前,无论是发达国家还是发展中国家,都已把大力发展文化产业作为新的经济增长点,文化产业也因此被称为21世纪的"朝阳产业"。在改革开放和全球化背景下,中国政府也越来越重视文化产业的发展。

然而,文化产业的迅猛发展离不开文化产业理论的支持,国民整体文化素质和文化竞争力的提升也需要文化产业理论作为支撑。文化产业这一术语,最初出现在1947年霍克海默与阿多尔诺合著的《启蒙辩证法》一书中。研究文化产业理论,探讨和阐述文化产业的定义、特征、功能等问题,提高对文化产业的认识,探索文化产业的发展规律,对于解决和应对文化产业实践发展中出现的新情况、新问题,促进文化产业的健康发展无疑具有十分重要的现实意义。

一、文化

(一) 文化的定义

要了解文化产业,首先需了解文化的定义。"文化"是一个表示人类社会文明形态的概念,它最初是泛指人类区别于动物的一切活动及其成果。随着社会文明的演进,人们对它有着多种多样的解释。[①]

在我国,"文化"一词最早源于西汉刘向的《说苑·指武》:"圣人之治天下也,先文德而后武力。凡武之兴,为不服也;文化不改,然后加诛。"在古代,"文化"常与"武力""武功"等词相对应,与"教化""文治"等词相关,与当今人们对文化的理解有较大不同。在西方,"文化(英文 culture,德文 kulture)"一词最初指对土地的耕耘和对植物的栽培,是与"自然存在的东西"相对的"人造自然物"。后引申为对人的身体和精神两方面的培育及教化,具有修养、文雅、智力发展和文明等内涵。

随着人类社会的不断发展,人们对文化的定义已多达数百种。在不同的学科中,人们对文化

---

① 欧阳友权主编.文化产业通论[M].长沙:湖南人民出版社,2006:1.

的定义也不尽相同。在考古学中,文化指"同一历史时期的遗迹、遗物的综合体"。在哲学和人类学中,文化也指"民族生活方式的总和""思维、情感和信仰的方式""对反复出现的问题的标准化认识取向",等等。从众多对于文化的定义进行归纳整理,大致可以总结出文化的5种含义:

(1) 文化即知识。这是一种最常见、最狭义的文化含义。在日常生活中,时常把文化一词与知识一词通用、换用,有时甚至直接把有知识的人称为文化人。

(2) 文化是以知识为载体的思想、观念、精神、价值观等人文素养。有人讲"有知识不等于有文化",就是基于这一理解使用文化一词的。

(3) 文化是由风俗、习惯、观念和规范共同形成的社会群体的行为模式或生活方式。

(4) 文化是人类创造的所有物质财富和精神财富的总和。

(5) 文化是精神文明对人本身的影响和塑造过程,即精神力量对人的教化过程。

总体而言,"文化"有广义与狭义两种含义。广义的文化是指人类在社会历史实践过程中所创造的物质财富和精神财富的总和,既包括无形的语言、风俗、习惯、礼仪、信仰、宗教、道德等精神财富,也包括建筑、交通工具、遗迹等通过人类生活方式产生的有形物质文化资源和物质创造物。狭义的文化指精神文化与制度文化,是社会意识形态以及与之相适应的社会制度和组织结构,包括科学技术、哲学、艺术、文学等方面的内容,也包括在特定社会历史时期的政治制度、经济体制、法律体系、家族结构、等级制度等制度文化。在这一定义中,精神文化占主导地位。

尽管文化的定义错综复杂,但其本质含义却是共通的,主要包括精神内容和生活方式两方面。文化产业中的"文化",主要是狭义文化定义中的精神文化部分,同时也涉及广义文化中的由生活方式所产生的物质创造物部分。前者如出版、影视等文化产业类别,就是通过一定精神内容的生产、复制、传播来完成的文化行为,后者如人类文化遗产旅游、观光等,就是通过对人类以往生活方式的展示及相关服务,来满足特定的文化需要。

(二) 文化的分类

文化的分类方式多种多样,根据对文化的定义,可大致分为物质文化、精神文化及制度文化三类。

物质文化是指人类在生产生活中,运用自身的创造性劳动,作用于外部物质对象所产生的劳动成果。如建筑、手工制品、交通工具等物质产品,以及作为物质文化遗产的文化资源和人类的物质生活方式。

精神文化与物质文化相对应,即"以意识形态为主要的观念体系,是由政治思想、道德、艺术、宗教、哲学等意识形态所构成的领域"[①]。精神文化是物质文化的核心载体,是在物质文化基础上衍生出的独具特征的、人类共有的意识形态和文化观念集合,主要包括文化精神、文化道德价值观念、文化理想、行为准则等,是人类精神观、价值观、道德观形成、延续的主要途径和来源。

制度文化是人们在实践中逐渐建立起来的规范自身行为和调节相互关系的行为准则,如政治制度、经济体制、法律规范、等级制度等。

这三类文化中,物质文化属于有形文化,精神文化与制度文化属于无形文化,两者统称"非物质文化"。

此外,文化还可根据时间、地点、人物、性质等进行分类。

---

① 李秀林. 辩证唯物主义和历史唯物主义[M]. 北京:中国人民大学出版社,1995:407.

根据时间,文化可分为原始文化、文明文化(古代文化、中世纪文化、近代文化、现代文化)等。

根据区域,文化可分为地区文化、民族文化、国别文化、洲别文化、全球大方位文化、全球文化等。

根据人的年纪,可将文化分为少儿文化、青年文化、老年文化等。

根据性质,文化可分为高雅文化、通俗文化、低俗文化等。

(三) 文化的特点及作用

人是文化的主体,是文化的创造者、改造者、承担者、继承者。不同地域、不同民族、不同社会历史时期的人,创造了不同的文化,因此文化具有地域性、民族性、时代性、多样性等特点。

文化的地域性是指文化在某一特定地区所具有的,与当地风土人情密不可分的联系,带有地域性特征。因为每个地方的人生活环境不同,他们的语言、习俗和生活方式都不同。古时候,因为交通不发达,所以文化交流缺乏,每个地方的人们基本都保持本地方开始时的文化、习俗等,相互之间的影响都不多。长此以往,各个地方就有很多不同特点的文化。如我国的中原文化、齐鲁文化、荆楚文化、巴蜀文化等都是各具特色的地方文化。

文化的民族性是指文化能够反映民族精神、民族特性的价值观念、思维方式、国民品性、人格追求、伦理情趣等思想文化的本质特征,它是文化的民族风格、民族气派的表现。很显然,中国哲学不同于西方哲学。就西方哲学来说,古希腊哲学不同于德国古典哲学。文化的民族性是各种文化的个体性、独特性,它使世界上各民族的文化相互区别开来。世界上的人类文化,都是以民族文化的形式而存在,它们的存在和发展呈现出不同的形态。世界上各民族的文化之中又贯穿着一般的东西,即共同的、普遍的属性,也就是文化的世界性。文化的民族性与世界性是个性与共性的辩证的统一,文化的世界性不能脱离民族性而存在,世界性寓于民族性之中,没有民族性就没有世界性。民族性与世界性的界限具有相对性,它们在一定条件下相互转化。

文化的时代性是指社会群体文化的存在具有时代特征,代表着时代特色,有着深刻的时代背景。不同的历史时代因其特殊的物质生产方式,而使其文化具有特殊的性质,形成了文化的时代性。文化的时代性也就是文化的历史性。只有把握不同时代的物质生产方式,才能客观地认识其文化的时代性。任何文化都属于一定的时代,表现为各个民族文化的社会制约性和历史性,这表明的是这种文化产生的必然性和何以如此的原因。

文化的多样性是指各群体和社会借以表现其文化的多种不同形式。世界上多种多样的语言、深邃超世的宗教信仰、形形色色的礼仪禁忌、风格迥异的民居建筑、丰富多彩的风俗习惯、绚丽多姿的传统节日、异彩纷呈的文学艺术、鲜明独特的思想理论等各个方面体现出文化的多样性。文化多样性既是人类文化发展、繁荣的基础,也是人类的共同遗产。对人类来说,文化多样性像生物多样性一样重要。西方有些学者认为,文化多样性对人类社会的生存和繁荣至关重要。有的甚至认为,文化多样性可能是人类这一物种继续生存下去的关键。因此,保护文化多样性,保护各民族的文化,是当代世界的客观现实所要求的。

文化是一个国家、一个民族精神层面的结晶,集中体现了国家、民族的品质,具有强大的凝聚力、创造力和生命力,是团结人民、推动社会发展的精神支撑。

文化对现代社会的作用主要有五个方面:一是文化提高全体公民的整体素质。文化提倡正确的价值观,例如以德为中心,重视人的群体价值,倡导无私奉献,反对见利忘义和唯利是图。主张义重于利,注重协调人与人之间的相互关系,提倡对人尊敬,重视修生养德,有利于人的心态平衡,解决现代人的精神困惑,提高人的文化素质。二是文化有利于社会文明建设。文化有创建精神文明、促进社会进步的作用。三是文化促进开放。文化的传播,有力地推进了人际交流和国内国际的文化交流。四是文化提高人们生活质量,丰富文化生活。文化具有知识性、趣味性和康乐性,给人一种美的享受。五是文化是应付人生挑战的益友。在激烈的社会竞争、市场竞争下,紧张的工作、应酬、复杂的人际关系,以及各类依附在人们身上的压力不轻。参与文化活动,可以使身心得以放松,从容应对人生的挑战。

在我国新的历史时期,文化的作用将更加巨大,它既能为经济社会全面协调发展提供强大的精神动力,也是经济社会发展的重要内容。中华民族拥有五千年悠久灿烂的华夏文化,为人类文明的发展作出了巨大贡献,是中华民族生生不息、国脉传承的精神纽带,是中华民族面临各种复杂环境和严峻挑战仍屹立不倒,历经磨难依旧百折不挠的力量源泉。文化是民族的血脉,是人民的精神家园,在我国五千多年文明发展历程中,各族人民紧密团结、自强不息,共同创造出源远流长、博大精深的中华文化,为中华民族的发展壮大提供了强大精神力量,为人类文明进步作出了不可磨灭的重大贡献。

二、文化产业

(一) 文化产业的定义

文化产业是一个复合词,由"文化"和"产业"两个词组成。"文化"与"产业"原本是两个互不相干的领域,但现代经济与社会的发展却将两者结合在一起,形成了一个概念。

在西方,文化产业作为一个概念,有一个发展过程,可分为三个阶段:

第一阶段,文化工业阶段。"文化工业"一词由法兰克福学派的主要代表人物阿多尔诺在1947年出版的《启蒙辩证法》一书提出。"文化工业"一词是由英文"Culture Industry"翻译而来,并对此现象持一种批判性立场。当时的美国文化就被称为"文化工业"。文化工业是一个历史概念。

第二阶段,1990年,美国开始实施对各类传媒的"非管制化"政策,超级传媒巨头不断出现并进军国际市场,欧洲一些国家在文化上感觉到威胁,出于国家战略方面的考虑,提出了"文化产业"概念。

第三阶段,在经济全球化背景下,世界各国都已将文化发展战略变成了一种国家发展战略,因而文化产业的发展得到普遍积极的回应与认同。

世界上,不同国家对于文化产业也有着不同的界定。

美国。所谓文化产业,是指通过工业化和商业化方式进行的文化产品和文化服务的生产、交换和传播。根据这一定义,"工业化""商业化""传播"这三大特点最具美国特色。就"工业化"而言,美国文化业通过工业复制技术生产文化产品,工业化程度很高,具有规模效应;就"商业化"而言,美国是一个商业气息十分浓厚的国家,各企业追逐利润,因此文化产品的娱乐性较强,同时媚俗性较强;就"传播"而言,由于采用高新技术,美国的文化传播媒介业、信息产业十分发达,文化传播引人注目。

目前,美国文化产业主要包括文化艺术业、影视业、图书业和音乐唱片业四大产业。这四大产业发展较快,在世界市场上占有较大的份额且优势突出,是美国经济的支柱产业。1997年,美国制定了"北美行业分类系统"(NAICS),这个新的行业分类系统将通信、出版、电影、音像录制、有线服务等均划入"信息产业",反映出由于科技的发展,文化产业与信息产业正走向融合。美国把信息设备硬件的制造,如路由器、芯片等部件的生产均划入传统制造业,而这在我国仍归文化产业。这一趋势反映了美国文化、信息产业正从其传统工业中彻底剥离出来,文化产业发展程度较高。

英国的文化产业概念较为强调文化产品的个人独创因素,包括作品内容创作和"创意"等。一般认为,那些"出自个人的创造性、技能及智慧和通过对知识产权的开发、生产可创造潜在财富和就业机会的活动"统属文化产业。根据这一内涵,文化产业范围包括出版、音乐、艺术表演、电影、电视广播、游戏软件、广告、建筑、设计、时装、艺术品与古董交易、手工艺品等十几个行业。

在日本,文化产业统称为娱乐观光业。这一名称体现了日本人对文化产业内涵的一种独特看法,同时也准确反映了日本文化产业发展的特征。日本的电影、音乐、游戏软件、博彩、赛马、赛车等娱乐业十分发达,观光旅游业也居世界前列,每年有许多日本人到国外旅游度假,又有许多外国游客踏上日本领土。

日本将文化产业划分为三类:

(1) 生产与销售以相对独立的物态形式呈现的文化产品的行业;

(2) 以劳务形式出现的文化服务行业,如文艺演出、体育竞技等;

(3) 其他商品和行业中提供文化附加值的行业,如装潢、形象设计等。

以上三类从有形的"产品"到无形的"服务",又到抽象的"文化附加值"(实为"文化意义"),体现了人们对多种多样文化产品的认识不断扩大、深化。这种对概念外延的分类便于为人们掌握,可操作性强。

由此可见,由于人们的视角、观念等不同,对文化、产业的理解和定义都有所不同,国际上对于什么是文化产业,即文化产业概念的内涵是什么,还没有一致的看法。当前对于文化产业的定义有以下五种,简称"文化产业五说"。

1. "精神产品和服务"说

"精神产品和服务"说从产品的性质出发,来对文化产业进行定义,把文化产业理解为"向消费者提供精神产品或服务的行业"[①]。

"精神产品和服务"说既强调其文化感与意识形态属性,又强调了它的经济属性。就其经济过程而言,可将文化产业定义为"按照工业标准生产、再生产、储存以及分配文化产品和服务的一系列活动"。此说法认为现代文化产业实际上是一个基于大规模复制技术之上的巨大产业群,履行着最广泛的传播功能,经商业动机的刺激和经济链条的中介,向传统文化艺术的"原创"和"保存"这两个基本环节渗透,将原创变成资源开发,将保存变成展示,并将整个过程奠定在现代知识产权之上。

按照这一定义,"精神产品和服务"说将文化产业划分为"主体行业""前沿行业""边疆行业"三大门类。"主体行业"又称核心行业,包括文化娱乐业、广播影视、新闻出版、网络及计算机服务、旅游业等;"前沿行业"指现代文化产业竞争所争夺的"前沿",如传统的文学、戏剧、音乐、美术、设计,以及图书馆、博物馆等;"边疆行业"指与之相关的行业,如广告业、咨询业等。

---

① 江蓝生,谢绳武主编.2001—2002年中国文化产业蓝皮书[M].北京:社会科学文献出版社,2002:2.

2."意义内容"说

"意义内容"说认为,文化产业是"生产文化意义内容的商品和服务产业"。这一定义强调的基本内涵是:"在社会高度工业化、技术化和商品化条件下,文化领域中出现的使文化产品具有鲜明的技术性、复制性、批量性、商品性的文化产出方式。"①

根据此定义,可将文化产业划分为以下三大产业:

一是文化创作业。这是最狭义的概念,包括两个方面,一方面是指从文化艺术作品的生产、创作、展示、营销、接受等各个环节,例如文学、艺术、音乐作品的制作,影视、设计等其他各种创造性的艺术活动领域;另一方面是指文学艺术活动的生产和销售系统,如美术馆、博物馆、展览馆以及各种形式的文化娱乐、演出、教育活动。

二是文化制作与传播业。这是扩展性概念,包括随着现代传播技术发展起来的纸质媒介、磁媒介、电子媒介、网络媒介而形成的"文化工业"生产活动,如出版业、广播业、电子音像业、网络业等。

由此可见,狭义的文化产业概念主要指"文化内容"产业,扩展性文化产业则主要是以"文化传播手段"为特点。

三是以文化意义为基础的产业。这是最广义的概念,包括所有具有文化标记的产品,从古老的服装业到具有现代商标的一切商品,都可以纳入文化产业的范畴。"意义内容"说认为:"现代经济是'人文化''艺术化'的经济,从产品设计到生产流程设计,从企业的战略管理到品牌形象管理,从对客户需求的全面的人文化服务到对企业团队精神的全面文化建设,无不充满现代人文精神和艺术性。"②在这一定义下,无论是物质生产部门还是精神生产部门,只要它是"以提高社会效益和经济效益为最终目标,以市场为主要发展机制,从事物质和非物质文化服务生产活动,满足人们精神和文化需求"的部门,都属于文化产业。因为传统的"人文学科"已经超过"人文设计"渗透到当代经济生活的各个方面,人们甚至已经找不到没有文化标记的产品,现代经济已经开始在总体上以"文化意义"为基础了。③

3."版权核心"说

由于版权是精神产品和服务的核心部分,因此,"版权核心"说认为,文化产业的本质是版权产业。在这一定义下,认为文化产业包括新闻业、出版业、广播影视业、网络业、广告业等,以及与上述产业密切相关的娱乐业、教育业、旅游业、艺术创作业等。当今社会越来越强调知识产权的作用,因此用版权来定义文化产业的本质是一种全新的观点。

4."工业标准"说

"工业标准"说认为,文化产业是根据工业标准进行生产、再生产和组成文化产品和服务的一个过程,所谓工业标准主要指标准化、规模化、专业化和连续性。联合国教科文组织对文化产业采用"工业标准"说这一定义方式。

5."文化娱乐集合"说

2004年,国家统计局在与中宣部及国务院有关部门共同研究的基础上制定了《文化及相关

---

① 唐任伍,赵莉.文化产业:21世纪的潜能产业[M].贵阳:贵州人民出版社,2004:7.
② 同上,2004:8.
③ 同上,2004:9.

产业分类》，从国家有关政策方针和课题组的研究宗旨出发，结合我国的实际情况，将文化及相关产业概念界定为，为社会公众提供文化、娱乐产品和服务的活动，以及与这些活动有关联的活动的集合。同时，将文化产业划分为以下六大活动范围：

（1）为社会公众提供实物形态文化产品和娱乐产品的活动，如书籍、报纸的出版、制作、发行等。

（2）为社会公众提供可参与和选择的文化服务和娱乐服务，如广播电视服务、电影服务、文艺表演服务等。

（3）提供文化管理和研究等服务，如文物和文化遗产保护、图书馆服务、文化社会团体活动等。

（4）提供文化、娱乐产品所必需的设备、材料的生产和销售活动，如印刷设备、文具等生产经营活动。

（5）提供文化、娱乐服务所必需的设备、用品的生产和销售活动，如广播电视设备、电影设备等生产经营活动。

（6）与文化、娱乐相关的其他活动，如工艺美术、设计等活动。

这是由中宣部协调，国家统计局牵头，文化部、广电总局、新闻出版总署和国家文物局各部门联合参与的"文化产业统计研究课题组"的第一阶段研究成果，从统计学意义上对文化产业的概念和范围进行了权威界定。

2005年6月，中国开始实施《文化及相关产业指标体系框架》，这是课题组的第二阶段研究成果。

国家统计局还对文化及相关产业分类作了详细的说明。将文化产业主要分为文化产业核心层、文化产业外围层、文化产业相关层三大层次。

文化产业核心层，主要指负载文化意义的产品的制作与传播，即生产和销售以独立形态呈现的文化产品。在这一概念下，文化产业可包括在现代"记录"与"复制"技术基础上发展起来的主要包括新闻、书报刊、影视、电子出版物、文艺表演、博物馆、文化研究等。涉及新闻服务、出版发行、版权服务、广播电视电影服务和文化艺术服务等。

文化产业外围层，主要指文化资源整理和内容创作，文化意义本身的生产和再生产。主要包括从文化资源的积累、保存，到文化艺术作品的创作、传授、展示，再到文化艺术的接受活动。这里包括一些传统的和现代的领域如互联网、旅行社服务、室内娱乐、游乐园、网吧、休闲中心等。

文化产业相关层，这个概念包括所有向其他行业提供流行文化符号，从而使之具有文化附加值的产业。主要包括文具、照相器材、玩具、视听设备、工艺品设备等。

值得一提的是，在"文化产业核心层"和"文化产业外围层"之间可以有交叉，例如，现代展览馆和博物馆可以视为一种"展示传播"的过程，现代教育已经越来越成为依赖于网络和通信的，可以真正实现大规模产业化生产的"教育复制与传播产业"。

上述五种对"文化产业"的定义，分别从不同角度和侧重点对文化产业的本质、基本特征、范畴等方面进行了阐述，其中不乏交叉、重合之处，对于我们理解什么是文化产业有一定的启迪作用。其中第五种定义，即"文化娱乐集合"说，是一个认同度较高、法定的"文化产业"概念，对文化产业的内涵和外延有更为清晰的界定，因此现在大多采用这一定义。

（二）文化产业的特征

马克思主义认为，凡是商品，都具有使用价值和价值两个因素。文化产品既然是商品，就必定具有商品的一般属性，即它同样是使用价值和价值的统一体，同样凝聚了社会劳动量或耗费了社会必要劳动时间，它也是社会主义商品体系的重要组成部分。但文化产品又是精神文化产品，是一种特殊的产业形态，因而具有不同于一般物质商品的属性，即意识形态属性。要真正使文化产业成为代表先进文化并创造产值和利润的产业，首先应明确文化产业不同于一般产业的特殊属性，只有科学地把握文化产业的经济产业属性和意识形态属性，才能在社会主义市场经济体制框架下，充分展现其作为新兴产业的巨大发展空间。

文化产业的特殊性，主要表现在它是以"原创性"的精神活动为根本，以文化产品的生产、营销及服务为内容的社会行业。与其他产业相比，文化产业的特殊性主要表现在文化产品与文化服务的特征上。

1. 文化产品的基本特征

相对于一般意义上的产品，文化产品有自己独有的特点：

（1）文化产品的精神性。在文化产业领域，所生产的文化产品虽然是以特定的物质形式走向市场的，但它们有别于一般物质产品的地方在于其物质形态背后所蕴含的精神属性，消费者主要是消费这些产品的精神内涵和精神价值。如人们看书、看报、看电影、看电视、听音乐、观光旅游，乃至到大众娱乐场所去休闲娱乐，主要就是为了满足一种精神需要，而不是满足物质欲望。正因为文化产品具有精神性特点，所以要求文化产品的生产者和服务者应该在注重经济效益的同时，还要注重其社会效益，注重精神文化产品的文化品位和思想内涵，为社会提供积极健康的文化产品，自觉抵制有毒有害的"文化产品"，为文化消费者提供健康的精神食粮。

（2）文化产品的意识形态性。文化产品不但能满足消费者个人的精神需求，还能通过其精神价值的影响力对文化消费者的思想观点、价值立场、人生态度、情感取向、世界观等产生影响，因而具有意识形态的特点，能发挥一定的意识形态功能。这样，文化产品的生产者需要为自己的文化产品生产和服务承担一定的社会文化责任，为社会发展和文明进步等主流意识形态服务。比如，媒体产业，如报刊、广播、电影、电视、网络等，要坚持正确的舆论导向，做到以科学的理论武装人，以正确的舆论引导人，以高尚的精神塑造人，以优秀的作品鼓舞人。我们参观历史人文景观不但可以获得文化历史信息，还会影响我们如何看待历史，面对未来；我们观赏自然景观不但能获得对于自然美的真切体验，而且也会唤起我们对祖国大好河山的无比热爱。文化产品的意识形态特性提醒我们，文化产业的运作不应该也不可能是彻底市场化的，即便是属于市场运行的部分，也因为文化市场和文化产品的各种特殊属性，而应该具有和一般产品市场运行不同的模式和规律。

（3）文化产品的创意性。文化产业也被称做"创意产业""创意经济"。英国创意产业特别工作组对创意产业的定义是："源自个人创意、技巧及才华，通过知识产权的开发和运用，具有创造财富和就业潜力的行业。"根据这个定义，英国将广告，建筑、艺术和文物交易、工艺品、设计、时装设计、电影、互动休闲软件、音乐、表演艺术、出版、软件、电视广播等行业确立为创意产业。创意产业是一种在全球化的消费社会背景下发展起来的，推崇创新、个人创造力，强调文化艺术对经济的支持与推动的新兴理念、思潮和经济实践。近年来，在欧洲、美国、澳大利亚、日本、韩国、新加坡、马来西亚等国家和地区，都把创意作为引领文化产业发展的引擎，以创意性产品赢得文化市场,打造文化企业,都注重依靠文化创意人力资本的投入产出,利用"智力资本"推动文化产业的壮大和腾飞。①

(4) 文化产品的价值延伸性。一个文化产品的传播和消费过程完成后,不是像消费物质产品的那样会使其使用价值随之消失,而是会出现精神价值存留和价值延伸现象。② 比如观众看了一部电影后,一次消费过程完成了,但影片中精彩的情节、人物、故事、画面,乃至某些台词,可能会长期留存在脑海中,甚至让他激动不已,对他产生深远的影响。这种延伸性还表现为,有许多文化产品的消费都可以是多次性的,而不是一次性的。比如,一个电视剧,不会因为它播放了一次而不能再次使用,而且受众不会因为它的重播而低估其使用价值。也就是说,新的受众不会因为别的受众接受过这个产品而降低对它的评价,相反,甚至恰恰因为有别的受众看过这部电视剧,才更加勾起其去观看的欲望,这与物质产品的消费是完全不同的。当然,有些文化产品也会随着它的消费和传播而出现物质性损耗,但是,与其他产品不同的是,某个文化产品的物质形态被损耗甚至消失了,其文化和象征价值并不随着质料的损毁而消逝或减退,有时反而会转移并附加到其他同类产品之中。比如,一本古籍图书在出现质料性毁损后只留下了孤本或者残本,这个孤本或残本不但不会减值,反而会出现增值,甚至成为无价之宝。文化产品的价值延伸性不仅作用在产品上,而且出现在产品的生成循环过程中,如一部小说随着社会的高度评价而提高了其文化价值,同时也提升了作者的知名度,很自然也会提高该作者其他作品的社会关注度。反过来说,读者通过阅读作品,提高自己的文化品位,又会激发新的艺术文化需求,这是一个生生不息的循环链。

(5) 文化产品的增值性。文化产品的价值传递能够形成文化资源再生或增值的现象。其表现大体可分成三个层次:首先,文化产品的消费能提高所利用的文化资源的文化蕴涵。比如,旅游景点的开发就属于这一类。那些著名的旅游景区如张家界、黄山等,并不因为接纳了大量的旅游者而损耗了其旅游资源,恰恰相反,正是这些游客的到来,才使得它们名扬中外,并且不断丰富着其中的文化内涵。其次,一种文化产品可以成为其他产品的资源,增加社会的文化资源总量。其实,人类文化成果的不断积累和增长正是仰仗着文化产品的不断生产,而这些产品又不断积淀为社会文化资源。比如,民间故事和传说可以被加工成长篇小说,而该长篇小说可以成为影视产品的资源,这些影视产品又可能成为广告产品的创意源泉。比如,民间关于唐僧取经的故事被吴承恩加工成举世闻名的小说《西游记》,而《西游记》又促成许多其他文化产品的诞生,如动画片《大闹天宫》《哪吒闹海》,电视连续剧《西游记》等。这些对《西游记》的不断改编也成了网络小说《大话西游》的创意源泉,而《大话西游》里那些"无厘头"台词又激发了许多广告语的灵感……文化产品的价值随着消费和传播过程的传递不但增加了自身的价值,而且也增加了整个社会文化资源的价值和总量。

最后,文化产品能提高文化消费者的知识水平,而消费者知识水平的提高必然进一步刺激文化生产水平的提高,导致新的文化产品的出现和新的文化资源的开发。

2. 文化服务的特征

文化服务是一种体现社会契约或经济契约关系的服务活动。与货物交易相比,它有以下特

---

① 欧阳友权.文化产业通论[M].长沙:湖南人民出版社,2007:52.
② 岳红记,何炼成,刘吉发.试论文化产品的价值和价格[J].经济师,2007(4):226.

殊性：

（1）品牌性。物质产品的品牌当然也非常重要，但总的来说，顾客购买物质产品时，物质产品的优劣，可以在买前观察、触摸或测试，而且购买后，还可以实行产品维修，甚至可以退货。而文化服务却大相径庭，顾客对文化服务质量的优劣、好坏，一般事先不知道，只能通过广告、别人的介绍才能认知，因而它的品牌效益特别重要，而在享受服务时，也是即时感受、易逝性的，没有售后服务的问题。

（2）不确定性。一般来说，物质产品的生产具有专业化、规范化的特点，因而质量具有一定的稳定性，而同样作为一种生产过程的文化服务，则主要是人的技能表现的过程而非物质生产，而人的技能的发挥要受到自身身体和心理状况的好坏、环境变化等种种客观因素的制约。因此，即使去看一场著名导演拍摄的电影，也可能看到的是一场观众反映不好、上座率不高的电影。文化服务质量的不确定性，是导致文化服务产生机率损失的重要原因。

（3）个性。文化服务的个性是由文化服务的生产者和消费者的不同而决定的。在文化服务中，大多数文化服务由单个人进行，因而即使是同一项目，由于生产者个性、情感、气质等方面素质的不同，所产生的结果也不一样。比如，歌剧《洪湖赤卫队》，虽然剧中韩英的形象完全一样，但由于饰演者不同，就可能产生差别很大的艺术形象。而且即使是同一个人饰演韩英，由于欣赏者在文化水平、审美偏好和理解能力上存在差异，不同的人所产生的印象也会大相径庭。这种现象的存在，决定了对文化服务的质量高低的评判有时会产生很大的差异。

文化产品和文化服务的特殊性，决定了发展文化产业必须注意到其独特性，必须从实际出发，准确地进行市场定位，采取不同的手段和方法，加以认真培育，推动其发展。

（三）文化产业的功能

文化产业的功能是指在人们的社会实践中，文化产业系统能适应和满足社会和个人多种需要的重要作用。文化产业的功能是文化在自身属性基础上对社会环境的作用能力，它是文化对社会发生作用的基础和前提。总的来看，文化产业具有经济功能、政治功能和社会功能。

1. 经济功能

经济功能是文化产业的首要功能。文化产业已成为各国新的经济增长点。以文化娱乐、影视传媒、音像制品、新闻出版、文化旅游等为本体的文化产业，被国际经济学界公认为"朝阳产业"。20世纪90年代以来，文化产业成为全球发展最快的产业之一。2000年，美国的版权产业达到4572亿美元，出口额大大超过汽车及配件业、飞机制造业、农业等传统产业，已成为第一大出口项目。日本的音像产业成为国民生产的第二大产业，其文化娱乐经营收入超过了汽车工业的产值。韩国把"文化产业立国"列为一项基本国策。当前，国际电影、电视、广播、出版、报纸、娱乐等已走向集团化、规模化的发展道路，形成了许多大型的跨国文化产业集团。

同时，文化产业还是当今社会以及未来社会财富积累的重要源泉。社会财富积累主要来自两方面：一是自然资源，二是生产劳动。在社会发展的初级阶段，自然资源在社会财富的积累中起着主要的作用。自然资源丰富的国家或地区，只需付出与其他国家或地区少得多的劳动，就可以获得较多的财富。而自然条件恶劣的国家或地区，即使付出巨大劳动，仍然只能获得较少财富。但是，随着经济社会的发展，特别是科技的发展，自然资源在社会财富积累中的重要位置逐渐被知识与文化所取代。一方面，自然资源是有限的、消耗性的，是不可能再生的，随着人民群众生活质量的提高，继续采用消耗自然资源的方法来增加社会财富，必然破坏各种资源，带来生态失衡等一系列问题。另一方面,随着社会的发展,社会财富的形态也发生了变化,从过去重视物质形态向重视精神形态转变,知识经济、知识产权、信息产业的文化财富含金量大大超过了以金、银等为基础的物质财富含金量。特别是文化产业的发展,会促进人们更新观念,带动经济更快地发展,使社会财富更快地增长。

2. 政治功能

文化产业的政治功能表现在多方面。

(1) 文化产业具有传播价值观念的功能。文化产业与文化事业同样具有教化功能。文化产业既然要追求经济效益,就必须具有普遍的可接受性,必须以大众可理解和可接受的形式,表达一些大众共同认可的价值观念。而大众在接受、享用文化产品时,总会认可其中包含的价值观念以及相应的行为准则。文化产业通过为人们提供一系列关于对与错、善与恶、美与丑、真与假、好与坏、是与非等的判断标准,使人产生正义感、耻辱感、是非感等一系列思想观念,从而形成一定的人格修养,制约人们的思想行为。比如,在封建社会,统治者通过文化的教化,让人明白君臣、父子、兄弟、朋友等等级关系,使人们的行为合乎封建文明礼仪,保持社会稳定。

(2) 文化产业具有维护国家安全的功能。文化产业不仅具有重要的社会价值和经济价值,而且具有维护国家安全的战略价值,关系到国家政权的巩固和稳定。特别是在我国加入世界贸易组织后,西方文化产品大量进入,西方文化价值观念也随之渗入。美国一些政界人士公开说,现在"美国最大的出口不再是土地里的农作物,也不再是工厂里的生产品,而是批量生产的美国文化"。一些资产阶级政客甚至公开叫嚣:在同社会主义的斗争中,最终起作用的是思想、文化,而不是武器。因此,在对外开放不断扩大的情况下,我们受到西方发达国家优势文化产品的巨大压力,面临着被它们挤出市场的危险;受到西方发达国家强势资本的冲击,面临着失去人才、失去竞争的危险;受到美国文化霸权主义的威胁,面临着"西化""分化"的危险。在这种复杂情况下,我们只有抢抓机遇,捕捉机遇,寻求机遇,加快发展文化产业,才能保持文化独立,维护国家安全。

(3) 文化产业具有稳定社会秩序的功能。现代管理科学认为,一个人犯罪概率的大小,与他业余时间的安排有直接的联系。一般来说,空余时间过多,且无所事事,这样人的犯罪概率就高。因此,研究对人的管理,关键是要研究人空余时间的分配。如果大量增加人的文化消费时间,就可以大量减少人的社会犯罪时间。文化产业为大众提供各种文化娱乐和文化服务,使大众不仅可以很好地打发业余时间,而且可以获得肌体的放松、感情的宣泄、心理的平衡。可见,文化产业对于社会的稳定具有"正能量"的促进功能。大力发展文化产业,无疑会对社会的稳定起着非常重要的作用。

3. 社会功能

文化产业的社会功能主要表现在以下方面。

(1) 文化产业具有娱乐功能。所谓娱乐功能,指的是文化产业能够满足人们放松身心、活动肌体、交流情感的作用。娱乐功能是文化产业的重要功能,也是最基本的功能。多年来,一些学者特别是一部分领导干部,不敢公开承认或者说尽量缩小文化产业的娱乐功能,他们担心如果过分强调文化产业的娱乐功能会导致出现过分强调文化产业的经济属性,忽视文化产业的社会属性,出现一些消极的作用。其实,这种担心是多余的,也是没有用的。文化产业的娱乐功能是与生俱来的,如果文化产业缺乏娱乐功能,人们不可能宣泄自己的情感,放松自己的肌体,表现自己的才能,又何必既出钱又浪费时间来消费文化产业呢?因此,文化产业必须有娱乐功能,只有这样,才能吸引人、容纳人,从而得到发展。

(2)文化产业具有审美功能。虽然文化产业是一种"文化工业产品",是一种商品,但它不是普通商品,而是一种学术、一种艺术,一般都是创作主体对客观外界客体的评述,包括主体的体验,客体的质地、颜色和声响等都能引起人们的感官冲动,都会产生一种美的反映;虽然它的组成也是物质材料,比如,音像制品、图书,但人们消费的不是它的物质外壳,而是里面的精神内涵,是为了满足自己的精神需求以及娱乐、休闲和丰富自己的知识与心灵的需要。人们在享受文化产品精神内涵的同时,也受到了感官的刺激、精神的愉悦、心灵的陶冶。因此,文化产业具有审美功能。

第二节 文化产业与文化事业

文化在发展过程中,随着其规模和水平的发展,会形成不同的文化行业,如出版业、报刊业、娱乐业、广电业等。这些行业,需要有国家、政府、社会组织、团体等相关部门来进行统筹经营和规范管理,才能更好地发挥文化的社会职能,于是便形成了特定社会形态下的文化产业与文化事业。区分"文化产业"与"文化事业"这两个概念,有助于我们更准确地把握文化产业的本质。

一、文化产业

社会文化可分为经营性文化与公益性文化两个部分。文化产业属于社会文化中的经营性文化部分,是文化的经济属性的集中体现。主要包括演出业、影视业、出版业、报刊业、网络业、娱乐业、广告业、咨询业、策划业等。文化产业性质主要指文化产品的生产、交换、流通和消费这些具有商品经济的一般特性,从事文化生产、流通的主体可以通过资本或劳动的投入获得利润。因此,文化产业以获取经济效益为主要目的,其产业性质体现为对经济效益最大化的追求。现代文化产业以工业文明为基础,以高科技为依托,故文化产业在生产和流通上具有根据工业标准进行生产、再生产和构成文化产品和服务的特征。标准化、规模化、专业化和连续性的生产和流通,大大提高了现代文化产业的生产和流通效益,成为文化产业各行业不断探求的目标。

根据上述描述,不难得出文化产业具备以下几个基本特点:

第一,企业化经营方式。文化产业是以追求利润最大化作为企业经营管理的核心,因此,具有市场主体地位的文化企业(公司)独立经营,自负盈亏,不断加强自身的企业竞争力,提高文化生产和经营的效益。

第二,产业化行为。文化产业要为提升人的生活特别是精神生活质量而实施一系列可以进行商品交易的生产与服务,它必须通过大规模的商业化运作来扩大其文化产品和文化服务的影响力及收益,通过有效的市场化和产业化组织形态对可经营性文化资源进行可持续的简单再生产和扩大再生产。

第三,文化价值的市场转换性。文化产业只有通过企业运作和市场行为,才能使文化得以传播,并转换为市场经济中的商业价值,并以文化产品和服务的市场消费过程来实现文化价值的社会传播。文化产业以知识产权为基础,以企业为主体,以市场为纽带,通过经济链条的中介和商业动机的刺激,将文化活动中的作家、生产商、经销商等不同参与者联系起来,经过分工协作,使文化活动向生产和服务两个领域拓展,把生产转化为对文化资源的开发,让服务满足大众文化消费,通过文化传播提升文化产业的附加值。

第四,高技术与高智力含量特点。文化产业以知识产权为基础,是知识经济的典型形态,是人才密集型和技术密集型的行业,对于高科技、高素质的人才依赖程度高。信息技术、数字技术、互联网技术、移动通信技术等技术在文化领域的广泛应用,使文化产品可在短时间内大量复制和传播。这一点使得文化产业成为一个新兴的朝阳产业。

二、文化事业

所谓"事业",按《辞源》解释,就是人们所从事的具有一定目标、规模和系统而对社会发展有影响的经常性活动。特指没有生产收入、由国家经费开支、不进行经济核算、非盈利性的事业,而与企业相区别。文化事业是文化中用来满足社会的公共需要,提高全民族的思想和科学文化素质的那一部分。文化事业是社会文化中的公益性文化部分,是文化的社会属性的集中体现。公益性文化主要包括学术研究(包括哲学社会科学和自然科学研究)、文学艺术以及博物馆、图书馆等。文化事业是主要由传统的"事业单位"来实施、建设、引导、调控和管理社会的公益性文化及管理机构和管理体制。文化事业的运行与文化产业不同,它的运行并不以取得参与者的经济利益为目标,而是以精神旨趣和社会效益为目标,体现了文化的超物质功利性。由于文化在很大程度上满足了人们的精神需求,文化的价值难以通过商品的等价交换来体现,这一特性决定了文化必然有一部分属于事业范畴,而不能完全通过产业的方式来进行。

文化事业的特征是它的公益性、非盈利性、公共服务性和先进的文化导向性,其根本目标是满足全社会的公共文化需要,提高全民族的科学文化素质和思想道德水平,适应并引导人民群众公共性和高品位的文化需求。博物馆、艺术馆、图书馆等部门就属于文化事业,对人民群众免费开放,由国家支持和保障。当然,某些文化事业部门,也可以采取市场化的管理方式,收取一定的管理或维护费用,但不以利润最大化为目标,因为文化事业的宗旨是满足人民群众的精神文化需求。

三、文化产业与文化事业的关系

文化产业与文化事业都是国家文化体系的重要组成部分。一方面,文化产业提高了文化的生产力与规模效应,另一方面,文化事业性质又使文化活动不能简单地商品化,两者既相辅相成,又有所区别。

第一,从文化产业划分上看,文化产业是社会文化中的经营性部分,从事文化产品生产和提供文化服务的经营性行业,通过企业运作,使一部分文化资源的文化价值转换为市场商业价值,以文化产品及相关服务的消费过程来实现文化的社会传播。文化事业一般不纳入产业化轨道,主要是负责建设和管理社会的公益性文化,不以盈利为目的,具有公益性、公共服务性、非盈利性、文化导向性等特征。

第二,从发展目标上看,文化产业以实现经济价值和市场目标,追求经济效益,以生产和提供文化产品和服务,创造最大化利润,为国民经济的发展和经济建设创造、积累财富。文化事业提高人们的思想道德和科学文化素质,为社会提供健康有益的公益性文化服务,以社会效益为第一要务。文化产业和文化事业共同增强了文化"软实力",以保障国家、民族的文化安全。

第三,从管理体制上看,文化产业采用企业化管理体制,自主经营,自负盈亏,依靠市场来实现资源配置,依靠商业运作来创造利润,吸收国有的、集体的、私营的、外资的以及其他混合所有制的资本进行融资,以独立的市场主体身份,按照法人治理结构的要求自主决策。文化事业则是机关事业单位的行政管理体制,依靠国家、政府的拨款来运转,拥有国家赋予的代理管理权或特许经营权,具有垄断性的行政配置资源,其决策通过政府规划、相关法律法规、上级指示等指令性管理进行。

在市场经济条件下,文化的产业化是一种必然的趋势。文化产品的生产,是为了满足人们不断增长的精神文化生活的需要,促进人的全面发展,但在市场经济条件下,许多文化产品,只有通过市场交换才能进入消费领域,使文化产品商品化。这样,文化中的很大一部分就可以通过产业运作方式获得利润,文化产业(从事文化产品的生产和经营的行业)也必然应运而生。文化产业的发展壮大,对振兴民族经济,最大限度满足民众的文化生活需求,促进思想解放与观念更新,无疑起到了巨大的推动作用,但我们也不应忽视其消极影响——把追求利润作为其投资经营的直接目的,从而过分注重经济效益而忽视社会效益。这样一来,文化中不可以、不便于用产业方式运作的那一部分,可称为非经营性文化,如义务教育、学术研究、文学艺术以及图书馆、博物馆、文化馆等公益性文化,它们的发展在市场竞争中将处于十分不利的地位。但这一部分文化又是社会生活中不可缺少的东西,它具有经营性文化无法代替的功能,是一个国家发展的动力,是一个民族进步的灵魂。因此,如何正确处理发展文化产业与发展文化事业的关系,也就成为当前文化建设必须予以重视的问题。

正因为文化产业自身带有难以克服的缺陷和弊病,所以当前国家在制定文化发展战略和政策的价值取向上,就不能以追求最大利润为尺度,纯粹按"生意人"的观点来规划文化建设。而应在充分认识市场规律和文化自身发展规律的基础上,妥善处理好事业与产业的关系,更好地繁荣文化事业,壮大文化产业,使二者相存互补,共同发展。考虑到文化生产的特殊性,当前文化政策的制定应遵循分类指导的原则,不能一概推向市场。对那些经营性文化,国家应制定必要的政策法规加以规范;对那些不适宜以产业方式运作的公益性文化,政府应直接投资予以保障;对那些可以以产业方式经营但其收益远不抵其劳动付出的准文化,要加大扶持力度。同时,要充分发挥舆论的引导功能,在全社会倡导正确、健康的文化消费观,提升广大民众的文化品位;作者也应不断提高自身素质,担当起自己的社会责任,从而营造出一种有利于文化繁荣、产业发展的良好的人文环境。

具体来说,处理好文化产业与文化事业的关系应注意:

第一,发展文化事业和文化产业,都必须以先进文化的前进方向为导向。在当代中国,要发展文化事业和文化产业,都必须牢牢把握先进文化的发展趋势,立足于建设有中国特色的社会主义实践,着眼于世界科学文化发展的前沿,不断发展健康向上、丰富多彩的、具有中国特色、中国风格的社会主义文化,满足人民群众日益增长的精神文化需求,引导广大人民群众从思想上、精神上正确武装自己和不断进步,为我国经济发展和社会进步提供精神动力和智力支持。

第二,文化,既是一种意识形态,也是一种经济资源,将文化作为产业,文化产品便成了商品,但它是特殊的商品,具有一定意识形态的特征。它必须坚持追求社会效益。由于我国是在建立和完善社会主义市场经济体制过程中发展先进文化,所以,对发展文化产业的要求与物质生产不同。文化产业是精神生产,其产品的价值实现形式更重要地表现在社会效益上。有的文化产品、文化服务的社会效益和经济效益都比较好,表现出二者的一致性;有的文化产品、文化服务的直接经济效益可能不大,但对于推动社会生产力的发展和社会全面进步的作用却很大,表现出了二者的矛盾性。可见,能否处理好文化产业的社会效益和经济效益,是我们发展先进文化的关键。

第三,无论是发展文化事业,还是发展文化产业,都必须始终把社会效益放在首位。先进文化之所以先进,在于它的根本属性和社会作用是维护和促进先进生产力的发展要求,维护和发展最广大人民的根本利益,这就是文化的社会效益。因此,把社会效益放在首位,是我们发展先进文化的客观要求和根本保证。在市场经济条件下,高质量的文化产品首先是以社会效益为前提的,在国外也同样如此。比如,1998年,获奥斯卡金像奖的影片《泰坦尼克号》,它以大海为蓝本,刻画了一幅濒临死亡境地时,男女之间表露出来的那种惊心动魄、刻骨铭心的爱情画面,使亿万观众为之倾倒,深受感动。同时,影片也对那种见利忘义、嫌贫爱富的行径进行了有力的鞭笞。影片正是以此为主题取得了巨大的社会效益,同时也使其经济效益非常可观。

第四,始终把社会效益放在首位,既是对各类文化事业和文化产业提出的要求,又是文化领导机关和文化管理部门必须遵循的原则。各类文化事业和文化产业都必须全面贯彻"三个代表"重要思想,坚持党关于文化建设的基本方针,坚持以科学的理论武装人,以正确的舆论引导人,以高尚的精神塑造人,以优秀的作品鼓舞人。文化领导机关和文化管理部门要继续完善有关法规和政策,改进管理方法,为发展文化事业和文化产业创造良好的环境和条件,使二者在市场经济条件下,始终把社会效益放在首位,合乎规律地健康发展。

第五,始终把社会效益放在首位,不是要忽视经济效益,而是要以此为前提去讲求经济效益,实现经济效益和社会效益的最佳结合。当经济效益与社会效益相一致时,要首先且充分考虑社会效益;当经济效益和社会效益相矛盾时,经济效益要自觉服从社会效益,绝不能"一切向钱看",绝不能为了经济效益而不顾甚至牺牲社会效益,去制造或传播文化糟粕和精神垃圾。比如,《生死抉择》是上海电影制片厂拍摄的一部反腐倡廉的巨片。2000年在全国公演之后引起了巨大反响,并创下了上海电影制片厂有史以来拷贝发行量、观众人次、电影票房的最高纪录。一部未经炒作的国产片在当时居然能以1亿元的票房胜出,充分说明了文化产业所生产的文化产品,其经济效益与社会效益并非互相排斥,而是统一的,互相促进、共同发展的。

因此,在文化产业的发展中,我们既要解放思想,大力发展文化产业,又要准确划分文化产业与文化事业,处理好二者之间的关系,防止出现把文化事业盲目产业化的现象。

四、文化产业体制改革

文化是生产力,是综合国力的重要组成部分。当今世界,文化与经济、政治相互交融,文化"软实力"在综合国力竞争中的地位和作用显得尤为突出。目前,文化产业与文化事业同时并存,通过文化产业体制改革,可以处理好两者之间的关系,促使文化产业更加健康、有序地发展。

文化体制改革的目的,是要最大限度地解放文化生产力,缩小城乡文化差别和东西部文化发展的不平衡差距,以满足人民群众日益增长的精神文化需求。文化体制改革应当为克服和消除西部地区的文化贫困创造条件,而不是加剧这种文化贫困的发展。文化体制改革综合试点的结果表明,由于对经济欠发达地区文化发展状况和改革承受力缺乏应有的分析与评估,因此,在此基础上推进全面文化体制改革,有可能进一步扩大区域文化发展上的不平衡,甚至导致严重的文化不稳定,进而导致社会不稳定。对于有限的文化资源,特别是文化政策资源和文化市场资源的争夺,有可能引发新一轮地方保护主义和部门利益的恶性竞争。非综合试点单位的文化体制改革方案和措施,甚至突破了中央的一些改革思路就是一个明显的例子。

在文化体制改革中,不仅要超越经济体制理论的一般经验和路径选择,尤其重要的是要积极探寻既符合文化体制的运动规律,同时又反映中国文化制度特点的改革理论和改革政策,涉及文化领域的改革既要超越单纯的经济观念和经济方法,又要克服和消除意识形态管理与文化管理的二元对立,要防止把文化体制改革与转变共产党管理下的意识形态的执政方式割裂开来、对立起来的倾向,建立中国特色社会主义市场经济体制条件下反映文化运动规律的理论。还要避免把文化体制改革等同于经济体制改革,将经济体制的改革经验套用到文化体制改革上去的倾向。尤其要慎防出现这一轮改革的成果成为下一次改革对象的怪圈。要比较在市场经济条件下,东西南北文化的差异,比较历史和现实发展逻辑的规律,比较在全球化背景下中国文化的历史方位,统筹兼顾东西部文化发展,统筹兼顾农村和城市文化发展,不断缩小这两个方面存在着的明显的文化发展差距。

我国新时期的文化产业体制改革,从1978年起,历经了三十多年,大致经历了以下四个改革阶段。

1. 第一阶段(1978—1993年)

1978年12月中共十一届三中全会的召开,实现了新中国建立以来中国共产党历史上具有深远意义的伟大转折,使中国进入改革开放和社会主义现代化建设的历史新时期。伴随着经济体制改革,政治、文化和社会事业改革也不断向前推进。对于文化事业而言,拨乱反正主要是实现了由以阶级斗争为纲的文化范式进入了以经济建设为中心的新范式。从文化体制来讲,拨乱反正主要是恢复到"文化大革命"以前的体制上去。

1979年10月,邓小平代表党中央在中国文学艺术工作者第四次代表大会上的祝辞,提出新时期我国文学艺术事业发展的一系列指导方针,其中关于文艺与政治、文艺与人民关系的深刻论述,为划清政治问题与文艺问题的界限提供了体制改革的方向和保障。这一时期已经明确提出了文化体制改革的任务和目标。1980年2月召开的全国文化局局长会议认为艺术表演团体的体制和管理制度方面的问题很多,严重地影响了表演艺术的发展和提高,需要进行合理的改革。会议明确提出要坚决地有步骤地改革文化事业体制,改革经营管理制度。1983年国务院《政府工作报告》提出,文艺体制需要有领导、有步骤地进行改革,促进社会主义文艺的繁荣,提高作家、艺术家的思想艺术素质,提高作品的思想艺术质量。上述会议为这一阶段的文化体制改革提供了制度方针。

这一阶段文化体制改革中最重要的成就是文化市场的发展和地位得到了承认。随着经济体制改革的深入,随着文化功能日趋多样化和丰富,文化的产业属性逐步显现出来,以营业性舞会和音乐茶座为发端的文化市场日益活跃。在计划经济体制下,没有也不需要文化市场,即使有也不合法和不被承认。1987年,文化部、公安部、国家工商行政管理局发布了《关于改进舞会管理的通知》,正式认可营业性舞会等文化娱乐经营性活动。1988年,文化部、国家工商行政管理局发布《关于加强文化市场管理工作的通知》,正式提出文化市场的概念,同时明确了文化市场的管理范围、任务、原则和方针。这标志着我国"文化市场"的地位正式得到承认。1989年,国务院批准在文化部设置文化市场管理局,全国文化市场管理体系开始建立。

2. 第二阶段(1993—2002年)

1992年,邓小平同志南方谈话发表及党的十四大的召开,标志着我国改革开放和现代化建设进入了一个新阶段。深化改革,扩大开放,发展社会主义市场经济,既为文化发展奠定了基础、注入了活力,同时也促进了文化自身的体制改革。文化体制改革在探索中不断前进。

这一阶段的文化体制改革,有两个标志性的文件:一是2000年10月,中国共产党第十五届五中全会通过的《中共中央关于制定国民经济和社会发展第十个五年计划的建议》(以下简称《建议》),其中第一次在中央正式文件里提出了"文化产业"这一概念,要求完善文化产业政策,加强文化市场建设和管理,推动有关文化产业的发展。"文化产业"概念的提出,标志着我国对于文化产业的承认和对其地位的认可,具有重要意义,特别是对于文化体制改革具有决定性的作用。过去我国对于文化的意义、地位和作用的认识是单一的,认为文化只是和"事业""工作"联系在一起,文化属于意识形态,是喉舌,是阵地,是教育手段,是娱乐形式。而文化产业概念的提出,则反映了在市场经济条件下,文化除了上述属性依然存在外,还有其产业属性的一面,还有其价值规律发生决定性作用(指在部分领域)的一面。从20世纪80年代"文化市场"概念的提出和承认,到"文化产业"概念的提出和承认,反映了我国对于文化自身发展规律的认识越来越深,丰富了文化体制改革的内容,指明了改革方向和目标。然而,《建议》只提出"文化产业"概念,却并没有明确文化可以分为"事业"和"产业"两个部分。二是2001年中共中央批转了中宣部、广电总局、新闻出版总署《关于深化新闻出版广播影视业改革的若干意见》(以下简称《意见》)。《意见》总结了近年来文化体制改革的经验教训,集中反映了当时的认识和思考。《意见》提出,文化体制改革要以发展为主题,以结构调整为主线,以集团化建设为重点和突破口,着重在宏观管理体制、微观运行机制、政策法律体系、市场环境、开放格局等5个方面积极进行探索创新,以进一步壮大实力,增强活力,提高竞争力。强调要加强党对新闻出版、广播影视业改革的领导,始终掌握对重大事项的决策权、对资产配置的控制权、对宣传业务的审核权、对主要领导干部的任免权。

这一阶段的文化体制改革还有一个突出之处,即高度重视法治建设,大力推进依法管理。据统计,这一时期由全国人民代表大会常务委员会、国务院和中央文化管理部门陆续制定和颁发了两百多部法律法规、政策性文件或部门规章,涵盖了舞台艺术、新闻出版、广播影视、互联网、文化经济等诸多领域,如《著作权法》《广播电视管理条例》《电影管理条例》《出版管理条例》《音像制品管理条例》《印刷管理条例》等。

组建文化集团是这一阶段文化体制改革的突破口。到2002年初,全国共组建了包括中国广电集团和中国出版集团在内的文化集团70多家,从地域上讲,涵盖了北京、上海、广东、江苏、浙江、四川等地;从经营主要业务上讲,有报业集团38家,出版集团10家,发行集团5家,广电集团12家,电影集团5家。在电影改革中还组建了电影院线30多条。这些集团的组建,探索了文化体制和机制的改革,加快了市场整合和结构调整,调动了广大职工的积极性和主动性,有利于优秀作品创作和人才的培养。但是,在组建集团中也有一些不足,如组建方式多是以行政力量整合,资金来源单一等。集团虽然有了一定的形式和相应的组织结构,但未发生根本性质的改变。集团定位不清楚,有许多是事业型集团,事业与产业职能性质存在交叉,在实际工作中引发了一系列问题和矛盾。

3. 第三阶段(2002—2009年)

2002年召开的党的十六大,高举邓小平理论伟大旗帜,全面贯彻"三个代表"重要思想,确定了新世纪、新阶段党和国家的奋斗目标和行动纲领。十六大以后,我国文化体制改革的步伐明显加快,文化体制改革的目的、意义、主要任务和实施重点更加明确。文化体制改革试点工作在党中央直接领导下积极探索,大胆试验,顺利推进。

2003年,党的十六届三中全会通过的《中共中央关于完善社会主义市场经济体制若干问题的决定》又将文化体制改革的目标进一步深化和明确。一方面文化体制改革理论上不断提高,另一方面改革的实践有很大突破,最主要的是试点工作顺利开展。2003年6月在北京召开的全国文化体制改革试点工作会议,按照党的十六大关于深化文化体制改革的要求,专门研究部署文化体制改革试点工作。全国有包括北京、重庆、广东、深圳、沈阳、西安、丽江在内的九个省市和39个宣传文化单位参加了改革试点。开展文化体制改革试点工作,从理论和实践的结合上进行探索,为制订文化体制改革总体方案、推动文化体制改革做准备。这些试点单位按照要求,根据社会主义精神文明建设的特点和规律,适应社会主义市场经济发展,以发展为主题,以体制机制创新为重点,以增强活力、壮大实力、提高竞争力,繁荣社会主义文化,满足人民群众日益增长的精神文化需求为目的,努力探索建立有利于加强和改善党的领导,充分发挥社会主义市场经济体制的作用,充分发挥国有文化企事业单位的主体主导作用,充分调动社会各方面的力量,充分调动广大文化工作者的积极性、创造性,多出精品、多出人才的文化管理体制和运行机制。

长期以来,我国文化投融资过分依赖政府,投资主体单一,民间资本与外资投资渠道不畅,影响了社会资本进入文化产业。十六大以后,文化部门陆续出台了多项政策措施,取消限制,鼓励民营企业投资文化领域。如今民营企业已经成为许多文化领域投资的主要力量。据统计,2003年全国共制作电影197部,其中民营公司投资60部,在2004年上半年生产的100多部影片中,民营企业参与制作的占80%。在每年一万部集的电视剧中,民营公司投资20多亿元。民营影视企业已经成为中国影视产业的重要力量。随着文化体制改革的深入,一些文化企业进行了股份制改造,实现了到资本市场融资。截至目前,在深、沪两个资本市场上市的有50余家公司涉及文化产业,文化产业板块初步形成。

4. 第四阶段(2010年以来)

在文化建设领域,2010年无疑是一个具有重大标志性意义的年份。标志性表现在:一是,2010年,中央就深化文化体制机制改革和加强文化建设提出了一系列新思想、新观点、新论断;二是,各地各部门认真切实贯彻这些新思想新观点新论断,加快进行实践创新,在文化体制改革和文化建设上的探索"新意"频现。这些新思想、新观点、新论断的提出和实践层面的创新探索,标志着中国文化体制改革和文化建设进入了一个新的发展阶段。

2011年10月,中共十七届六中全会决定,"加快发展文化产业,推动文化产业成为国民经济支柱性产业"。2012年11月,党的十八大提出"扎实推进社会主义文化强国建设"的战略部署,标志着我国文化改革与发展迎来新的历史机遇。在"社会主义文化强国"的国家战略目标愿景下,文化产业作为我国文化改革发展的最主要战略支撑,将会在文化强国的实现道路上发挥越来越重要的作用。

从近年来文化改革发展的实践及所取得的成效看,中央关于深化文化体制改革的决策部署是完全正确的,文化发展的宏观体制环境不断优化,文化发展的全新格局初步形成,文化企事业单位的活力显著增强,文化创作和文化市场空前繁荣,全社会参与文化建设的积极性日益高涨,推动社会主义文化大发展大繁荣的氛围日益浓厚。

当前文化体制改革最紧迫的就是要重塑国有文化市场主体。难点在于解决国有文化事业单位转企改制带来的问题,下一步应认真贯彻落实中央的决策部署,以发展为主题,以体制、机制创新为重点,以满足人民群众精神文化需求为出发点和落脚点,着力构建充满活力、富有效率、更加开放、有利于文化科学发展的体制机制,繁荣发展社会主义文化。只有这样,才能不断增强我国文化软实力和国际竞争力。

重点要抓好四项工作,概括起来,就是要做到"三个加快,一个加强":一是加快文化体制机制改革创新。按照创新体制、转换机制、面向市场、增强活力的要求,加快经营性文化单位转企改制,稳步推进公益性文化事业单位改革,鼓励和支持非公有制资本以多种形式进入政策许可的文化产业领域,努力构建现代文化市场体系,加快推进文化管理体制改革,推动文化体制改革在重点领域取得进展。二是加快构建公共文化服务体系。按照体现公益性、基本性、均等性、便利性的要求,坚持政府主导,加大投入力度,调整资源配置,推进重点文化惠民工程,加强公共文化基础设施建设,促进基本公共文化服务均等化。引导社会资金以多种方式投入文化公益事业,促进公共文化服务多元化、社会化。三是加快发展文化产业。实施重大文化产业项目带动战略,加大文化产业结构调整和资源整合力度,推进文化和科技融合,鼓励和引导文化企业面向资本市场融资,积极开拓国际文化市场,不断提高我国文化产业规模化、集约化、专业化水平,不断增强中华文化的国际竞争力和影响力。四是加强对文化产品创作生产的引导。坚持"二为"方向和"双百"方针,坚持"三贴近",推出更多深受群众喜爱、思想性、艺术性、观赏性相统一的精品力作。引导广大文化工作者和文化单位自觉践行社会主义核心价值体系,始终把社会效益放在首位,努力实现社会效益和经济效益有机统一,任何时候都不能以牺牲社会效益为代价换取经济利益。

第三节　文化产业理论

"文化产业"(Culture Industry)最早由法兰克福学派的霍克海默和阿多尔诺提出。在早期的大众文化研究中,一般将其翻译为"文化工业",以揭示其反文化本质:它的产品是为大众消费而特别制作的,在很大程度上决定了消费的性质,并且是模式化地制造出来的。[①]

20世纪70年代中期起,部分西方经济学家开展了跨学科研究,对经济与文化间的关系作了较为系统的探讨,阐释了"文化"成为"产业"的可能空间及发展特点。从此,"文化产业"开始进入国家经济发展的视野。

目前,文化产业理论可分为基础理论与应用理论两大理论体系,两者都源于德国法兰克福学派的"文化工业"理论。基础理论始于英国伯明翰大学文化研究中心的"文化研究";应用理论则侧重文化产业化的实践总结和政策探讨。西方文化产业理论,由法兰克福学派对大众文化的激烈批判,到英国文化学派的宽容,再到后来对文化产业的理解和认同,态度日趋温和与宽容。

随着中国文化产业的发展,我国的文化产业理论也慢慢建立起来并逐步完善。

---

① 李思屈,李涛.文化产业概论[M].杭州:浙江大学出版社,2007:20.

一、法兰克福学派

法兰克福学派历来被视为大众文化研究的理论基点。法兰克福学派创立于20世纪初,从总体上来说,这一学派对文化工业持坚决批判的态度,其主要代表有霍克海默、阿多尔诺、马尔库塞、本雅明等。他们提出了"大众文化"的概念,并将其置换为"文化工业",来指代大批量生产文化产品和推动文化产品生产的商业体系。法兰克福学派从对工业文明的批判中构建了自己的文化产业理论,开启了理论批判先河。

这些理论及思想观念集中体现在一些著作中,如霍克海默和阿多尔诺合著的《启蒙辩证法》,霍克海默的《艺术和大众文化》《作为文化批判的哲学》,阿多尔诺的《论流行音乐》《文化工业再思考》,马尔库塞的《单面人》《文化的肯定性质》,等等。其中,《启蒙辩证法》一书是法兰克福学派的经典理论著作,作者从资本主义的发展阶段出发,认为文化在资本主义发展初期表现为一种贵族文化或精英文化,而到了资本主义发达阶段,随着先进科学技术手段在文化作品制作中的日益普及,工业化的文化产品与其他非文化商品一样,具有一种机械化、自动化、商品化、标准化特征。这种文化产品的大规模复制与批量生产就是"文化工业"。阿多尔诺曾表示,使用"文化工业"这一术语是为了与"大众文化"相区别,"文化工业"的最终产品是迎合大众精神消费需求的各类产品。从"大众文化"到"文化工业"的转换,不仅是词语和概念的变化,更体现出阿多尔诺和霍克海默对文化工业的批判力度。他们认为,"文化工业"是一种更微妙、更隐蔽,或更具成效的统治意识形态,是一种欺骗大众的启蒙精神,它在本质上是反大众的。文化工业的存在和发展是资本主义社会衰退的标志,是一种严重的异化现象。

以霍克海默和阿多尔诺为代表的法兰克福学派的学者对文化工业基本持否定态度,概括来说,他们对文化产业的批判主要有以下几个观点:

第一,剥夺了艺术本应具有的反抗及批判功能。文化工业所生产的文化产品和所提供的文化服务,丧失了文化本应具有的否定与批判精神。他们认为,文化的内在特征和本质是批判,而大众文化却与之相去甚远。尽管大众文化打着文化的旗号,但其本质上是一种物化的文化,缺乏传统文化的否定与批判精神。法兰克福学派的思想家认为,艺术这种人的自由自觉的创造物,在发达工业社会中,却由于工业化、市场化经济力量的扩张和技术理性的不断侵蚀,已经沦落为一种商品、消费品,成为供人们闲暇时间娱乐和消遣的东西;艺术作为发达工业社会中的文化现象,已经不再是一种自主性、自律性的东西,其自由超越的品格已经失去了,艺术可悲地走向了异化。

第二,金钱是文化工业存在的根源。文化工业把追求经济利润最大化作为目标,将无法实现文化的超越性,降低了文化产品的艺术价值。金钱是文化工业运转的动力和资本,生产创作者只能迎合市场而被动生产。文化工业的批量生产,以满足消费者消费需求、刺激消费、获取利润为目的,不再追求文化产品的艺术价值,使得文化的超越性、创新性无从谈起。文化工业的标准化和齐一性的直接后果就是真正的艺术品所应蕴含的自由创造本质消失了,艺术品成为无个性的模仿和标准化的批量复制。文化的创造变成了文化的生产。在法兰克福学派看来,在文化工业中,无论是在文化艺术的创作中,还是在文化艺术的欣赏中,普遍存在着虚假的个性,真正的创造性的自由个性不复存在了。他们指出,在"文化工业"中,个性之所以成为虚幻的,"不仅是由于文化工业生产方式的标准化,还由于个人只有当自己与普遍的社会完全一致时,他才能容忍个性处于虚幻的这种处境。"①

第三,文化工业降低了文化产品的艺术价值,丧失了传统艺术的"韵味"。文化工业为了满足大众需求,其产品类型、产品内容、产品风格日趋雷同和单调,同质化现象严重。文化生产和文化产品越来越趋于一律。这就使得文化的生产和消费呈现出非个性化的倾向。阿多尔诺认为,流行音乐结构简单、旋律反复、机械敲打,像刻板的教条一样,使听众不由自主地产生机械反应。这样一来,艺术的个性、自主性与创造性被扼杀了,艺术欣赏的自主性也被瓦解了。

第四,文化工业的商品生产标准化、程式化、规模化的生产模式,破坏了传统文化应有的个性与特点。法兰克福学派认为,在工业社会中,一切以经济为基础,以效益为目标,因此大众文化的过程更本质地表现为一种经济过程,一种商业行为。大众文化的生产彻底贯彻了商业性原则,从而导致了大众文化生产的批量性、复制性和标准化。霍克海默和阿多尔诺指出:"垄断下的所有的群众文化都是一致的,它们的结构都是由工厂生产出来的框架结构,这一点已开始明显表现出来。"文化工业按照一定的标准和程序,大量复制具有较强商业价值的各种产品,利用传媒使这些产品在文化市场上周而复始地出现标准化。

第五,文化工业使消费者日渐丧失独立判断能力。消费者在大众传播媒介的包围和改造下,日益失去独立思考和判断能力,成为纯粹被动的文化受众和消费者。法兰克福学派认为文化工业的典型做法是"不断重复""整齐划一",也就使顾客的文化需要受到生产者的制约,其消费带有一种强迫、被动的性质。比如,在广告工业和文化工业的广告效应下,人们在心理上逐渐形成一种趋同倾向,流行成了大多数人认可的唯一道德标准与审美标准。

法兰克福学派的理论作为一种批判性理论,显示了该学派思想家们敏锐的思想和犀利的目光。② 他们采用跨学科的研究方法,作出了对工业革命以来工业技术现代化进程深刻的批判性反思,分析了文化产业和消费社会稳定当前资本主义的方式,揭示了以发达资本主义社会为代表的现代文明的致命伤痛,以及理性地分析了20世纪以来的文化危机的根源,并相应地寻求新的政治变化的机制、政治改革的措施和政治解放的模式。同时,法兰克福学派,作为早期新马克思主义流派的一员,认为文化产业在产业化背景下能够使工人阶级融入资本主义社会中,关注大众文化在消费社会的发展情况以及对工人阶级的影响。尽管法兰克福学派的一些理论观点在学术界产生了许多争议,但法兰克福学派有助于我们认识文化产业的运行机制,警惕文化产业中意识形态和商业资本对人们可能产生的隐蔽操纵。

当年阿多尔诺等人对大众文化的批判,许多问题至今仍是一个活生生的现实。20世纪的大众媒体如好莱坞电影、流行音乐、广告业及电视业等,仍然在无止境地复制着商品世界。如今,大众文化日益深入日常生活,它通过电脑、电视、报刊等途径将成千上万信息强加入大众的大脑。根据大众需要调制出来的娱乐性、实用性的大众文化快餐比比皆是,如果大众在不费脑筋的乐与笑中,放弃理性批判和重建世界的态度,也会放弃对现实生活世界的深刻反省。

二、英国文化学派

第二次世界大战后,被称之为"通俗文化"的美国流行音乐、小说、商业电视节目等文化产品,

---

① 霍克海默,阿多尔诺.启蒙辩证法[M].重庆:重庆出版社,1988:145.
② 欧阳友权主编.文化产业通论[M].长沙:湖南人民出版社,2006:20.

以文化产业的形式涌进英国，迅速占领了英国的主要文化市场，英国到处充斥着美国通俗文化的影子。这一现象引起了英国文化研究者的关注与研究，并对此提出了一系列理论观点。英国文化学派的创立以1964年英国伯明翰大学的当代文化研究中心的成立为标志，故又称"伯明翰学派"。

英国文化学派以雷蒙德·威廉斯、斯图亚特·霍尔、特里·伊格尔顿等人为代表，主要著作有威廉斯的《文化与社会：1780—1950》、霍尔的《电视话语中的编码与解码》、伊格尔顿的《审美意识形态》等。其中，威廉姆斯与霍尔是英国文化学派的早期代表人物，伊格尔顿则是继威廉姆斯后最具有影响力的文化批评家。

由于集中在伯明翰大学的英国文化研究者多为下层平民出身，以伯明翰学派为代表的英国文化研究在政治上与"新左派"联系密切。因此，英国文化学派的理论既是对英国文化保守主义和法兰克福学派的批判性继承，又在大众文化领域独具创新特色。总的来说，英国文化学派主要有以下几大观点及贡献：

第一，文化研究的重点转向流通过程，更关心文化产品的用法与用途。英国文化学派既承袭法兰克福学派对文化产业的理性思考，又对"文化工业"进行了重新定位，肯定了文化产业在社会发展中的积极作用，为大众文化和文化产业高声叫好。在他们看来，法兰克福学派从意识形态批判的角度过分强调现代科学技术对文化生产的影响及大众在文化接受过程中的被动性，而他们则注意到了文化产业生产和消费中的能动性和解放力量，认为应当从权力、思想意识、制度话语等微观政治角度来重新考察和分析文化产业。

第二，认为文化产业的文本是开放的，受众虽不参与内容的生产，却可以参与文本的解读，从而能够主动地、创造性地接受文化产业产品。英国文化学派对"大众"的概念进行了重新界定。法兰克福学派认为"大众"（mass）即"乌合之众"，是现代工业社会将民众非个性化、同一化的过程和结果，缺乏自身的判断能力，只能被动地接受文化产业的影响。英国文化学派则认为大众的内涵和构成是相对的、动态的，会因其性别、年龄、种族、阶级等因素的不同而存在差别，大众并非是静态的、消极的、没有主体判断力的同质化的群体。霍尔在《电视话语的编码与解码》一书中认为，制作文化产品的过程首先是一个"编码"的过程，而大众对文化产品进行消费，是"解读"的过程，虽然文化产品灌输了生产者的意识形态，但仍然是一个开放的、多语义的话语系统，大众对一种文化产品及意义的解读存在三种不同的方式，即大众接受模式的三种立场："支配——霸权立场"（受众按照传播者的意图来理解和接受）、"协商代码或协商立场"（受众部分地按照传播者的意图理解和接受）、"对立码"（受众拒绝按照传播者的意图来理解和接受信息，并且产生了另一种方式的理解）。霍尔指出大众有自身想法，不会完全被媒介及主流意识形态操纵。

第三，拒绝高雅与低俗的传统划分。英国文化学派采用辩证的态度来看待高雅文化与通俗文化。他们认为，尽管大众文化的生产是大批量的复制生产，但其功能并非是单向的，故这两种文化产生的影响也是辩证的。

第四，取消文化产品中审美标准的首要地位。英国文化学派对"文化"这一概念有新的理解。传统观念下的文化是以"艺术作品"或者"经典作品"为核心和评价标准，英国文化学派则使得文化不再以"经典"为标准。出身于工人家庭的威廉姆斯积极倡导尊重普通民众的文化传统和下层劳动人民的文化需求，认为文化不仅是伟大传统中最优秀的言论和思想，还包括其他的知识形式、制度、风俗、习惯等。在文化产业化时代，文化的概念具有两层含义，第一种是用大写字母开头的"总体性文化"(Culture),第二种是用小写字母开头的各民族的"具体的文化"(culture)。两种文化的对立与斗争使文化概念毫无节制地扩张,已经达到令人生厌的地步。①

第五,英国文化学派提出了文化产业的双重属性。伊格尔顿师承威廉姆斯,又深受卢卡奇和本雅明文化批判思想的影响,认为文化产业既具有政治色彩,同时又在构建着经济基础。这一观点的提出使文化研究转向"文化"与"产业化"的双重研究。

总的来看,20世纪60年代形成的伯明翰学派开创了文化研究的一代新风,对当代西方学术界乃至整个人文学科产生了深远而持久的影响,为人们提供了一种崭新的学术视野和研究范式。虽然伯明翰学派成员繁多,理论庞杂,兴趣爱好也各有不同,但其研究目标和理论旨趣却是基本一致的。他们关注日常生活中的大众文化和大众传媒,批判资本主义主流意识形态的压迫性、虚伪性和欺骗性,积极建构具有主体性、能动性和批判性的大众文化消费群体,并由此而形成自己的文化研究特质。

三、美国文化产业理论

美国文化产业理论学派的代表人物主要有约翰·费斯克、赫伯特·甘斯和弗雷德里克·詹姆逊,他们曾试图将马克思主义与精神分析结合起来,通过哲学的和经验的研究来审视资本主义,但到了美国以后,他们的批判理论与美国文化产业的现状严重不符,导致他们对自身观点既有所保留又有所修正。

美国文化产业的迅猛发展,离不开其丰富的文化产业理论的理论支持,美国文化产业理论学者众多,提出了许多新观点、新思想,是对法兰克福学派和英国文化研究学派的继承与创新。其理论贡献概括起来就是:费斯克提出了大众文化的生产与接受是一个双向过程;甘斯提出"品位文化"的概念;詹姆逊的大众文化理论则揭示了文化与资本运作之间的内在联系。

1. 约翰·费斯克的大众文化理论

约翰·费斯克(John Fiske,1939—)是20世纪80年代以来活跃在文化研究领域的重要学者,是任何研究大众文化和电视文化都无法绕开的重要人物。深受英国文化学派的影响,费斯克"二战"时期从英国来到美国,继续他富有成就的文化研究,以其开拓性的文化理论建树被称为美国文化产业理论的"教父"。他研究的逻辑线索独树一帜:消费者的主动选择——大众文化——日常生活——经济后果。他在文化产业理论方面的代表作是《理解大众文化》和《阅读大众文化》,这两本书被奉为美国文化产业的奠基之作和"圣经"。

针对在西方长期占主导地位的法兰克福学派消极悲观的大众文化理论,费斯克力图提出并阐述了一种积极乐观的大众文化理论,这个理论的核心是发掘大众文化的反抗可能性。

费斯克的研究是从颠覆法兰克福学派的理论前提开始,从而确认自己的立论。法兰克福学派有两个基本假设:一是大众文化是一体化和平面化的文化产品,所以没有美学价值。二是人民大众在接受文化产品时是完全被动的,没有任何主动性和创造性。费斯克选择从第二个假设进行反驳。

第一,费斯克对文化进行了界定。在他看来,文化不同于文化产品。产品是静止的,而文化只存在于过程之中。同样,大众文化也不同于文化工业提供的产品。"大众文化只存在于其生产

---

① 王宁.特里·伊格尔顿和他的马克思主义批评理论[J].南方文坛,2001(3):7-9.

和再生产的过程中,只存在于日常生活的实践中,而不是存在于静止、自足的文本中。"①文化产品来源于文化工业生产,大众文化来自人民大众。文化工业只能提供资源和"剧目",而大众文化则是"受支配者从由支配系统提供的资源与商品中创造自己的文化"②,这就是大众文化的核心之处。

第二,费斯克认为,人民大众在创造文化时是积极创造,而不是被动接受。大众文化并非体现支配性意识形态的文化工业产品,而是大众对于文化产品的接受过程,在这个过程中大众以一种积极的、为我所用的方式理解文化工业的产品,在"他人"创造的产品中创造自己的意义。大众不是机器而是主体,具有资本主义工业无法控制的主动性。

"人民在阅读实践中恰好要灵活使用这种资源来努力(通过斗争)建构自己的文化,一种同质的一劳永逸的生产文化不可能现成地出售给大众,文化不是那样运作的。人民也不像所谓的群体那样作为和生活:单维的、只有错误意识的人、异化的群体。"③他同时认为,不能以任何理由贬低受支配者的创造能力,事实上,人们在使用文化产品时比较灵活,他们绝不会把文本当成《圣经》对待,有时对待文化产品是粗暴的、"无礼的",只是在浩大的文化资源中"偷猎"部分东西供自己欣赏和使用。一个剧本很难做到让所有人都投入相同的精力,每一个读者只关注自己感兴趣的和有意义的东西。实际上,工业产品与大众之间是控制和反控制的斗争,大众如果希望在斗争中取胜,常常使用某种"艺术",原则是既不激烈对抗也不全面认同,有斗争有妥协,进中有退,退中有进,亦进亦退,游刃有余,他称这种艺术为"周旋的艺术"。而控制与反控制的矛盾和斗争则是大众文化的本质。

第三,费斯克提出了"大众文化就是日常生活"的论断。大众在创造自己文化的时候将行为与日常生活紧密联系起来,这是大众在使用文化产品时的显著特点。费斯克认为,文化的意义在特定社会中产生和流通,文化并不是什么超越时代的永恒,而是工业化社会中意义的生产和生活的方法,它涵盖了这种社会的人生经验的全部意义。这些对文化的理解,将文化研究的方向由传统的精英文化研究转向大众文化研究,把文化看做是一种普通的实践,一种普通的人类社会性活动。大众之所以把文化与日常生活结合起来,主要是在当权者的文化斗争中有一定的根基。否则,大众就会在文化消费中被置于弱者的位置。因此,日常生活就像文化消费一样,同样存在着控制与被控制的问题,日常生活与大众文化的阅读实践一样,需要讨价还价,这也是一种"夹缝中求生存的艺术"。与精英主义美学观不同,大众文化不把文化"质量"当做选择中的决定因素,而是更关注文本的功能以及文本在日常生活中的使用。"一个文本要想成为大众的,就必须有与处于不同语境中的各个读者的相关点,因而它自身必须是多义性的,而对于它的每次阅读都是受条件限制的,因为它必须受其阅读的社会条件的支配。相关性要求多义性与相对性,它否定封闭、绝对以及普遍。"在此,费斯克指出了资产阶级文化观和工人阶级的文化观的根本区别:高度参与与距离。资产阶级强调距离产生美感,而工人阶级的趣味主要是参与,"大众文娱活动与资产阶级文娱活动的根本区别之一在于观众的参与,在大众文娱中观众直接而持续地参与(吹口哨、

---

① J. Fiske. Understanding the Popular Culture. London, Sydney, Willington, 1989: 176.
② J. Fiske. Understanding the Popular Culture. London, Sydney, Willington, 1989: 36.
③ J. Fiske. Understanding the Popular Culture. London, Sydney, Willington, 1989: 138.

叫喊、进入舞台);而在资本主义的文娱中,观众的参与是有距离的、仪式化的、间隙性的"。①

第四,费斯克提出了"金融经济"和"文化经济"的概念。在工业化社会里,文化的存在绝不会离开经济的伴随。大众文化实际上就是在金融经济和文化经济两个领域中流转。费斯克以电视的产业化生产为例,来阐述他的两种经济理论。在金融经济中,流通的金钱,关注的是交换价值;在文化经济中,流通的是意义和快感,关注的是使用价值。在金融经济中,文化产品的消费者处于被动地位;在文化经济中,文化消费者利用自身独特的解码对文化产品和文化资源进行重新生产,制造出意义和快感,衍生出大众文化。

2. 甘斯的群体理论

赫伯特·甘斯(Herbert J. Gans)是美国哥伦比亚大学教授,主要研究社会学。他在文化产业理论领域的研究和见解主要体现在他的著名论文《大众文化和高级文化》里。

甘斯的主要见解是围绕"品味文化"概念展开的,这一概念的提出,确定了其在美国文化产业理论界的标志性地位。其主要论点是:文化没有高低贵贱之分,只有品味的不同。文化是平等的,任何人都有权利选择他喜欢的文化,文化批评不应厚此薄彼。他以阶级为基础,以地位、种族、性别、宗教和其他社会差异为标准,把文化分为以下五种趣味:高雅文化;中上层文化;中下层文化;下层文化和准民俗下层文化。后来,为分析方便,甘斯最终认为存在三种阶级文化:高雅文化、中上层文化、中下层文化。

"高雅文化"中,文化创造者统治着美学标准。文化生产者不一定都是社会精英阶层,但是他们在艺术、音乐、戏剧、文学方面的评价标准则反映了精英阶层的意志和审美倾向。文化的实用性在高雅艺术中被置于次要位置,而美学价值被视为压倒一切的东西。可以说,高雅文化是"为艺术而艺术"的温床。正是由于这些特点,高雅文化"并不是平等地对任何人开放,它为社会精英群体(富有的和高学历的人)提供了一种独占高雅文化并把他人从其社会生活中排斥出去的途径"。②

"中上层文化"来源于一个地位更不安全的趣味公众。这些人的特点是,生活充满奋斗和野心,角色复杂,既希望通过参与高雅文化来寻找附加地位,又不得不参与激烈的社会竞争。他们的需求文化是实用主义的,他们更感兴趣的是内容而不是形式。例如《时代周刊》和《新闻周刊》这类既高尚又流行的快速新闻文摘就成为这类群体的最有效的文化消费品。

"中下层文化"最具特色,这类文化的消费者被称为"中产阶级"。这个阶层人数最多,境况一般,对个人前途不抱太大的奢望,事业心谈不上很强。他们在文化消费上体现了两种理念,即"体面"和"地位消费"。他们不是太差,但又缺乏向上爬的勃勃野心。他们既憎恶高雅文化的特权,却又不自觉会模仿高雅文化。他们的心理底线是强调努力工作,为家庭提供优良生活,坚持牢固的中产阶级道德价值。这就是中产阶级的"体面"理念。在"地位消费"方面,中产阶级强调消费必须与自己的地位相符。闲暇被中产阶级视为意外的恩惠,诸如运动、消遣、锻炼、娱乐等都是与自身地位相等的消费方式。

按照甘斯的解释,大众文化主要取决于消费者,其目的是消费者在消费的过程中获得意义和快感;精英文化主要取决于生产者,目的是使作者的审美观和灵感在创作的过程中得到充分的展

---

① J. Fiske. Understanding the Popular Culture. London, Sydney, Willington, 1989: 150-151.
② (美)约翰·R. 霍尔,玛丽·乔·尼兹. 文化:社会学的视野[M]. 北京:商务印书馆,2002:183.

示。而且大众文化与精英文化不但不是对立的,还是可以并行存在和发展的。因为二者拥有各自不同的接受群体。相异群体的形成与他们社会密切相关,在此基础上,不同的群体便有了不同的接受倾向。这也是品位文化的形成原因。

3. 詹姆逊的后现代主义理论

弗雷德里克·詹姆逊(Fredric Jameson)是"后现代主义"概念的创立者,是当今美国最重要的马克思主义批评家。他的成就主要表现在三大领域:叙事分析、意识形态分析和文化批判。与之相对应,形成了他著名的三种批判方式:政治无意识、后现代主义、认知的测绘。他对文化的批评主要集中在三大方面:文化大众化问题、形象转向问题、文化与经济问题,并揭示了文化与资本运作之间的内在联系。

(1) 文化大众化问题

詹姆逊认为,现代社会已进入消费文化阶段。他把文化发展分为几个阶段。在19世纪,社会上只存在高雅文化。这时的文化内涵只是高雅音乐、绘画和歌剧。文化与现实相距甚远。随着历史的发展,文化与社会的距离开始拉近。到了后现代主义阶段,文化已经完全大众化了。最显著的表现是,高雅文化与通俗文化的界限异常模糊,纯文学与通俗文学的形式和内容出现叠加。文化再也不是阳春白雪,而是从神秘的宫廷和庄园走出来,走向田野,走向那些人数众多、没有受过高等教育的人们。日常生活的审美化或审美的日常生活化成为文化的主流。在后现代主义社会,文化已经从"文化圈层"中剥离出来,进入普通人的生活,成为和日常生活用品一样的消费品。形象,本来是十分独特的东西,但文化大众化以后,形象也可以大规模地复制和生产。文化工业更是打破了文化与商品的界限,商品中有文化,文化中有商品。在后现代社会,文化、社会、生活、商品的相互联系和融合,构成了现代社会的独特景观。他把后工业社会的大众文化特点概括为五种意识差异的消失:内部和外部差异的消失、本质和形象差异的消失、无意识和显意识差异的消失、真实性和非真实性差异的消失、能指和所指差异的消失。于是,大众文化呈现出一种"平面化"和"无深度化"现象。

(2) 形象转向问题

所谓形象,"是以复制与现实的关系为中心,以这种距离为中心"①。詹姆逊认为,文化现在正经历一场史无前例的变化:以语言为中心的文化转向以视觉为中心的文化。由于全球商业化时代的到来,仿像(形象、照片、摄影的复制、机械性的复制、商品的复制)是后现代的主要特征。音乐电视和电影在文化中占据着越来越重要的地位,就是无可争议的例证。

詹姆逊十分重视视觉文化。他认为,视觉艺术具有积极和消极两方面的因素。从消极方面看,它表明传统话语方式正以前所未有的速度贬值和失效;从积极方面看,这恰恰暴露了当今西方社会中经济、权利、政治的强大力量。和传统艺术不同,影视艺术具有广泛性和包容性,也最能表现最高形式的意识形态问题。在感官化日益明显的时代,话语权已从以语言为中心转为以视觉为中心。

(3) 文化与经济的关系

詹姆逊对于文化与经济关系的分析可以说是标新立异的。他提出"形象就是商品"的概念。在"晚期资本主义"社会,文化在现代传媒的决定性影响下已经完全商品化了,商品经济的发展彻

---

① 詹明信.晚期资本主义的文化逻辑[M].北京:三联书店,1997:37.

底推翻了高雅文化与商品之间的篱笆,商品进入社会的一切领域,并按照商品的规律生产出符合消费口味的文化产品。

他指出,文化也与其他商品紧紧纽结在一起。例如,在商品生产和销售方面,经济问题实际上变成了文化问题。消费者购买商品的价值与功能时,必然会考虑具有文化色彩的形象问题。但文化也必须与工业相联系。发展文化,就要考虑电影工业、录像带以及录音带等。甚至商品的供求关系也会影响文化以及形式上的变化:文学、艺术、建筑、影视。哪一项文化项目离开工业就会难以立足。通过对文化的商品化和商品的文化化的论述,詹姆逊试图揭示在晚期资本主义时期的文化与资本运作之间的联系。此外,他还指出经济的全球化必然导致文化的全球化,明确指出了文化全球化的负面效应,即文化全球化对地域文化的消解作用。

总之,美国文化产业理论虽然晚于欧洲文化理论,但它完成了对前人的超越。在对文化的定位方面,有许多论点,例如"大众文化就是日常生活",揭示了美国文化产业发展的内在动力。约翰·费斯克甚至说文化产业是"第五产业"。在大众文化与精英文化的关系上,美国理论界不是排斥其中一种,而是解释了二者同时存在的合理性。约翰·费斯克认为,大众文化是文化产品的材料化,而精英文化是文化产品的经典化。这种理论对产业的指导是有力的,从而促进了美国文化的多样化格局的形成。约翰·费斯克的"两种经济"观点的提出,完成了美国现代文化产业理论的嬗变:由"文化——经济"到"经济——文化"的发展。从上述理论的论述中,我们可以从一个方面了解美国文化产业发达的原因。然而,美国文化产业理论也因其弱化了法兰克福学派以来的批判精神而受到理论学术界的批评。

四、西方文化产业的应用理论

继法兰克福学派后,西方文化产业理论沿着两条路线发展,一条是文化产业基础理论路线,另一条是文化产业应用理论路线。文化产业基础理论研究发端于英国伯明翰大学文化研究中心对大众文化和文化产业的研究,文化产业应用理论则是基于西方文化产业实践发展起来的经验性操作理论。

文化产业的应用理论重点研究文化产品的研发、生产、销售、管理、与宏观经济的关系和文化产业发展战略,成果集中出现在 20 世纪 80 年代后。引入了经济学和管理学知识,有文化产业概念界定与行业划分、文化产业运行机理、文化产业政策、文化产业与地区发展、文化产品国际流动、文化产业价值链等。英国的研究成果较为丰富。麦耶斯考夫阐述了文化产业在经济和就业方面的影响,并在《英国艺术的重要性》一书中论述了"艺术与文化产业"问题;20 世纪 90 年代初,尼古拉斯·伽纳姆"为文化产业的名誉恢复做了大量工作",他认为,文化产业采用了特有的生产方式和行业法人组织来进行符号的生产和传播,这些符号的表现形式虽然不都是商品,但其表现形式却都是文化商品和服务[①]。查尔斯·兰蒂在 20 世纪末将"价值链分析法"引入文化产业研究,提出构建文化产业价值链的五个环节:创意的形成、文化产品生产、文化产品的流通、文化产品的发送机构和最终消费者的接受等。

经过文化产业实践及发展,西方文化产业应用理论对于文化产业的理解逐渐形成了以下

---

① Nicholas Garnham. Capitalism and Communication: Global Culture and the Economics of Information. Newbury Park: Sage Publications,1990.

观点：

第一，文化产业主要指"大众文化"或"流行音乐"，如畅销小说、商业电影、摇滚音乐、拉丁舞、商业设计、POP歌曲、音乐喜剧、肥皂剧、电视连续剧、连环漫画、音像制品等。

第二，文化产业主要指大众传播媒介如电视、广播、广告、流行报刊等。

第三，文化产业需要把文化推向市场，使之从生产到交换再到消费都成为一种经济活动，它不仅需要按照文化艺术的规律来生产，更需要按照一般商品的生产模式来生产。

第四，文化产业与其他产业部门一样，是按资本运行的逻辑来进行生产的，需要追求利润的最大化，实现资本增值。

第五，文化产业的发展带来了当今世界的文化存在形态、结构和格局的重大变化，导致了文化的商品化和消费化，也使传统的文化观念、文化（艺术）生产方式、接受和消费方式以及文化作用方式发生了重要变革。

五、中国文化产业理论研究

中国文化产业理论研究相对西方和美国而言，起步较晚。第一篇探讨大众文化运行机制及生产、流通和消费等问题的文章于1991年出现在《上海文论》"大众文艺"系列文章中。此后，从文化产业角度探讨大众文化的文章便不断涌现。1997年，《读书》杂志第2期发表一系列大众文化文章掀起了大众文化高潮，形成了支持、赞扬与批判、否定截然对立的观点。简单的肯定与否定无助于理清大众文化日益分裂、侵占甚至取代精英文化的格局，但学术论争表明了大众文化旺盛的生命力。

20世纪90年代末，大众文化的地位得到普遍认可，文化产业获得了话语权。这种话语权随着市场经济的发展和中国加入WTO而上升到国家层面。2000年国家"十五"规划首次提出要"推动文化产业的发展"，文化产业成为国家发展战略的重要组成部分，标志着文化产业的合法化。此后，中国文化产业理论进入应用研究阶段，包括宏观层面的文化产业研究、区域文化产业发展研究、具体文化产业行业发展研究及加入WTO与中国文化产业发展的关系研究等。主要研究有：

一是对文化产业概念、性质与规律的探讨。对文化产业性质的理解有两种。一种将重心放在文化上，强调其文化属性。一种将重心放在产业上，强调其产业属性。冯子标认为，提出文化产业论题本身即是对文化的产业属性的复归。章建刚指出，产业是其主体，文化是对它的限定。学者们对其发展规律进行了初步探索。张晓明提出了文化产业发展的不平衡规律。焦斌龙从资本、劳动、技术和市场视角探讨了工业化时期文化产业的发展规律。卢渝提出了欠发达地区发展文化产业的思路。孟晓驷从需求角度提出了文化产业发展机理。柯克全面分析了其生产、经营和消费主体。谢名家从精神生产角度提出了文化产业发展机制。乐后圣提出，文化产业是21世纪的黄金产业，并对其进行全方位解读。陈立旭论述了市场逻辑下文化发展的内在规律。

二是对文化产业进行了宏观研究。20世纪90年代中后期，学者们开始从宏观层面对其理论缘起、发展现状、趋势等进行全面介绍和分析。中国社会科学院和上海交通大学国家文化产业创新与发展研究基地，对中国文化产业进行长期跟踪，自2002年开始，每年发布"中国文化产业年度报告"，试图全面反映年度文化产业总体进展。北京大学国家文化产业创新与发展研究基地从2003年始集中对其定义的文化产业进行年度跟踪。文化部、国家统计局在2002年成立课题组进行文化产业统计指标体系研究,建立国家文化产业统计制度,从2004年始将文化产业统计纳入日常统计。

三是关注了文化产业和行业发展。喻国明长期集中于传媒业发展研究,认为传媒业的经济学本质在于影响力,制约传媒业发展的障碍是传媒业宏观改革滞后于微观改革。尹鸿对中国传媒产业的核心竞争力进行研究。孙安民将文化产业发展模式分为虚文化和实文化,前者指文化处于隐性状态,表现为企业文化、消费文化、商业文化;后者指文化处于显性状态,类型有科教产业、文娱产业、媒介产业、体育产业。

此外,中国文化产业理论研究还有文化产业主体培育、文化企业改革、文化产业与知识经济、高新技术与文化产业、文化产业与经济增长、文化体制改革与文化产业发展、文化产业投资等方面。

中国文化产业理论研究有三个特点：

一是以定性研究为主,缺乏必要的定量研究。随着文化产业的发展和完善,定量方法的引入将愈加迫切。由于缺乏整体数据和受限于研究者的学科背景,学界很难把握中国文化产业的发展态势。当然,随着政府对文化产业行业统计口径的调整以及企业(家)对文化产业的关注与支持,定量研究方法将日趋成熟。

二是开始引入经济学和管理学理论与方法。20世纪90年代末,学者开始引入经济学和管理学理论。连连围绕消费与文化产业进行了研究,花建从投资战略角度对文化产业进行了研究,胡惠林从文化经济一体化发展角度探讨了文化产业的生成与发展。总体上,从经济学和管理学视角的研究尚未进入中国文化产业理论主流。不过,可以预见,从经济学层面研究文化产业是大势所趋。

三是中、微观层面研究亟待强化。中国文化产业理论以宏观研究见长,中、微观层面研究明显不足。中观层面缺乏文化产业发展的制约、动力因素、法律政策研究。微观层面缺乏文化产业主体培育和文化企业运行机制的系统研究。

第四节 文化产业与国家文化软实力

一、文化软实力

"软实力"(Soft Power)的概念是由美国哈佛大学肯尼迪政府学院院长约瑟夫·奈教授提出来的。1990年,他分别在《政治学季刊》和《外交政策》杂志上发表《变化中的世界力量的本质》和《软实力》等一系列论文,并在此基础上出版了 *Bound to Lead: The Changing Nature of American Power*(中译本《美国定能领导世界吗?》)一书,提出了"软实力"的概念。约瑟夫·奈指出,一个国家的综合国力既包括由经济、科技、军事实力等表现出来的"硬实力",也包括以文化和意识形态吸引力体现出来的"软实力"。"硬实力和软实力依然重要,但是在信息时代,软实力正变得比以往更为突出。"

约瑟夫·奈随后又对软实力理论做了研究,并发表了一系列相关著作,进一步完善了软实力的概念。他指出,软实力有两种定义方法,一是从行为角度定义,指通过吸引而非强迫或收买的手段来达己所愿的能力。二是从资源的角度定义,指所拥有的可影响结果的能力和资源。2001

年以后,他致力于软实力的应用研究,代表作《领导的力量》中阐述了软实力和硬实力在领导力量中的作用,并分析了美国要想保持自己在世界上的领导权,必须注重软实力建设的重要性。2006年约瑟夫·奈发表的《软实力再思考》一文中提到了一个国家软实力有三个主要源泉:"文化(在能对他国产生吸引力的地方起作用)、政治价值观(当这个国家在国内外努力实践这些价值观时)及外交政策(当政策需被认为合法且具有道德威信时)。"随着世界局势的变化与发展,"二战"以后各国的综合国力的因素不断丰富和完善,从较早的军事力、经济力到后来的资源力再到科技信息时代的科技力和信息力,2000年左右"软实力"被更多的国家纳入了综合国力中。

文化软实力是文化与软实力的有效结合,是在"文化力"概念和"软实力"或"软权力"概念的基础之上发展起来的概念。什么是"文化软实力",通俗地说,文化软实力主要是指那些在社会文化领域中具有精神的感召力、社会的凝聚力、市场的吸引力、思想的影响力与心理驱动力的文化资源、产品、服务和权益等。它被看做是人在创造生存的过程中改变自己或他人的实在影响力。文化软实力是文化和意识形态吸引力体现出来的力量,是世界各国制定文化战略和国家战略的一个重要参照系。

文化表面上确实很"软",但却是一种不可忽略的伟力。对一个国家来说,"文化软实力"是"国家软实力"的核心内容。任何一个国家在提升本国政治、经济、军事等硬实力的同时,提升本国文化软实力也是更为特殊和重要的。当今国际社会的主要趋势是交流与合作,但是国家竞争是不可避免的,文化软实力也逐渐成为国家进行外交的政策及筹码。它表现为一个国家在国际社会的形象以及在多边外交中对国际规则和政治议题的塑造力。国家通过自身的价值观建立和主导国际规范及国际制度,从而能够左右世界政治的议事日程,这也是当今许多西方大国运用其软实力的一个非常关键的环节。

2006年,胡锦涛《在中国文联第八次全国代表大会、中国作协第七次全国代表大会上的讲话》中指出:"面对当今世界各种思想文化相互激荡的大潮,面对国家发展和人民生活改善对文化发展的要求,面对社会文化生活多样活跃的态势,如何找准我国文化发展的方位,创造民族文化的新辉煌,增强我国文化的国际竞争力,提升国家软实力,是摆在我们面前的一个重大现实课题。"2007年我们党召开的十七大上又提到加强文化软实力建设的问题,党的十七大报告指出:"当今时代,文化越来越成为民族凝聚力和创造力的重要源泉、越来越成为综合国力竞争的重要因素,丰富精神文化生活越来越成为我国人民的热切愿望。要坚持社会主义先进文化前进方向,兴起社会主义文化建设新高潮,激发全民族文化创造活力,提高国家文化软实力,使人民基本文化权益得到更好保障,使社会文化生活更加丰富多彩,使人民精神风貌更加昂扬向上。"党的十八大再次明确提出"提高国家文化软实力,发挥文化引领风尚、教育人民、服务社会、推动发展的作用",并且把它作为扎实推进社会主义文化强国建设的伟大工程,这无疑为深化文化体制改革、解放和发展文化生产力吹响了战斗的号角,也标志着在当今世界的大发展大变革大调整时期,在我国全面建成小康社会的关键时期和深化改革开放、加快转变经济发展方式的攻坚时期,文化越来越成为民族凝聚力和创造力的重要源泉、越来越成为综合国力竞争的重要因素、越来越成为经济社会发展的重要支撑,提升国家文化软实力已经成为建设社会主义文化强国、提高中华文化国际影响力的重要国策和重大战略。

加强国家文化软实力建设,具有重大的战略意义。"提高国家文化软实力",这不仅是我国文化建设的一个战略重点,也是我国建设和谐世界战略思想的重要组成部分,更是实现中华民族伟大复兴的重要前提。具体来说：

1. 文化软实力增强是全面建成小康社会的重要目标和重要保证

今天，如果抛开文化建设、忽视文化发展，小康社会就是不完整、不全面的。如果没有文化的繁荣发展、离开文化的支撑和保障，全面建成小康社会目标就不可能实现。现在我们达到的小康还是低水平的、不全面的、发展很不平衡的小康，其中一个重要的方面就是城乡居民的文化生活水平还比较低。特别是随着人民生活从温饱达到总体小康，文化消费进入快速增长期，人民对丰富精神文化生活的期待越来越高。只有增强国家文化软实力，更好地满足人民日益增长的精神文化需求，切实保障人民基本文化权益，才能确保全面建成小康社会奋斗目标如期实现。

2. 文化软实力增强是夺取中国特色社会主义新胜利的必然要求

文化建设是中国特色社会主义事业五位一体总体布局的重要组成部分。没有社会主义文化繁荣发展，就没有社会主义现代化。改革开放特别是党的十六大以来，我们党始终把文化建设放在党和国家全局工作重要战略位置，推动中国文化建设取得了巨大成就，为坚持和发展中国特色社会主义提供了强大精神力量。经过这些年的发展，我们越来越深刻地认识到，无论是推动经济社会又好又快发展，还是改善民生、促进社会和谐，都要求我们加快文化改革发展步伐，提高国家文化软实力。

3. 文化软实力增强是实现中华民族伟大复兴的必然要求

综观世界几千年历史，中华民族之所以历经磨难而生生不息、绵延不绝，一个重要原因就是我们有深厚的文化传统，有共同的精神家园。源远流长、博大精深的中华文化，滋养着中华民族的凝聚力，激发着中华民族的创造力，是中华民族生存和发展的根本。当今世界正处在大发展大变革大调整时期，各种思想文化交流交融交锋更加频繁，文化在综合国力竞争中的地位和作用更加凸显，维护国家文化安全的任务更加艰巨，增强国家文化软实力的要求更加紧迫。实现中华民族伟大复兴，离不开中华文化繁荣兴盛。只有文化软实力增强，才能进一步提升民族凝聚力和创造力，增强中国的综合国力和中华文化的国际影响力，形成具有核心竞争力的文化优势，为实现中华民族伟大复兴提供强大动力和有力支撑。

二、我国文化软实力面临的挑战

改革开放以来，中国政治、经济、文化迅速发展。国民经济水平逐步提高，经济上取得巨大发展，国防现代化建设日趋完善。这些成果标志着中国正逐步地走向繁荣富强。特别是中国加入WTO，成功举办奥运会、世博会，不仅体现了中国建设取得的成果，也彰显了国家的"硬实力"。但是由于长期以来对"软实力"的提升不够重视，我国各项"软实力"相对于"硬实力"来说有一定的差距。

主要问题是：

1. 传统文化现代化问题

中国是一个文化资源大国，中华文化源远流长、底蕴深厚、博大精深，不仅是中华民族共有的精神家园，而且同样滋润了世界其他民族，也是世界其他民族的精神养料。但是，我们曾长期陶醉于以自己的辉煌成就铸造的思想牢笼中，没有清醒地认识到文化资源大国并非天然就是文化软实力大国，文化资源要成为文化软实力，还需要有一个转化过程。长期以来，中国文化软实力弱小的重要原因在于其将文化资源转化为文化软实力的能力严重欠缺。中国文化建设的自觉性不强,导致文化自强十分困难。

中华民族文化是我国文化软实力的首要资源和重要基础。只有充分发掘中华传统文化的优势,全面认识祖国的传统文化,取其精华,去其糟粕,使其与时代特征相适应,与现代文明相协调,与人民的生活和国家的行为相联系,才能自觉实现民族文化的现代化转换。

中国对于传统文化的宣传和推介处于"原生态"状态,优秀的文化传统资源优势并未充分转化成为强大的现实生产力;文艺演出、语言文化、图书出版等文化领域面临着"文化赤字";对于中国文化形象的认知存在一定的偏差,忽视了对传统文化资源的创新和改造。因此提高国家文化软实力,大力发展文化产业迫在眉睫。

2. 民族素质和民族自信心问题

随着经济和社会的发展进步,中国民族素质显著提高,这是不容置疑的事实。但必须清醒地看到,由于中国改革开放和现代化建设的广度、深度和前进的速度前所未有,就整个国家和民族来说,我们的素质准备有所不够,存在某种滞后。从历史和世界的视野来考察,一个大国的崛起,良好的国民素质的养成和提高是最重要的内在因素之一。同民族素质相联系的是民族自信心问题。在西方人面前,我们的知识精英和群众常常表现出一种内在的卑怯和不自信。有人甚至认为,一翻开中国古书,会觉得有一股陈腐之气扑面而来,而读西方古书却被认为是对西方思想源头的探险。这种文化虚无主义情结,使得中国成为世界上走向现代化道路中割裂和抛弃自身传统最为严重的国家。受"西优中劣"价值取向的长期影响,造成一些中国人自卑、自贱的"集体无意识",也慢慢毁掉新一代的民族自信心。

3. 中国文化的国际影响力问题

"二战"以后,特别是20世纪80年代以来,世界文化产业发展迅猛。从1996年开始,美国的文化产业已经超过航空、重工业等传统领域,成为美国最大的出口产业。文化输出意味着价值观的输出。美国用三大"片"——薯片、芯片、影片——策略就征服了世界。麦当劳和可口可乐这些食品甚至都成为美国文化、美国意识形态的一部分。世界各国都异常重视文化产业的发展。如近邻的韩剧、韩装,仅最近风靡全球的《江南Style》骑马舞,就让人领略了韩国文化的强大营销能力。反观中国,在哲学社科、新闻出版、广播影视、文学艺术等领域,优秀作品寥寥无几。可见,中国文化竞争力明显处于弱势地位。这种西强我弱的态势,短时间内还难以改变。只有大力推进民族文化创新工作,加大制度创新力度,加快构建文化传播体系,才能使我国悠久的历史、灿烂的文化通过各种媒体传递到世界各地。

三、发展文化产业,提升我国文化软实力

一个国家文化软实力的建设包括许多方面的内容,如国家意识形态建设、文化制度建设、文化事业发展、文化产业发展等,其中发展文化产业、扩大文化出口、优化文化产品出口结构对国家文化软实力建设有着十分突出的作用。从国家文化发展的整体视角来看,二者是不能割裂的。提升文化软实力的有效方式之一就是大力发展文化产业,在国家文化软实力的核心理念指导下提升文化产业水平。

只有牢固树立"文化软实力是重要国力"的观念,把文化产业列入国家战略,大力推动和扶持文化产业;只有详细制定文化发展战略目标、战略措施和文化发展政策,加快发展文化事业和文化产业,推进文化体制改革,完善文化产业政策,推动其发展成为国家战略性产业,才能做到"国

家硬实力"和"文化软实力"两手抓,两手硬。

1. 完善文化产业发展机制

一是要深化文化体制改革。改革开放以来,我国文化体制改革逐步深化,对外开放不断扩大,文化发展的体制环境发生了显著变化,但我国现行的文化产业发展机制还带有计划经济的特点,很大程度上还不适应市场经济的环境,国家要充分发挥宏观调控的积极作用,严格依照党中央国务院出台的《关于深化文化体制改革的若干意见》进行文化体制改革。当前需要进一步解放思想,以更大的魄力推动文化体制改革,顺应文化生产力发展的要求,尽快克服制约文化产业发展的体制性障碍,加快改革管办不分、条块分割的传统文化体制的弊端,更大限度地发挥市场配置资源和要素的决定性作用,构建统一、开放的文化市场环境,促使文化资源和生产要素自由流动,优化组合,从而建立科学合理、灵活高效的文化管理体制和文化产业运行机制,为文化发展和创新创造良好的外部条件。可以说,文化体制改革是解放和发展文化生产力,增强文化发展活力,推动文化产业创新发展的根本出路。

二是要制定相应的政策法规。从我国的实际情况来看,出台有效的文化产业政策已经显得十分紧迫。我们要争取在尽可能短的时间内缩小与发达国家文化产业发展的距离,就必须建立合理的文化产业机制。在竞争激烈的国际市场中,我国的文化产业还没有太大优势,需要政府通过多种手段来扶持文化产业的发展。比如可以运用政府采购、重点扶持品牌文化等方式,或者通过相关的税收、信贷等政策为文化产业的发展提供良好的发展环境。还需要有相关的法律法规作为坚强后盾。政府部门应及时调研当前的文化产业发展动态、市场经济的运行环境,加速文化产业立法。例如,中国正处在文化产业发展的初期,我们因为不重视知识产权而蒙受不少损失,通过法律才能有效解决文化产业中的知识产权问题。

三是制定合理的投资标准。由于文化产业的发展与经济是密不可分的,需要大量的资金投入。国家也需注意调整文化产业的投入机制。国家要制定合理的投资标准,能否提升文化软实力水平可以作为文化产业的投资标准之一。随着经济的快速发展,国家财力不断增强,各部门需要严格把关,合理调整支出结构,有计划地增加文化产业预算,也可侧重向示范性的大型文化产业企业注资。

总之,文化产业的发展及文化软实力的提升都离不开良好的文化环境。在这一问题中需要特别提到的是国家、政府部门对文化产业发展的管理需要符合文化产业发展的市场规律和经济规律,通过制定政策、完善体制等方式从宏观角度进行调控。

2. 开拓繁荣各类文化市场

毫无疑问,文化产业的发展,有利于调动广大文化工作者的积极性、创造性,活跃和繁荣文化市场,满足群众多层次、多方面的精神文化需求,增强文化的活力和竞争力,而且可以为国家创造物质财富,使国家拥有更多的物力和财力用以支持文化公益事业的发展。在我国文化向娱乐文化转型,从审美文化向文化产业转型,从精英文化向大众文化转型,从阶层文化向泛大众文化转型的过程中,大力促进文化产业的发展,必须引导理性的文化消费,但由于国产文化产品和服务不合老百姓胃口,"理论"与"实际"的文化消费量仍有三四千亿人民币的结构性缺口,形成了目前中国文化产业无法突破的一个真空,这也正是我国文化产业发展规模惊人的潜在市场空间,可以预计,文化消费的持续增长对中国文化、教育、旅游、信息等相关产业的拉动作用将日益明显。

因此,要充分利用各类文化资源,大力开拓文化市场,在文物、文化、旅游等文化产业领域以更多、更好、新颖、精致的主导性文化产品占领市场,吸引更多求知、求新、求美、求异、求乐的人进行文化消费,同时,要促进文化与科技融合,提高文化产业规模化、集约化、专业化水平,从而牢固树立文化产业在国民经济中的支柱性产业地位。

3. 打造中国特色的文化精品

中国有非常丰富的民族传统文化资源。民族传统文化是一个民族长期发展的历史产物,不仅沉淀着一个民族已有的文化创造和文明成果,还蕴含着民族走向未来的可持续发展的文化基因,其潜在模式维护着社会成员共有的基本价值和道德规范。文化产业与中国民族文化资源相结合,是我国文化产业发展的一大亮点。众所周知,中国文化不仅仅只有功夫、剪纸、方块字、唐装汉服,还有我们的饮食文化、历史传说等等,只有充分发挥中国悠久历史的山文化、海文化、自然景观文化的特色,并融合一些人文因素,实现中国的文化产业与各地旅游资源融合,与历史传统融合,与民族文化融合,才能全方位打造中国特色文化产业。

纵观国内提升文化软实力的成功案例(如国内近年推出的实景演出:广西的《印象刘三姐》、云南丽江的《丽水金沙》以及海南的《印象海南岛》等),无不拥有地域特色浓厚、时代个性鲜明,既具有艺术性又有娱乐性、市场性的文化精品。我们只有在文学艺术、广播影视、新闻出版、哲学社会科学、文化活动、文化设施、文艺演出、动漫、主题公园等方面培育地域文化品牌,才能增强地域文化的发展基础和竞争实力;只有充分挖掘和开发具有自主知识产权的原创品牌,突出个性特色,推进传统文化的产品化、品牌化和国际化进程,将地域性、民族性、原生态型文化品牌打造与文化消费市场培育紧密结合,才能使文化精品熠熠生辉。

4. 扩大深化国际间文化交流

一方面应合理借鉴外国文化。加入世贸组织之后,中国不仅加强了与世界其他国家的经济交流,也加大了文化交流的力度。国外的文化产品像潮水一样涌入中国境内,这为丰富我国人民的文化生活作出了较大贡献,同时也对中国文化事业的发展形成了严峻挑战。世界政治格局大变迁中有过先分裂文化后分裂国家的诸多案例,我们在吸收和借鉴外来文化积极、合理因素的同时,必须充分尊重差异、包容文化多样性,这是保持中华民族文化特色的有效应对策略。我们可以借鉴西方先进的文化产业发展形势,如管理理念、经营模式甚至可以直接引进外国优秀的文化产业人才,但是在内容上仍要以本土文化为核心。中华文化博大精深、源远流长,在世界各种文明中占有重要一席。发展文化产业,提高国家文化软实力,必须坚持以中华优秀文化传统为根基,增强中国文化产业的核心竞争力。

另一方面,打造国家文化软实力,对内是强调"以文化人",对外凸显"文化天下"的向度,即"文化走出去"战略,提升中华文化在世界上的吸引力和价值的传播力。只有不断加强与世界的沟通与了解,致力于中华文化的开拓创新,不断推陈出新,以具有时代气息和民族特色的文化成果来确立中国文化的现代形象,在崭新的现实境遇中彰显不断创新发展的中国文化的实力和魅力。

文化产业的发展要有拓展全球的视野,在文化产品对外输出的同时向世界展示中国是一个理性大国、负责任大国、和谐大国的形象。尽管各国文化存在较大差异,特别是我们和西方文化在意识形态和文化内容上差异较大,但是这并不妨碍我国文化产业在国际上的交流与合作,在"和谐世界""和平发展"等理念中也是可以达到共赢的。我国上下五千年的文明蕴含着丰富的物质成就和思想底蕴,我们应通过科技创新将这些融入文化产业的发展中。例如同样是历史传说的文化,如"花木兰从军",美国可以通过电影《花木兰》的形式将其传入中国,我们在欣赏影视作品的时候也感受不到因文化差异而带来的障碍,但是我国的影视作品传入西方会经常面临外国人看不懂的尴尬局面,这不仅影响我们文化产业的经济效益,也影响我国民族文化的传播和国际影响力,因此我们需要考虑,在利用民族文化资源时,采取怎样的形式才能达到预期的效果。一要注重文化产品的质量,将我国优秀的文化与优质的文化产品相结合。良好的产品形象是得到国际社会认可的前提条件,只有具有良好的产品形象,我国的文化产业才具备在国际竞争中占优势的可能。二要不断提高文化传播能力,利用现代发达的网络信息科技、便捷的交通运输等传播手段将其推向世界。三要多渠道、多形式、多层次开展对外文化交流,特别是要尽量多鼓励民间的东西走出去,多做民间的交流,广泛参与世界文明的对话,促进各文化相互借鉴,维护文化多样性,包括改进对外宣传的方式方法,扩大我们的国际文化话语权。四要扩大对外文化贸易。大力发展文化贸易,积极探索跨区域合作的模式也是加大文化产业对外输出的重要方式。文化贸易是文化产品国内发展的国际延伸,目前中国的文化贸易情况并不乐观,我国的影视业、出版业等都存在进口大于出口的现象,而外国文化产品大量涌入中国也会削弱我国文化软实力的竞争力,因此,我们要向文化产业发展好的国家借鉴经验,打破文化的区域局限,与国际文化企业进行交流合作,提升我国文化产业的对外贸易水平。

5. 加强文化人才队伍建设

文化发展的标志就是文化的创造力和想象力的充分展现,这需要有优秀作品的出现。而优秀的作品必须靠人来完成,正所谓有"好庙"还得有"高僧"。提升文化软实力,最缺的就是人才,尤其是经营管理人才和市场策划人才。目前,文化专业人才队伍状况,不论从水平上和数量上看,与文化产业发展的要求都很不适应。因此,大批量地培养文化产业方面的各种专家和经营管理人才是我国文化产业参与国际竞争、提高竞争优势的关键。为此,我们要以文化拔尖人才为重点,加快培养和引进高层次社科理论研究、文化艺术人才;以创新人才培养机制为途径,努力造就一批学贯中西、德艺双馨、影响广泛的文化大师,一批功底扎实、造诣较高、锐意探索创新的中青年文艺骨干,一批一专多能、业务水平高、活跃在城乡基层的文化宣传普及人才。同时,还必须开展多渠道、多层次的培训方式,尽快形成一支既有较为深厚的中国传统文化知识积累、又掌握文化市场运作规律的复合型人才队伍,包括能适应多种产业融合需求的文化经纪人才、文化资本营运人才、文化产业经营管理人才。

典型案例

案例 1-1　　　　　　　　　小木偶做成大产业

中国木偶艺术剧团建团于 1955 年,是第一个国家专业木偶表演团体。1995 年,中国木偶艺术剧团(院)被列为北京市文化局的改革试点单位。在 1995 年至 2000 年的改革实践中,剧团基本实现两个转变,即由单纯服务型单位转变为经营服务型单位,由政府差额拨款单位转变为准自收自支单位。2001 年到 2003 年,剧团努力开拓国内外演出经营业务,实现了艺术创作、剧场经营、木偶制作综合发展的新格局。2004 年开始,剧团改革进入了第三个阶段,将事业单位改为现代企业。2006 年 9 月,剧团引入民营企业永庄文化传媒有限公司,组建中国木偶艺术剧院有限责任公司。

新成立的中国木偶艺术剧院有限责任公司注册资本为5700万元,永庄文化传媒有限公司出资2907万元,占注册资本的51%,北京文化设施运营管理中心以中国木偶艺术剧团和中国木偶剧院资产出资2793万元,占注册资本49%。北京永庄文化传媒有限公司作为剧团的战略合作伙伴,是一家集影视剧制作发行、动漫娱乐、互联网信息技术、组织文化艺术交流于一体的民营专业文化传媒公司,对木偶艺术情有独钟,具有较强的资本运作能力和丰富的管理经验。

　　改制后,中国木偶艺术剧院有限责任公司积极创新经营模式,坚持"走出去""请进来"的经营理念,提倡"大市场"的概念,走出北京,面向全国。在把市场做大的同时,以高水平占领中国木偶戏演出的高端市场,把木偶戏引进高档演出场所,树立世界著名童话木偶剧品牌。在对国内外30多家同类娱乐设施进行考察和市场调研的基础上,公司找到了与市场结合的商业模式,确定了木偶城堡的规划设计、游戏项目、演出剧目等。

　　改制后,在木偶艺术创新、多元化经营、打造木偶产业链等方面取得了明显成效。公司将单一木偶剧创作拓展为课本剧、影视剧、双语魔幻剧、亲子儿童电影等多种艺术形式。大型新编童话剧《皇帝的新装》,自2007年"五一"推出以来,共演出76场,总收入202万元,是2006年同期的3.58倍;投资拍摄的电影《网络少年》获得第十二届中国电影华表奖"优秀少儿童牛影片奖"、第十三届北京大学生电影节"最佳教育题材奖",在社会上引起较大反响;创办的北京首家面向中学生、小学生和幼儿园孩子的儿童电影院——亲子影院,从2007年2月份创办以来,已播出电影68场,观众上万人次。公司还根据市场消费水平,通过合理调整票价、加大宣传营销力度等有效措施提高经营收入。2007年1至6月份,公司实现经营收入728万元,与2006年同期相比增长68%。其中,木偶戏演出395场,与2006年同期相比演出场次增加119场,演出收入增长74%。公司以木偶演出为中心的中国室内大型儿童主题乐园木偶城堡建设稳步推进,木偶城堡的建设将推动单一的木偶演出业向综合儿童娱乐业发展,形成木偶演出、影视、动漫、图书、网络、食品、玩具一体化的儿童文化产业链,打造北京儿童文化创意产业基地。

　　中国木偶艺术剧团改制为民营控股文化企业并取得良好的经济效益和社会效益,这说明文化体制改革对促进我国文化产业发展具有现实意义。

案例 1-2　　　　　读书创造先进的城市文明

　　阅读是最为普遍也最为持久的文化需求,深圳读书月的举办,是有效实现市民文化权利的一种途径、载体和方式。读书月活动的举办,不仅表明一个城市的文化态度、文化追求,更表明深圳对未来的志向。不急功近利的远大抱负,这是深圳文化软实力的源泉。

　　新华网2013年10月21日报道,联合国教科文组织21日授予深圳"全球全民阅读典范城市"称号。正在北京出席首届联合国教科文组织创意城市北京峰会的教科文组织总干事伊琳娜·博科娃当天在北京向深圳市长许勤颁发了证书。博科娃说,深圳不仅是中国改革开放的先锋城市,在创意创新以及文化发展等领域也处于领先位置。

自2000年11月举办首届"深圳读书月"以来,到现在已经是第十四届。14年来,深圳读书月活动得到了国家有关部委的充分肯定,也受到了市民和媒体的广泛欢迎。中宣部、文化部、新闻出版总署有关领导多次参加深圳读书月活动,认为"深圳读书月起步得早、开展得好,是推进全民阅读活动的成功典范""深圳读书月有力地促进了全国性读书热潮的形成";媒体评价读书月是深圳的又一个创举,市民将读书月视为最受欢迎的城市文化品牌。

深圳人均购书量已经连续23年位居全国第一,深圳的图书销售总额位居全国大城市第四位。如何发挥读书在城市文化建设中的作用?读书月组委会专门就"深圳人的读书状况"进行了问卷调查,从读者群体结构、读书时间及方式、读书兴趣及目的、购书环境等方面进行认真的统计分析,研究不同的读者多样化的阅读需求,并努力通过各种活动来予以满足。如针对青少年儿童,读书月有"中小学生现场作文大赛""少儿换书大会""读书·成长与未来"知识大赛;针对外来工,有"打工文学论坛""读书成才报告会"等活动;针对基层,则有"学习在社区"系列主题活动;针对文化程度较高的市民群体,则有"深圳读书论坛"等。这些年来,深圳读书月共举办各类读书文化活动2800余项,邀请饶宗颐、王蒙、金庸、二月河等100多位专家学者莅深讲演,市民参与人数从首届的170多万人次上升到2011年第十二届的近千万人次,覆盖面由机关、学校扩展至企业、社区、军营、警营。深圳读书月活动不仅在整个城市推动了求学问道的风气,而且还树立了一种热爱读书、追求知识的城市形象。以尊重知识、崇尚文明为特征的城市文化特色日渐显著。

读书本是个人的行为,不能仅靠每年搞一个仪式、搞一次活动就达到目的。那么,一个城市为什么要以读书月的形式去推动,并且一做就是十多年?因为这种形式体现了深圳这座城市提倡的价值观念、文明模式和生活模式,就是让"以读书为荣"成为人们的价值追求,让"以读书为乐"成为现代城市人的生活方式。

本章小结

本章主要介绍了文化产业的基本概况,第一节文化与文化产业,从文化与文化产业两方面出发,对两者的定义、分类、特点及作用进行了概述;第二节文化产业与文化事业,将文化产业、文化事业的定义、特点,两者之间的关系进行阐述,并归纳出文化体制改革的四大阶段;第三节,文化产业理论,介绍了法兰克福学派、英国文化学派、美国、中国等文化产业理论;第四节,文化产业与国家文化软实力,对文化软实力的内涵、重要性,我国文化产业面临的挑战及提升文化软实力的方法进行了概述,使读者能对文化产业有一个整体的认识。

练习与思考

1. 什么是文化产业?文化产业大体包括哪几个层次?
2. 试论述文化产业的功能。
3. "文化产业"与"文化事业"有何区别和联系?
4. 法兰克福学派有哪些代表人物及观点?如何评价法兰克福学派的理论?
5. 怎样提升国家文化"软实力"?

参 考 文 献

[1] 欧阳友权主编.文化产业通论[M].长沙:湖南人民出版社,2006.

[2] 李秀林.辩证唯物主义和历史唯物主义[M].北京:中国人民大学出版社,1995.

[3] 江蓝生,谢绳武主编.2001—2002年中国文化产业蓝皮书[M].北京:社会科学文献出版社,2002.

[4] 唐任伍,赵莉.文化产业:21世纪的潜能产业[M].贵阳:贵州人民出版社,2004.

[5] 李思屈,李涛.文化产业概论[M].杭州:浙江大学出版社,2007.

[6] (美)约翰·R.霍尔,玛丽·乔·尼兹.文化:社会学的视野[M].周晓红,徐彬译.北京:商务印书馆,2002.

[7] 詹明信.晚期资本主义的文化逻辑[M].北京:三联书店,1997.

[8] J. Fiske. Understanding the Popular Culture. London,Sydney,Willington, 1989.

[9] Nicholas Garnham. Capitalism and Communication:Global Culture and the Economics of Information. Newbury Park:Sage Publications, 1990.

第二章　文化产业的现状与政策

学习目标

1. 了解世界各国文化产业发展现状、管理模式与政策。
2. 掌握我国文化产业发展现状及政策。
3. 通过对国内外文化产业政策进行对比,理清未来我国文化产业发展思路。

本章将重点介绍国外的文化产业发展现状、我国的文化产业发展现状,并通过中西文化产业政策的对比揭示其对我国文化产业发展的启示。

第一节　世界文化产业的发展现状

全球化已成为当今世界发展的趋势,并已成为现实,其表现方式就是:经济的文化化和文化的经济化。文化产业不再仅仅是国家文化形态,而且越来越成为强大的经济实体,创造出了可观的经济效益,成为经济发展的引擎并成为一国综合国力的最直观、最具体的反映。美国的电影业和传媒业、英国的音乐产业、日本的动漫产业、韩国的网络游戏业等都成为国际文化产业的标志性品牌。文化产业同高科技产业一样,是迄今为止世界上最有前景的两个巨大产业之一。今天的世界文化市场可谓四分天下:美国占有市场总额约43%,欧洲34%,亚洲、南太平洋国家19%,其他国家占有剩余的份额。

一、美国的文化产业

在过去的十多年,美国文化产业的最大发展是美国国内信息业和娱乐业的大规模合并。在这个发展过程中,出现了美国历史上未曾有过的最大规模的兼并,从而导致了技术与媒体的产品以极其惊人的高速度发展和扩张。美国文化产业的发展现状大致可以概括为以下几个方面。

(一)美国对文化产业的投资、管理及经营模式

1. 投资主体多元化

美国联邦政府主要通过国家艺术基金会、国家人文基金会和博物馆学会对文化艺术业给予资助。同时,州和市政府以及联邦政府的某些部门在文化方面也提供资助,美国文化艺术团体得到的社会资助来自于公司、基金会和个人的捐助等,其数额远远高于政府资助。目前,美国已形成了比较完善的融资体制。一些颇有实力的文化产业集团如美国广播公司、哥伦比亚公司等,背后都有金融大财团的支持。

2. 政府管理间接化

美国各级政府均未设定文化行政管理部门和机构。政府管理文化产业的目标,就是创造条

件,促进文化产业的快速发展。所谓创造条件,即创造良好的市场环境,主要是制定优惠政策,实行政策扶持。在投入上,美国政府一直鼓励非文化部门和外来资金投入文化产业,通过创造良好的投资环境,吸引大量资本在文化产业中寻觅商机。早在1917年《美国联邦税法》就规定对非盈利性文化团体和机构免征所得税,并减免资助者的税额,同时制定优惠政策鼓励各州、各企业对文化产业和事业进行赞助和支持,直接资助非盈利性文化产业发展。比如华盛顿周围的博物馆、纪念馆,包括夏威夷的珍珠港遗址等产业基地,全部免费对外开放,政府总是为推动文化产品出口而保驾护航。

3. 经营模式市场化

这是美国文化产业长盛不衰的重要保证。目前美国影视业、图书业、出版业、音乐唱片业已建成庞大的全球销售网络,控制了世界许多国家的销售网络和众多的电影院、出版物机构和连锁店。美国文化产业之所以发展得好,法律保护、政府支持是一方面,但更重要的是以产业规律来经营。美国始终坚持一项原则:在市场竞争机制下,依靠商业运作,让最好的文化产品流向市场,为社会认知和接受,继而影响民众。在运作过程上,一是重视文化创新,开拓产业资源,以适应市场需求。二是重视科技投入和运用,刺激市场消费。比如,网络传输、数字化、通信卫星、数字电视开发利用。图书和唱片业,利用因特网技术开发网上售书业务,大大促进产品销量飞速增长。特别是好莱坞影视城和迪斯尼乐园,融现代科技、舞台表演和特技一体,让人惊心动魄。三是遵循市场规律,追求高额利润。遵循"高成本,高收益"及"利润最大化"的投资理念。四是重视吸引、培养和使用人才,利用人才的力量,提高产业竞争力。

(二)美国文化产业的发展势头

据美国官方及华人导游介绍,美国文化产业发展势头十分迅猛,其表现有几个方面:

1. 美国已成文化产业世界强国。近年来,据不完全统计,每年美国文化经营总额高达数千亿美元,在当今400家最富有的美国公司中,有72家是文化企业。美国的文化产业已经超过航天航空工业,居出口贸易额的第一位,占40%的国际贸易市场份额。就拿纽约来说,唯一能与华尔街经济效益相抗衡的只有文化产业,每年这里就有上百万亿美元的资金在文化市场中流动。

2. 美国影视业堪称世界之最。美国公司出产的影片产量只占全球影片产量的6.7%,却占了全球总放映时间的50%以上,占电影票房的三分之二,许多第二世界国家的电视节目有60%至80%的内容来自美国,美国已控制了世界75%的电视节目的生产和制作。尤其是近两年,好莱坞的巨制电影、三大电视网络中的娱乐节目、时代华纳的流行音乐经营更是火爆。在每年美国商品的出口项目当中,文化产业总是名列前茅。

3. 拉斯维加斯的博彩业,其规模档次尚属世界一流。无论走到哪里,看到的总是金碧辉煌、流光溢彩。在里边参观的以及玩博彩的人很多,但秩序井然。这里的博彩业对整个拉斯维加斯的发展起到了强烈的拉动及辐射作用,博彩业使一个荒无人烟的戈壁滩变成一座拥有上百万人的美丽城市。每年这座城市将为政府创造税收一千多亿美元。

4. 旅游文化产业发展势头迅猛,令人震撼。各种旅游文化商品应有尽有,让人眼花缭乱、目不暇接。演出市场在一些重点城市十分活跃。在纽约尤金奥尔大剧院看百老汇音乐剧《春天醒来》,在华盛顿大剧院看现代艺术表演秀,无不是座无虚席。而且,在许多地方,购票和看演出的人总是排着长龙。好莱坞环球影视城,每天进入影视城的游客不低于10万,无论是看演出还是到影视城观光,平均每人按100美元一个项目计算,这是一个非常巨大而惊人的数字。另外,所到之处基本没有网吧之类的娱乐场所,因为网络文化已进入家庭。

我们可以从立法、政策、产业运作、人才战略和调控措施五个方面,来分析美国文化产业强势发展的原因。

1. 创意园区建设,推动文化产业孵化

美国通过提供一系列新创企业发展所需的管理支持和资源网络,帮助初创阶段或相对弱小的新创企业,使其能够独立运作并健康成长。从1980年到2001年,美国的产业园区数量从12个迅速发展到900个以上。

2. 全面立法保护,保障知识产权利益

1790年美国就颁布实施了第一部《版权法》。此后,根据美国经济、科技和社会发展的需要,美国国会不断地对《版权法》加以调整和完善,以加强对文化产业的保护。美国文化产业中得益于知识产权法的典型案例之一是对迪斯尼公司"米老鼠"的保护。鉴于"米老鼠"已产生巨大的社会影响和经济价值,美国国会多次修改版权法,延长其保护期限。2003年1月15日,美国最高法院再次做出裁定,决定维持1998年国会通过的延长书籍、电影、音乐和卡通人物的知识产权保护期的法律,并将个人著作权保护期从著作人终生及死后50年延长至70年,公司版权保护期从75年延长到95年,从而进一步保障了迪斯尼、好莱坞等集团的利益。

3. 政府保驾护航,推动文化产品出口

在美国的全球战略中,文化产业一直都是举足轻重的棋子,因为文化产品的输出不仅能获取商业利润,同时也可以通过文化产品来传承美国的生活方式和价值观念。"文化即商品,商品即文化",正是因为文化产品具有这样一种特殊意义,美国政府一直通过制定各种政策,为文化产品的出口保驾护航,以实现其文化产业的全球化扩张目的。

2000年以来,美国一直以巴西保护知识产权不力为借口,在美洲自由贸易区谈判上对巴西施压,以取消巴西产品出口美国所享受的普惠制待遇相威胁,要求巴西加强其版权保护力度。如果美国取消这项优惠,巴西每年将蒙受大约20亿美元的损失。在中国加入WTO的谈判中,美国政府就坚决要求中国开放文化市场,并强烈要求中国取消文化产品进口配额,接纳美国的各类影视制品。

4. 遵循市场规律,建立产业运作模式

美国文化产业始终坚持的一个基本原则是:在市场竞争机制下,依靠商业运作,让最好的文化产品流行于市场,为社会认知和接受,继而影响民众。美国的文化产业一直遵循"高收益,高成本"的投资理念,"利润最大化"永远是他们的第一目标。与普通商业投资相比,投资美国文化产业的利润更大更迅速。虽然风靡全球的《泰坦尼克号》投资花费了近2亿美元,《蜘蛛侠》三部电影的总投资接近6亿美元,但它们分别带来了高达18亿和25亿美元的票房收入。

5. 注重文化创新,努力开拓产业资源

《花木兰》《角斗士》《300勇士》等由外国传统文化改编的好莱坞电影在全球热卖突显美国文化产业的巨大汲取能力。当然,美国的文化产业精英们大胆追求创新,进行"美国式改造",以使其文化产品保持创新品质并能适应市场需求。动画片《花木兰》的成功制作就是典型的一例。

6. 加大科技投入,注重刺激市场消费

百老汇音乐剧的科技含量之高,是许多传统表演艺术根本无法比拟的,其美轮美奂的场景,高品质的灯光和音响效果,让人仿佛身临其境,大大增强了艺术感染力;在好莱坞影城和迪斯尼乐园,融现代科技、舞台表演、特技于一身的各种表演惟妙惟肖,惊心动魄,让艺术和科技真正融会贯通。高新技术的使用,不仅带来了美国文化产业技术上的革命,更加快了产业的发展进程,还带来了消费者思想观念上的革新。

> **案例 2-1　　　　　　　美国迪斯尼的文化产业**
>
> 　　1923年夏天,从堪萨斯开往洛杉矶的火车上,21岁的画家沃尔特·伊莱亚·迪斯尼看着自己画的小女孩艾丽斯出神,幻想着她会活泼地动起来。他寄望于在影城好莱坞实现这个梦。可到了好莱坞一摸口袋,才剩下40美金。无奈他和弟弟罗伊·迪斯尼合伙,以每月10美元的租金租下了好莱坞一家商店的后仓库。这样,世界上第一家把动画搬上银幕的电影公司——迪斯尼兄弟动画片制作公司于1923年10月16日在那里正式成立,并开始了艰难的创业历程。
> 　　从此,米老鼠、唐老鸭走进了千家万户,全世界的孩子们拥有了精彩纷呈的动画电影。多少年过去了,迪斯尼动画片并没有因它的创始人离开人世而衰落,后续产品越来越让亿万儿童着迷。
> 　　90年前,沃尔特·迪斯尼以40美元起家,为人类开创了"动画世界","迪斯尼"这个"儿童娱乐王国"从此经久不衰:儿童影视娱乐产品风靡全球,游乐园步入欧亚,专卖店每天吸引2.5亿顾客;其总资产超过436亿美元。

二、欧洲的文化产业

(一)英国的文化产业

英国最早对文化产业进行了定义和分类,后为许多国家所沿用,在政府的鼓励与支持下,其文化产业蓬勃发展。英国文化创意产业的发展,在很大程度上得益于英国政府的大力支持。1994年,英国政府就成立了以布莱尔为组长的专门研究指导小组,研究指导文化创意产业的发展。逐步推动完整的创意产业财务支持系统,包括以奖励投资、成立风险基金、提供贷款及区域财务论坛等作为对文化创意产业的财务支持。英国政府的创意产业扶持政策,是目前国际上产业架构最完整的文化产业政策。文化创意产业成为英国仅次于金融业的第二大产业,成为英国政府推动经济增长与降低失业率的有效发展策略。英国文化产业得以大力发展主要归因于以下几点:

1. 促进输出。英国政府在这方面先评估产业的优先次序,然后建立长效出口策略,并以驻在世界各地的大使馆为推广媒介,使创意产业能透过英国大使馆人员推广出去。

2. 教育训练。提供信息服务给有意从事创意产业的青年,帮他们拓展有关文化与创意产业的兴趣,以发展未来投入创意产业的工作领域。政府也与高等教育单位密切合作,协助有兴趣的学生去开设创意产业,使研究生可以将学业与创业结合,并运用大学的设备去辅佐刚创办的创意企业。

3. 财务支持。英国政府协同民间企业曾针对此议题提供援助,如政府的小型公司贷款保证计划、创投基金的补助。如:苏格兰企业连续五年共拨2500万英镑作为创意种子基金等。文化媒体体育部也曾经进行有关资金的研究计划。

目前,英国的文化创意产业基本形成了三个聚集地区,分别位于伦敦、格拉斯哥和曼彻斯特。伦敦是英国文化创意产业的中心,是世界创意之都,位于伦敦东区的霍克斯顿临近剑桥大学,聚集了500多家创意企业和大量优秀的创意人才,是世界著名的创意产业园区。格拉斯哥地区有英国重要的电子工业园区,并集中了英国大量软件企业,这里的创意产业突出与软件和电子产品结合的特点。曼彻斯特是英国的老工业区,该地区规划通过文化创意产业的引进改造老工业,带动产业结构升级,目前已经取得了初步的效果。

(二) 法国的文化产业

1. 法国的重点文化产业

法国文化的各个门类均涉及文化产业问题,但支柱性文化产业主要有以下几个方面:

(1) 政府重视文化产业基础设施的建设

每年法国政府都拨出几十亿法郎用来兴建剧场、博物馆、图书馆等文化基础设施。这些资金先通过政府拨给文化部,再由文化部分配给各具体施工部门。最近几年法国兴建了一批大型文化工程,如大卢浮宫扩建工程、巴士底歌剧院、新国家图书馆等。这些耗资巨大,施工时间久,工程量浩大的大型工程,每年均需十几亿法郎的资金。1999年,法国文化部用于文化基础设施建设的资金为35.43亿法郎。因此,文化设施的建设是法国最重要的文化产业。

(2) 政府对文化设施进行严格的管理

法国拥有大量的文化设施,除了国家级重点设施外,各省市均有数量不等的文化设施。这些设施均按企业模式进行管理,内部设有定期开会的董事会和财务管理委员会来讨论并决定重要议题。国家级文化设施的董事会由文化部、财政部官员和职工代表组成。省市级文化设施的董事会由地方政府官员和职工代表组成。国家级文化设施的行政负责人,如国家图书馆馆长、国家剧院院长等,由文化部部长任命。省市级文化设施的行政负责人由省长或市长任命。在一般情况下,公共文化设施可以创造一部分经济收入,如场租费、门票费、零售收入等,但大部分经费还是来自政府的拨款款项。

(3) 政府对图书出版事业给予大力的扶持

法国管理图书出版事业的政府机构是文化部图书阅览司。图书的出版、发行和销售均由私人企业经营,文化部通过国家图书中心对图书出版业给予扶持并拨给资金。1998年,国家图书中心为图书出版业提供了1.36亿法郎。图书中心的资金主要来自图书生产和销售方面的税收。法国是图书生产销售和出口大国,同时,图书出版也是其重要的文化产业之一。法国有各类出版社1300余家,其中规模较大的有300多家,年营业额超过5000万法郎的有41家出版社。法国出版界设有独立的行业组织——全国出版协会,协会成员包括了法国最主要的300多家出版社。法国最大的出版集团是阿歇特(HA-CHETTE)出版集团,它是一家出版规模庞大、资金实力雄厚的公司,有自己的创作、印刷、销售和发行系统。阿歇特出版集团主要分为两大部分:阿歇特新闻出版公司和阿歇特图书出版公司。阿歇特新闻出版公司是世界上最大的新闻杂志出版公司,每年的营业额约为123亿法郎,年利润为4.57亿法郎。有工作人员5500多名的阿歇特图书出版公司是法国最大的图书出版公司,每年出版图书1000多种,年营业额达55亿法郎。法国的图书发行主要通过数家大的发行公司来进行。一些大的出版社拥有自己的发行系统,但许多出版社只编辑出版图书,而不发行,它们将图书委托给发行公司发行。有的发行公司承担数十家出版社的发行业务。

(4) 政府对法国电影业提供法律政策指导

法国是最大的电影制造国之一。法国政府通过国家电影中心对电影业给予政策指导、法律监督、行政和财政支持。国家电影中心的两个机构直属文化部,由电影业组织协调,它们具有法人资格和财务自主权。为了促进和保护电影产业并提高国产电影的竞争力,1948 年法国政府已颁布命令要求各方面给予资金支持电影业的生产、发行和选择。政府拨给资金支持电影,资金则由国家电影中心管理和交付。1998 年,法国共提供了 2.63 亿法郎的资金,用于资助电影的国家资金主要包括以下几个方面:门票税,电视税,录像带税以及其他收入(包括来自企业和个人的赞助,保险公司及其他索偿等)。法国的电影制作、发行、展映公司,都可能会得到政府的资助。

(5) 政府对旅游业提供大量资金及政策支持

法国是具有悠久历史的文明古国,得天独厚的自然地理环境、丰富的文化艺术以及不胜枚举的名胜古迹使法国成为世界著名的旅游国家。法国文化遗产的数量令人称奇。法国拥有许多历史文化名城,大约有 1.4 万座古代建筑和文化遗址被列为历史古迹,有 4000 多个博物馆,同时法国还兴建了许多新型的文化设施,其中不乏在国内外具有重要影响的大型文化工程,如大卢浮宫工程、蓬皮杜文化中心、新国家图书馆等。这些历史文化古迹和文化工程吸引了大量的国内外游览者,1998 年赴法国的游客超过 7000 万人,这使得法国连续三年成为世界第一旅游大国。同时,法国政府还鼓励私人开办和兴建文化旅游设施,以便既促进法国文化事业的发展,又带动旅游产业的兴盛。地处安布瓦斯市的克鲁吕斯城堡就是一处对公众开放的私营博物馆,文艺复兴时期的著名画家达·芬奇在此度过了他生命中的最后三年,并在此逝世,城堡中存有他的绘画作品和珍贵文物,每年有 25 万人次的游客前来参观,这些为该市创造了几十个就业机会并获得了大量的旅游收益。该城堡将扩建成达·芬奇艺术展示中心,不仅介绍展示他的绘画作品,还展示他在解剖、航天、天文、水利、机械等方面的研究成果,该项目得到了政府的支持和资助。

(6) 政府重视国家典型的国有文化企业

法国国家剧院属政府文化机构,包括两个剧场:巴黎歌剧院和巴士底歌剧院,它们受文化部直接领导。巴黎国家歌剧院的决策管理机构是由 9 名政府代表(其中包括文化部行政司长、音乐舞蹈司司长、戏剧司长和财政部预算司长)、4 名职工代表和 2 名由文化部长推荐的文化界人士组成的理事会,理事会主席在理事会成员中推选,理事会每年至少召开 2 次例会,并可在理事会主席和文化部部长的提议下随时开会。理事会对剧院的重大议题进行讨论并作出决定,其中包括剧院的管理政策、演出计划、演出票价、借贷事项、财政预算及其他事宜。理事会的重要举措需上报文化部和财政部。院长由文化部长任命,任期 6 年,任满后可继任 3 年。院长负责剧院的行政领导工作,其职责是任命剧院的部门负责人,有接纳和辞退演员和管理人员的权利;同时还负责制订年度演出计划和财政预算以及其他常务管理工作。

2. 法国文化产业政策

法国政府的文化产业政策主要包括:

(1) 通过文化产业的发展创造就业机会,促进国民经济的发展

近年来,法国的经济增长缓慢,失业率较高。在这种形势下,法国政府增加了文化投资,积极发展文化产业,以便通过文化产业来增加就业,带动经济发展。由于政府增加了文化投资,兴建文化机构和设施则成为解决就业的途径之一。中央和地方政府不断兴建文化设施,其中有些是大型工程,投资巨大,工期延续数年。这些工程在施工过程中,需要大量设计和施工人员,工程结

束后,还需要不少的管理和维护人员。在这些设施内或周围还建有不少餐饮、娱乐、服务等附属设施,这就解决了不少人员的就业问题。而且,随着文化的普及和群众文化水平的提高,社会对文化产品的需求量也不断增大,文化产业已成为一种比较活跃的工业门类。

(2) 积极支持文化产业的发展,为其提供一些优惠政策和资助

这些政策使得图书出版、影片生产、音像制品、报刊等行业都取得了较好的经济效益,既提高了从业人员的收入,又增加了政府的税收。除此之外,为了限制美国文化的渗透和影响,保护和扶持民族文化的发展,法国还采取了以下几项具体措施:规定电视台播放比例;大力宣传本国文化;资助本国影视制作业;加强同欧盟国家的文化合作;等等。

三、亚洲的文化产业

(一) 日本的文化产业

日本发展文化产业采取的是全社会共同参与的模式,具体表现为政府高度重视文化产业,中央政府推动、地方政府和民间一起投入的机制。为促进民众进行文化消费,日本经常采用的做法有:动员文体界大腕明星加盟各种大型演出,聘请外国专业团体赴日演出,电影电视与音像出版以及图书出版联手经营,以形成经营规模。而引进外国先进文化设备,为文化产业注入新的活力,也是其中重要一环。这方面最成功的例子是东京迪斯尼乐园和大阪好莱坞电影城的建造。在日本大型游乐园日益不景气的大环境下,唯独这两大游乐园的收益保持连续增长的势头。

在法律政策提供保证的前提下,中央和地方政府与民间一起积极培育市场,从而推动了日本文化产业的迅速发展。2004 年日本经济产业推出"新产业创造战略",选定了 7 个产业,其中就包括文化产业。这足以说明,文化产业已成为日本经济的新增长点。

在日本的文化产业中,动漫产业算得上是最成功、最具代表性的产业了。目前,作为世界第一漫画大国,日本漫画产业的规模已经超乎人们的想象。在整个日本的出版物中,漫画作品占了40%,漫画杂志达 350 种,平均每天有 25 本漫画单行本问世。仅 2001 年,日本发行漫画杂志就达 15.9475 亿册,单行本 7.835 亿册,纯利润 5864 亿日元(相当于人民币 350 亿元)。而漫画还带动了其他相关商品的制作与消费,如漫画中主人公的服饰,漫画中人物、动物造型的食品和生活用品、体育用品、玩具等,销路很广。此外,漫画杂志和单行本漫画又为电影、电视动画片、电子游戏等提供了素材。

除了上述漫画和动画业产生了巨大效益以外,日本的戏剧、文艺演出、电影、美术展览等也已产生了一定影响。如日本每年观看戏剧的观众为 1130 万人次,市场规模为 1230 亿日元;音乐会和演唱会的观众为 2210 万人次,市场规模为 1890 亿日元;观看其他演出的观众约为 590 万人次,市场规模为 280 亿日元。另外,日本每年要邀请多个外国艺术团来日演出,各种演出达 3100 场次以上。

此外,旅游业也已成为日本文化产业的重要支柱产业。2001 年到日本旅游的海外游客创下了 529 万人次的历史最高纪录,而在日本国内旅游的日本人更是数以亿人次计。当然,日本文化产业在快速发展,逐渐成为日本经济增长点的同时也面临着一些负面效应,如色情、暴力泛滥及其他不良影响等问题。

> **案例 2-2　　　　　　日本的动漫产业**
>
> 　　日本第一部彩色动画电影是1958年东映动画制作的《白蛇传》,这部电影可以看做是日本现代动画的开端。而1958年1月开始放映的《铁臂阿童木》,确立了以剧情为重点、不追求图像效果、看重角色塑造这一独特的日式动画风格,同时,这也是日本第一部科幻动画。之后的整个20世纪60年代,日本的动画都处在摸索阶段,题材向多元化延伸。1974年松本零士《宇宙战舰大和号》的上演,宣告了日本动画进入历史上的黄金时期,这段时期一直持续到1979年富野由悠季的《机动战士高达》TV版放映的结束。在这期间,日本动画明确了题材的同时也向着商业化发展。在度过了一段短暂的低迷期后,第二次日本动画热随着《超时空要塞》在1982年的推出而爆发,由于画技和脚本创作已经达到极高的水准,大量佳作不断涌现。1995年庵野秀明监督的《新世纪》上映,这部满是心理学和宗教名词标题的动画使日本动画商业化达到了极致。
>
> 　　不仅在中国,在世界其他国家,日本动画片也很有市场。据日本贸易振兴机构的一项统计显示,日本动画片在全世界播放的动画片中约占60%。2000年以后,每年在美国播放的日本动画片在40部以上,收入达530.4亿日元,销售与动画片相关的商品收入达4920亿日元。日本动画大师宫崎骏的动画巨片《千与千寻》在2002年成为有史以来最卖座的影片,此外,这部艺术商业双丰收的影片也使日本动画片在国际上的知名度大大提高。

(二) 韩国的文化产业

　　1997年的金融风暴促使韩国政府开始改革,也开启了文化新契机。政府一方面大刀阔斧地整顿企业、金融界,另一方面把文化当成最重要的产业,不再只视为休闲的娱乐,而视为21世纪最重要的产业之一,由政府主导并全力支持。金大中总统在竞选时即提出要发展文化,并以提升文化经费到占国家预算1%为目标。金大中政府执政后,因为金融危机,政府裁减各部会人员,但只有文化部门人员不减反增,文化总预算也逐年递增。

　　政府为了推动文化创意产业设立了专属机构——文化产业局,并有充裕的预算去执行。如:1999年通过《文化产业促进法》,明确协助文化、娱乐、内容产业,另成立文化产业基金,提供新创文化企业贷款。1999年的文化产业基金为549亿韩元,到2002年为2329亿韩元,四年间就增加了四倍,政府的这些动作使得相关产业在短期内达到快速的成长,如:游戏软件产业在1998—2001年这四年中成长了一倍,韩国电影出口在1995—2001六年中成长50倍。韩国文化产业政策成功的因素如下:

1. 提供设备支持技术

　　韩国文化观光部是游戏事业的主管单位,1999年文化观光部成立游戏推广中心,提供游戏产业所需的一切援助,从业者只要负担非常低的费用就能够用这个中心的设施设备。

2. 投入硬件基础架设

　　金大中总统曾喊出CyberKorea21的口号,宽频是韩国政府大力发展的策略型产业,早在1993年即开放固网宽频硬件系统的架设,这一举措使得软件内容的开发迅速占有市场,得到广大商机。

3. 提供资金贷款帮助

政府设立"文化产业基金",提供新创文化企业贷款,使得中小企业也能贷到资金,开始文化创意的研发生产,一反过去以大财团为主的经济生态,使文化产业的发展活泼多元起来,促进了文化产业良性的发展。

4. 立法保障文化产业

如1999年通过文化产业促进法,明确协助文化娱乐产业,并设立奖励措施吸引民间从业者的资金投入。

5. 设立系列产业振兴院

1998年成立游戏产业振兴中心(壮大游戏软件产业)以及IT业振兴院(壮大数字内容与软件)。2001年成立文化产业振兴院(扶持动画、音乐、卡通),文化产业振兴院成为构筑文化产业的创造基础。2010年,文化产业振兴院完成200个项目,价值将近2000亿韩元。

6. 政府经费协助厂商

政府以充足的经费全力辅佐补助,从人才培育、研发到生产后的国际行销推广等各个环节,如全额补助翻译与制作费,使文化产品国际化。

第二节　中国文化产业的发展现状

一、新中国成立后至改革开放前文化产业的发展

1949年新中国的成立,开创了中华民族的新纪元,也开创了中华文化的新纪元。1956年4月,毛泽东提出了"百花齐放,百家争鸣"的方针。这是根据中国的具体情况提出来的,是在国家需要迅速发展经济和文化的情况下提出来的。在新闻业方面,新中国成立以后,中共中央和中央人民政府迅速对革命战争时期的新闻事业进行了调整与充实,建立了一个公营新闻事业系统,包括以《人民日报》为中心的党报系统,以新华通讯社和中央人民广播电台为中心的广播电台系统。1949年10月19日设立了国家新闻行政管理机构——新闻总署。1949年6月5日,中共中央将原新华总社的口头广播部扩充为中央广播事业管理处,管理并领导全国广播事业。1950年1月22日新闻总署批准《广播事业局暂行组织条例》。1952年,根据政务院调整机构的决定,该广播事业局为中央广播事业局,1954年又改名为广播事业局,1967年广播事业局又改为中央广播事业局,并列为中央直属部门。

与此同时,党中央及各级党委的宣传部门主管新闻事业与新闻宣传工作,新闻媒体始终与政治紧密联系,执行宣传任务。虽然当时以一定的市场形态存在的文化生产和文化消费活动依然存在,文化商品流通领域实际上也客观存在着,以经济核算为单位存在着的新华书店发行所、电影发行公司,客观上起着文化商品流通中介的作用,由于一切都是按计划进行的,因而也就不存在市场竞争。统销统购的供给型、福利型文化管理模式,使国家成为文化商品生产的唯一的投资方、唯一的受益方,同时也是唯一的风险承担方。政府承担了文化商品生产和文化市场所有的成本和风险。政府及其文化行政部门成为国家办文化的唯一主体。

二、改革开放三十年来中国文化产业的主要成就

文化产业不仅在繁荣社会主义文化、满足人民精神文化需求、促进人的全面发展方面发挥了

重要作用,而且在优化产业结构、创造就业机会、带动现代服务业、拉动对外文化贸易、促进国民经济增长等方面的作用也日益凸显。改革开放三十多年来,全国文化系统解放思想,大胆实践,积极探索适应社会主义市场经济体制客观要求的中国特色文化产业发展道路,逐步形成一套比较完善的工作机制。在文化系统及各方面的共同努力下,我国文化产业开始进入加速发展的新时期,文化生产力得到极大的解放和发展。改革开放三十多年来,尤其是近10年来,在国家文化产业政策的鼓励引导和文化体制改革的有力推动下,我国文化产业出现了蓬勃发展的可喜局面,主要成就有以下几个方面。

(一)文化产业发展格局逐渐形成

改革开放以来,随着中国经济的持续增长,我国进入了文化消费的快速增长期,人们的精神文化需求更加旺盛。文化产业的快速发展,不仅较好地满足了人民群众日益增长的精神文化需求,而且有力地促进了国民经济的快速增长。据统计,2004年,我国实现文化产业增加值3340亿元,占GDP的比重为2.15%;2005年实现文化产业增加值4216亿元,比2004年增长26.2%,占GDP的比重为2.3%;2006年实现文化产业增加值5123亿元,比2005年增长21.5%,占GDP的比重为2.45%。国家统计局最新公布,2007年我国文化产业增加值占GDP的比重为2.6%,据此推算,实现文化产业增加值大约是6412亿元,比2006年增长25.2%。在许多地方,文化产业的增长速度大大高于经济增长速度,已成为当地扩大就业空间、促进经济增长的重要支柱产业。目前,各类社会资本发展文化产业的热情空前高涨,初步形成以公有制为主体、多种所有制共同发展的文化产业格局和多门类、多层次、多样化的文化生产和服务体系。据统计,2010年我国经营性文化产业机构已达42万家左右,形成了由娱乐业、演出业、音像业、网络文化业、文化旅游业、文物和艺术品业等构成的文化产业体系。

(二)文化产业规模化、集约化、专业化水平不断提高

为培育市场主体,增强微观活力,加快文化产业基地和区域性特色文化产业群建设,从2004年开始,文化部先后命名了三批137家国家文化产业示范基地。文化部文化产业司还与中国美术家协会共同命名了三批10家"文化(美术)产业示范基地"。为规范命名工作,文化部专门下发了《国家文化产业示范基地评选命名管理办法》,建立了巡检制度。全国有28个省、自治区、直辖市评出468个省级文化产业示范基地。文化部和各地采取举办培训班、组织出国考察、参加国际论坛、召开座谈会听取意见、加大宣传力度等措施,积极引导扶持国家和省级文化产业示范基地健康发展。2003年以来,文化产业司先后编辑出版了两册《中国文化产业典型案例选编》、一册《国际文化产业典型案例选编》。为推广宣传国家文化产业示范基地的经验,扩大国家文化产业示范基地的对外影响,2007年还编辑出版了中英文版的《国家文化产业示范基地巡礼》大型画册。目前,各示范基地发展势头很好,多数成为当地文化产业的骨干企业,有效地发挥了示范、辐射和带动作用。2007年11月,由中宣部牵头,《光明日报》《经济日报》组织开展了"首届全国文化企业30强"评选活动,评选出的文化艺术类前10强企业,都是文化部命名的国家文化产业示范基地。

为引导我国文化产业向规模化、集约化、专业化方向发展,充分发挥集聚效应,2007年和2008年,文化部命名了两批4家国家级文化产业示范园区。深圳华侨城集团公司以锦绣中华微缩景区为开端,相继建成锦绣中华、中国民俗文化村、世界之窗、欢乐谷、东部华侨城等主题公园,形成了一个集文化、旅游、娱乐、休闲、体育、购物于一体的、面积近15平方千米的国家级文化产

业示范园区。西安曲江新区管委会挖掘历史文化资源,突出盛唐文化主题,打造了中国最大的唐文化展示区,已成为一个含娱乐、旅游、影视、动漫、出版、会展、广告等行业在内的国家级文化产业示范园区。曲阜新区文化产业园相继推出一系列以孔子文化为特色的文化产品和服务,建设了孔子六艺城、孔子研究院、论语碑苑、杏坛剧场、明故城墙等文化设施,扶持发展孔子文化旅游、孔子文化演艺、孔府餐饮文化、文化书画业、文物复制品、文化会展博览和旅游商品销售等文化产业门类。园区内已建成并开放40万平方米的孔子文化商品市场和9万平方米的孔子文化会展中心。2007年,接待中外游客600万人次,文化产业和文化旅游总收入30亿元。沈阳棋盘山开发区出资组建了文化产业发展公司,建设了沈阳世界园艺博览园、关东影视城等一系列文化设施和产业园区,举办了"2006中国沈阳世界园艺博览会""2007中国沈阳世界文化与自然遗产博览会""沈阳国际冰雪节""世界奥林匹克文化展示会"和"2008中国沈阳世界摄影节"等大型文化旅游活动。2007年该区实现生产总值18亿元,同比增长25%,完成固定资产投资60亿元,同比增长38%。

(三) 文化产业政策体系逐步完善

改革开放三十多年来,特别是党的十六大以来,国务院、文化部以及相关部门始终把完善文化产业政策作为重点工作来抓,先后制定出台了一系列促进文化产业发展的政策和文件。如《文化产业发展第十个五年计划纲要》《文化部关于支持和促进文化产业发展的若干意见》《文化部关于鼓励、支持和引导非公有制经济发展文化产业的意见》《关于文化体制改革试点中支持文化产业发展若干税收政策问题的通知》《关于非公有资本进入文化产业的若干决定》《关于文化领域引进外资的若干意见》《关于鼓励和支持文化产品和服务出口的若干政策》等。各地文化行政部门也把制定政策作为发展文化产业的重要任务来抓。31个省、自治区、直辖市和新疆生产建设兵团以及5个计划单列市中,有33个制定出台了扶持文化产业发展的政策措施,其中28个省市出台了85个文化产业政策文件,22个省市制定下发了26个文化产业发展规划和纲要,23个省市设立了扶持文化产业发展专项资金。

这些重要政策为促进我国文化产业发展提供了强有力的政策支撑。如国务院《关于非公有资本进入文化产业的若干决定》和文化部《关于鼓励、支持和引导非公有经济发展文化产业的意见》下发后,非公有资本进入文化产业领域的步伐不断加快。据统计,文化部管理的文化企业,国有企业和民营企业的比例已由2004年的1∶1发展到2007年的1∶4。2007全国共有国办艺术院团2850个,而民营文艺表演团体已超过6800家。民营文化企业已成为我国发展文化产业的一支不可缺少的重要力量。

(四) 文化产品和服务"走出去"初见成效

由文化部发起、中韩日三国政府文化部门共同创办的中韩日文化产业论坛已成功举办七届。在广西壮族自治区南宁市举办的中国—东盟文化产业论坛也已进行了三届。文化部还组织了一系列对外文化产业交流活动,如与澳大利亚演出协会合作举办了中澳表演艺术经纪人研讨会,与英国合作举办了中英创意文化交流大会,组团观摩考察了威尼斯双年展和德国卡塞尔文献展,协助深圳文博会公司进行了海外推广,等等。这些举措有力地促进了我国在国际文化产业领域的合作和发展。

2007年,文化部与商务部等六部门出台了《文化产品和服务出口指导目录》,公布了《2007—2008年度国家文化出口重点企业和文化出口重点项目》,并奖励了2005年以来在国际文化市场上表现出色的优秀出口文化企业和优秀出口文化产品及服务项目。目前,我国文化产品和服务出口形势越来越好,培育出杂技芭蕾《天鹅湖》、原生态歌舞《云南映象》、舞蹈《杨贵妃》等一批具有民族文化特色、自主知识产权和原创性的知名文化品牌,中华文化国际影响力不断扩大。据商务部统计,2007年我国文化产品和服务进出口贸易总额为166.4亿美元,其中核心文化产品进出口贸易总额达到129.2亿美元,比2006年增长26.6%,是2001年的3.7倍;文化服务进出口贸易总额为37.2亿美元,比2006年增长39.9%,是2001年的6.1倍。我国文化产品进出口不平衡的局面有所改变。

(五) 文化系统推动文化产业发展的工作机制初步建立

近年来,根据社会主义文化建设的内在规律和市场经济体制的客观要求,全国文化系统在实践中不断探索推动文化产业快速发展的有效机制和途径,着力在转变政府职能、强化服务功能和加强宏观指导上下工夫,逐步形成了比较完善的产业运行机制和工作交流平台。如通过积极协调所构建的文化产业博览会格局,在推进文化产业快速发展方面发挥了重要的引擎作用。文化部与相关部门共同举办的中国(深圳)国际文化产业博览交易会、中国西部文化产业博览会等四个国家级文化展会,自2004年11月以来,累计举办了11届,11800多家企业参展,合同金额达2580亿元。再如2006年12月,文化部启动的文化产业项目服务工程,通过整合全国各地的文化资源,在中国文化产业网站上设立了国家文化产品、服务项目和投融资项目资源库,在生产者与消费者、投融资项目与投资者之间搭建了一个相互沟通的桥梁,为各类社会资本进入我国文化产业领域提供了全面、便捷和有效的服务。截止到2008年年底,中国文化产业网累计访问量已达6100万次,覆盖181个国家和地区,日均访问量达5万次以上。第四届深圳文博会期间,网站日均访问量达123万次。2008年5月,该项目资源库在中宣部举办的文化发展战略论坛上,被文化部、商务部、广电总局和新闻出版总署等共同评为中国文化产业10大创新奖之一。

(六) 文化产业研究机构和研究队伍不断壮大

为培养一支有文化、懂经营、会管理的文化产业干部队伍,文化部采取多种措施,加大人才培养力度。2004年以来,连续五年在西部地区举办文化产业经营管理人才培训班。2005年,与北京卓达经济研修学院合作设立了首家国家文化产业人才培训基地,并在培训基地举办了多期文化产业高层研修班。2005年和2006年,为培养国际化、专业化人才,连续两年组织中国演艺界高层管理人员到美国肯尼迪艺术中心进行专业培训。2007年,联合中国社会科学院研究生院开办了文化产业管理方向的MPA班。同时,各个国家文化产业创新与发展研究基地和国家文化产业研究中心也主动组织了文化产业人才培训工作。据不完全统计,已先后举办了131期文化产业培训班,累计培训学员7634名,其中社会培训73个班次、6328名学员;学历教育58个班次、1306名学员。为调动广大文化产业干部的工作积极性,2008年10月,在第二次全国文化系统文化产业工作会议上,文化部还表彰了近10年来为发展文化产业作出突出贡献的60个先进集体和100名先进个人。

文化产业理论研究工作取得长足进步。1999年1月,在大连召开了全国文化产业发展研讨会。1999年和2002年文化部分别与上海交通大学、北京大学合作设立了两个国家文化产业创新与发展研究基地;2005年,与中国传媒大学、深圳市文化产业研究所合作设立了国家对外文化贸易理论研究基地。2007年,又与清华大学、南京大学、南京航空航天大学、中国海洋大学、华中师范大学、云南大学等6所高校合作建设了国家文化产业研究中心,每年给研究基地和研究中心下达研究课题任务,并给予必要的资金扶持。这些研究基地和研究中心活跃在文化产业理论研究的前沿,对涉及文化产业发展的一系列重大问题进行了广泛深入的前瞻性研究,为中央和地方政府决策提供了有效的智力支持,为探索中国特色文化产业发展道路发挥了引领作用。

改革开放三十多年,特别是1998年文化部成立文化产业司以来的10年,是文化系统坚定不移贯彻落实党的十六大、十七大精神,主动学习实践科学发展观的10年;是文化系统坚持从实际出发,持之以恒地推动文化产业又好又快发展的10年。10年来的工作实践,总结出了我国文化产业快速发展的主要原因:

1. 党中央关于文化领域新的实践总结概括的指导

党中央作出的关于深化文化体制改革、加快文化产业发展的决策部署,开辟了文化的新境界,因为文化体制改革和文化产业都是新生事物,都是以前没有做过的。经过近十年的探索和实践,应该说文化体制改革焕发了生机,特别是从全国来看,精神产品生产出现了空前的繁荣景象,文化产业从无到有,市场主体快速增加和壮大,出现了一批超百亿的文化企业集团,文化企业也开始上市,这些在过去都是难以想象的。过去由政府包办文化事业的格局已经打破了,以国有为主体、社会广泛参与的多元投入文化建设的格局已经形成,这使文化建设充满了活力。这些新的实践和探索,丰富了中国社会主义文化的内涵,开辟了新的发展道路。这十年的发展,证明了这些文化品牌的改革和文化产业发展的部署是非常正确的。

2. 文化体制改革和文化产业发展的实践引导

文化体制改革和文化产业发展的成功实践进一步凸显了文化建设的重要地位和作用,需要引导全党全社会更加全面地认识和把握。随着新的实践,我们的认识也在不断丰富和提升,特别是胡锦涛总书记在十七届中央政治局第二十二次集中学习时,把文化的地位和发展文化产业的必要性精辟地概括为"三个重要""三个关系"和"两个任意成为",深入分析了我们的国际国内形势,从综合国力全方位竞争更趋激烈,人民群众精神文化需求更加旺盛,现代传播手段更加快捷等文化建设所面临的大好机遇和严峻挑战形势等方面做出了新的概括、新的论述和新的判断。应该说,这些新概括、新论述、新判断是一次认识上的新飞跃。有了这样的认识,就必须把这种认识转化为新的实践,转化为推动实践发展的指导原则。

3. 中国经济结构调整和产业结构优化的战略指引

在经历了全球金融危机的严重冲击之后,落实科学发展观、加快经济发展方式的转变越来越成为各级党委政府必须认真对待和思考的一个问题。根据国际经验,文化产业具有逆势上扬的特性,又是低污染,低消耗、高产出,高效益的朝阳产业,特别是文化与高新技术、新兴传媒的融合创新,显示了巨大的经济开发前景。加快发展文化产业成为转变经济发展方式、优化产业结构的战略选择。同时,我们还看到,科技创造品质,文化创造品牌,提高产业的科技含量和文化含量,也是转变经济发展方式的一个重要内容。在经济结构不断调整的关键时期,大力发展文化产业就变成了首当其冲的选择。

4. 精神文化需求和文化发展机遇的不断扩大

随着我国经济社会的快速发展,人民群众的精神文化需求更加旺盛,给我们文化的发展提供了机遇,创造了条件。在这个时候,也迫切需要我们大力繁荣我们的文化事业和发展文化产业,2011年,我国文化产业总产值超过3.9万亿元,占GDP比重首超3%,文化产业对国民经济增长贡献不断上升。

5. 综合国力的竞争以及文化竞争日益激烈的催化

各个国家目前都在大力发展文化,以前的军事竞争发展成经济的竞争,以后还将进一步发展成文化的竞争,文化的地位在国际上也越来越重要。在这个时候,强调文化的重要性,加大推进文化发展的力度,已成为一种必然的选择。

三、中国文化产业发展中存在的主要问题

在工业化和城市化发展到一定阶段时,经济和收入的增长总是会推动文化需求的发展。目前我国正处在工业化和城市化中期,经济发展速度较快,但市场化的资源配置机制还没有建立起来,这就使人民群众对精神文化产品的需求在相当长的时间内缺乏有效的互动与链接。一方面是巨大的潜在需求不能实现,另一方面是大量无效的产品供给以及巨大的文化资源不能产业化。这些都导致我国文化产业发展过程中出现一些问题。

(一)文化产业总量还不够大、技术力量比较薄弱

随着我国经济的快速发展,人民群众精神文化需求呈现快速增长态势,特别是随着文化程度的提高和闲暇时间的增多,人民群众对文化产品和服务的需求更加多样化。相比之下,文化产品和服务的供需矛盾和"结构性短缺"突出,"有效供给"相对不足,与人民群众快速增长的精神文化生活需求还有一定差距。文化成为产业,就在于一些高技术的应用。现代科学技术批量复制和无障碍传播手段为文化产业发展奠定了基础,成为文化产业发展的最重要的支撑。在文化产品生产领域,高科技从内容到形式、从生产方式到传播方式都得到广泛应用,极大地促进了文化产品生产的发展和创新。发达国家通过科技运用有力地推动了文化产业化。20世纪90年代,图书出版公司、音像出版公司开始将网络技术应用于销售,极大地方便了消费者的选购,从而推动了图书和音像出版业的发展。迪斯尼把高新技术应用于文化娱乐业,1993年的销售额为85亿美元,到1997年仅4年时间就达到了225亿美元;百老汇音乐剧生产中的科技含量之高,是许多传统表演艺术无法比拟的,其表演场景辅以高品质的灯光、音响效果,使人犹如身临其境,大大增强了艺术感染力。与此相对照,中国电影业和演出业的制作、加工、欣赏都还停留在传统技术的基础上,与发达国家存在着很大的技术差距;而且这一差距也广泛体现在文化产业的各个部门。因此,技术水平低下是制约中国文化产业发展的瓶颈。进入21世纪后,以数字化、网络化和多媒体化为代表的当代信息革命,不仅带来了崭新的经济形态——数字经济和网络经济,而且带来了崭新的文化形态——数字文化和网络文化。

(二)政策及法规体系不健全,投入和人才保障不足

近年来,国家出台了一系列扶持和促进文化产业发展的政策措施,但从总体上看还不够完善。虽然各级财政对文化建设的投入不断增加,但由于长期以来文化建设经费基数低、底子薄、基础条件差,财政投入的增长与文化发展的需求之间仍有不小的差距,对文化投入总量仍显不足,文化产业发展基础条件薄弱。文化产业的创意人才、经营管理人才、技术开发人才、市场营销人才,尤其是既懂文化又懂经营的复合型高级人才短缺,人才培养和激励保障机制有待加强。中国提出发展文化产业的战略后,制定了各种各样的文化产业发展政策。但是,有些政策是滞后的。这些政策在某种意义上起着将中国的文化事业平稳地过渡到文化产业的作用,而对于文化

产业的突破性发展的作用不大。与其他政策的国际化程度相比,文化政策仍然是落后的。在文化产业政策上,还没有顾及提升文化产业在国民经济中的比重的层面,文化产业政策与文化产业战略不配套。文化体制改革的实践结果与预期目标出入较大。出现了一些文化主体的发展与文化体制改革相背离的事实。一是文化主体在各行业中发展不均衡,从而制约一些行业的产业化进程。二是投资文化产业的资金风险加大。而文化投融资体制改革是实现我国文化产业跨越式发展的关键环节。三是文化事业单位的内部改革成为文化产业化的阻力。

(三) 文化贸易逆差仍然较大,"走出去"步伐有待进一步加快

近年来,虽然我国文化产品和服务出口数量有所增长,但文化贸易逆差的现象仍未得到根本改变,文化产品和服务出口渠道比较狭窄,出口价格远远低于进口的同类产品,我国文化产品的国际竞争力和传播力还有待进一步提升。加入WTO后,中国文化产业政策并没有完全与WTO的协定接轨。应该说,我国在文化产业的开放方面保持了务实和谨慎的态度。我们并没有完全按照有关划分类别来开放文化产业,而是根据国情将可以开放的领域单列出来作出承诺,开放的领域是有限的,开放的幅度是可控的。如果说政府对文化产业政策的制定,尚须顾及文化产业的起步、经济发展实力、国家在世界所处地位等因素,那么,文化产业部门(集团)在发展观念上就应以一种超前的意识带动产业集团奋起直追。但集团在发展观念上仍然因循守旧,没有重大的突破。我国的文化产品必须承载教化大众的功能。文化产品带给大众的娱乐、消遣功能远比教化功能小得多。

(四) 文化资源开发不足,存在盲目发展的苗头

中国有着丰富、优秀的文化遗产,这是举世公认的。在文化产业化过程中,如何充分挖掘丰富的文化资源,是一个十分重要的问题。我们的文化产业,在产业规模、产品质量、资源绩效、市场竞争力上和美国、日本、韩国等国家相比存在很大的差距。这说明,文化资源大国并不等于文化产业强国。在文化资源呈散落状分布的基础上进行的单一文化产品开发,无法形成产业规模及规模效益。作为现代社会生活的一部分,文化需求和文化消费无论呈现怎样的多样性,它的基本趋向只能是现代生活期望的满足和补充。如何从消费市场和现代产业的角度提炼文化资源的市场价值要素,进行有效的开发和利用?这是中国文化产业发展必须考虑的问题。中国文化产业的未来,必将建立在对文化资源进行产业整合的基础上。目前,各地发展文化产业热情高涨,竞相上马大型文化产业项目,文化产业园区基地遍布各地,各种资本也纷纷涌入文化产业。这一方面体现了各界对文化产业发展的良好预期,也是加快文化产业发展的重要前提,对产业发展起到了积极推动作用,但另一方面,盲目发展、资源浪费、同质化竞争的问题已经出现,需要引起重视。

(五) 文化产业集中度不高,骨干企业和知名品牌缺乏

由于起步较晚和文化领域条块分割、市场壁垒等原因,我国的文化企业"软小散滥"问题比较突出,规模普遍偏小,产业规模化和集约化程度不高,产业布局不均衡,大规模、高水平、产业链完整的龙头企业少,缺少文化领域的战略投资者和骨干企业。文化企业的自主创新能力不高、核心竞争力不足,知识产权的作用发挥不充分,企业的创意、研发、制作水平较低,内涵深刻、风格独特、形式新颖、技术先进的精品力作和知名的文化品牌较少,参与国际竞争的能力有待进一步提高。

第三节 国内外产业政策比较

一、发达国家文化产业政策

(一)美国和加拿大两国的文化产业政策

1. 美国的文化产业政策

美国在电影、电视、书籍和音乐录像等文化产业领域引领世界发展潮流。据统计,在美国,最富有的400家公司中有72家是文化企业。美国文化产业的成功在于:① 投资者多样性。一是政府投入了大量的资金。政府投资的对象是所有合格的团体。二是吸收非文化部门的外商投资。来自于各大公司、基金会和个人捐助的数额远远高于各级政府资助。三是形成了较为完整的融资体系。一些强大的文化产业集团如美国广播公司、哥伦比亚等,背后有金融财团的支持。② 面向全球市场的产业发展理念,充分吸收世界文化资源和国家人才。随着贸易自由化趋势的发展,美国的文化产业已经在全球产量中取得了主导地位,这便是资金、技术、信息等要素全球自由流动的好处。在生产的文化产品,根据市场的需求和全球趋势,紧紧抓住了海外市场。美国的文化产品致力于输出美国的文化价值观,影响人们的思想观念,进一步开拓消费市场,这已经成为美国文化产业发展的规律。③ 充分利用科学和技术优势。技术含量高是美国文化产业的一个突出特点。特别是在该领域的大众媒体、电子出版、网络传输、通信卫星和文化产品等高科技行业,高新技术的广泛应用正迅速从美国扩大到世界范围。

2. 加拿大的文化产业政策

20世纪80年代伊始,加拿大联邦政府宣布将负责制定文化政策的工作由国务部移交给通讯部,同时还特别将国家的广播、影视、表演艺术、美术、图书、出版、档案馆、博物馆等统一归入该部管理。1993年,自由党在全国大选中获胜,重组内阁,将通讯部改为遗产部,对其职能做了相应的调整,文化产业司应运而生。该司的职能是支持文化产业及产品的开发;加强对电影、音像和出版业的扶持;支持版权保护。

加拿大的艺术和文化市场管理,广泛使用现代西方科学先进的管理理论、方法和科学技术,并根据本国国情和具体条件,形成了比较完整的文化市场体系。① 文化管理的分权体制。控制和管理文化市场的系统可以被划分为四个层次:第一层次是联邦内阁和议会,第二层是联邦政府机构(包括遗产部、外交部)和省委、省政府的文化遗址管理部门,第三层是由财政部负责文化遗产和文化领域的联邦文化机构的政策协调,第四层是各种艺术和文化经营单位的内部管理。加拿大文化管理的权力下放,主要表现在以下几个方面:第一,各省政府对联邦政府相对独立,对文化事务的管理拥有自主权;主管文化艺术和文化市场的遗产部对各省文化部既无业务领导关系,也无行政领导关系,只在其内部设"联邦和省政府关系局"负责与各省就文化事务进行联络、协调和沟通;各联邦政府文化机构,名义上归遗产部协调,实际上具有相当的独立性。这种层层分权、依靠政策调节的管理方式,能充分调动各级管理部门的积极性,促进多元文化的发展,有利于文化市场的繁荣。② 通过财政援助来管理。加拿大表演艺术委员会,每年为加拿大的艺术家和艺术团体提供财政援助,以鼓励和促进艺术和文化的发展。为此,加拿大政府出资设立的各种文化机构作为各种基金(包括演出基金、协调基金、表演艺术管理基金、艺术节基金、对外文化交流基金等)的资金来源。③ 落实措施以保护其文化市场。例如发布法令法规抵制倾销,加大文化投入并且努力扩大和占领文化市场,大力发展自己的品牌产业并利用高科技来建立电子信息网络等。

(二)欧盟国家文化产业政策

20世纪80年代以后,为了满足人民日益增长的文化需求,欧盟国家的文化机构对文化政策进行了改革和调整。主要表现在以下几个方面:① 在国际文化关系上追求文化多样性,倡导民族文化以及制定共同发展的相处原则。1992年,欧盟提出了"文化例外"的主张,并确定如何界定"文化例外"的六条标准。② 欧盟政府的文化政策奉行两个原则:第一,鼓励竞争的原则。第二,国家干预的原则。前者是鼓励公平竞争,自由选择各种面向公众的媒体。后者是支持弱势媒体,所以它具有较强的文化企业平等发言的机会,避免了过度集中和垄断。③ 在文化产业的管理制度方面,引入竞争机制,实行多元化。欧盟文化产业的多元化经营格局渗透于各个领域,不仅释放了对社会资本的限制,而且还可以通过引入竞争机制来提高工作效率。④ 重点支持和资助文化产业。许多欧盟国家政府高度重视大力支持文化企业,向文化产业给予各种形式的、直接或间接的补贴。如英国、法国、意大利和其他国家在电视行业的财政拨款已经达到收入的30%;英国国际广播电台资助绝大部分由国家出资;1997年,法国报纸行业唯一的直接资助达248亿法郎,间接补贴2.47亿法郎。⑤ 保护国家文化产业政策的实施。1989年,欧洲议会通过了"无国界电视"指令,以确保欧洲电影和电视行业的时间限制,对进入该国的文化产品采取一定的限制措施。另外,通过金融支持,政府通过直接资助电影市场、提供奖金支持、影视文化控制等政策,鼓励和刺激国内电影业。

1. 法国的文化产业政策

法国文化产业规模巨大。法国政府非常重视文化产业,制定了一系列优惠政策,使文化产业得以顺利发展。法国政府对文化事业及相关产业给予不同形式的财政支持或赞助。主要形式有三种:一是中央政府直接提供赞助、补助和奖金等。每一个从事文化活动的企业或民间协会,均可向文化部直接申请财政支持。二是来自地方财政支持。法国的大区、省、市、镇政府都有支持文化事业发展的财政预算。三是政府通过制定减税等规章鼓励企业为文化发展提供各类帮助。有关企业可享受3%左右的税收优惠。统计表明,法国企业为文化发展提供的赞助,多年来一直高于对其他行业诸如环保行业的赞助。

2. 英国的文化产业政策

在产业政策方面,英国的文化产业一般直接投资相对较少,力求以政策推动行业发展,重视以政策带动经济的发展。针对形势发展,不断提出发展规划;根据地区特色,制订各自文化产业的发展规划;但在不同政府执政之下,政策及管理体制差异较大。同时英国十分重视小企业的发展,着力降低企业的准入门槛,但针对小企业的投资较难获得回报,因而对此仍存在争议。文化产业中与新媒体有关的产业增长迅速;各行业的企业规模虽以中小型企业为主,但行业垄断严重。他们重视人才与技能的培养,重视协调个人发展与经济发展的关系,通过推动人才的发展来促进经济的增长。英国政府不仅强调文化艺术的经济效果,还注重文化艺术的社会效益,保证普通大众能够享受到文化产业的成果。

3. 德国的文化产业政策

德国虽是联邦制国家,文化事业属于各州政府管辖的范围,但联邦政府设立了文化国务部部长,每年的联邦政府预算中都有一笔数额可观的文化事业经费。近年来联邦政府不断提高文化事业预算,为促进文化创意经济发展提供有力的资金保障。2010年的文化预算比2005年提高20%以上。同时还修订了多项关于文化产业方面的法律,给予文化产业以法律保障。

(三)亚洲国家的文化产业政策

1. 日本的文化产业政策

日本的产业政策非常系统化。一是政府与民间一起投入做到官民并举,日本政府高度重视文化产业,但不"包办",而是采取由政府推动以及政府和民间一起投入的机制。二是构筑独具特色的文化产业平台,挖掘世界性的元素,使"本土化"与"国际化"相互交融;日本文化产业的政策和法律法规在文化产业发展中有着重要的意义,日本政府不仅在政策上予以支持,而且还制定了诸多法规,其中最具代表性的法律法规就是迄今仍不断修订的《著作权法》。

2. 韩国的文化产业政策

1997年亚洲金融危机后,韩国政府调整经济结构,把文化产业作为21世纪发展国家经济的战略性支柱产业,1998年正式提出"文化立国"的方针,最终目标是把韩国建设成为21世纪文化大国、知识经济强国。为此,韩国政府实施以下措施:一是加强立法立规,建立健全文化产业发展的管理机制。韩国政府先后制定或修订了《文化产业振兴基本法》《影像振兴基本法》《著作权法》等法律,建立了文化产业局、文化产业振兴委员会等机构全面负责文化产业的各项事务,成立了各种行业协会,负责协调每个行业的发展。二是确保文化产业发展资金的供给。韩国政府通过加大国家财政投入、设立专项基金、动员社会资金、完善相关文化经济政策等措施,保证了文化产业的迅速发展。三是建立集约化生产机制,大力开拓国际市场。韩国政府规划在全国建立多个文化产业园区,形成全国文化产业链,实现集约化经营,提升整体实力。同时,瞄准国际大市场,以中国、日本为重点,大力促进出口,通过海外市场创造赢利。四是建立健全人才培养机制。韩国政府注重完善人才管理系统,利用高等院校培养专门人才,利用网络及其他教育机构加强专业培训,同时加强与国外的人才交流与培训。五是建立奖励机制。韩国在文化产业相关领域基本都有一套奖励措施。近两年尤其加大了对影像、游戏、动画、音乐等重点文化产业的奖励力度。在韩国政府的统一规划与大力支持下,文化产业蓬勃发展。据统计,截至2003年,韩国的文化产业总产值已占GDP的5%。2004年韩国的文化产品已占据世界市场3.5%的份额,成为世界第五大文化产业强国。

二、我国的文化产业政策

近年来,我国出台多个涉及文化产业政策性文件,在财税、金融、准入、土地等多方面给予优惠,扶持文化产业发展。十七届六中全会召开后,文化产业更是被提到将在2020年发展成为我国支柱性产业的目标,支持文化产业发展的财税政策迎来密集发布期。具体政策措施如下。

(一)降低准入门槛

落实国家关于非公有资本、外资进入文化产业的有关规定,根据文化产业不同类别,通过独资、合资、合作等多种途径,积极吸收社会资本和外资进入政策允许的文化产业领域,参与国有文化企业的股份制改造,形成以公有制为主体、多种所有制共同发展的文化产业格局。

(二)加大政府投入

中央和地方各级人民政府要加大对文化产业的投入,通过贷款贴息、项目补贴、补充资本金等方式,支持国家级文化产业基地建设,支持文化产业重点项目的跨区域整合,支持国有控股文化企业股份制改造,支持文化领域新产品、新技术的研发,支持大宗文化产品和服务的出口。大幅增加中央财政"扶持文化产业发展专项资金"和文化体制改革专项资金规模,不断加大对文化产业发展和文化体制改革的支持力度。

(三)落实税收政策

贯彻落实《国务院办公厅关于印发文化体制改革中经营性文化事业单位转制为企业和支持文化企业发展两个规定的通知》中的相关税收优惠政策,研究确定文化产业支撑技术的具体范围,加大税收扶持力度,支持文化产业发展。

(四)加大金融支持

鼓励银行等金融机构加大对文化企业的金融支持力度。积极倡导鼓励担保和再担保机构大力开发支持文化产业发展、文化企业"走出去"的贷款担保业务品种。支持有条件的文化企业进入主板、创业板上市融资,鼓励已上市文化企业通过公开增发、定向增发等再融资方式进行并购和重组,迅速做大做强。支持符合条件的文化企业发行企业债券。

(五)设立中国文化产业投资基金

按照有关管理办法,由中央财政注资引导,吸收国有骨干文化企业、大型国有企业和金融机构认购。基金由专门机构进行管理,实行市场化运作,通过股权投资等方式,推动资源重组和结构调整,促进国家文化发展战略目标的实现。

三、国外文化产业政策对我国文化产业发展的启示

(一)改革文化产业融资办法,放宽民间资本进入限制

我国金融专家汪保健、肖瑞林曾经尖锐地指出,中国文化产业的发展,必须加大金融的介入力度,假如没有金融全方位地介入,文化不可能真正走向产业建设。良好的金融环境是文化产业健康发展的基础。在目前我国文化产业发展仍受资金短缺制约的情况下,鼓励文化产业的金融介入、加强文化产业与金融的融合,具有极大的现实意义。

1. 鼓励文化产业的金融介入,完善融资手段。在投资来源上,鼓励企业、个人、境外资金兴办文化企业。在投资方式上,采取独资、合资、合作、合营等多种途径;既可以资金方式投入,也可以土地、无形资产和技术方式投入入股;还可以通过股票市场发行股票、债券以及文化彩票等方式筹措资金。此外,还可以通过流动资金的贷款、固定资产贷款、联营股本贷款、循环贷款、产权市场上的溢价转让和拍卖、项目贷款等间接融资来解决资金短缺的问题。为了提升文化产业资源配置的国际化程度,亦可大胆引进外资。

2. 放宽民间资本的进入限制,强化投资深度。目前,我国文化产业进入壁垒还比较高,民间投资进入的深度明显不足,这不仅体现在民间资本与国有资本在市场准入条件上的不平等,还体现在我国对民间资本与外来资本的区别对待。为了充分调动民间资金,广开投资渠道,笔者认为,首先,要打破垄断,鼓励竞争,支持民间力量投资文化项目,实现文化投资主体多元化和融资渠道的多样化,让市场在长期资源的配置方面发挥主要作用和关键作用。国家(政府)主要依靠宏观经济政策对文化市场进行引导,再由市场引导分散的企业投资,构建众多的民间投资主体。目前,要进一步明确投资主体的分工和投资责任,切实按照国家文化产业各行业的特点和文化市场供求情况,将文化产业建设项目划分为竞争性项目、基础性项目和公益性项目;真正确定企业

基本的投资主体地位,政府尽快减少竞争性项目的投资,集中力量进行大型的基础性、公益性项目的投资,将竞争性项目的投资主要让位于民间投资。通过制定相关税收政策,鼓励个人和团体对文化事业的投资与捐赠,鼓励工商企业和社会人士对文化产业的赞助。其次,对加入WTO以后,我国已承诺对外资开放的文化领域,应同时向民间资本开放,改变文化产业领域当中存在的外来资本"超国民待遇"的状况。

(二)加强政府管理协调地位,营造良好产业投资环境

鉴于我国文化产业领域投资现状的分析,目前应加强政府在文化产业投资中的地位和作用。政府在文化产业投资中的作用不仅表现在通过政府财政拨款对文化产业进行直接投资方面,更重要的是体现于政府在文化产业投资中有着无法替代的地位与至关重要的作用。

1. 制定有关的文化投资法规、章程、实施细则以及相关配套的政策、措施。并通过监督实施,形成一整套行之有效的规范文化投资的法律法规体系,使文化产业投资有法可依、有章可循。

2. 引导投资方向,调整投资结构。随着我国文化产业建设的大力推进,许多地区都遇到了文化投资的短期效益和长远回报的矛盾,遇到了政府的公共投资和企业的商业投资如何衔接配套,以及如何分担投资的风险和分享投资效益的问题。这就需要政府统筹兼顾,采取必要的投资倾斜政策,促成一个比较合理的投资结构。

3. 合股参与,共同投资。政府可以通过与文化企业等投资主体合股参与共同进行投资,不但为企业等投资主体分摊了风险,同时也在客观上减轻了政府在文化产业投资方面的压力。

4. 营造良好的投资环境。无论是对国内的投资者还是对外商来说,投资环境是他们最为关注的一大问题。改善投资环境实际是改善播种与收获的联系。因此,为了吸引更多的资本进入文化产业,政府就必须不断地改善投资环境。投资环境的改善既是政府的一项长期的任务与工作,也是促进文化产业发展的重要保障。

(三)立足文化产业发展根基,积极推动发展特色文化产业

文化的力量,深深熔铸在民族的生命力、创造力、凝聚力之中。文化发展战略不是一个空洞的、抽象的思辨性命题,它应是一个普遍性的、甚至是日常性的问题。每一个公民能够了解到我们民族的经济命运实际上与我们在生活中采取的不同消费取向息息相关。这种消费取向包括:我们对日用商品的选择,对艺术作品的取舍,对本土文化的认同,对公共慈善事业的支持等一系列个人行为。如果我们的宏观文化发展战略离开这些与我们每个人的消费行为密切相关的问题,也就离开了我们自身所处的文化境遇,进而也就离开了我们赖以生存的文化根基。韩国电视剧《大长今》的成功就是缘于立足于文化,他们在向全世界塑造、推举属于历史又属于现实的韩国人与韩国文化。实践证明,没有特色的文化,缺乏内在的创造力和拓展空间,没有特色的文化产业,就很难生存和发展。中国的文化产业必须从实际出发,切实把握住自己的特色优势,确定自己的特色发展之路。丰富多彩的民族文化是不可多得的宝贵资源,但要在现代市场需求和技术制作的背景下发展成为文化产业,就必须把这些资源进行更加合理的有效配置,使资源优势转化为产业优势。文化产业具有综合性极强的特点,文化创造力的大小将从根本上决定其发展能力、人才、品牌、资本、信息、科技及市场需求和拓展水平及原创产品的孵化能力等。必须优化配置各种有可能开发的民族文化资源,坚持有所为有所不为,选准几个重点突破口。经过努力,在若干领域获得突破之后,再利用它们所具有的辐射和带动作用,促进其他领域的发展,进而逐步实现整个文化产业的全面发展。

本章小结

当今社会,文化产业越来越成为强大的经济实体,创造出了可观的经济效益,成为经济发展的引擎并成为一国综合国力最直观、最具体的反映。目前世界各国的文化产业都成了最为重要的产业之一,各国在文化产业政策、管理以及资金投入方面都下足了功夫,因此文化产业的发展势头也非常强劲并且呈现出异彩纷呈的局面。而我国文化产业还有很长的路要走,在迅速发展的过程中也存在很多的问题亟待解决。通过对国内外文化产业政策的对比,我们得到的启发是:要发展好我国的文化产业,就必须加大金融的介入力度,假如没有金融全方位地介入,文化不可能真正走向产业建设。良好的金融环境是文化产业健康发展的基础。在目前我国文化产业发展仍受资金短缺制约的情况下,鼓励文化产业的金融介入、加强文化产业与金融的融合,具有相当的现实意义。同时,政府也应该起到一个引导作用,为文化产业的发展提供更多的政策和资金支持。最后应该大力发展特色文化产业,优化配置各种有可能开发的民族文化资源,坚持有所为有所不为,选准几个重点突破口。相信从这几个方面入手,我国的文化产业的发展会更上一层楼。

练习与思考

1. 美国文化产业采取了何种发展模式?
2. 请谈谈法国政府在文化产业发展中的作用。
3. 改革开放三十多年来,我国的文化产业取得了哪些主要成就,存在哪些问题?
4. 简述发达国家文化产业政策有哪些共同之处。
5. 结合国内外文化产业发展现状、政策以及自己的认识,谈谈我国文化产业未来发展之路。

参 考 文 献

[1] 李思屈.文化产业概论[M].杭州:浙江大学出版社.2007.
[2] 韩骏伟,胡晓明.文化产业概论[M].广州:中山大学出版社.2009(9).
[3] 欧阳有权主编.文化产业通论[M].长沙:湖南人民出版社,2006.
[4] 江蓝生,谢绳武主编.2001—2002年中国文化产业蓝皮书[M].北京:社会科学文献出版社,2002.
[5] 胡惠林.关于我国文化产业发展战略研究的思考[J].东岳论丛,2009(2):5-12.
[6] 邬书林.全面发展文化的社会功能推动社会主义文化大发展大繁荣[J].中国党政干部论坛,2008(2).
[7] 胡惠林.中国文化产业战略力量的发展方向——兼论金融危机下的中国文化产业新政[J].学术月刊,2009(8).
[8] 沈望舒.关于中国文化产业现状的思考与建议[J].北京社会科学,1998(2).
[9] 杨吉华.文化产业政策研究[D].中共中央党校,2007.
[10] 高阳.我国文化产业发展现状及其对策研究[D].重庆:重庆大学,2008.

第三章 文化产业的资源分类与开发

> **学习目标**
> 1. 认识文化产业资源的特征和多重属性。
> 2. 知晓我国文化产业资源的类型和文化产业的分类。
> 3. 了解中外文化产业资源的保护现状。
> 4. 明确我国保护和开发文化产业资源的原则和举措。

任何一个产业的存在和发展,都与资源密切相关,文化产业也不例外。我国自古以来就是文化资源大国,五千多年的文明历史,五十多个民族的风俗习惯,孕育了深厚的文化资源,也积累了丰富多样的文化宝藏,这些难以估价的文化资源都是一笔弥足珍贵的财富。因而,如何科学运用我国现有的文化资源,如何整合好各种资源,对于创造我国文化产业独特的竞争优势,具有十分深远的意义。

第一节 文化产业资源

文化产业资源是文化产业发展的一个重要因素,对正处在起步阶段的文化产业来说,基于文化产业资源开发和利用的理论研究无疑是十分必要的,论及文化产业资源,首先就要对与文化产业资源相关的一些基本概念和属性作个介绍。

一、文化产业资源的含义及其特点

(一) 文化产业资源的含义

《现代汉语词典》对"资源"的解释侧重于自然属性,指的是生产资料或生活资料的天然来源,如地下资源、水利资源等。[①] 在经济学范畴,资源被定义为"生产过程中所使用的投入",这一说法切实地反映了"资源"的经济学内涵[②];在管理学看来,"资源"则是知识和信息密集型的生产要素,是组织中的各种投入,人力、物力、财力的投入,具体形态不仅包括如机器、设备和厂房等有形资源,也包括品牌、专利和声誉等无形资源。[③]

广义地说,文化产业资源就是指一切可以产业化的文化存在对象。它包括人们从事文化生产、文化活动所利用或可资利用的各种资源,以及在产业化过程中所要利用的一些相关资源。文化产业资源从内涵上看,不仅是指物质财富的资源,而且也包括了精神财富的资源。从外延上

---

① 中国社会科学院语言研究所词典编辑室编.现代汉语词典[M].北京:商务印书馆,2005:1801.
② 燕睿.高速公路广告资源的经济价值研究[D].西安:长安大学,2009:5.
③ 韩英,付晓青.文化产业概论[M].福建:海峡出版发行集团福建人民出版社,2012:173.

看,文化产业资源所涉及的范围非常广泛,它几乎涵盖了人类生产、生活等活动的所有方面。从资源的属性来看,文化产业资源包括自然资源和社会资源。但文化资源不像自然资源那样稀少,甚至于缺乏再生性,而是具有反复利用、可再生的。

一般说来,资源是一个动态的概念,它的涵义是随着人们对其认识和利用程度的改变而不断变化发展的。自然资源在社会发展的最初阶段,例如原始社会和封建社会,具有不可动摇的的重要地位和绝对优势,人们在生活和生产过程中极度依赖自然资源,可是随着社会和经济的发展,它的地位和重要性被逐渐削弱,人为的、社会的资源日益发挥出更为突出的作用。文化产业属于第三产业,也是随着社会的进步和经济的发展所诞生的产物,文化产业资源中的社会资源比重不容忽视。因此,我们在认识文化产业资源属性的时候,不能单纯从自然属性这一方面来探讨,更需要意识到,文化产业资源是社会进步的产物,是人类文化、观念、思想的结晶,有不能忽略的文化属性和社会属性。

(二)文化产业资源的特点

中华民族几千年的璀璨文明和悠久历史,蕴含了无限的宝贵财富,使得我国文化产业资源丰富多样,它不仅是一种自然存在的资源,还能作用于社会的文化生产,发挥了作为资源所具备的使用价值、经济价值、精神价值和文化价值,同时,文化产业资源也有着资源的特有属性,可以进行相互交流、重复利用、广泛传播等。

1. 资源的生产性

作为有形的自然资源来说,一旦消耗就难以恢复,总量会越用越少,例如石油等天然资源需要几百万年来慢慢形成,相反,人文资源则会因传播的广泛和公众的接受而体现价值,非但不会越用越少,反而每一次的使用都能成为再创造的过程。文化产业资源具有极高的社会开发价值,可被作用于社会的各种活动。文化资源经过开发后可以转变为各种各样文化产品和文化成果,运用到社会中能创造出显著的经济效益。文化资源是一个地区或一个民族智慧的结晶,是前代人总结的宝贵经验,经过了后一代人的吸收,再加上不断发展的科学技术和知识水平,文化资源被发掘出了新的现实价值,生产出与时俱进的文化产品。再创造出来的文化产品被赋予不同的创意内容,是新时代科技发展、思想观念、文化水平的反映,经过全社会的普及和传播,社会大众就能从中接受到正确的认识、意识、心态,以及由此而生成的生活方式(包括经济结构、法规制度、衣食住行习俗等各个方面)。

2. 资源的价值性

文化产业资源蕴藏着巨大价值,它是集经济功能、文化功能、政治功能和社会功能于一体的资源。从经济的功能来看,经济增长带动了文化产业的兴旺,相应的,文化产业资源能促进经济利润的增加。先进文化、思想、科技手段的普及,能加大文化对经济的渗透,从而带来社会生产力的提高,文化产业中的传媒、娱乐、教育、旅游、设计、艺术等产业的发展速度远高于其他产业,同样的,也都带来了极大的社会经济效益。从文化功能来讲,文化产业资源的再生性和生产性能有助力于我国文化建设。我国是著名的四大文明古国之一,文化产业资源汇集了中华民族五千年来的精神和文化财富,传统文化在得到保存的基础上被传承和弘扬,这些都有益于我国文化遗产的保护,文化产业可以拯救濒临灭绝的文化作品,具有巨大的文化意义。从政治功能来说,文化产业资源具有意识形态属性,包含了一定的价值观念、审美倾向、生活方式等,具有明确的政治倾向的文化产品在得到传播以后会改变受众的政治立场和政治观念,"建设和谐社会"政治理念充分发挥出文化的感召力和认同感,升华了社会精神与风气。从社会功能来谈,文化产业资源里的文化产品和服务能满足公众的精神需求,甚至能起到引导、熏陶、培养公众的教育功能,全面提升社会的精神风貌和氛围,因此在提高社会的综合文化素质方面有着不可替代的作用。由此可见,文化产业资源不仅具有文化价值、精神价值和思想价值,而且能通过产业化运作和市场配置,发挥出巨大的使用价值、消费价值和经济价值等,如何发掘和开发文化产业资源的多重价值是文化产业研究中的一个重要课题。

3. 资源的传播性

从文化资源产业的定义中我们可以知道,文化产业资源中的人文资源有很大一部分是没有实体存在的事物,从内容的范围来看,人文资源包括历史人物、文物古迹、民俗、建筑、工艺、宗教信仰、语言文字等,是经前人所创造、积累的文化遗产库和后人创造的文化信息库的总和,这些无形的精神资源是可以相互传播交流的。比如中国古代的四大发明中的造纸术和印刷术,是我国对世界文明的伟大贡献,传入欧洲后,加快了历史的进程。随着经济全球化步伐的加快,网络技术的日趋普及和广泛使用,地理因素造成的空间距离已被大大缩减,国家之间、地域之间、民族之间的交流往来变得前所未有地便捷和迅速。在这样的传播环境下,文化传递的数量和效率得到了极大提升,文化产业资源不再是某个国家或地区使用的专利,它变成了全世界共享的文明财富。文化的沟通、交流和借鉴将变得更加频繁和广泛,谁的使用能力越高、再创造力越强,谁就能占有越多的文化产业资源。正是由于不同文化资源间的碰撞和融合,造就了目前多元格局的文化和内容,加快了文化产业发展的脚步。如果要用两个词形容近十年来中国的传媒发展,那就是"一日千里"和"刮目相看"。各种新媒介、新技术层出不穷,中国的全媒体时代已经到来。面对这样一种不断交汇融合大发展趋势,我们如果故步自封,缺少沟通,就会削弱我国文化产业的生命力和国际竞争力。只有正视文化产业资源的传播性,才能吸收有益文化和先进文明为我所用,提升我国的精神、文化生活的质量。

4. 资源的非消耗性

许多自然资源过度使用会消耗殆尽,严重的会造成这一资源永远消失。文化产业资源则不然,只要人们认为它有用,就可以无数次反复利用,它包含的人文资源是一个国家、民族经过长期积累形成,并且被广大社会成员认可的文化传统、民族心理以及人文精神。它非但不会因为使用过多而被消损,反而会随着使用的人数增多、频率加快、范围拓宽、认可度提高,造就文化资源在数量上的增长,甚至引起新的文化特质的衍生。例如《钢铁是怎样炼成的》一书,不单纯限于是一本文学名著,更是"保尔精神"的浓缩。不仅影响了苏联的一代人,也照亮了我国一代又一代读者的心灵,书中主人公对革命理想的无限忠诚、百折不挠的战斗精神和革命乐观主义精神,激励了全世界无数青少年。文化产业资源会随着历史的前进而不断递增、不断丰满,资源的非消耗性在这一方面体现得淋漓尽致。在人类的历史进程中,后代人总比前代人掌握了更多的科技知识,就能在前人的基础上丰富、创造出新的生产经验,学习、普及、使用的过程就是一个创造的过程,优秀的文化资源能被重复使用,世世代代为人类造福,传播得越广,接受的人越多,愈能彰显出其价值和生命力。

5. 资源的再生性

物质资源如煤矿、石油、天然气等都是非再生资源,当它们作为能源被利用消耗以后,原有的形态已不复存在,其存在形式也发生了改变。人文资源是人类为完善自身赖以生存的环境,在改造利用自然、维系社会关系的长期实践过程中物质文化、制度文化和精神文化遗产的总和,是一个国家、地区或民族在长期的生产和生活中沉淀的文明成果,是可以进行加工和再创造的。文化产业资源包含了非再生的自然物质资源和可重复利用的人文资源,因此具备了可再生性,使得文化产业成为新世纪最具活力的新兴产业和朝阳产业。这就是文化产业资源区别于其他物质资源的一大特征,这也是我们在发展文化产业时需要慎重考量的优势所在。在某个时期或阶段,文化产业资源虽然具有一定的稳定性,但它仍旧处于不断变化发展的状态中,其中蕴含的精神内容会随着时代的进步和社会的变迁而衍变。值得注意的是,这些衍化和改变并非是单向的,而是双向的,既可以是衰减、消亡的,也可以是丰富和再生的。因此我们在利用文化产业资源的时候要特别强调文化资源和精神资源的利用和保护,如果一个民族传统的精神宝藏被异化变劣了,就难以复兴了,特别是在当今全球化、信息化的社会,我们更要用一种可持续发展的观点来善待文化产业资源,把使用文化产业资源的过程变成创造文化产业资源的过程,真正发挥好其可再生的特性。

二、文化产业资源的多重属性

文化产业资源一方面具有资源的一般属性,同时又由于文化本身的特殊性,而有着特殊的属性:经济性、政治性、社会性、文化性和意识形态性。

1. 经济性

文化产业作为一种朝阳产业欣欣向荣,最重要的一个原因就是经济的发展带动新兴产业成长。从经济的角度来讲,文化产业资源存在的唯一和最终目的,就是通过市场对有形和无形资源的合理配置和利用,为产业带来丰厚的利润。文化产业资源只有投入市场并通过市场机制的配置才能产生价值和效益。20世纪80年代以来,文化与经济的相互渗透、相互交融越来越明显,这一发展趋势已经成为人们研究的关注点。詹明信在《全球化的文化》一书中说道:"经济的文化化与文化的经济化常常被认为是如今众所皆知的后现代的特征之一。"[①]由此可见,文化产业作为现代经济中非常重要的一环,带来了经济增长的全新领域,如信息经济、创意产业、版权产业等,相应的,文化产业资源中的文化产品也参与到文化产业的进程中,并被公众或消费者所接受和采纳,从而体现了其自身的经济价值。

2. 政治性

文化产业对国家政治有一定的影响。与其他资源相比,文化产业资源具备了意识形态性和物质形态性双重特征。文化产品在生产、传播和供应过程中都会对现行政治直接或间接地持有肯定或否定的政治倾向和态度。文化产品或服务作为舆论工具时会带有强烈的干政性和参政性。执政者在认识到文化产业的政治功能以后,会有意识地利用文化产业资源,在共享中形成某种价值观念。从全世界范围来看,越来越严重的"文化帝国主义"现象就是西方国家,尤其是美国,通过西方文化产业资源在全球化传播的过程中进行文化渗透,这种渗透输出的是西方的价值观念、生活方式、信仰等内容,是文化话语与政治话语相结合的产物,被深深打上了"政治"的烙印。从另一个角度来看,文化产业具有一定的教育性,文化产业资源凝聚着价值观、思想、意识和意义,能够教化人民的观念、思想、意识、行为,并影响着社会、政治、经济制度安排。马尔库塞说

---

① 蔡尚伟,温洪泉.文化产业导论[M].上海:复旦大学出版社,2006:109.

过:"对于社会大众来说,对某种社会制度所形成的理论观点和价值观念,绝不仅仅是通过所谓高深的理论获得的,更多的是通过通俗易懂的大众传播媒介所传递的信息获取的。"①

3. 社会性

"从文化的社会功能来看,文化作为人的生存方式和样法,是一个社会得以确立的根基性的东西,它从物质、制度和精神三个不同的层面确定了一个社会的基本的生存条件、社会结构和价值取向。"②文化产业也会引起社会的物质、制度和精神这三个相应层面的改变。随着人们生活水平的提高,多彩多样的文化生活是人们物质生活得到满足后提出的新的要求,人们开始关注文化上、精神上、心理上的需要。近年来,电影业、传媒业、娱乐业、旅游业的兴旺极大扩充和丰富了我国文化产业的内容,文化产业资源提供的文化产品和服务起到了缓解紧张生活状态、释放工作压力、改善心情焦虑的作用。不仅如此,文化产业资源还能对公众价值观形成和审美水平产生不小的影响,最近几年,电视上层出不穷的选秀节目就是一个典型的例子。文化产业资源具有传播性,对于受众而言起到了一定的社会启蒙作用。例如求职类、竞技类的电视节目能让观众在收看的时候学到很多求职技巧、生活经验和人生智慧,不少的文化节目都有着寓教于乐的教育功能。由此可见,文化产业资源有着不可估量的社会效益。

4. 文化性

党的十六大报告也指出,"发展文化产业是市场经济条件下繁荣社会主义文化、满足人民群众精神文化需求的重要途径"。③ 在新时代里,中华民族的伟大复兴,绝不仅仅是经济效益的提高,还必须是文化、知识的大发展、大繁荣,达到经济、文化、政治的全面复兴。文化产业的出现增加了文化创造、革新、生产、传播的范围和途径。文化产业发展的本质是关于文化产业资源的生产、流通、传播和交流,满足于人类社会的精神发展需求。文化产业资源不仅含有对传统文化的保护和继承,更能在传统文化里加入新元素和新内容,赋予传统文化新的活力。著名导演张艺谋执导的《印象刘三姐》就是文化产业推动传统民族文化弘扬与传承的典型案例,是全世界第一部全新概念的山水实景演出。节目中原汁原味的民族元素和民间艺术元素,反映了壮族文化的"原生态",集唯一性、艺术性、震撼性、民族性、视觉性于一身,这些被挖掘出来的文化产业资源带着新的形态和文化内容展现在了世人面前。

5. 意识形态性

在文化产业出现之前,文化是统治阶级维护其统治利益的工具,是国家上层建筑的重要组成部分,用各种文化产品的形式体现了统治者的意志。在当代社会,文化产业得到了迅猛发展,文化产品能借助于高科技手段进行大规模的复制,通过引导或宣传等方式为社会大众提供了一种定制的文化环境。这个文化环境是被有意识创造出来的,构成这个文化环境的文化产业资源及其传达出来的思想内涵都是经由生产者筛选后定下来的。文化由过去直接体现统治者意志的方式转变为间接的、依托于文化产业的中介方式为统治阶级服务。例如报纸、杂志、书籍、光盘等文化产品都属于文化产业资源范畴,这些产品虽然呈现出一定的物质形态,实质上却还是精神文化的载体,其承载的内容才是文化产品的实质。文化产品作为一种精神产品,其生产过程既是物态

---

① 赵宝晨. 对文化产业的哲学思考[J]. 理论学刊,2006,(5):53-59.
② 欧阳海虹. 作为整体的文化产业及其运行模式研究[D]. 哈尔滨:黑龙江大学,2010:20.
③ 刘海梅. 挖掘文化资源发展文化产业[EB/OL]. [2005-09-02]. http://news.qq.com/a/20050902/000003.htm.

形成的过程也是文化内容和精神价值形成的过程,因此,文化产品带着生产者的主观意识倾向,生产者和传播者的道德评判标准、审美标准、政治思想倾向和价值观念等物化在文化产品里,在公众接受它们的过程中,文化产品的意识形态功能得到了充分的发挥,起到了政治舆论引导、教育公众、宣扬执政者理念、凝聚社会力量和提高公众综合素质等功能。一个国家的文化产业不仅能带来经济效益,还对塑造社会精神风貌有极其重要的作用,文化产业资源的意识形态性使得它也成为了宣扬或抵制其他意识形态的工具。

三、文化产业资源的类型

我国地大物博,历史悠久,民族文化多样,具有丰富的物质资源和精神资源。正确地对文化产业资源进行分门别类是资源保护、文化产业开发和利用的重要前提。不同的划分标准有不同的分类方法,我国学者在这一方面也进行了研究和探讨。

胡惠林认为,文化资源从活动的角度来划分构成,可以分为遗存资源、产品资源、制度资源、观念资源、习俗资源、人力资源等,并对这六种资源做了详细介绍。[①] 丹增按形式的区别,把文化资源划分为有形的和无形的两种;从属性不同区分,则分为历史文化资源、民族文化资源、宗教文化资源、器物文化资源、信息文化资源等五种;从文化产业的开发区分,可分为可开发资源和不可开发资源。[②] 刘吉发按形态划分,将文化资源分为符号化意义的文化资源、经验型的技能文化资源、垄断性的旅游文化资源和创新型的智能文化资源等。[③] 还有的学者认为文化产业资源由自然资源、人文资源、资本资源、技术资源、人力资源和市场资源这五种资源构成,它们在文化产业的"生产经营"过程中缺一不可。[④] 也有人从整体上看,将文化产业资源的要素组合划分为四大类:货币资源、技术资源、专利资源和智能资源。[⑤] 张胜冰从文化资源的共时性和历时性以及不同的存在方式划分,将文化资源分成乡村文化资源、都市文化资源、传统文化资源、现代文化资源、海洋文化资源、民族文化资源、企业文化资源、社区文化资源等八种。

综合以上研究,我们将文化产业资源分为有形的物质资源、无形的精神资源和人才资源三大类。

1. 有形的物质资源

有形的物质资源包括以下几方面内容:第一类是天然景观资源,即富有特色的地理地貌、自然景观等资源。如桂林山水、山川五岳、湖泊、海洋等。第二类是历史遗存遗址和文物资源,如北京故宫和长城、陕西的兵马俑、历史名人故居、碑刻或器皿等文化遗址和文物。第三类是富含风俗民情和地方特色的民族工艺品和饮食文化资源,如傣锦、壮族的纯手工绣球、新疆地毯、苗族服饰和各民族、各地区的饮食偏好等。第四类是文化传播的场地和物质手段资源,如剧场、影院、博物馆、专业的拍摄工具、灯光、音响等。

联合国《世界遗产名录》将世界遗产分为自然遗产和文化遗产两大类。自然遗产的认定相对简单,历史文化遗产更复杂,历史文化遗产被分成文物、建筑群和遗址三种,这些都是人类历史文

---

① 胡惠林.文化产业概论[M].昆明:云南大学出版社,2005:170-172.
② 丹增.文化产业发展论[M].北京:人民出版社,2005:104.
③ 刘吉发,岳红记,陈怀平.文化产业学[M].北京:经济管理出版社,2005:84-85.
④ 李志珍.中国文化产业资源开发与利用[D].长沙:湖南大学,2008:5.
⑤ 姚蕊.试论我国文化产业资源的开发[J].现代商贸工业,2007,19(8):35.

明的典型的代表。① 6月22日在第37届世界遗产大会上,中国红河哈尼梯田文化景观被批准列入联合国教科文组织《世界遗产名录》,成为中国第31项世界文化遗产,直至2013年6月,我国已有45处自然文化遗址和自然景观列入《世界遗产名录》,成为位于世界遗产名录排名第二的国家,仅次于拥有48个世界遗产的意大利。②

2. 无形的精神资源

"虽然在文化资源的构成中,也有物质的有形的部分,但其意义却不依赖其所具有的物质属性,而是在于附着于其中的精神属性。"③精神资源饱含着文化传统、民族心理以及各种社会要素,被社会成员所认同,它是人类在劳动和生产过程中凝结起来的思维活动精华和历史文明印迹,从内容的范围来看,精神资源一般是积累前人所创造的非物质文化遗产和历代社会的精神文明的总和。

精神资源分为以下几类:第一类是传统美德和优秀的历史精神资源,即在历史长河中形成的独具特色的传统认知,如爱国主义精神、勤俭节约美德、道德宗教传统、历史故事和民间传说等。第二类是经验型的文化技能资源,即由人掌握的一种经验技巧,如表演、作曲、绘画艺术、音乐舞蹈、歌曲演奏等。第三类是品牌和专利资源,包括企业品牌的名称、标志、商标、品牌图案等品牌资源,也包括创造权、专利权、商标权等专利资源,这些都是法律保护的无形资产。第四类是文化方面的创新能力和智能资源,强调的是在前人的基础上进行的突破,形成了独特的思维方式和创新能力。具体体现为新颖的创意、独一无二的构思、创作的灵感、明智的决策等,这些资源都是难以简单模仿,必须通过长期的实践与艰苦的探索才能培养出来的智能资源。

3. 人才资源

人才资源就是在文化产业方面积累和储备的人才,以及大量在民间中有特殊文化技艺和艺术创造力的人才,它既包括专业型的也包括非专业型的,既存在于正式的组织当中,也存在于非正式的组织中。文化产业是高科技与高文化紧密关联的领域,文化市场激烈竞争的背后,实质是人才的竞争和人力资本的博弈,人才优势已经成为发展产业的主要制胜因素,人才资本的培育和市场配置也成为文化产业市场的关键要素和文化企业的核心竞争力。发展文化产业,人才是第一资源。④ 胡锦涛在中共中央政治局第二十二次集体学习时强调:"要加强文化战线领导班子建设,加强文化事业和文化产业人才培养,为深化文化体制改革和文化建设提供有力组织保证和人才保障。"⑤

目前我国文化人才存在着人才总量匮乏、复合型管理人才短缺、新兴行业精英不多、人才地区分布不均、区域发展不平衡等问题。想要获得丰富的文化产业人才资源,第一要解决人才资源短缺问题,完善人才供给机制。邓小平同志说过:"好的机制能把坏人变成好人,坏的机制能把

---

① 欧阳友权.文化产业概论[M].长沙:湖南人民出版社,2007:P51.
② 张明宇.中国哈尼梯田成功列入世界遗产名录[EB/OL].[2003-06-22]. http://news.xinhuanet.com/world/2013-06/22/c_116248529_10.htm.
③ 胡惠林.文化产业概论[M].昆明:云南大学出版社,2005:172.
④ 欧阳友权.文化产业人才建设:问题与思路[J].福建论坛·人文社会科学版,2012(2):114.
⑤ 人民网—《人民日报》.顺应时代要求深化文化体制改革推动社会主义文化大发展大繁荣[EB/OL].[2010-07-24].http://politics.people.com.cn/GB/1024/12238375.html?jdfwkey=zs9qr

好人变成坏人。"①用人机制的改革和创新,能实现文化人才由"单位所有"转向"社会所有",我们要搭建适合他们快速成长的平台,遵循用人所长的原则,敢于启用和挖掘年轻的优秀人才,最大限度地发挥人才配置的效能。第二是建立和完善高校培养文化产业专业性人才的主渠道。学校应在常规意义上的教育基础上,探索出一条既能适应文化产业发展要求又紧跟时代脚步的新型的培养之路。高校在教学过程中更要强调学生综合素质的提高,重视他们创意理念思维的培养,同时还要注重专业理论教学与实践教学的结合。第三是加大对文化产业的人才资源的培养力度,对人才的劳动成果予以足够的重视和保护。文化产业里的许多新兴行业例如网游业、动漫业、版权业等都需要专业型的人才资源,目前这些领域的人才非常匮乏,我们需要加强文化产业人才的引进工作,通过人才交流、培训等方式为文化单位提供各类专业人才。文化产业部门应该对文化产业精英实行"无障碍"引进和灵活管理方式,开辟引进优秀人才的"绿色通道"。② 另一方面,要尊重人才的劳动,对他们的知识产权予以确认和提供法律上的保护,而这正是文化产业留住人才的关键。

第二节　文化产业分类

一、文化产业的分类方式

(一)联合国教科文组织分类

联合国教科文组织对文化产业的定义是根据工业标准进行生产、再生产和组成文化产品和服务的一个过程;而所谓工业标准,则主要指标准化、规模化、专业化和连续性。现在联合国教科文组织对文化产业的统计框架是在1986年制定、1993年修订的文化产业统计框架之上进一步修订而成的。它将文化产业定义为以艺术创造为主要表达形式、遗产古迹为基础而引起的各种活动和产出,具体分为四个层次。文化商品核心层:文化遗产、出版印刷品、音频音乐、表演艺术、视觉艺术和视听媒体;文化商品相关层:音乐、影院和摄影、电视和收音机、建筑和设计、广告、新型媒介;文化服务核心层:视听及相关服务,特许使用税和许可费、娱乐、文化和运动服务,个人服务;文化服务相关层:广告、市场研究和民意调查,建筑、工程和其他技术服务,新闻机构服务。③ 每个文化部门都划分了资源投入、活动过程、产出等活动环节,建立了包含反映以创作和生产、传播和发布、接受和消费以及各项活动规模和参与为内容的文化统计指标,从而形成了文化统计框架矩阵。④ 但联合国教科文组织的文化产业范围主要是出于经济上的考虑而不是文化考虑,因此,其范围要小于我国文化产业统计的范围。

(二)学术界的分类

根据三次产业分类法的划分,文化产业属于第三产业,居于整个产业机构的高端。三次产业分类法是国际经济学界对产业结构进行分类的最重要的方法之一。即把把全部经济活动按照人

---

① 秦华.专家:文化产业是人的产业需重视人才培养机制[EB/OL].[2010-12-22].http://theory.people.com.cn/GB/13556073.html
② 刘慧.新型文化产业人才的培育路径[J].人民论坛,2011(11):227.
③ 邓安球.文化产业发展理论研究——兼论湖南文化产业发展[D].南昌:江西财经大学,2009:9.
④ 蔡尚伟,洪温泉.文化产业导论[M].上海:复旦大学出版社,2006:16.

类经济活动客观序列与内在联系,划分为第一产业、第二产业和第三产业。第一产业是农业,包括种植业、林业、畜牧业和渔业;第二产业是工业和建筑业,包括制造业、采掘业、电力等行业;第三产业是除了第一、二产业之外的其他各业,包括金融、运输、商业、保险等,文化产业就属于第三产业。

胡惠林在《文化产业学:现代文化产业理论与政策》一书中,从文化产业的实体结构、形式结构、地域结构、发展结构、生产要素的技术组合和区域类型等六个不同的角度对文化产业进行适当的分类。(1)根据实体结构来分,文化产业可以分为市场型文化产业与公益型文化产业。出版传媒、体育竞技、网络电视等领域属于市场型文化产业。社区文化产业、大型社会捐助活动、个人捐资助学等属于公益型文化产业。(2)依据形式结构来分类,文化产业可以分为部门文化产业结构与空间文化产业结构。教育、科技、旅游、出版等包括在部门文化产业结构里,空间文化产业结构则是以地理区域为界限来划分。(3)依据地域结构来分类,文化产业可以分为局域型文化产业与全域型文化产业。局域型文化产业强调以有限视觉对特定空间的界限,全域型文化产业以系统论的观点来分类。(4)从发展结构来分类,可以分为基础型文化产业和特色型文化产业。(5)从生产要素的技术组合这一角度,文化产业分为技术文化产业和创意文化产业。像大型体育运动会和航空表演等要求硬件设施、技术和回报都很高的活动归属于技术文化产业,以知识、智力、经验、智慧等为核心的产业行为则属于创意文化产业方面。(6)从区域类型来划分,则可以从国家、行政区、形态、功能这四方面来划分。①

也有的学者从纵向层面对文化产业进行分类。花建的《产业界面上的文化之舞》一书中根据文化产业的价值链而将文化产业分为生产、销售、服务三大类:一是文化制造业,包括报社、出版社、杂志社、印刷厂、玩具厂、游戏软件公司、剧团、电影厂和书画苑等。二是文化销售业,包括书画商店、书报摊、音像店、花店、旅游用品商店、文化用品商店和古玩商店等。三是文化服务业,如图书馆、博物馆、电影院、网吧、旅行社、游乐园、动植物园、观光点、文化经纪人公司和艺术设计公司等。②

刘吉发指出,目前我国对文化产业的分类也是这三类:一是文化产品的制造业,如报刊印刷业、影像业等。二是文化产品批发与零售业。三是文化服务业,大众娱乐业、文艺演出、信息服务业等。但这样的分类只注重有形的文化产品,忽略了无形的和抽象的文化产品,应该将跨越于第二、第三产业的领域包含进文化产业中,具体分类如表3-1:文化产业的结构体系表。③

表3-1 文化产业的结构体系表

新闻出版业	广播电视业	电影业	娱乐业	艺术表演业	群众文化业	图书馆业	文化旅游业	会展业	广告业	咨询业	博竞技体育	网络业	建筑设计业	时装业	装饰装潢业	其他

《2001—2002年中国文化产业蓝皮书总报告》从横向的层面上把文化产业分成三类:一是主

---

① 胡惠林.文化产业学:现代文化产业理论与政策[M].上海:上海文艺出版社,2006:183-184.
② 欧阳友权.文化产业概论[M].长沙:湖南人民出版社,2007:54.
③ 刘吉发,岳红记,陈怀平.文化产业学[M].北京:经济管理出版社,2005:19.

体或核心行业,包括文化娱乐业、新闻出版业、广播影视业、音像业、网络及计算机服务业、旅游业、教育等。二是前沿文化产业,包括文学、戏剧、音乐、美术、摄影、舞蹈、电影电视创作、工业与建筑设计,以及艺术博物馆、图书馆等。三是拓展的文化产业,主要是广告业和咨询业等。[1]

叶朗主编的《中国文化产业年度发展报告(2003)》一书中,对文化产业的范畴做了介绍,从宏观、中观和微观三个层面进行了分类。宏观层面来看,科学研究、教育、文艺、体育、旅游、博览、装横设计、广告、影视、图书出版、咨询、新闻媒体,以及部分与文化有关的网络经济等产品制造、零售和服务行业都属于这一领域。从中观层面来分,音像、图书、报刊、媒体、影视、体育、文物、文艺、设计、文化经纪和代理等文化的生产、零售和服务行业是属于中观层面。由我国传统的宣传文化系统所管辖的广播电视、电影、文化艺术、图书出版和报刊等行业属于微观层面,从宏观到微观的分类是基于当时文化产业发展状况和便于统计的要求而划分的。[2]

(三)政府的分类

1．《文化及相关产业分类(2012)》[3]

2003年7月22日,成立了由中共中央宣传部牵头,国家统计局、文化部、国家广电总局、新闻出版总署、国家文物局、国家发展改革委、财政部、国家税务总局、国家工商总局等单位参加的"文化产业统计研究课题组"。课题组完成了《文化及相关产业分类》,于2004年3月正式出台。我国文化产业由此而拥有了第一个全面统一的分类标准。

(1)修订的背景

党的十七届六中全会进一步强调推动文化产业跨越式发展,使之成为新的增长点、经济结构战略性调整的重要支点、转变经济发展方式的重要着力点,对文化产业统计工作提出了新的要求。尤其是新的《国民经济行业分类》(GB/T4754-2011)颁布实施和联合国教科文组织《文化统计框架——2009》的发布,文化新业态的不断涌现。于是,在2012年7月,国家统计局发布了新修订的《文化及相关产业分类2012》。

2011年9月28日,中宣部、国家统计局在北京召开了文化产业统计研讨会,有关部委同志、部分省市党委宣传部和统计局负责同志以及有关专家学者参加。会议认为,要适应我国文化产业发展的新情况、新变化,总结近年来各地区、各部门统计工作的实践经验,对现行分类进行必要调整,使其更加切合发展需要。根据会议精神,国家统计局开始了《文化及相关产业分类》的修订工作。

(2)分类方法

《文化及相关产业分类》依据分类原则,将文化及相关产业划分为五层。

第一层包括文化产品的生产、文化相关产品的生产两部分,用"第一部分""第二部分"表示。

第二层根据管理需要和文化生产活动的自身特点分为10个大类,用"一""二"……"十"表示。

第三层依照文化生产活动的相近性分为50个中类,在每个大类下分别用"(一)"

---

[1] 张晓明,胡惠林,章建刚.2001—2002年中国文化产业蓝皮书总报告[EB/OL].[2002-01-25].http://www.china.com.cn/ch-whcy/6.htm

[2] 叶朗.中国文化产业年度发展报告(2003)[M].长沙:湖南人民出版社,2003:27-28.

[3] 国家统计局设管司.文化及相关产业分类(2012)[EB/OL].[2012-07-31].http://www.stats.gov.cn/tjbz/t20120731_402823100.htm.

"(二)""(三)"……表示。

第四层共有 120 个小类,是文化及相关产业的具体活动类别,直接用《国民经济行业分类》(GB/T4754-2011)相对应行业小类的名称和代码表示。对于含有部分文化生产活动的小类,在其名称后用"*"标出。

第五层为带"*"小类下设置的延伸层。通过在类别名称前加"—"表示,不设代码和顺序号。见表 3-2。

表 3-2 《文化及相关产业分类(2012)》的主要内容框架及分类表①

部类	大类	中类	小类	延伸层
第一部分 文化产品的生产	1. 新闻出版发行服务	3	12	
	2. 广播电影电视服务	2	6	
	3. 文化艺术服务	7	13	3
	4. 文化信息传输服务	3	5	3
	5. 文化创意和设计服务	4	5	5
	6. 文化休闲娱乐服务	3	11	
	7. 工艺美术品的生产	3	13	1
第二部分 文化相关产品的生产	8. 文化产品的辅助生产	7	15	7
	9. 文化用品的生产	13	30	6
	10. 文化专用设备的生产	5	10	2

(3) 修订的内容

修订是在《文化及相关产业分类(2004)》的基础上进行的,延续原有的分类原则和方法,调整了类别结构,增加了一定内容和部分行业小类,减少了少量不符合文化及相关产业定义的活动类别。

- 结构的调整

① 2004 年制定的《文化及相关产业分类》第一层分为"文化服务"和"相关文化服务"两部分,2012 年的将第一层分为"文化产品的生产"和"文化相关产品的生产"两部分。

② 第二层的大类由原来的 9 个调整为 10 个。

③ 第三层的中类由 24 个修订为 50 个,第四层的小类由 99 个修订为 120 个,带"*"的小类由 17 个修订为 23 个。

④ 取消过渡层,在带"*"的小类下设置 29 个延伸层。

- 增减的内容

增加了文化创意、文化新业态、软件设计服务、具有文化内涵的特色产品的生产等内容。减少了包括旅行社、休闲健身娱乐活动、教学用模型及教具制造、其他文教办公用品制造、其他文化办公用机械制造和彩票活动等内容。

---

① 赵彦华.《文化及相关产业分类(2012)》及其对新闻出版业的影响[J].国际新闻界,2012(11):98.

2．新旧《文化及相关产业分类》的对比

（1）文化及相关产业的概念更完善，范围更清晰明确

《文化及相关产业分类（2004）》中对文化及相关产业的定义是："为社会公众提供文化、娱乐产品和服务的活动，以及与这些活动有关联的活动的集合。"2012年将此定义进一步完善为"指为社会公众提供文化产品和文化相关产品的生产活动的集合"，并在范围的表述上对文化产品的生产活动（从内涵）和文化相关产品的生产活动（从外延）做出解释。根据这一定义，文化及相关产业包括了四个方面的内容，即文化产品的生产活动、文化产品生产的辅助生产活动、文化用品的生产活动和文化专用设备的生产活动。其中文化产品的生产活动构成文化及相关产业的主体，其他三个方面是文化及相关产业的补充。

（2）文化事业和文化产业的划分清晰明确

在制定2004年的分类时，由于文化体制改革刚刚起步，从单位的行业属性很难区分其公益性和经营性。在很多行业内部，公益性和经营性单位共存，公益性和经营性的统计分类标志尚未确定。目前，文化体制改革取得重大进展，多数行业的公益性或经营性属性可以确定，特别是经过两次全国经济普查，使用是否执行企业会计制度来区分经营性文化产业单位和公益性文化事业单位的原则已经确定。因此，在本分类公布后，统计上所称的"文化及相关产业"指本分类所覆盖的全部单位，"文化产业"仅指经营性文化单位的集合，"文化事业"仅指公益性文化单位的集合。

（3）切合实际地对内容做了增减

为适应我国文化产业发展的新情况新变化，对原有的类别结构和具体内容做了调整，增加了文化创意、文化新业态、软件设计服务、具有文化内涵的特色产品的生产等内容和部分行业小类，删除了旅行社、休闲健身娱乐活动、教学用模型及教具制造、其他文教办公用品制造、其他文化办公用机械制造和彩票活动等。全面聚合了我国文化的传统业态和新业态——对文化传统业态类别范围的界定与2004年版基本相对应，"对文化新业态的统计解释与客观现实相契合"。

（4）文化产业三个层次被四个方面取代

由于目前我国文化体制改革已取得新突破，文化业态不断融合，文化新业态不断涌现，许多文化生产活动很难区分是核心层还是外围层，因此旧分类中文化产业三个层次（文化产业核心层、文化产业外围层、相关文化产业层）的划分不再保留，取而代之的是文化产业的四方面：即文化产品的生产活动、文化产品生产的辅助生产活动、文化用品的生产活动和文化专用设备的生产活动，其中文化产品的生产活动构成主体，其他三个方面是补充。

第三节 文化产业资源的保护、开发和利用

一、文化产业资源的保护与开发

文化是一个民族的根，也是一个民族的魂。在当代，文化与经济、政治日益共融，文化在提高一个国家综合竞争力和增强国家发展劲头中的作用愈显突出，文化的发展已成为社会进步的重要指标。文化产业资源作为发展文化产业的必要条件，虽然其具有再生性和非消耗性，似乎不会

存在资源枯竭的问题,但是从可持续发展的角度来看,发掘好、保护好、利用好文化产业资源不仅是人类的责任,更是为了传承历史和开辟未来,只有对文化产业资源进行必要的保护、合理的开发和有效的利用,文化产业才能实现可持续发展,一个国家才能在深厚的历史底蕴中拥有持续发展的动力。

(一) 文化产业资源保护和开发的意义

文化产业资源是一个民族、群体在历史发展过程中所创造和传承积累下来的一整套资源,包括价值观念、行为方式、饮食文化等无形资源,也包括遗址、工艺品、语言等有形资源。文化产业资源是人类与自然环境和社会环境相适应、相融合的产物,也是他们应对自然、社会和内部的手段和方式。毫无疑问,文化产业资源对政治、道德、法律、文学、艺术等方面都在一定程度上决定了它们的性质、走向、原则等。在市场经济无限扩张的情况下,人们已经不经意地用市场的眼光来评判文化产业资源的价值,单纯地将文化产业资源视为带动经济效用的一种工具。毕竟,经济是人类生存、发展之本,也是人类文化创造之基。文化产业资源能否实现经济价值,价值又有多大,实现程度能达到多少,这些都是文化产业资源在社会经济层面要考虑的问题。但从制度、道德、认识层面来看,文化产业资源的价值远不止于此。有学者这么评论道:"现在的文化危机不是器物和制度层面的,而是价值观念方面的缺失和失落。"[①]这就解释了今天的中国为何会处在既是一个文化资源的大国,又是一个文化产业的小国的尴尬境地。想要改变此种状况,只有实现文化价值和经济价值的完美契合,保护与开发,势在必行。所谓保护,是开发性的保护,是动态的、创造性的保护;所谓开发,是保护性的开发,是具有可持续发展潜力的开发,两者不相矛盾,利用得当的话反而会相互促进。在当下各国加快发展文化产业之机,对文化产业资源进行可持续发展性的保护、开发和利用,是完全有必要且深具时代意义的。

(二) 中外文化产业资源保护的成果

文化产业资源的保护工作已成为全球文化建设的重要组成部分,它能促进各国、各民族间的相互尊重和理解,保护神奇美丽的天然景观,延续人类文明的多样性,对丰富全世界人民的精神和文化生活都有无法替代的意义。一些文化产业发达国家在这一方面起步早、探索时间长,挖掘出不少成功的方法,也累积了许多成功的经验,这些都是值得我们学习和借鉴的。

法国拥有丰富的历史文化遗产,列入联合国教科文组织《世界遗产名录》的共有38处,列为国家文化遗产的共有约4.4万处,这些散布在法国各地的名胜古迹、历史建筑是法国人的骄傲,每年吸引全球游客逾8000万人次,为世界首位。而在遗产保护方面,法国也走在世界各国前列。法国向来重视文化遗产的保护工作,在法律层面不断充实历史文化遗产的界定与保护。1887年,法国通过法律保护具有国家历史及艺术价值的纪念性建筑和艺术品,出台了有关遗产保存的若干章程,规定国家必须参与历史古迹保护工作。由此,法国成为世界上第一个立法保护文化遗产的国家。自2003年以后,政府对遗产的保护工作逐渐下放到地方,并进一步扩大公共开放程度。法国不仅不遗余力地保护文化遗产,更重视文化遗产的推介工作。为了让更多的人走近和享受文化遗产,增强民众保护文化遗产的意识,1984年法国率先推出了"文化遗产日"活动。1988年政府以免除继承税的方式鼓励私人所有遗迹向公众开放。在每年9月的第三个周末,法

[①] 范玉刚.中国形象:定位于全球化与民族化之间全球化语境下的民族文化诉求阐释[J].中共浙江省委党校学报,2003(5):15.

国所有的博物馆、艺术馆、总统府、市政厅和城堡等都免费向游客开放。①

意大利是欧洲文艺复兴的发源地,在意大利人看来,保护文物就是保护他们的生活品质。立法上,意大利将文物保护作为一项重要国策写入宪法。意大利共和国宪法第九条明确规定,意大利共和国负责对国家的艺术、历史遗产和景点进行保护。1462年,意大利还处在教皇统治之下,当时的教皇庇护二世做出决定,不能随便破坏古建筑遗址,否则将被判处监禁或不许入教。1624年制定规定,禁止随便买卖艺术作品。1773年委托专人对教堂里的艺术品登记造册。1821年正式确定文化遗产是本地文化历史不可分割的组成部分。意大利统一后陆续出台了一系列有关文物保护的条例。1975年,意大利政府正式组建文化遗产部,负责意大利的文物保护工作。自1996年以来,国家通过法律形式规定,将彩票收入的8‰作为文物保护的资金。仅这一项每年可有15亿欧元的经费。在意大利,各个城市对于城区建筑管理相当严格,古老街道和建筑物不许随便改造,不仅外形不能变,就连外墙涂料及窗户颜色都要保持原样。②

在希腊,历史地区建设须文化部批准。希腊政府为了保护雅典卫城的环境风貌,拆除了卫城周围的所有现代建筑,卫城周围的建筑高度被严格控制在3层以下。雅典的重要历史地区,任何建设项目必须事先报文化部批准。③

日本文部省规定,日本官员均以能剧、歌舞伎、狂言等传统艺术招待外宾,多数乡村设有自己的民俗博物馆。早在1950年,日本政府就将有关法令综合为《文化遗产保护法》,把文化遗产保护分为有形文化遗产、无形文化遗产、民俗文化遗产、名胜古迹、文化景观和传统建筑群六大类,使得文化遗产保护方面的法律得以完善。通过诸如此类手段的运用,日本民族文化清晰的自我差异意识由此得到巩固和加强,进而为文化产业的民族品牌树立构筑了坚实的群众基础。日本还强调对文化遗产的活用,对文化财产并非仅停留在简单的"保护"上,而是要充分发挥出文化财产的作用,即在妥善保管的同时,还要努力利用这些文化财富。

英国是通过加强旧城的保护来促进城市的繁荣的。伦敦所有最繁华、最有吸引力的地方,那些人们最愿意居住、工作和参观的地方,是那些历史环境保持最完整的地方。因为英国人认为,保护旧城及其历史环境是使市民精神愉悦的重要因素。所以,在伦敦,古建筑不是经济增长的累赘,而是城市繁荣的基础。在过去的20年里,伦敦没有拆除多少建筑,其人口数量和就业却经历了显著增长。英国的巴思、奇彻斯特、彻斯特、约克等古城都得到了完好保护。④

西班牙在遗产保护和旅游开发间找到了平衡,实现了双赢。政府通过银行、因特网的门票预售系统来控制客流量,游客只有提前买到票才能安排行程。西服牙政府每年投入大量资金与国际其他国家进行合作,主要的合作对象是拉丁美训,其次是非洲,合作的支出高达5000万欧元,合作领域非常广泛,包括设立文物保护学校、考古挖掘、技术支持等。西班牙还注重遗产地旅游

---

① 新华网.法国保护历史文化遗产手段多[EB/OL].[2013-06-17]. http://news.xinhuanet.com/world/2013-06/17/c_116176249.htm.
② 新华网.法国保护历史文化遗产手段多[EB/OL].[2013-06-17]. http://news.xinhuanet.com/world/2013-06/17/c_116176249.htm.
③ 人民网—《人民日报》.各国文化遗产保护经验举要[EB/OL].[2010-07-15]. http://art.people.com.cn/GB/41389/12149722.html.
④ 人民网—《人民日报》.各国文化遗产保护经验举要[EB/OL].[2010-07-15]. http://art.people.com.cn/GB/41389/12149722.html.

开发的基础设施建设,他们只保证基本的需求,工程项目必须经过联合国教科文组织的同意。①

中国是文化资源大国,拥有五千年的文明史,中华文化源远流长而且博大精深,文化生态系统多彩多样,发展文化产业资源具有得天独厚的资源优势。自1987年世界环境与发展委员会在《我们共同的未来》中正式提出可持续发展模式以来,我国政府就做出了积极的响应,发表了《中国21世纪人口、环境与发展白皮书》,申明中国要走可持续发展道路,明确了可持续发展道路中国21世纪发展战略的必然选择。②

我国采取了以下几种重要举措来保护和开发文化产业资源:

1. 运用法律手段

《中华人民共和国文物保护法》的颁布和施行能加强对文物的保护,继承中华民族优秀的历史文化遗产,促进科学研究工作,进行爱国主义和革命传统教育,建设社会主义精神文明和物质文明。《中华人民共和国非物质文化遗产法》自2011年6月1日起施行,是为了继承和弘扬中华民族优秀传统文化,促进社会主义精神文明建设,加强非物质文化遗产保护、保存工作。文化遗产、文物精品要经营更要保护,只有树立在保护的基础上才可以谈到开发,实现保护和开发双赢的局面。

2. 实施规划引导

《国家"十一五"时期文化发展规划纲要》(以下简称《纲要》)指出要重点发展文化产业。在《纲要》的"指导思想"一节中提出了"树立新的文化发展观"的全新要求。文化发展观应该是统摄全局的科学发展观在文化建设领域中的观念衍生。文化建设也必须强调全面、协调、可持续。同时也强调了充分挖掘和利用民族文化的丰厚资源的重要性,善于借鉴世界文明的优秀成果,实现文化创新。《国家"十二五"时期文化改革发展规划纲要》提出了文化产业"逐步成长为国民经济支柱性产业"的目标,我国将引导社会资本以多种形式投资文化产业。在文物保护这方面,要高度重视文化遗址的保护,在"十二五"末完成全国重点文保单位抢救性保护工作,推动文化遗产信息资源、数字资源开发利用,提升中华文明展示水平和传播能力,鼓励对工业遗产、文化景观、考古遗址公园进行综合开发利用。由此显示出,在"十一五""十二五"期间,我国加大了对文化事业发展的支持力度。

3. 加强政策扶持

在政府的积极引导下,文化产业资源的保护和开发工作取得了一定的成绩。国务院下发《关于加强文化遗产保护工作的通知》,要求进一步加强文化遗产保护,物质文化遗产保护要贯彻"保护为主、抢救第一、合理利用、加强管理"的方针。非物质文化遗产保护要贯彻"保护为主、抢救第一、合理利用、传承发展"的方针。坚持保护文化遗产的真实性和完整性,坚持依法和科学保护,正确处理经济社会发展与文化遗产保护的关系,统筹规划、分类指导、突出重点、分步实施。③2005年中共中央、国务院制定《关于深化文化体制改革的若干意见》,从战略的高度指出繁荣和

---

① 欧阳友权.文化产业概论[M].长沙:湖南人民出版社,2007:62.
② 同上。
③ 国务院.国务院关于加强文化遗产保护的通知[EB/OL].[2005-12-22]. http://www.gov.cn/gongbao/content/2006/content_185117.htm.

发展社会主义先进文化具有全局性战略性的地位和作用。① 《国务院关于进一步繁荣发展少数民族文化事业的若干意见》在 2009 年 7 月 23 日发布,提出要加快少数民族和民族地区公共文化基础设施建设、繁荣发展少数民族新闻出版事业等。②

学习卡片

> 2005 年 12 月,国务院下发了《关于加强文化遗产保护的通知》,决定从 2006 年起每年六月的第二个星期六为中国的"文化遗产日"。2006 年的 6 月 10 日是中国第一个"文化遗产日"。

截至 2009 年,我国共有昆曲、古琴艺术等 26 个项目入选联合国教科文组织"人类非物质文化遗产代表作名录",羌年、中国木拱桥传统营造技艺等 3 个项目入选"急需保护的非物质文化遗产名录",成为世界上入选项目最多的国家。

4. 加大投入力度

我国坚持推进民族地区广播电视村村通、乡镇综合文化站、农家书屋等重点文化惠民工程建设。近年来,中央和地方财政加大对文物保护事业的支持力度,充分发挥中央财政投入的引领作用,也坚持加大财政经费保障力度,支持和鼓励发展文化产业。③ "十一五"期间,中央财政投入 9.8 亿元的补助资金,专项用于 103 个历史文化名城、80 个历史文化名镇名村的基础设施改造和环境整治工作。④

5. 加强人才培养

我国将培养少数民族文艺人才作为繁荣发展少数民族文化的根本。各地根据实际情况,整合教育和科研的力量,为文化遗产保护事业培养各类急需的专门技术人才。例如西藏组织培训专业型的文物保护人才,中国艺术研究院响应国家支援新疆的号召,培育非遗保护专业人等。

(三) 文化产业资源保护和开发过程中存在的问题

1. 民间文化遗失,市场意识淡薄

对于民间文化和非物质文化遗产来说,缺乏有效的保护导致了它们的凋零和没落。我国是一个文化资源大国,文化资源随处可见,许多人司空见惯,没有意识到其价值和重要性,势必会对文化资源造成难以修复的破坏,严重的甚至会危及文化资源的存在。在社会的传统观念里,只有摆放在博物馆的文物才需要保护,而非物质文化遗产,例如叫卖吆喝、剪纸、贴画等无形的文化技艺,往往容易被现代人忽视,很多也因此退出了历史的舞台。中国民间文化产品和传统的技艺在

---

① 新华网.中共中央国务院发出深化文化体制改革若干意见[EB/OL].[2009-09-19]. http://news.xinhuanet.com/ziliao/2009-09/16/content_12061931.htm.
② 中国政府网.国务院关于进一步繁荣发展少数民族文化事业的若干意见[EB/OL].[2009-07-23]. http://news.xinhuanet.com/politics/2009-07/23/content_11760327_2.htm.
③ 国家文物局.加大文物保护经费投入[EB/OL].[2012-03-09]. http://culture.people.com.cn/h/2012/0309/c226948-781469934.html.
④ 新华网.我国将加大历史文化名镇名村保护资金投入力度[EB/OL].[2009-06-03]. http://news.xinhuanet.com/fortune/2009-06/03/content_11482061.htm.

历史上曾经辉煌过,古代的瓷器、刺绣等都有过很好的国际市场。但目前在市场上销售的传统工艺品都被打上了"做工粗糙、陈旧过时"的标签,无法展示出中国民族工艺品的美感和历史价值。原因在于:一是传统工艺品得不到有效的开发,由于许多工艺品的制作工艺复杂,所选材料珍贵,经营者为了降低成本,一味选用低劣材料替代,造成了市场上传统工艺品的质量下降,影响了良好的声誉,甚至使得许多优秀的制作工艺失传,优秀的文化产品消失;二是缺乏市场意识,许多经营者甚至研究人员仍旧将工作重点放在传统民间工艺品的复制上面,缺少创新,制作手法老套,对消费者和市场丧失了吸引力,再加上国外文化产品的冲击,导致我国传统民间工艺品的市场知名度越来越低,进而造成恶性循环。

2. 保护力度不够,开发观念欠缺

对于珍贵的古迹遗址来说,有些城市在规划过程中忽视了对本地古迹、遗址或是旧城的保护工作,这些地区的政府官员缺乏开发古迹遗址的长远眼光,只单纯注重短期的"形象工程",随意扩大城市规模,大量圈地,引发了城市建设与文物保护之间的矛盾。例如一些"历史街区"被强行危房改造,有的具有地方特色的民居未被保存,最终遭到毁灭性破坏,一些文物古迹周围的历史环境遭到破坏,还有一些遗址在实行禁牧之前,成了放羊的地方,很多遗址原貌被破坏。

由于城市化建设、旅游开发或规划整治,随意更改或废止古老地名的事情时有发生,破坏了原有古迹的历史意义和文化价值。古老的地名也属于特殊的文化遗产,但人们在开发的过程中随意更改或是废止古老地名,造成了无法弥补的损失。例如河北省完县为金代所置完州,意寓"山川完美、坚固",可是外商仅从字面意思来理解,认为"完"是"完蛋"之意,故而更名为顺平县,实属荒唐。由此可见,许多历史悠久的建筑物或历史文化名城,在开发和改造浪潮中丧失了其原有的文化内涵。

3. 抢夺文化资源,破坏天然景观

许多天然的景观资源被视为"摇钱树",但由于当地人民缺乏审美能力,盲目地对自然资源进行掠夺性开发,这些都是对文化产业资源的葬送。我国许多自然资源在列入世界遗产之后,在规划方面心浮气躁和粗枝大叶,片面追求数量效应,将商业价值作为追求的首要目标,将这些资源"简单包装"成"文化精品"就推向市场,只想尽快抢夺资源,争夺市场,结果只能以品位低俗、质量低劣、价格低廉的景点面向消费者。还有的地方缺乏保护意识,出现了过度开发、建设性破坏、人工化严重、旅客超负荷等问题,这些问题都成了天然景观遭到破坏的致命伤。例如山西平遥古城被列入世界文化遗产之后,前来参观旅游的人络绎不绝,严重超标,给古城带来了巨大的压力,再加上管理维护上的疏忽,平遥古城的古城墙已经数次坍塌,造成了难以修复的损失,这些惨痛的教训发人深省。

4. 缺少专业人才,人才队伍建设乏力

我国民间艺人稀缺,说唱、刺绣、舞蹈、年画、泥塑、剪纸、漆艺等民间文化都是出于小地摊式或小作坊,它们随着我国经济的飞速发展,已被机械化、高科技的文化产品所取代,再加上民间艺人的老年化严重、传人稀少、技艺衰退,规模弱小,民间手工艺正渐渐消失。民俗文化人才队伍建设乏力的窘状严重影响了民俗文化的持续健康发展。

除此之外,目前我国有大量文物存在隐患,甚至面临损毁的风险,特别是那些年久失修、急需修复的文物,都等待着文物保护专业技术人才来维护,可是我国文物保护专业型人才处于"奇缺"状态,已经严重影响了文物保护和科研工作的深入开展。而且我国文物保护、修复、规划等专业教育普及差,相关公共课程和选修课程少,设立文化遗产保护专业的高等院校数量也偏少,其中一个重要原因就是文化保护教育的师资力量和人才极为匮乏,缺乏培养造就文化遗产保护复合型人才的机制。专业人才的匮乏,已经严重影响了我国文化遗产保护的进一步发展,成为制约文化遗产保护事业科学发展的一大"瓶颈"。

(四) 文化产业资源的保护和开发

在国家提出对文化产业的扶植等相关政策以后,我国掀起了对文化产业资源开发的狂潮。通过上文的总结我们也看出在开发过程中,文化产业资源的保护面临着各种不合理、不科学、不有效的问题。如何改善文化产业资源出现的浪费、损失和闲置等状况是一项任重道远的工作,需要从以下几个方面进行讨论:

1. 正确处理保护和开发的关系

文化产业资源的保护和利用在现实生活中彼此冲突的事例屡见不鲜,人们很难把握好这个度。其实,保护并非意味着自我封闭和与世隔绝,开发也不意味着只看结果和只重效益,相反的,保护与开发实际上是同一个过程的两个方面,在保护中求开发,在开发中促保护,保护与开发并举。文化产业资源要实现科学有效的保护,就必须在开发中进行,才能得以实现。所谓保护,实际上是开发性的保护,是动态的、创造性的保护;所谓开发,实际上是保护性的开发,是具有可持续发展潜力的开发,它们是相互促进、相互补充的关系。对于目前出现的保护与开发间的矛盾,走可持续发展道路可以有效地协调这些冲突,避免文化产业资源在开发过程中出现失传、破坏、毁灭的危险,同时又可在合理科学的开发的基础上,实现其经济价值和文化价值,形成良性循环。

2. 避免开发性破坏和建设性破坏

在历史上,对文化产业资源的保护和开发要么是先破坏后保护,要么就是边保护边开发。从实际效果来看,先破坏后保护的方式是一种短视行为。以我国文化旅游业较发达的云南省为例,十余年前,有"高原明珠"之称的滇池清澈见底,当地政府为了发展经济,使滇池沿岸各县区、各乡镇小黄磷、小化工、小水泥、小冶炼等企业遍地开花,结果在经济效益显著的同时,也严重破坏了滇池的生态环境,国家不得不投入数百亿元资金来治理滇池的污染,得不偿失。我们要吸取以前的教训,避免重蹈"先破坏后治理"的覆辙。在城市建设和规划的时候,本着对历史和未来高度负责的态度,做好长远规划和短期规划,特别是对历史文化古迹、自然风景名胜等珍贵资源,在建设的同时更要注重历史文脉的延续和文化传统的继承,切不可以牺牲文化遗产和生态环境为代价,单纯追求经济效益,更要避免不计后果、急功近利式的过度开发。认识到不恰当的开发会严重影响文化资源的整体性和原生性,若想要实现现代化建设与历史文化遗产交相辉映的目标,就要坚持可持续发展原则,在保护原有的历史文化传统时,加快城市建设的步伐。这样既有利于逐步实现城市的发展,又能充分地保存和发扬历史文化资源,二者兼顾。

3. 实现在传承中创新开发

我国现阶段对待非物质文化遗产和民间工艺品的保护和开发是比较原始和落后的,只是停留在单纯的复制和保存上面,在对待民俗活动、礼仪、节庆和传统表演艺术、手工业技能等非物质文化遗产时,商家只保留它们的形式和方式,忽略了它们的深厚的历史意义和文化价值;在对待民间手工艺品时,只注重它的图案和样式,经过简单制作和包装就推向市场,忘记了它所代表的民族品牌。我们需要对这些文化产业资源深入认识和挖掘,意识到这些资源不仅是单纯的表演、技艺和手工产品,更是一段历史的印记,一个民族的智慧结晶。时代在发展,人类在进步,我们在传承的过程中更要强调创新开发的重要性,在推广非物质文化遗产时,文化内涵是不可忽视的一个重点,在设计民族工艺品时,适当地加入现代的审美观点,用现代的眼光和角度来制作文化产品,创新开发、创意开发能让古老的技艺和手工业品焕发出新的活力和生机,更容易地被当代人所接纳和喜爱。

案例 3-1　　　　　　　　　江西——神奇的"红土地"

提起井冈山、南昌、瑞金,映入人们脑海的就是不可磨灭的红色记忆。井冈山是中国革命的摇篮,南昌是中国人民解放军的诞生地,瑞金是中华苏维埃临时中央政府成立的地方,安源是中国工人运动的策源地,这一系列的红色资源让江西在我国红色文化资源的开发行列中引人注目。

红色文化是在战争年代,由中国共产党、先进分子和人民群众共同开创出来的先进文化,是我国在进行革命斗争中形成的伟大的精神资源,红色文化资源的开发,不仅可以传播社会主义先进文化,倡导社会主义核心价值观,还能利用资源优势发展当地经济和文化,可谓一举多得。江西在中国近代史以及中国共产党历史上的特殊地位和作用,拥有着丰厚的红色文化资源。近年来,江西积极依托红色文化资源,做强做大红色旅游产业。

江西于 2004 年在全国率先制定了《江西省红色旅游发展纲要》,提出了"弘扬井冈精神,兴我美好江西"的总体目标。在全省红色旅游发展规划上,将按"一个龙头、四个基点、两个集散中心、六条精品线路"来布局,打造一批成熟的红色旅游产业,如红色文化研习游、革命摇篮体验游、红色故都寻访游、长征之路觅踪游、人民军队寻根游、工人运动探源游、秋收起义访问游等,并重点加强包括八一南昌起义纪念馆、秋收起义纪念地、井冈山革命纪念地、中央苏区政府根据地、安源路矿工人运动纪念馆、上饶集中营革命烈士陵园、方志敏纪念馆、永新三湾改编旧址等八大景区建设。① 在国内,江西最先建立红色旅游区,最先提出红色旅游口号,积极培育红色文化品牌,将"红色旅游"的火炬传遍中国。江西的红色文化资源被赋予了新时代的意义,游客在欣赏旖旎风光的同时,也得到了革命精神的洗礼,仿佛接受了一次灵魂的净化。这正是江西将绿色自然资源与红色精神文化结合的杰作,是文化传承与创新开发的成功案例。

---

4. 完善相应法律法规

文化产业发展的过程本质上是依法治文的过程,通过借鉴国外的成功经验,我们可以发现,相对完善的法律机制使得他们的文化资源保护和开发工作走在世界前列。利用法律手段来对文化产业资源的开发进行管理,是文化资源实现可持续发展的关键,政府在文化产业资源的保护中所起的作用是无法替代的。这就要求立法部门在制定相关法律法规时,条文要明确、清晰、具体,而且是要经过专家学者的严格论证,切忌脱离实际、不具有操作性,在选词用句上避免语焉不详。相关的法律规章不仅约束和限制了文化资源开发的部门和单位,更重要的是,也保障了合理进行文化资源开发单位的利益。当所有参与者都能够做到有法可依、依法开发时,文化产业资源的保护和开发必会走上规范化的道路。

---

① 中红网.江西省红色旅游资源介绍[EB/OL].[2007-11-15].http://www.crt.com.cn/news2007/news/xbpxljgs/2007/1115/07111515494E1722F3AHDDBE75F4KIF_2.html.

5. 加强专业人才队伍建设

文化产业资源的保护与传承,在于创新和发展。最关键的是人才,人才队伍强大,非物质文化遗产才能后继有人,文物的保存与修复才能得以实现。目前我国的状况是专业的复合型人才匮乏,加大人才队伍的建设是当务之急。首先要明确的是,文化产业人才发展在我国是一个新兴的领域,文化产业领域内的人才,必须适应时代需要、适应市场需求,我国文化产业人才培养体系正处在不断完善当中,选用和培养文化产业人才、实施人才战略方面,要坚持创新、突破、总结、发展的思路,制定人才引进政策,扩大教育人员与纯文化产业人员之间的交流合作。在教育方面,可以借鉴国外的一些成功做法,成立文化产业人才培养专门机构、教育培训机构、认证机构等。政府主管部门应坚持打造开放型、多样化的培训体系,形成规模化、专业化、企业化、社会化、层次化的教育培训模式,在高校的专业设置上要立足于实际,学科专业力求与市场挂钩。近年来,一些高校也开始意识到设立文化产业专业和相应研究机构的重要意义,在专业设置中开始加入文化事业管理、文物博物馆等专业,也开办专业培训班,加强学科实用性教育,扩大师资队伍和力量,通过不同形式尽快培养出能适应工作需要的研究人才、复制人才、修复人才、讲解人才、继承人才等。

二、我国文化产业资源的开发原则和战略重组

(一)文化产业资源的开发原则

由于文化产业资源转化为文化产品和服务的方式多样、内容丰富,因此采用哪种方式开发,得出怎样的利用效益都不能统一而论,要实际考虑到资源转化后的实际成果和效益,这就使得对文化产业资源的利用原则的探讨有了重要意义。

1. 协调统一原则

协调统一原则几乎存在于文化产业资源利用的所有过程中,不是单单作用于某一环节或某一措施。它包括三个内容:一是保护和开发协调统一,二是社会效益和经济效益协调统一,三是传承与创新协调统一。

(1)作为非再生的自然资源,如果不计后果地过度开发,将带来毁灭性的后果。若是只强调保护,不作为、不开放,故步自封,那么文化资源也失去了其存在的意义,不仅体现不了它的价值,也会在发展的浪潮中慢慢被遗忘和抛弃。想要解决保护与开发之间的冲突和矛盾,只有坚持协调统一的原则,在保护中开发,在开发中尊重传承,才能让这些古老的文化遗产焕发出新时代的生命力。

(2)文化产业资源的利用本身就是一种经济活动,活动的目的理所当然就是追求经济效益的最大化,倘若失去了经济的回报,文化产业也就失去了发展的动力。但是文化产业资源自身的多重属性又决定了它并非单纯为利益而生,它的政治性、文化性、意识形态性都要求文化产业资源在社会效益方面具有无法规避的社会责任。它能传播先进文化,弘扬传统美德,发挥民族精神,因此具有教育公众、传承文明、规范认知、道德导向的社会功能。持有"对经济利益的追求会导致文化产品和服务的低俗化、庸俗化"的片面观点,就是硬生生割裂了文化产业资源中社会效益和经济效益的联系。从某种意义上说,文化产品的责任感越强,它的价值就越大,就越具备开发的潜力,也就越饱含经济效益。

(3)传统文化是人类文明的象征,现代文化绝不能是无源之水、无本之木,几千年来的文化

成果奠定了现代文化的精神和物质基础,它内聚的精神遗产是现代人能立足世界的资本。在利用文化产业资源时既要在现代文明中融入传统精神,也要在传统的文化里注入创新的、创意的发展成果,将传承与创新视为统一过程的两个方面,二者相辅相成,相形益彰,才真正做到了让历史文化资源与时代接轨。

2. 可持续发展原则

文化产业在我国有广阔的发展空间,在目前的产业机构中,第三产业的比重过低,加上文化产业已被纳入我国重点发展的战略性产业中,其面临着良好的历史发展机遇。在科学发展观已经成为我国发展共识的环境中,可持续发展是我国文化产业发展的必然选择。文化产业资源对于文化产业的重要性毋庸置疑,它的丰裕度决定了我国文化产业发展的整体能力,可持续发展的原则能保证对文化产业资源的利用既能满足现代人的需求,又不损害其满足后代人需求的能力。虽然文化产业资源有非消耗性和可再生性,但其包含的自然资源若受到过度性建设和破坏性开发,仍会有出现日渐枯竭的一天。可持续发展的原则要求我们在利用资源之前,必须对这些资源进行一个系统的、综合的、科学的分类和梳理,在此基础上掌握各类资源的特性,建立起一套完整的文化产业资源的评估指标体系,按照评估的指标分级分类进行保护和利用。这不仅强调了保护和开发的关系,还能让社会效益和经济效益协调统一,在追求经济效益的同时必须尊重精神遗产,保护大自然的馈赠。

3. 开放互动原则

经济全球化步伐的加快,科学技术的日新月异,国家、地区和民族之间的距离已经大大缩短,特别是伴随我国加入世贸组织,文化产业进入了一个更为广阔的交流环境,又因其具有传播性和共享性,更是成为了"明星"产业领域之一。相较于国外文化产业资源的利用程度,我国在这一方面还是处于起步阶段,这就要坚持"引进来"策略,敢于吸收和借鉴国外的有益的文明成果,取长补短,不管是成功的管理经验、先进的科技手段还是有益的经营理念,都是指引我们少走弯路、不走错路的一条捷径。另外,"走出去"的发展策略能让我们在参与国际竞争的过程中,形成极具东方特色的文化产品,整合全球华人的文化资源,充裕我国的文化产业资源的积累,进一步提升自身实力。故步自封只能意味着远远落后,把中国文化推向世界,寻求世界范围的消费市场,才是具有全局意识的发展观念。

(二)文化产业资源的战略重组

文化产业的快速崛起,已经逐渐成为我国经济发展的一股重要力量,随着和谐文化建设任务的确立,社会、公众和研究学者开始把目光投向文化产业资源价值的发掘上,认识到文化产业资源具有多层次、多属性的价值和特性对文化产业发展具有重大的意义,加上意识到其在文化经济中所起到了基础性作用,从而对文化产业资源的需求和使用更为迫切。想要促进文化产业资源向文化资本的转化,提高文化产业资源潜力转变成文化产业实力的程度,加快文化资源优势变为文化产业优势的进程,文化产业资源的战略性重组必不可少。

推进文化产业战略性重组,不仅需要深化产权制度改革、规范文化企业并购重组的行政审批制度,而且需要构建综合配套的支持体系。

案例 3-2　　　政府为文化产业战略性重组提供强有力支持

1. 实行财税扶持,构建文化产业战略性重组的激励机制。推进文化产业战略性重组,既要发挥市场在文化资源配置中的基础性作用,又要发挥政府的引导和扶持作用,特别是财税杠杆作用。加大财政资金投入,设置文化产业战略性重组专项资金,通过贷款贴息、风险补贴、技改补贴、中介费用补助、职工安置补助等形式,充分发挥财政资金的杠杆效应。同时,可以制定文化企业并购重组的税收优惠政策。此外,还应积极探索跨区域重组后地区间财税利益共享模式,根据文化企业资产规模和赢利能力等,签订企业并购重组后的财税利益分成协议,妥善解决文化企业并购重组后产业增加值等统计数据的归属问题,实现文化企业并购重组成果共享。

2. 加大金融支持,拓宽文化产业战略性重组的融资渠道。首先应突出对并购贷款的运用,鼓励商业银行对文化企业发放并购贷款,通过境内外银团贷款、内保外贷等形式支持文化企业跨国并购;支持保险机构开办文化企业境外股权投资保险,建立文化企业跨境并购贷款的风险缓释机制;鼓励商业银行对并购重组后的文化企业实行综合授信和配套金融服务,提升文化企业并购重组的后续整合能力。其次,应充分发挥资本市场对文化企业并购重组的推动作用,进一步支持文化企业通过发行股票、债券、可转换债等方式为并购重组融资;鼓励上市文化企业以股权、现金等为并购重组的支付手段,提高资本市场并购重组效率;支持符合条件的并购重组企业再融资,增强文化企业的可持续发展能力;积极推动各类股权投资基金投资文化产业,鼓励设立文化产业主题投资基金特别是文化产业并购基金,吸引社会资本以股权投资形式进入文化产业特别是传统文化行业,同时完善股权投资退出机制,消除股权投资机构的后顾之忧,使并购基金成为文化产业结构优化升级的重要推动力量。

3. 构建支持平台,拓展文化产业战略性重组的运作空间。积极发展文化产业产权交易机构,使其成为文化产业战略性重组的基础平台。文化产业产权交易机构具有资源丰富、服务面广的特点,它通过以市场发现价格的机制来显现文化企业的资产价值,能够满足不同层次市场主体的需求,并大大提升产权交易的成功概率。近年来,我国许多城市相继成立专门的文化产权交易所,产权交易机构在优化文化产业资源配置方面的作用日益显现。应继续鼓励各地设立文化产业产权交易机构,或依托现有产权交易机构开设文化产业交易板块,推动各交易机构统一收费标准、统一信息发布渠道、统一交易规则,充分发挥其信息平台、交易平台、融资平台的功能,同时适时组建行业协会,构建全国性的文化产权交易市场体系,实现文化产业生产要素跨地区、跨行业、跨所有制乃至跨国界流动和配置。①

1.制定整合方略,合理布局我国文化产业资源发展的空间

制定整合规划方略的基础就是将文化产业资源视为一个综合性的系统,系统内部的各种资源,包括有形资源、无形资源和人才资源都处在相互联系、相互渗透、相互促进和相互补充的关系中,通过合理的空间布局,统筹规划,站在全局的高度来实现文化产业资源的整体优化,并通过各种资源的协调、融合甚至碰撞,发挥出整体的最大效能。值得注意的是,在规划发展空间时,只有

---

① 人民网—《人民日报》.为文化产业战略性重组提供有力支持[EB/OL].[2010-12-08]. http://theory.people.com.cn/GB/13422148.html.

注意到各种资源的特殊性并有效利用这些特殊之处,才能共同构成一个有机整体。

目前我国文化产业资源的组成部分存在一定的问题,相互之间的联系是比较疏远和断裂的,例如我国各大名胜古迹,各具独特的文化韵味和历史渊源,但销售的纪念品却大同小异,无非是些玉石、佛珠、摆件或民族服饰等,千篇一律。天然景观被开发成景点后,由于缺乏整体意识,只看到了有形资源的开发,忽略了无形资源的价值所在,只注重其旅游观赏价值,忽视了深具历史价值和文化内涵,割裂了使用价值和文化内涵、历史意义的联系。"规划决定方向,规划决定发展,规划决定效益。"[①]整合规划的制订首要遵循文化产业发展的客观规律,客观地划分文化产业资源的空间布局。根据实际情况,有些地方或行业需要文化产业资源先集中,再进行各自的优化配置,各归其位。这不仅有利于形成其核心竞争力,更能增强其综合竞争实力。但有些地方或行业却恰恰相反,它们需要的是分散独立,以此避免因各种资源由于发展空间过小而引起的恶性竞争,进而造成恶性循环。以上种种情况,只有通过均衡的空间分配,才能在一定的限度内发挥各个资源的最大利用率。科学的布局能实现在同一空间内各个资源的共同经济目标的统一,避免在此过程中出现重复、趋同、断裂和空白的情况,减少由此造成的资源闲置或重复建设等状况。

2. 立足文化产业资源特性,促进文化产业集群建设

文化产业资源具有集群的特性,这就决定了文化产业的发展模式可以走集群化之路。从文化产业资源的属性我们可知,文化产业资源是一种综合性的特殊资源,它并非只是一般意义上的物质资源,在特定的历史时期和地域环境中,人们创造的文化产品和形成的思维观念也是文化产业资源的重要组成部分,因此文化产业资源的内容丰富多样,包括自然资源、历史资源、民俗资源、知识资源、信息资源等,这些资源随着时代的变迁以一种可以感知的物态形式、符号化形式存在着,又以一种无形的思维方式、观念意识的状态存在着。从这些特性我们可以发现,无论文化产业资源以哪种形式呈现,它都与人类密不可分,而人类本身的聚集性、集群性和社会性也反映在文化资源中。有的学者就将文化产业集群定义为:"集中于一定区域内、处于相同文化资源链上的、众多具有分工合作关系的文化企业和与其发展有关的各种机构、组织等行为主体通过纵横交错的网络关系紧密联系在一起的空间集聚体。"[②]由于历史的原因,我国文化产业的划分呈现出一定程度的琐细、零乱和分散,这成为文化产业资源的使用价值被浪费的重要因素。资源得不到进一步的细分,会导致文化资源在一次性使用后就遭弃的严重后果。促进文化产业集群建设就显得势在必行。与其他产业集群一样,文化产业集群具有强大的外部性、资源共享、相互学习以及互补匹配等优势,既有利于创立文化产业品牌,有利于治理信用缺失症,还有利于培育专业性文化产品市场。[③]《国家"十一五"期间文化发展规划纲要》中提到,要在长江三角洲、珠江三角洲和环渤海地区发展三大文化产业带,形成龙头产业。这正是根据文化产业资源的分布进行的文化产业集群的地理位置选择。产业集群化的建设包含了各种要素、主体在内,处于既竞争又合作、既封闭又开发、既分化又整合、既无序又有序的状态,我们就需要从各个方面例如资源的储备、挖掘的潜力、政府的投入等角度细致考虑,以此激发文化产业集群的活力和潜能。

3. 坚持创新战略,寻找文化产业新的突破口

文化产业的根本就在于对人类智慧的发挥与挖掘,而这种不断突破已有框架、超越自我束缚

---

① 王永章.如何将文化资源转化为产业资源[J].人民论坛,2008(9):14.
② 吕挺琳.文化资源的集群特征与文化产业化路径选择[J].中州学刊,2007(6):99.
③ 同上。

的发展过程就是创新。文化的生命力在于创新,文化产业资源的活力也来自于文化的创新,它的传承与利用不能因循守旧,要随着文化产业的蓬勃兴旺而汲取更多的新鲜血液。在新时代背景下,传统文化正面临现代文明的强烈冲击和挑战,如何迸发文化产业资源新的生命力,挣脱时代的限制,坚持创新战略是正确的思路,这能使得文化产业资源得以在不断突破的过程中找到新的出路。

创新战略要以科技创新为核心。技术创新可以延伸和拓展文化产业的产业链,并提高其经济效益,更重要的是,科技创新还能对文化产业的发展起加速推动作用。首先,我们应站在世界科技发展的视角下,审视自身的发展状况,发现现有的不足,积极打破固有的观念,将发展的理念从文化资源局限的意识形态属性和宣传教育功能中解放出来,注重文化产业资源的消费和娱乐功能,并以科技创新作为有力武器,瞄准高新技术产业,重拳出击,提升文化产业的综合实力。其次,我们还须积极培育文化创意企业的成长,创造有利的成长环境,使其成为文化创新的主体。鼓励在文化资源突出、经济发达、人才资源丰富的地域积极发展创意类企业,营造出追求创新卓越的经济氛围,扩大创意企业在社会上的影响力,从而带动其他相关产业例如服务业、娱乐业、电影电视业等产业的改革和转变,充分发挥文化资源创新的拉动作用,打开文化产业发展的突破口。韩国的网络游戏风靡全球,正是它突破了传统观念中对游戏的原罪的判断和认识,才使网络游戏成为韩国的一项主打的文化产品,韩国也成为世界范围内的"网游霸主"。韩国正式顺应了现代信息技术和数字新媒体技术的崛起态势,成功开发了高新技术类的文化产业资源的发展潜力,将文化资源储备转化成了文化产品和服务,找到了新兴产业的突破口。

本章小结

我国文化产业的崛起和发展离不开文化产业资源的挖掘和利用,文化产业资源是文化产业发展的基础,是文化产业发展的必要条件。本章明确了文化产业资源的定义和特点,认识到文化产业资源具有经济、政治、社会、文化、意识形态等多重属性,所以我们在开发和利用文化资源的时候要进行多角度、多层面的考虑,全面兼顾,不能只挖掘其某一方面的价值而有损于文化产业资源的整体发展。目前我国对文化产业资源的保护在法律、规划、政策、投入和人才等方面已取得一定的成果,但相较于国外的保护措施仍存在一定的问题,因此我们要坚持正确的开发原则,对文化产业资源进行战略重组,通过合理布局我国文化产业资源发展的空间、促进文化产业集群建设和创新开拓突破口等一系列举措来充分发挥文化产业资源在文化产业发展中的推动作用,让我国在立体化、多层次、全方位的国际文化产业竞争中立足。

练习与思考

1. 文化产业资源具有什么样的特点?
2. 文化产业资源分为几种类型?
3. 在文化产业资源保护和开发的过程中发现了哪些问题?
4. 我国文化产业资源的开发原则是什么?
5. 如何看待文化产业资源的战略重组?

参 考 文 献

［1］罗争玉.文化事业的改革与发展[M].北京：人民出版社.2006.
［2］埃德华·泰勒.原始文化[M].上海：上海文艺出版社.1992.
［3］陆扬,王毅选编.大众文化与传媒[M].上海：三联书店.2001.
［4］单世联.现代性与文化工业[M].广州：广东人民出版社.2001.
［5］蔡尚伟,温洪泉.文化产业导论[M].上海：复旦大学出版社.2006.
［6］丹增.文化产业发展论[M].北京：人民出版社.2005.
［7］刘吉发,岳红记,陈怀平.文化产业学[M].北京：经济管理出版社.2005.
［8］叶朗.中国文化产业年度发展报告(2003)[M].长沙：湖南人民出版社.2003.
［9］赵宝晨.对文化产业的哲学思考[J].理论学刊,2006(5).
［10］刘慧.新型文化产业人才的培育路径[J].人民论坛,2011(11).
［11］赵彦华.《文化及相关产业分类(2012)》及其对新闻出版业的影响[J].国际新闻界,2012(11).

第四章 文化产业的主体

> **学习目标**
> 1. 文化产业的主体内涵。
> 2. 文化产业的主体构成。
> 3. 文化产业市场主体地位的构建。

发展文化产业必须对文化产业的主体有一个清晰的认识,了解文化产业主体的构成,探究文化产业市场主体的培育与激励策略,提升文化产业主体的实力。

第一节 文化产业主体的构成

"主体"一词,通常是指事物的主要部分。在哲学上,与"客体"相对,指对客体有认识和实践能力的人;在法学上则指权利和义务的承担者。根据《文化及相关产业分类(2012)》中文化及文化产业的界定,文化产业的主体应该是指从事文化产品生产和提供文化服务的文化艺术、新闻出版、广播影视等领域的生产者、提供者,以及管理者。在漫长的文化发展长河中,文化产业的主体也经历了一步步发展和演化的过程。

一、生产者

作为经济学家的马克思和恩格斯,可以说是艺术生产理论最早的创始人,是他们把创作叫做"生产",把艺术品叫做"产品",把诗人叫做"生产者",意在把艺术放在物质生产关系和生产手段的背景上考察。

文化艺术领域的生产者就是集创意和制作于一身的单个的人,如画家、音乐人、表演家、工艺家等。文化产业是具有精神性的产业,文化生产创造的是精神性价值,如艺术价值和娱乐价值,因而其生产者的基本素养要求也不同于一般的技术人员或技术工人。相对于普通生产者来说,一个人除了必要的专业知识和专业技能外,还需要具备艺术天赋和独创能力,只有这样,才能成为合格的文化艺术领域的生产者。

(一)生产者的主要类型

1. 作家

作家是以写作为工作,从事文学创作有成就的人。因此,一般能被称为"作家"者,其作品大都能够获得正规出版社的出版,并在市场上畅销,拥有一定的读者群。按照创作题材来看,作家主要有诗人、网络作家、散文家、小说家、剧作家、文学评论家、杂文家等。

2. 画家

画家指专精绘画(如图画、图案)的人,是专门从事绘画创作与研究的绘画艺术工作者,包括油画、中国画、水粉画、水彩画、油彩画、漆画等绘画艺术类的创作者。以国别分类,如国画家、西洋画家。以作画材料分类,如水墨画家、油画家、素描画家;以题材分类,如山水画家、花鸟画家、人物画家、风景画家、肖像画家;以画家派别分类,如古典派画家、印象派画家、抽象派画家。

3. 音乐人

音乐人是一个范畴,能够基本独立制作音乐(如词曲创作、母带录制、配乐等)及众多相关制作的从业人员均统称为音乐人。音乐人必须有深厚的音乐功底,最基本的要懂得乐理知识与精通乐器(基本上是键琴),最难掌握的要属音乐制作、录音及处理母带效果。一般来说音乐人有专业的录音师与配乐师,当然也少不了词曲创作者与演唱者。

4. 表演家

一般指在相关的表演领域获得较高声望取得一定成就的表演者,如乐器的演奏者、舞蹈的演绎者、影视剧演员,以及相声、小品、评书、快板、京剧、舞台剧、木偶戏、杂技等传统文化领域的工作者。

5. 工艺家

即通过手工或机器将原料或半成品加工制作成工艺品的人。工艺品来源于生活,却又创造了高于生活的价值。它是人民智慧的结晶,充分体现了人类的创造性和艺术性,是人类的无价之宝。如刺绣、雕刻、陶瓷、手工编制、印染等领域。

6. 创意工作者

这是新近被纳入文化产业范畴的一类工作者。包括广告人、软件开发技术人员、建筑设计服务人员(比如房屋建筑工程设计、室内装饰设计和风景园林工程专项设计)和专业设计服务人员(如工业设计、时装设计、包装装潢设计、多媒体设计、动漫及衍生产品设计、饰物装饰设计、美术图案设计、展台设计、模型设计等服务)。

(二)生产者的发展与演进

文化艺术生产创作是文化产品产生的基本环节。虽然文化艺术生产与物质生产很早就被分工开来,但文化艺术生产的依附性一直都存在着,即是对物质生产的依赖。不少文化人往往都是服务、依附于权贵或特定的权力阶层,如作家、艺术家等,他们或接受封号,或领取年金,或接受资助,或者就是贵族的奴隶,依靠权贵才得以获得物质生存方面的保障。在此情况下,文化艺术生产者的身心发展都受到很大的制约,直到大规模的商品文化出现之后,这一局面才得到明显的改观,文化艺术生产者才成为了社会上真正的生产主体。这是一个漫长而艰辛的历程,在东西方的社会都差不多如此。

因为依附于他人,尤其是特定的一些人和一些集团,文化生产主体的物质生活虽然有了一定的保障,但文化艺术生产主体在精神、创作活动方面是被动的。生产什么、不生产什么,取决于"恩主"的意愿,就像高乃依对国王路易十四说的"您指挥,我行动;您命令,我照办",文化生产者没有足够的精神自由,一切就是唯顾主的意志办事。这种情况下,文化生产者的社会地位是普遍低下的,甚至相当可怜。中国古代的伶人、戏子,他们或者被统治阶层所笼络甚至雇佣,如朝廷、贵族、地主等私蓄门客,或者进入私人开设的梨园、艺班,或者变成一般的体力劳动者等。这些人不仅自身低下的身份不得改变,且他们的子女也不得改变身份。

> **案例 4-1　　　　　　　　艺术家依附于权贵**
>
> 《大美百科全书》曾作过描述：在 15 世纪中叶，艺术家在经济形态上相当于小型店主。最早获得合理酬劳的艺术家为拉斐尔、米开朗基罗和提香，米开朗基罗以四年时间绘制斯汀礼堂的天花板，得到相当于 56000 美元的酬劳，其中包括他支付助手的费用；杜勒置有价值 32000 美元的房地产……法王路易十四的宫廷画家年收入约 3000 美元，并有免费的宅邸和奴仆。
>
> 德国画家阿尔布雷希特·丢勒曾描述了 16 世纪初在荷兰安特卫普大街上的宗教游街场景："参加游行的人有金匠、画匠、泥瓦匠、雕塑匠、细木匠、木匠、水手、渔夫、屠夫、皮匠、裁缝、面包师傅、成衣匠、鞋匠等各行各业的工匠；以及个体手艺人和商贩、店主、商人等等。在他们的后面，则是手持长枪和方箭的射手和步兵。"

商品文化的发展对于文化生产主体的影响是极其巨大的。产品交换的发展，社会消费的扩大，使得文化生产者直接面对消费大众，能够自食其力，自我生存，从而脱离了深宅大院的束缚，获得了新的发展空间。社会才是文化艺术生产主体自由与发展的天地。即使是在"18 世纪以前，艺术家的社会地位始终不是划一的，他们的成功和名声往往取决于是否有影响，地位高的个人主顾，具有同等才能的艺术家并不能获得相同的成功机会、相同的名声。只有当整个资产阶级成了艺术消费的主顾，成了支持文化的统治阶级，当艺术成了社会的普遍需要，对艺术家的不平等的待遇才得以停止"。① 由于有了市场，文化生产者有了自由发挥的空间，他们才能成为"天才"，进而不再是附庸，不再是奴隶，身心上获得了自由，精神和人格上有了更大的独立性，这正是在市场交换的环境下形成的。在现代社会，随着商品经济的不断发展，市场机制的逐步完善，文化产业的蓬勃兴起，这样的社会环境进一步确立了文化生产者的主体地位，他们取得了自身的社会定位：不再是社会上或有或无的"边缘人"，而是社会生产者队伍中的一员了。

二、经营者

专业文化艺术经营机构的出现，是文化艺术生产力水平发展到相当水平的体现，也是文化市场体系发育完善的表现。在专业文化艺术经营机构出现以前，尽管也有介入文化艺术经营的公司，但这些公司并不以文化艺术经营为主业。中国旧式的茶楼酒馆也有代理说唱艺术演出的情况，但其大多是作为提高茶楼酒馆人气、招徕顾客的一种辅助经营手段，而并不以此为主业。在中国，演出团体往往都是自行经营，自己设台演出，专门经营艺术演出的剧场出现是比较晚的，专业代理更为少见。较早出现代理关系的可能是中国旧式的书画商行，不过，这些书画商与书画家之间的关系，主要还是一种代买代卖的委托关系，与现代美术馆或画廊对艺术的经营模式仍然有很大的不同。

现代的文化艺术经营机构是按照现代企业的方式来进行市场开发和管理的公司。其种类繁多，下面选取一些典型的现代文化产业的经营机构做一个简单的介绍。

---

① （匈）阿诺德·豪泽尔，居延安译，《艺术社会学》，学林出版社，1987(8)：55.

（一）美术馆/博物馆

博物馆源自西欧。在英语中，Museum 这个词是指缪斯的崇拜地，亦即表明博物馆是一个向公众展示智慧、知识的地方。博物馆是征集、典藏、陈列和研究代表自然和人类文化遗产的实物的场所，并对那些有科学性、历史性或者艺术价值的物品进行分类，为公众提供知识、教育和欣赏的文化教育的机构、建筑物、地点或者社会公共机构。

美术馆，直译为 Art Museum 或者 Museum of Art，也就是指艺术博物馆，正如科学博物馆、自然博物馆、历史博物馆、地质博物馆等，是博物馆的一个类别。随着时代的进步，美术馆的作用日益广泛多样，不仅可提高一般群众的文化水平和美术修养，而且可协助学校的美术教育，还可为美术家的创作提供参考和借鉴，向理论工作者提供资料和信息。今天的美术馆正承担着越来越多的社会功能，在信息时代条件下，美术馆作为一个重要的信息载体，正从单纯的收藏和展示场所转变为一个复合的社会活动中心。

美术馆是指保存、展示艺术作品的设施，通常是以视觉艺术为中心。最常见的展示品是绘画，其他如雕塑、摄影作品、插画、装置艺术，以及工艺美术作品也可能会被展示。美术馆主要的目的是提供展示空间，但有时也会用于举办其他类型的艺术活动，例如音乐会或诗歌朗诵会等。现代美术馆通常也兼具推广与文化相关的教育、研究等功能。

美术馆是博物馆的一种，全世界的美术馆可从几种角度分类：从藏品时代上，分为主要是古代藏品的博物馆和主要是近现代藏品的美术馆；从藏品的种类上，分为绘画馆、雕塑馆、民间美术馆和工艺美术馆等；从藏品内容上，分为综合性美术馆和专门性美术馆，前者如纽约大都会美术馆，后者如纽约科宁玻璃艺术馆、华盛顿的国家肖像馆、巴黎克卢尼中世纪美术馆、里约热内卢的精神病患者作品美术馆、北京徐悲鸿纪念馆等。

从所有制上，则可以分为国立、皇家、公立和私立等，有的附属于学校等团体。公开的美术馆是一种博物馆，对一般民众公开展示艺术作品。私人的美术馆通常又称为私人艺廊，主要是向企业或收藏家贩售艺术作品的场地。然而，这两种类型的美术馆都可能举办向其他地方借调艺术品的有期限展览活动。在博物馆中，向民众公开的艺术品展示间，也是美术馆的一种。

由于一般博物馆只收存古代美术作品，20 世纪初产生了主要收藏当代作品的新型博物馆——现代美术馆。1929 年诞生的纽约现代美术馆展出印象主义之后的作品，为美术馆史上的又一次变革。其后巴黎、东京也先后建立了现代美术馆。全世界约有 7000 多家美术馆。例如：巴黎蓬皮杜文化艺术中心、东京都现代美术馆等都是展示现代艺术的美术馆，其自身的建筑特色也吸引着各方游客。

进入现代，美术馆的形式越来越多样，出现了所谓的当代美术馆等新形式。当代美术馆通常是指私人拥有，并以营利为目的之一的商业美术馆。在欧美地区，这些美术馆通常是群聚于都会中某个区域。例如纽约市曼哈顿的雀儿喜区（Chelsea），该区被普遍认为是当代艺术的中心。

学习卡片

全球化背景下美术馆的知识生产功能

在全球化与生态威胁的背景下,国际博物馆理论界的学术目光自20世纪90年代以来便逐渐从理论建设转向现实课题。随着美术馆自身的不断发展,相比初期的以征集和保护为主,现在的美术馆更注重于展出、传播和教育功能,致力于人类社会现在和未来的、有形和无形的、自然和文化的世界遗产保护、传播和交流,美术馆正以其自身的知识生产方式从事着促进教育、探究社会历史的进程,用文化和科学精神启迪人类,帮助人类研究、认识和理解世界,承载着开展文化交流与文明对话的使命。

以往传统的美术馆多注重典藏、展示和研究的功能,在社会大众眼中往往是收藏保存有诸多艺术遗产和文物宝藏的"仓库",或是可望而不可即、可及又不知所以然的神圣"艺术殿堂",并未完全实践其作为社会美育专设机构的知识生产的完全使命。随着时代的变迁与社会文化的快速多变,旧有模式已不再能适应公众的需求,现代社会讲求沟通、学习、思考、判断,强调美术馆与公众之间的互动关系,美术馆在社会发展中应扮演更主动积极的角色,教育功能和对社会的关注得到重新审视,成为美术馆的重要目的和主要使命。美术馆教育在世界范围内逐渐被重视,世界各国莫不将美术馆的建设与营运视为国家总体发展的象征之一,也不断致力于提升美术馆的知识生产功能,以作为启迪民智、提升公民文化素质的重要方式。把美术馆从传统的启蒙式传授、象牙塔式管理,转化成为大众可望亦可及、接受文化传承和艺术熏陶、发挥参与性与主动学习的永久性开放的公益性的教育场所,是值得我们关注和思考的,也是美术馆知识生产完整的体现。

(二)拍卖行

拍卖行是拍卖人的典型形式,是集中开展财产拍卖的场所。从法律角度而言,它是依法定程序而设立的,专门接受他人委托,以自己的名义从事财产拍卖业务的法人。拍卖行实行独立经营、自负盈亏。同时,接受有关主管部门以及工商行政管理部门的监督管理。

设立拍卖行的目的在于为一些非正常流通物品和特殊来源的物品提供一个合法的交易场所,使其进入市场流通,实现其应有的价值,因此拍卖行也属于一种商业服务性质的中介机构。

 学习卡片

拍卖行起源

1744年3月11日,英国大书商塞缪尔·贝克在伦敦考文特花园的一家酒店以竞买喊价的形式出售某爵士的一批藏书。这个卖场被认为是现代形态的第一场拍卖。贝克死后,他的侄子约翰·索斯比被指定为遗产继承人,约翰用自己的姓氏命名了叔叔留下的拍卖公司,由此全球规模最大、最老牌的拍卖行索斯比(苏富比)诞生了。

与索斯比齐名的是1766年12月5日由詹姆斯·克里斯蒂（James Christie）在英国伦敦创建的佳士得公司。佳士得最初主要从事古籍、珍贵手稿及绘画的拍卖活动。1784年，佳士得因拍卖法国国王路易十五的间谍谢瓦利埃·戴翁收藏的大批珍贵油画而名声大噪。其后，佳士得公司因拍卖英国著名肖像画家雷诺兹的遗物和被送上断头台的法国巴里夫人的珠宝而闻名于世。整个20世纪，索斯比一直都在与佳士得角逐，双方互不相让，各有建树。索斯比在拍卖美式家具、摄影作品上成绩斐然，佳士得则在拍卖欧式家具、书籍和手稿方面极负盛名。而两家对拍卖珠宝的造诣不分伯仲。

中国最早出现的拍卖行是1874年在上海建立的鲁意斯摩洋行，它由英国远东公司开办，从此上海滩出现了象征拍卖的蓝白方格旗。北京最早的拍卖行是光绪末年出现在崇文门大街路东的鲁麟洋行。当时，东交民巷外国人比较集中，常将回国前不愿带走的衣物、家具、摆设之类的物品送到洋行出售，而洋行则采取当众拍卖的方法予以处理。

（三）出版机构

1. 出版社

出版社指进行图书、图画、杂志、报纸和电子物品等有版权物品的出版活动的组织者。在中国，出版社采取的是审批制。出版社的类型，按隶属关系区分，有中央级出版社和地方出版社；按业务范围区分，有综合性出版社和专业出版社，综合性出版社的出书门类比较多，专业出版社只负责编辑出版一定专业和门类的读物；按出版物的形式分，有图书出版社和音像出版社。出版社的工作范围，从历史上和广义来看，包括编辑、印刷、发行。在中国，出版社中只有少数有自己的印刷厂。从现状来看，出版社只负责编辑和出版，其具体内容包括：策划选题，确定作者，组织稿件，审阅稿件，编辑加工，定稿发稿（包括插图、版面和封面的装帧设计），校对付印等。截至2011年年底，全国共有出版社580家（包括副牌社33家），其中，中央级出版社220家（包括副牌社13家），地方出版社360家（包括副牌社20家）。[①]

2. 民营出版工作室

按照现行政策法规定，民营企业可从事印刷、复制、发行等与出版产业有关的营业活动。但现实是，他们通过各种方式与国有出版单位合作来参与出版活动。这些从事出版活动的民营企业在社会上有多种称谓。在此，我们统称其为"民营出版工作室"。由于"民营出版工作室"从事出版活动一直处于半明半暗的状态，因此"民营出版工作室"一般采取规避手段，通常以创意、设计、发行等名义进行工商登记注册。据有关部门的不完全统计，目前全国参与出版策划的民营企业总量在8000家左右，主要集中在文化资源丰富、出版物市场发达、出版人才聚集的北京、上海、广州、成都、武汉、长沙、西安、沈阳和深圳等城市。其中，在北京的"民营出版工作室"的数量约占全国一半以上。

---

① 柳斌杰，邬书林主编.中国出版年鉴[M].北京：中国出版年鉴社，2012.

案例 4-2　　　　　　　　　　北京磨铁图书有限公司

北京磨铁图书有限公司,是中国最具影响力的大众类民营图书公司,成立于2007年,是一家综合类策划、发行公司,为民营书业之翘楚,在中国书业享有盛誉。截至目前,公司策划图书约3400余种,年平均策划图书600余种。磨铁图书的策划领域广泛,涉及社科、历史、文艺、青春、言情、动漫、经管、励志、生活、心灵、学习等各个领域。此外,磨铁还努力尝试拓展图书版权的衍生品的全方位合作运营办法,于2012年集中优势资源成立了全新的子公司——天津磨铁星亚影视传媒有限公司,开始涉足影视剧的开发、制作、发行等业务,正式进军娱乐圈。

根据第三方调查机构"开卷调查"抽样统计数据显示,2012年磨铁图书在"大众出版图书"领域以1.31%的码洋占有率,稳居民营图书公司之首,在所有出版社中排名第七。旗下主要的图书品牌有铁葫芦、黑天鹅和野马图书等,已经在图书市场获得良好口碑。

(四) 唱片公司

唱片公司,是指以制作唱片为主要业务的公司。通常,唱片公司也是经理人公司,处理旗下歌手非唱片的业务,但亦有例外。Nielson SoundScan 在2011年的调查显示,三大唱片公司占据了88%的全球唱片市场份额,其中环球唱片29.85%(原EMI 9.62%),索尼音乐娱乐29.29%,华纳唱片19.13%,其他独立唱片公司12.11%。[①]

现今国内也有人根据不同形式将唱片公司分为4种,其中包括:传统唱片公司、文化公司、经纪公司和推广公司。这几类公司从事业务范围大致相同,基本上涉及唱片印刷、唱片出版、音乐制作、明星包装、歌手宣传推广、演出、版权代理、无线运营等领域,全国共计547家挂牌从事明星包装、宣传推广、演出经纪的文化公司。

(五) 广播电视台

电视台(TV station / television station)指的是制作电视节目并通过无线电信号、卫星信号、有线网络或互联网播放电视节目的媒体机构。它由国家或商业机构创办的媒体运作组织,传播视频和音频同步的资讯信息,这些资讯信息可通过有线或无线方式为公众提供付费或免费的视频节目。其播出时间固定,节目内容一部分为其自己制作,也有相当部分为外购。国内外比较有名的电视台如CNN、BBC、TVB、CCTV等。

我国已拥有由卫星、有线、无线等多种技术手段组成的世界上覆盖人口最多的广播电视综合覆盖网。截至2002年底,全国共有电视台360家,广播电视台1300家。电视节目套数2058套,电视人口覆盖率达到94.54%。

但中国政府实施"四级办广播电视"的方针也带来了令人忧心的现实:这种分层次按行政区域划分的组织结构,使各广播电视局(台)之间没有隶属关系,也基本没有商业经济关系,在分散松散的组织结构下,广播电视产业集约化程度低下,资源分散,产业被行政体制分割,造成区域市场的封闭性。中国广播电视是由各级政府建立起来的,是各级政府的资产,难以打破行政壁垒和区域市场壁垒。

---

① http://www.businesswire.com/news/home/20120105005547/en/Nielsen-Company-Billboard%E2%80%99s-2011-Music-Industry-Report.

(六) 影视制作公司

影视制作公司泛指用于制作、拍摄电影电视节目的公司企业或部门。一般为大的影片厂或制作单位,有"梦工厂"之称。海外公司知名的电影公司如20世纪的Fox、华纳兄弟、哥伦比亚、派拉蒙、环球、米高梅、迪斯尼、梦工厂、新线、联美、雷电华等。国内知名的电影公司如华谊集团、唐人电影、嘉禾娱乐、寰亚综艺、华谊兄弟、英皇集团、光线传媒、小马奔腾、华策影视、派格太合等。

我们知道,影视产业是复杂文化生产模式的典型代表,涉及各种生产要素的组织和协调。美国好莱坞的成功,在一定程度上创造了一种解决影视生产中各生产要素的组织和协调的成功模式。在这方面,浙江横店集团可以说是结合中国文化产业发展现状和具体国情的成功典范。

案例4-3　　　　　　　　　浙江横店影视城

浙江横店影视城有限公司以规模宏大的影视拍摄基地而闻名天下,是全国首个国家级影视产业实验区。通过影视基地的实景开发、后期制作、设备租赁、演艺经纪等要素的集聚,以及在北京等各地影院的建设,横店形成了一条影视基地、制作、发行、放映、衍生产品开发等相对完整的产业链。

横店影视拍摄基地还为剧组提供衣食住行、服装道具、特约演员和群众演员,还有各种拍摄、后期制作器材等全面的服务。仅食宿服务系统就包含14个宾馆酒店,8000多个床位,其中有两家为四星级酒店。

在后期制作服务方面,横店集团还以合资的方式,与中国电影集团、美国时代华纳公司联合成立了中影华纳横店影视有限公司。与香港东方娱乐合资组建了浙江东方横店影视后期制作有限公司,为到横店拍摄影视作品的剧组提供后期制作服务。

在行政服务方面,横店影视基地还设有浙江省电影审查中心、电视剧审查工作室等行政审查机构,使完成的影视作品能够方便、快捷地完成审查手续,让入驻基地的摄制组真正能够"带着本子来,拿着片子走"。

这种集中、配套、完整的服务体系,既高效地协调和利用了各种生产资源,又生成了文化旅游的新价值链。横店以影视景点为依托,以影视制作基地的名气带动旅游,顺势而为地把产业链从影视产业延伸到了旅游产业。特色旅游,良好的接待条件加上高知名度,使横店迅速成为一个新的热门旅游点。横店影视产业实验区是国家审批的首批国家AAAA级旅游区,2012年接待的游客突破1177万人次。

横店影视产业实验基地的迅速发展表明,文化产业的核心是创意,而好的创意往往产生于对难题的解决过程之中;在文化产业的各行业之间,并没有固定的界线,传统的行业界线正是产业链延伸和价值链生成的机会。当人们都意识到中国的文化产业市场不成熟、产业链不完整,似乎不能有所作为的时候,横店集团的积极作为给了我们丰富的启示。

(七) 广告公司

广告公司是指专门经营广告业务活动的企业,是"广告代理商"(Advertising Agency)的俗称,我国广告公司作为广告业的主体之一,在社会经济中起到重大作用。

19世纪末出现的广告,多是以报纸、杂志为媒体的印刷广告。广告特点有二:一是广告作品以文字为主,插图为辅,有许多人甚至反对用插图;二是英美两国广告作品呈现出"为艺术而艺术"的创作倾向。歌谣广告广为流行,华丽的辞藻修饰成风,把广告文稿视作次文学作品。19世纪末20

世纪上半叶,广告公司得到了很大的发展,公司数量不断增加,其服务功能不断完善,服务领域不断扩大,广告公司由国内向国外发展,一些跨国广告公司更是以惊人的速度展现于世人面前。

当今世界有三大城市被称为世界广告中心,即:纽约、东京和伦敦,每年拥有几百亿美元的广告出自这三大城市。纽约是广告业的摇篮和首府,拥有许多广告公司。长驻多家世界级著名广告公司的"麦迪逊大道"早已成为世界广告业最高水准的代名词。

广告公司的基本业务范围如下:

1. 代理广告客户策划广告

广告公司以广告代理为工作核心,代理广告客户策划广告是广告公司最本质的功能。具体包括为广告客户进行有关商品的市场调查和研究分析工作,为企业发展确立市场目标和广告目标,为代理客户制定广告计划和进行媒体选择。广告公司从自己专业领域出发,为广告客户提供广告主题和实现广告主题的广告创意、构思和策划。

2. 为广告客户制作广告

这是指广告公司将创造性构思和创意转换成具体外在表现的广告产品的活动。广告公司选择最具表现力、影响力和感染力的手法,客观、真实、具有美感和艺术性地去表现创造性广告思想的广告形式,是制作广告的根本要求。

3. 为广告客户发布广告

广告公司在策划和制作出广告作品之后,通过广告媒介的合理选择和应用,把广告信息及时、迅速地传递给广大社会公众。发布广告时,广告公司要为客户利益着想,注意选择最具表现和传播效果、又能最低投入的媒介,将广告信息传递到最多的潜在购买者那里,从而引导社会公众对于广告客户信息的认可、接受,以产生购买行为。

4. 为广告客户反馈广告信息、评估广告效果

广告公司在代理客户发布广告之后,要对于所发布的广告进行市场调查和研究,对于广告效果进行科学的测定和评估,及时向广告客户反馈有关市场的销售信息及相关的变动信息。

5. 为客户提供咨询服务

广告公司要为广告客户的产品计划、产品设计、市场定位、营销策略、广告活动和公共关系等方面提供全方位的综合信息,为客户提供各方面的咨询服务,从而实现企业资源的合理流向与最佳配置,推动经营企业的发展。

(八) 文化经纪人

文化经纪人是指与文化市场相关的众多行业的经纪人群体,即在演出、出版、影视、娱乐、美术、文物等文化市场上为供求双方充当媒介而收取佣金的中间人。

要成为一名合法的文化经纪人要同时具备从业资格与从业资质。首先要取得文化经纪人资格证,这证明已经具备从事文化经纪的资格,但是还不具备从事经纪实务的权利;其次在取得经纪人资格证以后,要进入从事经营文化、演出及经纪业务的经纪机构,并在市工商局合同科和市文化局备案,以后开展经纪业务才受国家法律保护。

随着国际文化交流的深入,以及中国文化产业的迅速发展,在全球范围内,文化产业已经成为21世纪最有发展前景和最具市场潜力的新行业,文化经纪人也成为国际上公认的"金领职业"。培养专业的文化经纪人,已经成为中国文化产业得以持续发展的大势所趋。目前较为有特色的文化经纪人主要是以下三种:

1. 明星经纪人

明星经纪人是具有开拓市场能力的"专业型经纪人",主要是负责代理明星艺人与广大商家洽谈演出、拍摄广告、拍戏、记者会、各类文化经纪活动的中间人。他们开发艺人的潜质,帮助艺人寻找机会。这样的经纪人懂艺术、会管理,依托广泛的社会关系,凭借敏锐的市场意识和善于经营的头脑,"包装"艺人。一般来说,在娱乐圈明星经纪人同时也扮演着幕后推手的角色。

明星经纪人的工作很多,很琐碎。艺人没有签约之前,要做调查,了解艺人的人品、才艺;签约之后要做好艺人的推广与宣传工作,根据艺人各自的特点,为他们确定更能为观众接受的角色,并通过这些角色把他们推出去,使他们成为"腕儿"。专业型经纪人和演员是一种很复杂的关系,会是同事、朋友、合作伙伴……但前提是,经纪人首先要有责任感,要付出足够的精力,这样才能得到艺人的信任。经纪人要用心去呵护艺人,但一定要客观,不能太过感性。这样做起来其实很难,因为,朝夕相伴难免将双方的生活融为一体,了解深入后,有时可能会因为欣赏对方,不自觉地认为对方什么都好。因此,经纪人保持客观态度,对艺人的发展很重要。

2. 出版经纪人

出版经纪人(也称版权代理人)是指连接作者和出版商的中间机构或个人。他们与作者签署版权经纪合同,帮助作者寻找作品出版和发表机会,从而获得一定的收益。如克利斯托费·利脱文学代理公司就是这样的出版经纪人。他们与出版社有良好的关系,负责发掘作者、培育作者和包装作者,通过市场调查和分析来确定作品的路线,并在作品上市前与出版社联合做足前期的宣传,在作品走向市场后以收取佣金的方式来获取利润。

目前,在国内已经出现了一批民间出版经纪人,但由于运作时间不长,出版经纪人市场还比较混乱,赢利者并不多。官方的出版经纪人最大的是中华版权代理总公司,成立于1998年,是中国政府批准建立的第一家国家版权代理机构,也是目前我国规模最大、代理版权种类最多的唯一一家国家级综合性版权代理机构。中华版权代理总公司成立之初的主要职责是替作家维权,保护作家权益不受侵害,是一家非盈利性质的服务机构。版权贸易是近几年的事,且以国外为主。

从现状分析来看,民间出版经纪人运作灵活,市场程度高,但实力往往稍显薄弱,赢利不多,风险也较大。而官方的出版经纪人虽然实力雄厚,但因其背景市场化程度较低,并没有真正的商业化运作。所以,地方性的官方出版社与民间出版经纪人如能优势互补,对图书出版行业的发展不无好处。

3. 个体演出经纪人

个体演出经纪人是指以从事营业性演出的居间、代理活动为职业,依法在工商行政管理部门办理注册登记,领取营业执照并在文化主管部门以及工商局合同科备案的经纪人员。根据我国新修订的《营业性演出管理条例》,从2005年9月1日起,在法律上认可了个体演出经纪人的存在,并对他们给予法律上的保护和支持。

(九)网络游戏运营商

网络游戏,英文名称为Online Game,又称"在线游戏",简称"网游"。指以互联网为传输媒介,以游戏运营商服务器和用户计算机为处理终端,以游戏客户端软件为信息交互窗口的旨在实现娱乐、休闲、交流和取得虚拟成就的具有可持续性的个体性多人在线游戏。网络游戏运营商指通过自主开发或取得其他游戏开发商的代理权运营网络游戏,以出售游戏时间、游戏道具或相关服务,为玩家提供增值服务和放置游戏内置广告,从而获得收入的网络公司。

近年来,由于互联网的普及和发展,网络游戏在文化产业中的地位与价值贡献不断上升。2012 上半年,中国网络游戏(含 PC 与手机)整体用户规模超过 3 亿人。其中,网页游戏与移动网络游戏用户数增长速度较快,同比增长率分别为 27.7% 和 70.9%,用户数也达到了 2.05 亿人与 7820 万人,成为上半年用户规模增长的主要动力。① 2013 年上半年中国游戏市场(包括网络游戏市场、移动网络游戏市场、单机游戏市场等)实际销售收入达到 338.9 亿元人民币,比 2012 年上半年增长了 36.4%。在上半年中国游戏市场实际销售收入构成中,我国客户端网络游戏、网页游戏、移动网络游戏市场的实际销售收入分别为 232.9 亿元、53.4 亿元、25.3 亿元。其中,社交游戏 26.7 亿元。② 2012 年中国网络游戏公司排行榜如表 4-1。

表 4-1　中国网络游戏公司排行榜③

中国网络游戏公司排行榜		
据企业综合实力排行	根据用户口碑排行	根据企业创新能力排行
盛大集团	久游	完美时空
网易	世纪天成	征途
腾讯	完美时空	网易
征途网络	盛大	盛大
九城	网易	腾讯
完美时空	腾讯	联众
金山	征途	金山
天晴数码	九城	天晴数码
世纪天成	金山	久游
天联	摩力游	搜狐

2013 年 China Joy 期间,中央电视台《新闻联播》、《朝闻天下》、《新闻直播间》等栏目以 China Joy 展会为话题,特别对游族网络进行了重点播报。游族网络全称上海游族信息技术有限公司,成立于 2009 年,是一家以网页游戏和手机游戏为核心,集研发、运营、发行为一体的综合性轻娱乐互动娱乐企业。在报道中,中央电视台称赞了以游族网络为代表的原创页游企业已经开始将产品大规模输出海外,进一步推动了中国传统文化在国际舞台上的影响力。

(十) 动漫产业园

动漫产业园,指以引进包括动漫图书、报刊、电影、电视、音像制品、舞台剧和基于现代信息传播技术手段的动漫新品种等动漫直接产品的开发、生产、出版、播出、演出和销售,以及与动漫形象有关的服装、玩具、电子游戏等衍生产品的生产和经营为主的产业企业,促使这些企业在产业园内实现上下游无缝对接,达到节约成本、提高效率、提升竞争力等效果的园区。动漫产业园一般具有规模化、集约化以至垄断化的特点。

---

① 《2012 上半年中国网络游戏用户规模增速放缓》,http://net.china.com.cn/ywdt/txt/2012-07/26/content_5191683.htm。
② 《2013 年 1—6 月中国游戏产业报告》,http://www.cgigc.com.cn/201309/174428235065.html。
③ 《建立正确积极的游戏公司审视观念》,http://gh.ghjie.com/ghdt/2012/06/399219013.shtml。

21世纪,当国际经济贸易进一步全球化和自由化,文化产业结构也发生了很大变化。在经历了全球化、结构调整和重新整合后,文化产业尤其是动漫产业正在一个更高的层次上重新集结,并朝着规模化、集约化、垄断化的方向发展,动漫产业园的出现正是这种发展形态的体现。在政策大力推动下,目前全国已建成数十家动漫产业园,其中较知名的有青岛动漫产业园、天津动漫产业园、广州从化动漫产业园、郑州动漫产业园以及番禺"百亿工程"之一的华创动漫产业园。具数百甚至上千亩规模的产业园已经俨然成为各地区动漫产业的领头羊。

三、管理者

"十二五"期间,我国文化改革发展重要的指导思想是"三加快一加强"。其中"加强"就突出在对文化产品创作、生产的管理上,这就需要文化产业的管理者们积极引导广大文化工作者和文化单位自觉践行社会主义核心价值体系,坚持社会主义先进文化前进方向。

目前一些地方和单位,在发展文化产业中一味追求经济效益,使得庸俗、低俗、媚俗的"三俗"文化现象屡禁不止,平庸、低劣、粗糙的产品充斥市场,制造了大量的文化废品和精神垃圾。例如,一些图书、电视剧粗制滥造,热衷于炒作名人隐私,迎合低级趣味,一些少儿读物甚至带有暴力和色情的文化垃圾;娱乐性节目过多过滥,令观众渐生反感;电视剧供大于求,不少电视剧一拍出来就成废品。文化低俗现象背后存在严重隐忧,因为如果主流意识形态凝聚力减弱或丧失,那么,社会的稳定和向心力也将减弱,由此必然引起人们对政治权利合法性的怀疑并产生信仰危机。

(一) 政府机构

政府是文化产业管理的首要主体。在我国,由于之前文化市场的主体一直是文化事业单位,因此文化管理体制、机制偏重于传统文化事业型管理模式。据统计,国家设立的文化产业相关管理部门共有十一个,见表4-2。

表4-2 文化产业的分类及其相应的管理部门的分类

管理部门 \ 产业分类	影视制作	数字内容	动漫	广告	演艺娱乐	出版发行	印刷复制	文化会展	旅游业	体育产业	文化创业
部门1	国家发展与改革委员会(统筹全国各行业的发展,包括文化产业)										
部门2	中宣部(侧重主导基本的社会意识形态)										
部门3	文化部(侧重具体的政策制定和实施)										
部门4						新闻出版广电总局					
部门5			工业和信息化部								
部门6							知识产权局				
部门7						国家民族事务委员会(管理民族部分)					
部门8						宗教局(管理宗教部分)					
部门9								文物局(管理历史文物部分)			
部门10									旅游局		
部门11										体育总局	

这十一个管理部门又可以划分成两种类别：一是文化产业的直接管理部门，包括中宣部、文化部、新闻出版广电总局(版权局)；二是职能中对文化产业有重大影响的部门，包括国家发展和改革委员会、工业和信息化部、知识产权局、国家民族事务委员会、文物局、宗教局、旅游局、体育局。

1. 中国共产党中央委员会宣传部

全面负责各分类精神产品的监督、审查。区别于文化部、新闻出版广电总局等国务院直属部门，中宣部作为中共中央主管意识形态的综合职能机构而存在，对中国大陆与媒体、网络和文化传播相关的各种机构进行监督，对新闻、出版、电视和电影进行审查。如果说文化部、新闻出版广电总局等部门侧重以主流意识形态为根据对各类精神产品进行审查，中宣部则是主流意识形态的主导者，是最根本的审查标准的制定者。

中宣部对文化产业产生重大影响的主要职能：

(1) 负责引导社会舆论，指导、协调中央各新闻单位的工作。

(2) 负责从宏观上指导精神产品的生产。

(3) 受党中央委托，协同中央组织部管理文化部、新闻出版署、人民日报社、广播电影电视总局、新华社等单位的领导干部。

(4) 负责提出宣传思想文化事业发展的指导方针，指导宣传文化系统制定政策、法规。

2. 中华人民共和国文化部

中华人民共和国文化部是中国文化行政的最高机构，是国务院的职能部门，在国务院领导下管理全国文化艺术事业。文化部下设七司一局，包括政策法规司、艺术司、文化科技司、文化市场司、文化产业司、社会文化司、非物质文化遗产司、对外文化联络局。其主要职责有：

(1) 拟订文化艺术方针政策，起草文化艺术法律法规草案。

(2) 拟订文化艺术事业发展规划并组织实施，推进文化艺术领域的体制机制改革。

(3) 指导、管理文学艺术事业，指导艺术创作与生产，推动各门类艺术的发展，管理全国性重大文化活动。

(4) 推进文化艺术领域的公共文化服务，规划、引导公共文化产品生产，指导国家重点文化设施建设和基层文化设施建设。

(5) 拟订文化艺术产业发展规划，指导、协调文化艺术产业发展，推进对外文化产业交流与合作。

(6) 拟订非物质文化遗产保护规划，起草有关法规草案，组织实施非物质文化遗产保护和优秀民族文化的传承普及工作。

(7) 指导、管理社会文化事业，指导图书馆、文化馆(站)事业和基层文化建设。

(8) 拟订文化市场发展规划，指导文化市场综合执法工作，负责对文化艺术经营活动进行行业监管，指导对从事演艺活动民办机构的监管工作。

(9) 负责文艺类产品网上传播的前置审批工作，负责对网吧等上网服务营业场所实行经营许可证管理，对网络游戏服务进行监管(不含网络游戏的网上出版前置审批)。

(10) 拟订动漫、游戏产业发展规划并组织实施，指导协调动漫、游戏产业发展。

(11) 拟订文化科技发展规划并监督实施，推进文化科技信息建设。

(12) 指导、管理对外文化交流和对外文化宣传工作，组织拟订对外及对港澳台的文化交流政策,指导驻外使(领)馆及驻港澳文化机构的工作,代表国家签订中外文化合作协定,组织实施大型对外文化交流活动。

(13)承办国务院交办的其他事项。

3. 国家新闻出版广电总局

2013年3月,《国务院机构改革和职能转变方案》提出,将新闻出版总署、广电总局的职责整合,组建"国家新闻出版广播电影电视总局",促进新闻出版广播影视业繁荣发展。国家新闻出版广播电影电视总局加挂国家版权局牌子。不再保留广电总局、新闻出版总署。后经讨论修改,"国家新闻出版广播电影电视总局"改为"国家新闻出版广电总局"。

改革开放的三十多年来,新闻出版和广播电影电视都有了很大的发展,伴随着产业发展和文化繁荣,也出现了许多新的问题。如条块分割,部门封锁,按照媒体类别进行管理,各自审批,广电集团与出版集团老死不相往来,出版传媒集团只有报刊纸媒没有视听媒体,广电集团没有平媒的支持与配合,产业融合困难。而国外出版传媒集团除书刊以外往往包括通讯社、报纸、期刊、网站、电影制片厂、电台、电视台、卫星传媒、院线平台等。同时,中央政府制定和实施国家级中长期战略级的影视传媒文化发展战略,全国成立出版传媒集团做大做强或者企业跨部门、跨所有制、跨行业、跨媒体并购等方面,也都存在着很大障碍。综合性地向基层,特别是城市社区和广大农村提供一站式、全方位的公共文化品牌服务,甚至打造超级文化航母让中国传统文化"走出去",跨部门、跨媒体打击盗版等,也都存在一定困难,所以,成立新的国家新闻出版广电总局,是十分必要的,也是十分及时的。

国家新闻出版广电总局的主要职责有:

(1)负责拟订新闻出版广播影视宣传的方针政策,把握正确的舆论导向和创作导向。

(2)负责起草新闻出版广播影视和著作权管理的法律法规草案,制定部门规章、政策、行业标准并组织实施和监督检查。

(3)负责制定新闻出版广播影视领域事业发展政策和规划,组织实施重大公益工程和公益活动,扶助老少边穷地区新闻出版广播影视建设和发展。负责制定国家古籍整理出版规划并组织实施。

(4)负责统筹规划新闻出版广播影视产业发展,制定发展规划、产业政策并组织实施,推进新闻出版广播影视领域的体制机制改革。依法负责新闻出版广播影视统计工作。

(5)负责监督管理新闻出版广播影视机构和业务以及出版物、广播影视节目的内容和质量,实施依法设定的行政许可并承担相应责任,指导对市场经营活动的监督管理工作,组织查处重大违法违规行为。指导监管广播电视广告播放。负责全国新闻记者证的监制管理。

(6)负责对互联网出版和开办手机书刊、手机文学业务等数字出版内容和活动进行监管。负责对网络视听节目、公共视听载体播放的广播影视节目进行监管,审查其内容和质量。

(7)负责推进新闻出版广播影视与科技融合,依法拟订新闻出版广播影视科技发展规划、政策和行业技术标准,并组织实施和监督检查。负责对广播电视节目传输覆盖、监测和安全播出进行监管,推进广电网与电信网、互联网三网融合,推进应急广播建设。负责指导、协调新闻出版广播影视系统安全保卫工作。

(8)负责印刷业的监督管理。

(9)负责出版物的进口管理和广播影视节目的进口、收录管理,协调推动新闻出版广播影视领域"走出去"工作。负责新闻出版广播影视和著作权管理领域对外及对港澳台的交流与合作。

(10) 负责著作权管理和公共服务,组织查处有重大影响和涉外的著作权侵权盗版案件,负责处理涉外著作权关系和有关著作权国际条约应对事务。

(11) 负责组织、指导、协调全国"扫黄打非"工作,组织查处大案要案,承担全国"扫黄打非"工作小组日常工作。

(12) 领导中央人民广播电台、中国国际广播电台和中央电视台,对其宣传、发展、传输覆盖等重大事项进行指导、协调和管理。

(13) 承办党中央、国务院交办的其他事项。

案例 4-4　　　　　　　　　限娱令

近日,国家新闻出版广电总局下发通知,调控明年上星综合频道,规定公益性节目播出比例要达到30%,同时还出台了限制引进、鼓励原创、防止同质化的具体措施。

这被认为是一个"加强版限娱令"。上一次是在2011年,广电总局连发通知,先是2011年10月的《关于进一步加强电视上星综合频道节目管理的意见》,即电视台要加大新闻类节目播出比例,对节目形态雷同、过多过滥的婚恋交友类、才艺竞秀类、情感故事类节目实行播出总量控制。接着是在11月底,禁止在电视剧中插播广告。

的确,过度娱乐化带来了很多问题,比如节假日雷同的晚会,资金可能来自于对国企的摊派(2013年8月份,五部委曾联合下发了通知,要求制止豪华铺张、提倡节俭办晚会,不得用国企资金高价捧明星);令网友们吐槽的谍战国产剧,情节雷同而雷人,缺乏创造力;再比如,近年来热播的选秀节目以及相亲节目,其中可能暗含着大量的暗箱操作与虚构情节,并且其中嘉宾的一些言论也与主流价值观不符。现实中的这些问题引发了争议,因为调控在近两年来不断加强。这既与电视台改革相关,也与要加强主流价值观的传播相关。

---

4. 国家发展和改革委员会

统筹各行业的发展,包括文化产业推进经济结构战略性调整,组织拟订综合性产业政策。负责社会发展与国民经济发展的政策衔接,组织拟订社会发展战略、总体规划和年度计划等。

5. 工业和信息化部

与影视制作、广告、数字内容、动漫等产业类别比较相关。统筹推进国家信息化工作,组织制定相关政策并协调信息化建设中的重大问题,促进电信、广播电视和计算机网络融合,指导协调电子政务发展,推动跨行业、跨部门的互联互通和重要信息资源的开发利用、共享。

6. 知识产权局

主管专利工作和统筹协调涉外知识产权事宜的直属机构。

文化产业中的著作权、出版发行权等知识产权主要由新闻出版总署(版权局)管理,涉及其他专利技术的应向知识产权局申请专利。

7. 国家民族事务委员会

管理少数民族语言文字工作,指导少数民族语言文字的翻译、出版和民族古籍的搜集、整理、出版工作,出版发行、印刷复制(管理民族部分)。

8. 文物局

与文化旅游、文化会展(管理历史文物部分)相关。

(1) 文物保护与考古司

协调、指导文物保护、考古工作和重大项目的实施工作;组织开展文物资源调查工作;承担文物保护与考古有关审核审批事务及相关资质、资格认定工作;承办全国重点文物保护单位的审核工作;依法承担文化遗产相关审核报批工作。

(2) 博物馆与社会文物司(科技司)

指导博物馆工作,承担全国博物馆管理制度规范和业务指导工作;承担文物和博物馆科技、信息化、标准化规划的拟订和推动落实工作;承办国家一级文物藏品的有关审核审批事项;协调博物馆间的交流与协作;指导民间珍贵文物抢救、征集工作;承担文物拍卖、进出境和鉴定管理工作。

9. 宗教局

出版发行、印刷复制(管理宗教部分)、研究宗教理论和国内外宗教现状,负责宗教动态和信息的汇总、分析,提出处理宗教领域问题的政策建议。履行宗教事务管理职责,依法保护公民宗教信仰自由和正常的宗教活动,维护宗教界的合法权益,促进宗教关系和谐。

10. 旅游局

组织旅游资源的普查、规划、开发和相关保护工作。指导重点旅游区域、旅游目的地和旅游线路的规划开发,引导休闲度假。监测旅游经济运行,负责旅游统计及行业信息发布。协调和指导假日旅游和红色旅游工作。

11. 体育总局

国家体育总局下设宣传司、科技司、经济司等,负责管理和促进体育事业、体育产业的发展。

由于我国长期以来实行的传统文化事业型管理模式的特点是"管""办"不分,对纯公益性文化单位和市场性文化企业基本都采取直接管的办法,重社会效益轻经济效益。这种管理模式曾经是文化产业发展的基础,但随着市场化的推进,传统的管理体制、机制对文化产业的束缚越来越明显,造成了大批文化企事业单位活力不足,竞争力低下。当前,我国多数地区尚未建立统一高效的文化产业管理体制、机制,文化资源的行业、部门、条块、区域分割仍然存在,特别是各管理部门之间普遍存在着各自为政、管理分散、文化市场多头执法等问题。这使得文化企事业单位在实践中感到难以适从,也容易产生灰色地带。

此外,我国文化产业虽然已步入文化产业的自主发展阶段,但总体上仍处于幼稚产业或弱小产业的阶段。与发达国家相比较,我国的文化产业在企业规模、产品的科技含量、创新能力与市场竞争能力等方面仍然存在着较大的差距。这些差距的存在,既有我国现实生产力落后的直接影响,更有管理不顺等深层次的体制性制约。这就要求国家重视对文化产业的管理和引导,进行管理体制创新。

在推动文化产业发展过程中,政府的管理创新应当遵循渐进式的市场化改革。改革要有较清晰的路线图:首先,政府作为开放文化市场的第一推动力,实行政企分开,组建数家竞争性文化产业公司;其次,从行政定价转向市场定价;再次,进一步开放文化市场准入,特别是消除市场准入方面的所有制歧视;最后,政府转向无所有权歧视的文化产业公司的资质管理和行为监督。随着文化市场的逐步放开,政府要严格遵循"政企分开、管办分开"的原则,逐步减少行政审批的范围,弱化行政干预的力度。

(二) 行业协会

行业协会是指介于政府、企业之间,商品生产业与经营者之间,并为其服务、咨询、沟通、监督、公正、自律、协调的社会中介组织。行业协会是一种民间性组织,它不属于政府的管理机构系列,它是政府与企业的桥梁和纽带。行业协会属于我国《民法》规定的社团法人,是我国民间组织社会团体的一种,即国际上统称的非政府机构(又称 NGO),属非营利性机构。

1. 行业协会的主要特征

(1) 非政府性

行业协会具有相对于政府的独立性,这也决定了它在组织形成、人员编制及财政来源等诸多方面与政府组织存在极大差异。其区别具体体现在:

① 由有关组织自愿组成,不是依政府命令而产生。
② 其组织具有自主性,在内部实行自我管理,一般不受政府的直接控制,但有时要受政府监督。
③ 其工作人员不属国家公务员系列。
④ 主要经费来源不是国家财政拨款。

(2) 自治性

自治性是行业协会的本质特征。行业协会与其他自治性组织一样,一旦依法成立,就可在法定范围内自主活动,以实现成立该组织的特定目的。行业协会这种自我组织、自我管理的自治权是行业协会能够独立存在所必须享有的权利。自治权主要包括自治事务管理权、组织人事权、经费筹集使用权等。

(3) 非营利性

营利性组织关注的是如何获得最大利润(也许因为竞争的存在,营利组织不得不在提高质量、改善服务方面投入一定的人力物力,但其目的也还是在于通过提高质量而打败其他对手,获取更大效益);而非营利性组织则不以营利为目的,其关心的是那些无利可图的公益事业,即使在运行过程中有一定的收入和盈利,法律也禁止组织成员分配这些利润,而是将其投入公益事业中。非营利性使这些组织区别于企业等市场主体,使其不能通过以营利为目的的经营活动来获取收入,维持自身的存续和发展。行业协会的目的则是发展行业的共同利益,维护成员的合法权益,因此适合采用非营利性组织形式。现已有的立法无一例外地明确要求行业协会具有非营利性。

(4) 公益性

公共利益一般可做两种理解:普遍的公共利益和特殊的公共利益。普遍的公共利益意指为全体社会成员共享的具有普遍性的利益,如国防安全、社会秩序、环境卫生、教育劳动,等等。特殊的公共利益则是在一定范围内不特定多数人所享有的共同利益,如一个行业内成员共享的利益,一个地域范围内居民共享的利益。行业协会所关怀的公共利益主要是一定领域内的特殊的公共利益。当然,行业协会也可能在活动过程中为了达到本团体的利益而主动对社会普遍的公共利益予以关注并形成影响,这也是作为社会公共组织的一种"公共性格"的体现;而且社会政治经济的发展也要求这些组织超越本团体视野的限制,在争取其自身利益的同时,更关注社会普遍利益。

2. 行业协会的作用

行业协会是既保证市场有序运行，又体现市场自由竞争原则的非政府组织。无论是创造性行业还是普通行业，都存在行业协会现象。然而在文化产业中，尤其是在文化产业的复杂模式中，行业协会却发挥着更重要的生产协调作用。在文化产业发达的西方国家，各种行业协会和人才协会也相对发达，数量多，功能全，为保护从业人员权益，促进文化产业健康、有序发展发挥了重要作用。

在创造性相对集中的文化产业中，每个人创造性的投入都有自己的个性化特征。因此文化产业的生产过程不可能像普通工业生产一样能够完全预先确定，对工作质量也没有物质产品那样的客观检验标准，这就使工作成效与合同规定的要求是否相符成为经常被争议的问题。一旦发生争议，分散的从业人员与组织严密的企业相比，就明显地处于弱势地位，难以保证自己的合法利益。文化企业主常常以扣减和拖欠工资的办法，把自己的经营风险不合理地转移到从业人员身上。由于从业者无法准确统计企业的利润数量，无力长时间地与企业打官司，难以等待法院的漫长的审判程序，等等，因此即使通过司法诉讼，分散的个人在取证和应诉时间等方面也完全处于不利地位。

而且，在艺术产业中，不仅艺术家的直接劳动会影响到产品的市场价格，艺术家个人的名望也会影响到产品的市场价格。这就提出如何评估艺术家的等级、从业人员资历评估和培养新人的问题。所有这些，其复杂程度都已经超出了单独的制片人或制片公司所能解决的范围，从而成为行业协会出现的内在根据。

当代的文化产业分工日益细化，衍生出各种不同的行业和行业协会，如电影协会、电视协会、记者协会、报业协会、作家协会、音乐家协会、广告协会等，并成为该行业市场秩序的重要协调机制。在市场经济条件下，这些协会由从业人员自发组织，目的在于保护从业人员的合法权益，协调劳资关系。如早期的美国的演员权益保证组织、美国音乐人联盟和好莱坞的各种人才协会，其发起成立的直接动因，都是保护从业人员不受企业主的损害。

案例 4-5　　　　美国早期的行业协会

1931 年成立的美国演员权益保证组织，是舞台演员保护自己的协会组织。这个组织针对公司与演员签订合同可能使用霸王条款的现象，根据舞台演出的不同形式设计出标准的合同文本。这个组织还对合同的争议行使仲裁职能，规定在试用期过后，公司解雇演员要提前 2 周通知演员，或发放 2 周工资；对无偿排练的时间也规定了最长时限。这个组织还要求企业在戏剧上演时迅速支付演员工资，承担大多数演员的服装费用，在巡回演出时向演员支付一定的费用，设立演员权益管理基金以支付陷入困境的演员的餐旅费用。为了使这些条件得以实现，这个组织领导其成员进行了长期的激烈斗争，1919 年还举行了为期 30 天的罢工，最终基本得到实现。当时，大约有 90% 的演员都是演员权益保证组织的成员。

美国音乐人联盟的成立是为了保护在各地方市场上演出的音乐人的利益的协会组织。协会处理演出合同中出现的问题，保证全体会员得到最低水平的收入，禁止剧院或音乐会经理人违反合同损害音乐人的权益。20 世纪 40 年代，美国音乐人联盟达到了自己的辉煌时期。当时联盟禁止使用新的录音方式，以保证市场对音乐人的需求，从而使一部分利润直接分流到美国音乐人联盟，用于资助音乐家举办音乐会。

在中国,各种协会则多由政府管理部门出面组织,而且过去都是由政府官员担任主要职务,其作用侧重于加强政府与行业的沟通。中国的行业协会也会组织一些大型的评奖活动和交流活动,并通过制定行业服务规范,进行从业人员培训,来规范文化市场,促进行业水平的发展。

第二节　文化产业市场主体的培育

国家"十二五"规划明确要求加快发展文化产业,推动文化产业成为国民经济支柱性产业,增强文化产业整体实力和竞争力,文化产业也因此成为"挟新经济之势蓬勃于世界的朝阳产业",正在中国迅速崛起。但是,我国目前的文化产业发展现状存在着诸多需要解决的弊端,最为突出的问题之一就是文化产业市场主体建设问题。

文化产业的市场主体,是指从事文化商品生产、经营、面向市场、自主经营、自负盈亏、独立承担民事责任和民事义务的公司、非公司企业、外商投资企业、私营企业,也包括个体工商户,即文化企业或企业主。文化企业作为文化产业的细胞和市场主体,其发展直接影响甚至决定了文化产业的整体水平和档次。其特点是以营利为目的、有独立的产权且独立决策、自主经营、自负盈亏、自我约束、自行发展。

一、我国文化产业市场主体建设存在的主要问题

任何一个产业的兴起与发展都离不开市场主体建设,目前我国文化产业市场主体建设存在的主要问题有如下几个方面:

(一)产业市场主体在许多领域里缺位

我国事业单位阵容极其庞大,这其中包括了数量众多的本来应当是文化产业的市场主体的各种文化事业机构,如各种文艺院团、各种宣传机构等。在发达国家,文艺院团大都是文化产业市场主体,而在中国,许许多多的文艺院团都是属于国家供养的文化事业单位,而不是文化产业的市场主体,许多文艺院团普遍存在演艺市场萎缩、演出产品低劣、经济状况欠佳的现象。其根本原因在于:政府是他们的基本投资主体,领导是他们的基本观众,评奖是他们演出的基本目的,仓库是他们产品的基本归属。这"四个基本"说明我们的文化领域存在着主体缺位弊端。目前许多转制后的所谓文化企业,其本质上还是所谓的"事业编制、企业管理"模式,计划经济时代国有企业的种种弊端在中国当前的文化产业机构里依然严重存在。所以说,我国当前许多文化产业的市场主体缺位,是指实际意义上的投资者不存在、营利性与独立性缺失。在一些文化产业领域内,非国有资本是不能进入的,所以投资者在此是不成立的。

(二)产业市场主体竞争力不强

到目前为止,中国没有出现一家像索尼、好莱坞、迪斯尼、时代华纳、维亚康姆、贝塔斯曼那样的产业集团。尽管出现了一批像盛大网络、阳光卫视、分众传媒、征途等上市公司,但它们的规模远远不能与国际主流文化产业集团相抗衡,它们往往是作为信息技术产业而并不属于典型的文化产业。

案例4-6　　　　　　　　　迪斯尼公司

全球闻名遐迩的迪斯尼,全称为 The Watter Disney Company,取名自其创始人华特·迪斯尼,是总部设在美国伯班克的大型跨国公司,主要业务包括娱乐节目制作、主题公园、玩具、图书、电子游戏和传媒网络。皮克斯动画工作室(PIXAR Animation Studio)、惊奇漫画公司(Marvel Entertainment Inc)、试金石电影公司(Touchstone Pictures)、米拉麦克斯(Miramax)电影公司、博伟影视公司(Buena Vista Home Entertainment)、好莱坞电影公司(Hollywood Pictures)、ESPN体育、美国广播公司(ABC)都是其旗下的公司(品牌)。迪斯尼于2012年11月收购了卢卡斯影业。

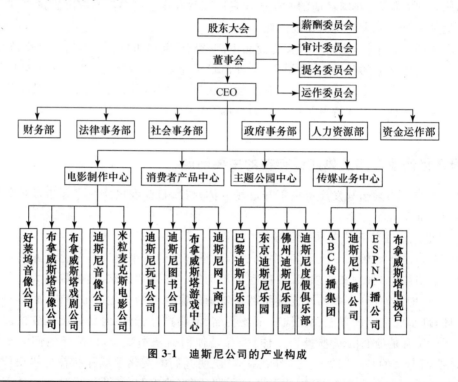

图3-1　迪斯尼公司的产业构成

(三) 文化产业与文化事业的主体责任不清

目前我国的许多文化企业大多是政府的附属机构,少有或没有自主权,是政府意图的忠实履行者,政府政策的严格执行者,名为文化企业而实质是政府的办事机构。例如许多文化厅、文化局、宣传部下属的网络公司、传媒公司、报业集团等,都不是真正意义上的产业主体。中国传媒大学文化产业研究院在2009年发布的《全国文化产业发展调研报告》指出,调研组围绕文化事业单位转企改制和集团化改革,走访了部分省市已经组建或者正在筹建的各类文化产业集团,包括广播电视集团、报业集团、出版集团、发行集团和演艺集团等,发现上述集团绝大部分为事业型集团,并非真正的企业或产业集团,在实际运行中不同程度地存在"官商两面、事企难分"的问题。①

---

① 文化产业趋于成为区域经济支柱产业,各地"十·五"文化产业规划目标难以实现[N]. 中国文化报. 2009-6-5.

(四) 文化产业市场主体效益低下

改革开放以来,经济学界普遍认为过去的计划经济时期国有企业普遍效益低下、投资回报率普遍较弱,其根本原因是没有按照市场化规律来运作企业。我国目前投资的许多政府文化产业项目也大多收益低下。如,著名经济学家陈志武深刻分析了奥运场馆建设的投资效益比,结论是,这种国有基础设施的投资对于就业的拉动是非常有限的。奥运场馆建设的总投资大约为4000亿元,奥运会之后,这些投资大约创造了2000多个就业机会,差不多是花了2亿元才创造一个就业机会。而重庆市的一家民营企业——富侨足疗公司,创业才几年时间就在全国开设了400多家连锁店,总共雇用了4万多人。根据它的投资额算下来,每2万元的投资就能创造一个就业机会,要比奥运场馆的效率高得多。当然,有人会说,奥运场馆属于国家公益投资,不能按照企业投资来估算它的投资效益。按照这种逻辑来分析,那我们依靠投资拉动就业也就将成为子虚乌有的幻想。

(五) 文化产业市场主体社会地位不高

目前真正从事文化产业的主体并不是民营企业。国有企业或国有控股企业虽然在市场上占主导地位,但是它们基本是事业性质的文化机构,还没有真正按照市场竞争机制来开展市场运作。即使是国有文化企业,其社会地位也远远不及文化事业机构和文化主管机构。而那些民营文化企业的社会地位则更为次之。民营文化企业在享受企业贷款、项目审批、科研支持、土地及固定资产支持、政府投资补贴等方面,远远不及国有文化企业的待遇。政府以其行政权力控制着大量的文化资源,民间力量所产生的市场资源效应难以发挥作用,导致民间力量和政府力量之间没有形成适当的平衡和良性的互动。

二、形成市场主体建设缺陷局面的原因

造成上述文化产业市场主体缺陷局面的原因众多,但归结起来主要有如下几个方面:

(一) 过分地依赖政府

在推动产业发展的过程中,过分地依赖政府的作用,相对忽略了市场的作用;过多地强调政府投入,而忽略了对消费市场的培育。

许多获奖的作品往往没有市场销量;许多的文化园区政府投入巨大,往往产出甚少;许多占有大量优势资源的国有企业却少有文化精品创生。造成这种局面的根本原因就是没有处理好政府与市场的关系。成功的市场经济发展历程证明,政府在市场中的作用主要是四个方面:一是依靠立法来调整市场主体行为、市场竞争行为;二是根据市场变化制定与调整政策以适应市场需求;三是搭建平台,创造良好的条件培育市场;四是提供公共服务,建立产业发展的支撑体系。而企业的职责则主要是建立市场,并由市场来考验企业。企业在设计、生产、销售、发送其产品的过程中进行的种种活动都可以通过产业价值链来表现。产业价值链的各个环节都应依照市场规律的作用接受检验。但是目前的文化产业发展给人的印象是政府包办一切,政府力量左右一切。无论是园区建设、产业规划设计、产品与服务准入、产业融资以及各种评奖等等,几乎都是政府主导,很少看到市场的力量在起作用。

(二) 权利导向严重

产业发展过程中的权利导向严重,创新导向缺失,资源的市场配置率过低。以目前大量涌现的文化产业集聚区建设为例,由于政府主导权力配置资源,导致许多集聚区运营者把大量的精力

用在如何争取政府的优惠政策上。本来,文化创意产业集聚区的竞争力主要体现在其创新能力上,而创新能力具体表现在其品牌产品与经营模式的创造力上。培养集聚区的竞争力主要是充分吸纳优秀企业、优秀人才和创造品牌产品。集聚区应当在营造良好的市场竞争环境以及先进的赢利模式方面下工夫。

但是,由于政府拥有许许多多的政策权利,尤其是对于产业集聚区建设往往给予一定的优惠政策,这是我们过去对设立集聚区的一种惯用做法。表面看起来似乎可以鼓励各创意产业集聚区不断创新,尤其是鼓励与其他经济开发区竞争,但实质上是一种权利主导而非创新能力主导的表现。其结果其实是让经营者围绕如何获取权利青睐而"创新",而并非围绕市场规律为获取市场青睐而创新。由于政府对不同层级的集聚区给予的是不同的政策和不同的经济补贴待遇,明显地造成各个集聚区之间的政策差异以及规则待遇差异,这必然会在开发区之间激发一种为争得某一优惠政策而进行非生产性、非市场性的竞争活动。这种非生产性的竞争往往是一种代价高昂的人为的竞争。而且,在那些以政策来改变要素成本和保持这种差别的开发区,其资源的利用往往是不合理的。就像曾经出现在沿海某些开发区的情况:由于主张局部进口免税,很快就出现了免税商品转售到内地,从而以所谓的政策优惠而获得巨额利润。这种政策法规所带来的收益,很快导致了资源从生产性的努力转向到人为的有利可图的行为方式上。因此,不同层级的文化创意产业集聚区政策待遇,绝对不会产生真正的创新,而只会导致那种擅长追逐利益的官僚主义式的"创新"。

权利导向使得许多文化产业园区出现"候鸟现象",只要某某园区有"政策性补贴",一些所谓的文化产业公司马上就以新生文化产业企业响应政府号召进入园区,并以需要扶植之名享受各种政策优惠。一旦企业在享受完了园区初期的优惠政策后,又搬去其他的新创设的产业园再享受那里的政策优惠。最后导致产业园区刚开园很红火,过两年以后马上冷清下来,有些园区最后只剩下空置的一堆厂房。有专家在考察很多地区的创意文化产业园后指出,政府为了促进产业结构升级,大力发展第二产业,都以为打造文化创意产业园很容易成功。但是由于不懂行和不尊重市场规律,很多这样的园区都是半死不活。少数有钱的政府把园区搞得很好,却没有企业进入,而有些优惠政策也根本没有落到实处。

(三)制度创新滞后

制度创新的严重滞后,导致我国文化产业现行制度与市场规则的不适应。当前文化产业发展的重要任务就是要进行制度创新,而许多地方的产业制度、管理规程等,还是沿用计划经济时代的那套体系,现行的文化产业制度与市场规则严重不对称。许多文化产业制度和文化市场管理制度不仅落后于西方国家,也落后于自身的改革进程,缺乏系统性、引导性的法规和制度。而这些法规的缺失与滞后,与学界和业界对文化产业严重缺乏原创的理论研究有关。例如,我们缺少对各区域文化产业园区实际运作得失的评估机制(投入、产出、人才、资本、效率、园区空置率、可持续发展等);整个产业没有建立规范、统一、权威的统计方法和数据库(如文化产业占GDP的比例)。有人指出,全国创意产业没有核心的统计指标,没有行业协会,没有全国区域的协调,只是将指标下放到市里,因而会带来结构性的过剩,带来部分园区空置率的上升。[①] 即使在纯理论研究层面,我们对文化创意产业集聚区运营模式的理论研究还相对薄弱,对于文化产业集聚区建

---

① 论义化创意产业园的困惑与困扰[OL]. http://www.ccitimes.corn/news/other/2009-09-30/1471254279289.html.

设在整个文化产业发展中的地位、作用和未来趋势的理论研究也比较欠缺。

此外,现有的文化发展观、文化产业政策和产业规划严重滞后于国际文化产业发展现实,也滞后于我国文化产品消费现实。

有专家认为,我国目前的文化产业及其文化企业大部分还未走出计划经济体制的圈子,许多文化企业仍旧还兼有事业和企业双重身份。至今我们还没有完全理顺文化产业与政治、与意识形态、与宗教等等之间的关系,文化产业没有摆平社会效益与经济效益的关系,文化背负着"超载"的责任。从本质上看,我国的文化产业在制度层面上仍然处在"后计划经济"时代。可以说,我国当前文化产业发展面临的主要矛盾是制度与市场规则的不协调——文化产业市场规则要求它必须适应市场经济的客观规律,而现行的许许多多文化制度还停留在计划经济时代。所以我们必须进行彻底的制度创新,以解决好制度与规则不协调这个主要矛盾。

三、文化产业市场主体建设的方法与路径

要克服文化产业市场主体面临的种种弊端,我们提出如下策略建议:

(一)要牢固树立文化产业市场主体本位意识

彻底摒弃把文化产品和文化服务泛政治化、泛意识形态化的倾向,转变过去长期实行的政府主导一切的经济体制。在计划经济时代,我国的文化领域一直是政府为主体,政府是一切社会资源的配置者,企业是政府的附属物,政府越俎代庖地包办一切,没有市场自由竞争,其结果是导致文化产业领域不能最广泛地调动最大多数人的积极性、主动性和创造性。我们应当反思,为什么科学技术突飞猛进而我们的高品质文化内容的产品却如此贫乏?为什么我国公民对终端文化产品消费能力日渐强大,而我们的文化产品原创生产能力却那么薄弱?我们一方面生产着那么多卖不出去的文化产品和文化服务,另一方面我们又大量进口国外的文化产品?根本的原因是我们没有建立文化产业市场主体本位意识。实践证明,只有以文化产业市场主体为本位,让市场来配置资源。一切为了市场主体,一切依靠市场主体,我们的文化产业才能真正振兴,我们才不会生产出那么多卖不出去的文化产品。

(二)加速文化体制改革,实行"大文化"管理体制

加强文化体制改革,一是加强对文化事业单位的经营部分进行剥离,使之转为企业的监管,合理确定产权归属,明确出资人权利,建立资产经营责任制,努力形成有较强自主创新能力和市场竞争能力的文化企业与企业集团。二是加快国有文化企业公司制改造。推进产权制度改革,实行投资主体多元化,使文化企业真正成为自主经营、自我约束、自我发展的市场主体。加快国有文化企业的股份制改造,尽快推出一批主业突出、核心竞争力强的上市公司。三是大力培育文化产业战略投资者,推动国有文化资本向市场前景好、综合实力强、社会效益高的领域集中,充分发挥国有文化资本的控制力、影响力和带动力。四是鼓励非公有资本进入文化产业。

国家文化行政管理机构设置应以"大文化"为导向,加大改革创新力度,以文化厅为主体,调整归并文化、广电、新闻出版行政管理机构,实行"厅局合一"。从目前国内试点省市的文化体制改革来看,文化管理职能与机构改革模式实现职能整合的实质性程度普遍不高。初步整合型改革模式虽然采取了合署办公的简单机构整合方式,传统体制中分立的文化、广播电视、新闻出版三大职能仍基本保持独立运作态势。不同属性的各类文化管理职能并没有进行有效厘清。

要彻底改变过去政府包办文化产业市场的做法。文化产业发展不仅仅是资金的问题,更多

是产业主体竞争力培育的问题。有专家对当前地方政府一窝蜂地争取国家文化产业资金资助的现象提出疑问：当国家真的动用巨大财力与人力来支持与发展文化产业的时候，会不会出现各地政府又拿着待批的各种项目，排着队到有关部委攻关，将文化项目变成批文，将批文变成当地的经济效益？事实上，文化产业发展也要走"小政府、大社会"的道路，政府要退出市场主体本位的角色，政府的专项基金应当着重投在产业规划、人才培养以及先进产业观念传播方面。

（三）建立完善的文化产业市场秩序，合理分配资源

厘清社会福利、社会服务、社会公益之间的相互关系，改革过去所谓的"文化事业单位"参与文化产业经营的组织结构，改革各种政府变相垄断的学会、协会、基金会，让他们真正成为NGO（非政府组织），彻底打破那些完全应当进入市场竞争机构（例如各种艺术院团等）的政府供养制。文化产业的根本任务是按照市场化的规律生产文化产品、提供文化服务，它既不是社会福利机构，更不是社会公益机构，而是按照市场规律进行社会服务的企业。这种服务是有偿的，也是要承担市场风险的。现在很多学会、协会、研究机构都在一定程度上争抢文化产业市场主体的项目资源，但是他们又不像文化公司那样承担文化市场风险，这样不仅在一定程度上扰乱了文化产业市场秩序，而且将导致社会资源配置的不公正。

（四）明确文化产业市场主体的法律责任

不要把过多的社会义务和社会责任附加给文化企业，尤其要对文化产业经营者有基本的信任。不能老是用计划经济时代的观念来看待文化产业，动不动就说文化产业关系到社会公德、政治倾向、舆论导向等重大社会问题，所以要加强政府监管，要摒弃将文化产业政治化、意识形态化、特殊化的思维，解除文化产业从业者必须承担政治风险的内心之忧。尽管文化产业具有一定的政治属性，但是它与许多产业一样，是在宪法的监督下从事生产服务的。我们还要警惕将文化企业行政化，用搞政治运动的方式推进文化产业的倾向，这样将会造成文化产业市场主体因循守旧、墨守成规。

（五）建立文化产业特区、文化产业创意园区

文化产业示范园区（或叫"产业实验园区"）模式不是"政府管制"的代名词，而是在政府的引导下以市场运作模式建立的文化产业示范平台。历史经验告诉我们：任何时代在产业转型时期，政府的正确引导是产业转换成功的关键！晚清时期"洋务运动"的要务之一是要转换当时落后的产业结构。张之洞在两湖地区实施"兴洋务、练新军、办学堂"的"湖北新政"，其成功经验之一就是政府大力主导产业结构调整。张之洞认为："华商力微识近"，所以在湖北建立近代工商业"惟先集官款垫资开办，俟其效成利见，商民必然歆羡，然后招集商股，归还官本，付之商人经理，则事可速举，资必易集。大率中国创办大事，必官倡民办，始克有成。"①这个"官倡民办"的路径也是日本"明治维新"成功之处。张之洞"兴洋务"的成功之处在于他对国民文化心态的深刻把握。尽管现在的社会环境已经大别于晚清时期，但是，中国文化中根深蒂固的观念如"大一统""争权文化""官本位"思想还依旧存在，中国大部分的民间机构还没有认识到文化产业的价值所在，还没有认识到发展文化产业的真正意义，所以，发展文化产业之初需要政府拿出一定的方案和资金建设产业平台，引导产业聚集，发挥专家学者的智力优势。尤其对于那些刚刚毕业的大学生群体，他们是当前发展文化产业的主体力量，而他们目前大都不具备独立创业的能力，此时更

---

① 张文襄公全集（第2册）[M]. 北京：中国书店，1990影印本：755.

多需要政府按照科学的规律创建一批文化创意产业园区,为这些大学生和有志于文化产业的创业者提供创意平台。

(六)健全各类文化市场,形成多元化并存的市场格局

打破行业壁垒,降低文化产业准入门槛,广泛吸收社会各界资源发展文化产业,形成多元并存的市场格局是文化产业振兴的体制之路。2009年温总理主持召开的国务院常务会议的有关报道指出:"必须深化文化体制改革,激发全社会的文化创造活力。要降低准入门槛,积极吸收社会资本和外资进入政策允许的文化产业领域,参与国有文化产业股份制改造,形成公有制为主体、多种所有制共同发展的文化产业格局。要加大政府投入和税收、金融等政策支持,大力培养文化产业人才,完善法律体系,规范市场秩序,为规划实施和文化产业发展提供强有力的保障。"[①]深化文化体制改革早已成为常用词,会议在讲,文件在写,媒体在登,管理者、从业者、关注者都在以推进改革为己任。但是,文化体制改革到底要改什么,怎么改,改成什么样子呢?换言之,改革的对象、步骤和目标是什么呢?这些基本问题并没有被论述清楚。"形成以公有制为主体、多种所有制共同发展的文化产业格局"是否适合现阶段文化产业发展的实际?我们只要回顾30年改革开放的历程就会看到,凡是改革实现了以市场主体为核心的行业都是发展迅猛的行业,而强调保持"以公有制为主体"的行业,往往都在艰难的跋涉之中。

构建统一、开放、竞争、有序的文化市场体系,促进文化产品和生产要素的合理流动,一要积极发展文化产品市场。运用市场准入、价格调节、财税优惠等政策,引导各类市场主体在出版发行、电影放映、文艺表演、网络服务等领域,积极开发农村文化市场。二要充分完善文化要素市场。充分利用国内外资本市场,拓展文化产业投融资渠道。鼓励文化企业通过发行公司股票、企业债券在资本市场直接融资。完善文化企业间接融资制度,规范文化产权交易。重点发展版权和其他无形文化资产交易市场。三要发展现代流通组织和流通方式。推进连锁经营、物流配送、电子商务,加快文化产品物流中心建设。努力建设区域文化产品物流中心,鼓励跨越区域、管理规范、技术先进、服务优质的现代文化产品物流企业发展。大力发展现代文化产品连锁经营,鼓励出版物发行、票务、互联网上网服务、电影发行放映等文化企业以资本为纽带,形成一批文化产品连锁企业。

(七)吸收和借鉴国际文化产业发展的经验和教训

文化产业领域应当充分吸收和借鉴国际文化产业发展的经验和教训,尤其要借鉴我国家电行业、汽车行业、金融保险行业等行业的改革经验。近年来,文化产业领域的改革开放步骤相对迟缓,行业内部比较封闭,尤其是在新闻出版、广播电视领域,对于市场营销、品牌经营、资本运作、盈利模式的探讨等等几乎很少问津,更没有较好地吸收国际上成功的运作经验。这是行业没有充分竞争的结果。"通则可久,变则不乏",只有本着国际化、市场化、人性化的理念改革文化产业机制,我国的文化产业才会真正步入国际化轨道。文化产业是一个宏大的系统工程。以上几个方面的建议只涉及一些主要的组成内容。期待国家在制定文化产业振兴规划细则的过程中能充分考虑上述建议,以切实推进文化产业的规范发展。

---

① 国务院通过文化产业振兴规划,允许外资进入[OL]. 人民网 http://culture.people.om.cn/CB/87423/9703956.html, 2013-07-21.

本章小结

我国文化产业虽然起步较晚,但受到的关注程度非常高,特别是近两年,随着各级地方政府推动文化产业发展的积极性空前高涨,文化产业在国民经济中的增速越来越快。2010年,我国文化产业增加了1万亿元人民币,为"十二五"时期的发展奠定了必要的物质和人才基础。进入"十二五"后,我国开始实施文化产业"倍增计划",并努力推动其成为国民经济支柱性产业。文化产业发展如此迅速,其相应的理论研究发展相对滞后,故本章对于文化产业的主体做了一个深入的研究,第一部分探讨了文化产业主体的内涵,依照文化产品的生产过程将其分为生产者、经营者和管理者,并详细分析了每一种主体的构成类型、主要特征和基本职能,以期更好地理解文化产业主体在文化产业生产当中的重大作用;第二部分论述了文化产业市场主体的内涵及特点,分析了我国文化产业市场主体建设存在的主要问题及其原因,并提出了相应的文化产业市场主体建设的方法与路径。

练习与思考

1. 文化艺术领域的生产者有哪些类型?
2. 文化艺术领域的经营者有哪些类型?
3. 国家设立的文化产业的管理部门有哪些?
4. 文化产业市场主体的内涵及特点是什么?
5. 我国文化产业市场主体建设存在的主要问题及其原因分析。
6. 如何培育文化产业的市场主体地位?

参 考 文 献

[1] 陶国山.马克思主义艺术生产论与大众文化时代的艺术生产[J].马克思主义美学研究,2012(12).
[2] 方林,徐祯.关于重塑文化市场主体几个理论问题的思考[J].东南传播,2008(8).
[3] 娄孝钦.十六大以来我国文化产业政策研究现状与缺失[J].学术论坛,2010(5).
[4] 殷越男.论我国文化产业的资源整合及体制构建[J].现代经济探讨,2010(5).
[5] 魏鹏举.文化产业的市场结构及其全球市场趋势研究[J].思想战线,2010(3).
[6] 朱琰.美术馆竞争力研究[D].南京:南京艺术学院.2012.
[7] 薛军伟.艺术与博物馆[D].杭州:中国美术学院.2010.
[8] 张怡.浙江影视文化产业品牌构建及发展方向的研究[D].杭州:浙江工业大学,2011.
[9] 王刚.文化产业市场体系培育研究[D].长沙:湖南大学,2011.

第五章　文化产业模式

学习目标

1. 了解文化产业模式的分类。
2. 了解各种模式的特点及其发展状况。
3. 通过对各种模式特点的学习,总结其中各种模式的优缺点。
4. 通过学习能对中国文化产业模式的发展提出新见解。

文化产业模式是目前学界和决策管理层所关注的一个热点问题。但何谓"文化产业模式",目前还处于理论探索的阶段。

第一节　文化产业模式内涵的界定及分类

我们认为,文化产业模式指的是一定地区,根据其区位、文化资源、经济发展状况、所处社会发展阶段,以及历史机遇等各种条件的差异,所制定或形成的宜于自身发展并独具特色的产业发展目标、方式及其形态。

一般认为,从国家层面来推动文化发展,尤其是文化产业发展的模式,主要有五种基本类型:美国模式、欧洲模式、日本和韩国模式、印度模式、中国模式。美国模式的主要特点为"无为而无不为",灵活多样;欧洲模式的特点是强调国家对文化开发和文化产品内容独创性的保护性管理,通过提高发展独具特色的文化产业来提高自己的文化竞争力;日本和韩国模式则与欧洲模式相近,但是它们是从带有东方社会管理特征的社会文化管理制度,逐步进行文化管理体制的创新、走向西方式的、更加灵活多样的管理体制。

第二节　美国文化产业模式

一、美国文化产业在世界上稳居榜首

美国是世界文化产业最为发达的国家,同时也是最大的文化产品出口国,因此,在美国,文化产业往往被称为"版权产业"。美国对文化产业的定位是指以版权为核心,通过工业化和商品化方式进行的文化产品和文化服务的生产、交换及传播的产业。冷战结束后,美国开始从军事竞争转向以经济为核心的综合国力竞争。其中又以文化产业的竞争最为激烈和特殊。文化产业,首先是一种产业化的商业形势,它既受到整个经济的统领和牵制,也对整个国家经济的发展产生巨大的影响;与此同时,文化产业所产生出来的是一种文化,它能够从意识形态上影响人们对社会

和世界的认知以及判断。也就是说,文化产业既可以是一种强大的经济力量,同时也带有意识形态渗透的价值。因此,文化产业模式的发展关系到美国在国际竞争中的地位和命运。①

20世纪90年代后,由于自由贸易的发展带来了全球化市场的形成,美国的文化产品大量地涌入国际市场,对其他各国的文化形成了强大的冲击;同时伴随网络化和信息化社会的构建,跨国的信息传播也越来越频繁,美国的文化产品作为一种符号已经渗透到世界的各个角落。这大大刺激了美国文化产业自身的膨胀。近年来,美国文化产业的年营业额高达千亿美元。其中,好莱坞的巨制电影、三大电视网的娱乐节目以及流行音乐三大板块使得美国成为世界上最大的文化产品出口国。它同时为美国国内提供了1700多万个就业岗位,每年约有上百亿美元的资金在文化市场流通。由此可见,无论是资本的投入和产出,还是技术信息或人力资源,美国文化产业都在全世界独居榜首。在十几年的发展中,美国一跃成为文化产业大国,并且在世界上取得了无与伦比的地位。

美国文化产业包括:图书出版业、报业、广播电视业、电影业、音像出版业、广告业、创作演出、信息产业、发行类版权产业——书店、发行类版权产业——音像制品出租、体育业、旅游业。

二、美国文化产业的特点

(一) 政府的"无为而无不为"政策

美国是目前世界上最发达、市场化程度最高的资本主义国家。美国是世界大国中唯一没有文化部的国家,所以文化部的管理功能则分布于若干政府部门之中。主要包括国会参众两院有关委员会、联邦政府有关机构等。其中,对文化模式政策的制定和执行起核心作用的是国务院,国务院专门设有"教育和文化事务局",负责协调全国范围内的文化事务。基于这样的社会文化发展水平,国家对文化发展采取全面的市场化策略,将文化艺术的产业活动放置于市场经济和民间社会中成长,具体管理方式以各州政府为核心协调单位并且灵活多样,政府只提供宽松的外部环境和严格的法律保障,从而做到文化产业的管理和协调机制"无为而无不为"。② 政府大力促进、保护和开发国内外文化资源,扩大国内外市场。特别是国外文化市场,各大传媒集团都奉行国际化战略,如迪斯尼集团、维亚康姆集团、时代华纳集团在全球都有子公司,大力抢占全球市场。

1. 对盈利性组织机构提供宽松的外部环境

以商业运作方式的盈利性文化团体,如流行音乐、电影娱乐公司等无法获得政府资助。政府对这些文化企业和机构发展的各项事宜不直接插手,将其文化发展策略巧妙地转化为一种"开发性"的市场策略,将文化艺术活动放置于市场经济和民间社会中成长,政府只是提供了宽松的外部环境和严格的法律保障。

2. 对于非营利性文化机构实行直接拨款

政府直接拨款的对象是非营利性文化艺术团体。美国联邦政府所支持的是那些不通过市场运作方式经营的非营利性文化团体,申请资助的团体必须是非营利性质的民间机构,而且是从联邦政府取得免税资格者,其盈利部分不得归个人所有。1965年,美国联邦政府成立国家艺术与

---

① 熊澄宇.世界文化产业研究[M].北京:清华大学出版社,2012.
② 熊澄宇.世界文化产业研究[M].北京:清华大学出版社,2012.

人文基金会,该机构主要负责利用联邦的资源,对文化艺术进行直接的资助。美国国会每年会向例如联邦艺术暨人文委员会、国家艺术基金、国家人文基金会等社会中介组织直接拨款。再由他们代表政府行使一部分管理职能,对不同分行业进行资助。[①] 非营利性文化艺术活动可以向国家艺术基金会和国家人文基金会申请资金。

政府采用资金匹配的方式实行有限拨款。联邦政府机构提供的资金支持是有限的,一般要求对任何项目的资助总额不超过所需经费的50%。也就是说,最多只能提供某一项目所需费用的一半,另一半则必须由申请人从政府机构以外筹集。这样就避免了文化团体过分依赖联邦政府,鼓励文化团体积极进取。显然,这种资金匹配方式调动了各州、各地方乃至全社会资助艺术事业的积极性,也调动了各艺术团体、艺术家的积极性。同时,通过多方考察,既确认该项目的社会意义与艺术意义,又提高了项目的可实施度,避免了无效投入。

3. 通过税收政策鼓励对文化事业进行捐赠和赞助

在传统上,美国的博物馆、图书馆等机构的经费绝大部分来自私人的捐赠。这是因为,一则美国国民具有这样的捐赠传统;二则,各项对捐赠者有利的政策也吸引他们乐施好捐。

1917年美国联邦税法就明文规定,对非营利文化团体和机构,公共电视台、广播电视台免征所得税,并减免资助者的税额;对以非营利的,促进文化、教育、科学、宗教、慈善事业发展为目的的团体免征赋税,个人和企业对上述非营利团体的捐赠可享受减免税收的优惠政策。美国2/3的非营利文化机构都是通过这样获得资助的。

美国文化产业的这种策略使得美国的文化与经济相互融合的程度是全世界最高的,这种互渗和融合、特别是整个经济社会体制对文化产业的强有力支持,又使其文化产品的全球竞争力异常强大,使之成为国际"文化产业强国"。利用国家和私人的基金会对文化产业的发展进行资助,在过去的四十余年间,美国超过九十个社区成立了联合艺术基金会,用于资助艺术人文机构。1950年后,福特基金会投入大量基金,资助不同类型的文化艺术活动和设施,仅仅两年间福特基金会就投资了近4亿美元。

(二) 文化的多元化

经济的发展离不开文化的发展。作为美国经济的重要组成部分,美国文化产业的发展也深受美国文化的影响。美国是一个移民国家,不同文化背景的移民融合为美利坚民族,形成一种整合程度较高的杂交文化,并构建出美国特色的政治、经济和文化体系。不同民族对于文化产品和服务的需求是多样的,但有些元素是人类共通的,比如对爱情、亲情、友情等元素的共感,这也就促使企业主们开发各种能够反映人性最基本特征的产品。美国电视剧以及电影在世界受到热烈的追捧无不为一个典型的佐证。好莱坞电影在全球的大热,正是抓住了这一人类的普遍适应性元素,他们从这些元素中提炼出既属于本民族又属于全人类的,可以被各个民族、各种意识形态所认同的类型化叙事和人性化主题,然后灌注在影片中,这就是为什么凡是好莱坞大片必定有浪漫的爱情、正义必定战胜邪恶、歌颂人性的真善美的原因所在。美国人的思维多半是面向未来的,研究历史的人并不多。未来的事情没人知道,故事都是制作人想象出来的,任何人都难以反驳。好莱坞的文化主题每六年会有一次大的更换,其中包括科幻、爱情、战争、史诗。但是,相比历史故事,美国人更喜欢讲未来故事、科幻故事。好莱坞成功的商业大片中,这类故事占大多数,

---

① 孙有中.美国文化产业[M].北京:外语教学与研究出版社,2007.

例如《星球大战》《变形金刚》《阿凡达》。美国电影的成功是因为,美国电影人的战略是开放的。纯正的"美国导演"是不存在的,好莱坞也有法国帮、波兰帮,《阿凡达》的导演卡梅隆就不是纯正的美国人。好莱坞大片的收益远远超过了美国的汽车制造、航空制造业。[①] 文化产业的衍生行业如美容、玩具、服饰产业都跟随好莱坞蜂拥而至。

(三)自由贸易以及强大的文化产业输出

美国文化产业的全球化首先就是贸易的自由行,文化商品在全球范围内的自由流通。在出口上,美国依靠文化产业的强大优势向其他国家输出美国的文化产品,并将这种符号化的产品渗透到世界的各个角落。美国产品市场化程度非常高,使得美国的企业之间并购频繁。在竞争机制下,美国的文化产业多由跨国公司运作,并且这些大公司大部分都不是以美国为主体,例如在好莱坞最具实力的电影制片厂之中,福克斯的背后则是澳大利亚新闻集团;在音像出版业内,除了美国的公司 WFA 之外,日本的 SONY、荷兰的 Polygram、德国的 BMG、英国的 Thorn-EMI 占据着绝大多数的市场份额,这就引得美国文化产业可以依靠跨国公司从全世界获得利润。虽然跨国公司大多数非美国主体,但是美国却是最大的受益者。在自由贸易下,美国除了经济快速增长,其文化渗透也是功力十足。中国是世界人口第一大国,随着中国经济的高速发展,中国人对文化的需求也日益明显,美国文化产业巨头好莱坞梦工厂公司就把目标瞄准中国市场。2008年上映了一部以中国功夫为主题的美国动作喜剧电影《功夫熊猫》,电影中典型的中国古代背景、景观、布景、服装以至食物均充满中国元素。故事讲述了一只笨拙的熊猫立志成为武林高手的故事。2008年5月,影片一上映就席卷全球,取得6.3亿美元的票房成绩。

(四)注重加大科技投入

充分利用科技优势,是美国文化产业的一个杀手锏。尤其是在大众传播媒介领域,印刷复制、录音录像、电子排版、网络传输、数字化、地球通信卫星等高新技术的广泛应用,是美国文化产业具备了向全世界扩展的"桥梁"和"利器"。例如图书和唱片业,利用网络在网上从事售书业务,便极大地促进了图书销量的增长。"亚马逊"应该不陌生,成立于1995年7月,目前已成为全球商品种类最多的网上零售商。而"亚马逊"图书版块于2007年11月19日发布第一代电子图书阅览器——"Kindle",用户可以通过无线网络使用 Amazon Kindle 低价购买、下载和阅读电子书、报纸、杂志、博客、芝麻客及其他电子媒体。由 Amazon 旗下 Lab126 所开发的 Amazon Kindle 硬件平台,最早只有一种设备,但现在已经发展为一个系列,大部分使用 E-Ink 十六级灰度电子纸显示技术,能在最小化电源消耗的情况下提供类似纸张的阅读体验。新型电子书籍的阅览即将代替传统出版业,因为它比传统刊物更方便更廉价。

数字技术从20世纪60年代末开始在美国电影中运用以来,对电影艺术的创作、传播和接受等诸多领域产生了重大影响。数字技术在电影领域的全面应用是继电影史上从无声到有声、从黑白到彩色的第三次革命。科技进步引领电影产业发展的趋势和动力日益明显和加速,在当代电影产业面临激烈竞争的背景下,要想取得突破性进展,必须加强对科技成果的研究与运用,促使电影的产业结构、发展模式、生产方式进行根本性的变革。正是抓住了这一点,美国文化产业才能有今天的成绩。

[①] 宋涛.啥时能推咱的"阿凡达"委员热议文化产业发展[EB/OL].半岛网,2010-02-24. http://news.bandao.cn/news_html/201002/20100224/news_20100224_905119.shtml.

> **案例 5-1**　　　　　　　　**3D 巨作《阿凡达》的问世**
>
> 　　2009 年 9 月,《阿凡达》全球第一天票房:2754893602 美元,全球电影票房上线第一天历史排名第一,全球第一部票房突破 19 亿并一路到达 27 亿美元的影片,全球影史票房最快过十亿美元记录——17 天的电影。这些第一不是偶然,而是必然。《阿凡达》将 3D 技术贯穿于整个电影拍摄过程之中,这一巨作无论是从手法还是内容上,处处体现着数字技术给人们带来的精彩视听感觉。《阿凡达》被誉为是电影业分水岭的作品,它运用纯熟的 3D 特效技术,通过先进的摄影理念,更主要在于它是首部全片使用 3D 实拍+3D 动画的影片。卡梅隆团队开发出新一代"立体摄影机""表情捕捉技术"以及"虚拟摄影机"等,《阿凡达》用了上百部摄像机来帮忙完成"动作捕捉"。《阿凡达》的演员在拍摄时,除了照例要穿上布满捕捉点的紧身衣裤,他的面前还架设有一套"协同工作摄影机",一共多达 140 部数字摄影机全部对准这个演员,形成一个捕捉舞台,专门拍摄从演员身上反射过来的光线,将这些数据传输到电脑中,从而构成整个特效镜头。虚拟摄影机,让摄影师像跳舞般扭来扭去,运动轨迹能够被系统捕捉下来,并合成到后期的画面处理中,来模拟传统电影拍摄中摇臂摄影机等设备才能拍出的运动镜头。依靠这些设备,卡梅隆使自己在 CG 世界中运镜自如,好像他把摄影机搬进了电脑数字世界中实拍一般。摄制技术突破 CGI 虚拟角色而更逼真,加上 3D 立体动画处理的天马行空般的特殊复杂场景,将一个存在于导演幻想中的虚拟世界被真实地还原到银幕上,从而也使人们对 3D 技术的关注到了史无前例的高度。
>
> 　　《阿凡达》是继《人猿泰山》《泰坦尼克号》后又一部电影产业的划时代作品,其对电影产业发展的意义在于首次将"数字表演"的概念展示在公众面前。目前,全球数字表演产业刚刚起步,随着互联网的发展,出现于这部影片中的导航技术、位置技术及柔性显示技术,都将得到广泛的使用。

　　美国文化产业已经取得了全世界的霸权地位。这既归结于全球政治格局的深刻变革——美国成为唯一的超级大国,以及经济全球化的充分扩张——美国领导着全球的经济浪潮,同时,更是文化渗透扩张以及文化产业迅速膨胀的必然结果。伴随着美国文化产业的壮大以及美国产品为主导的文化产品市场的形成,美国文化也形成了对其他国家文化的绝对优势。为了抵制美国文化的渗透以及美国文化产品的肆虐对本国经济的威胁,西欧各发达国家基于保护自己的经济利益和维护文化民族性的双重目的,也采取了许多措施。例如,法国政府就十分重视对本民族文化遗产与艺术资源的保护、崇仰,猛烈抨击美国的文化帝国主义与电子殖民主义,并且采取了限制美国文化产品的进口、补贴本国文化产品、加强同欧盟国家的文化合作等多种方式来抵制美国文化的入侵;加拿大更为了抵御美国产业外,在自由贸易协定(Free Trade Agreement,FTA)谈判上也是始终坚持文化产业不在谈判范围之内。

第三节　欧洲文化产业模式

一、英国文化产业模式

(一) 英国文化产业模式的体制

　　在欧洲谈论文化产业,不得不首先提到英国。英国是礼仪之邦,文化来自精神本身。在英国,文化产业被称做"创意产业"。英国是第一个由政府机构系统提出"文化产业(创意产业)"概念的国家,并以此为理论基础进行文化产业发展战略规划的国家。1986年,著名经济学家罗默撰文指出,新创意会催生出无数的新产品、创造广阔的新市场,提供大量获取财富的新机会,所以新创意是推动一国经济发展的巨大原动力。1990年,英国政府委托文化部门进行英国文化发展战略的起草工作。1992年完成国家文化艺术发展战略讨论稿,并于1993年以"创意性的未来"为题公开发布。1997年,英国政府推动成立了"创意产业特别工作小组"。1998年,该小组发布了《英国创意产业路径文件》报告,指出了创意产业的定义:"源于个体创造力、技能和才华的活动,而通过知识产权的生成和取用,这些活动可以发挥创造财富和就业的潜力。"这是迄今为止对于创意产业最权威的定义,以后被许多国家和地区所认同。[①]

英国文化创意产业的主要种类有:表演艺术产业、音乐产业、文化艺术品市场、电影业、出版业、互动休闲软件业。英国文化产业发展始终是围绕着文化创意活动展开的,这也构成了英国文化产业发展的基本模式。创意的发展不仅促进了英国文化产业的发展,提升了英国文化产品的市场竞争力,而且也极大地促进了英国国家创新能力的提高。从"一战"后到现在,英国形成了独具特色的"创意产业"体系,其规模与金融业相当,同在英国六大战略经济产业之中。英国文化产业的管理体制分为纵向管理与横向管理体制,文化、媒体和体育部是文化产业管理的核心部门。此外,非政府公共文化机构和地方政府也承担了重要的管理职能。与英国政治体制相契合,文化管理也秉承了保持距离、适当分权、"专""宽"兼备的原则。通过制定各类规划和法律,以达到政府对文化产业的规划和引导。

1. 保持距离的原则

中央政府部门在其与接受拨款的文化艺术团体和机构之间,设立了一级作为中介的非政府的公共机构,负责向政府提供政策咨询、具体分配文化拨款、协助政府制定并具体实施政策。

2. 适当分权的原则

英国中央政府在进行文化管理的实践过程中,一方面先从管小范围的文化逐步过渡到统管大范围的文化;但另一方面却始终坚持了只管文化,即通过制定和监督文化政策的方式对文化事业的发展发挥领导和调控作用,而不对艺术团体和文化机构实施行政干涉。

3. "专""宽"兼备的原则

"专",即所有文化事物均由一个专门独立的政府文化主管部门管理——即"文化、新闻和体育部"。"宽",即只要涉及文化的事物都交由政府文化主管部门管理。由此可见,英国是通过政策指导和经济调控来达到管理目标。[②]

(二)英国文化产业模式的特点

英国的文化产业既然叫创意产业,那么"创意"也是英国文化产业模式中最抢眼的理念。被誉为"创意之都"的伦敦,是英国文化创意产业的中心。创意是伦敦奥运会开幕式的一大亮点,伦敦奥运会开幕式也是英国创意产业发展的缩影,也为英国创意产业提供了一个充分展示的舞台,它不仅集中展现了英国文化创意的杰出成果,而且还生动展现了全球创意之都的风采。英国创意产业中还有一个全世界都知道的名字——哈利波特。自1997年6月第一部问世以来,哈利波

---

① 熊澄宇.世界文化产业研究[M].北京:清华大学出版社,2012.
② 熊澄宇.世界文化产业研究[M].北京:清华大学出版社,2012.

特旋风就袭卷全球,人气飙升。单纯只是书的销量,全系列销售至今已经超过2亿册,被誉为是自《圣经》与《毛泽东语录》以来全世界最畅销的作品。以数字特效制作的电影,首集在全球创造了5亿多美元的票房,一系列电玩游戏软件,销售破数百万套。作者J.K.罗琳(J.K. Rowling),因为"哈利波特"而身价倍增。

学习卡片

> 伦敦时间2012年7月27日晚20时12分,第三十届夏季奥林匹克运动会在伦敦主体育场正式开幕。伦敦奥运会开幕式以英国文化为主题,让人们领略了英伦三岛的田园牧歌,回顾了英国从工业革命走向强盛的历程,并将莎士比亚、憨豆先生、哈利波特、007、摇滚乐等经典的英国文化和视觉艺术符号精彩呈现。通过三个多小时的表演和狂欢,充分向世人展现了英国的过去、现在和未来,也向世人说明:伦敦影响了世界,也将继续影响着世界。伦敦奥运会开幕式尽显英国特色,包括女王"空降"等环节,无不凸显了英国发达的文化创意产业。

二、法国文化产业模式

法国是一个历来重视文化发展的国家,但是与其他发达国家相比,法国又比较避讳"文化产业"。与美国相反的是,对于文化的发展和管理,法国政府直接参与的程度相当深入,自17世纪末以来,波旁王朝对文化艺术的管理和资助模式就成为了法国的传统,直至今日,法国依旧基本采取了皇家赞助的模式。"二战"以后,法国在欧洲国家中最早设立了国家文化部,负责协助文化的发展,并积极与美国文化的扩张相抗衡。法国的文化政策中几乎没有谈到文化产业,而是更多地强调法国政府从王室时代起就关注文化与法国"国家形象"的密切关系,并决定在国内加强政府对文化发展的扶持力度,在国外由法国外交部和其他涉外机构推进法国文化交流,加强法国文化的对外影响。

法国文化产业包括:图书、报纸、期刊、电视、广播电台、信息与多媒体、电影、音乐和舞蹈、博物馆与纪念性建筑物、体育运动、节日文化。

每年法国文化部的财政预算均占国家财政总预算的1%。除此之外,法国地方各级政府还要投入两倍于国家预算的资金,用于发展本地区文化。国家每年拿出大约50亿法郎扶持新闻、文学、艺术、音乐、电视、电影等行业。市场的作用在法国文化产业的发展中表现得不明显。法国还尤其重视保护民族文化,强调"文化例外"。如1996年起生效的一项法律要求全法国1300多家电台在每天早6点30分至晚10点30分之间的音乐节目必须播送40%的法语歌曲。同样,各电视台每年播放法语电影也不得少于40%,违者处以罚款用于资助民族文化。在电影市场上,虽然没有限额的规定,但政府坚持以直接出资和减免税负的方式来扶持国产电影的拍摄和发行。除此以外,政府自1985年起出台一项政策,硬性规定各电视台必须根据其营业额按比例出资拍摄并播放国产电影。

三、德国文化产业模式

德国是对保护本国文化不受外来文化侵蚀持积极态度的国家。德国联邦政府对欧盟采用的、法国提出的"文化例外"的立场基本持肯定态度。但是对英国等国家提倡的"保持距离"的文化政策持消极态度。德国对文化的管理还是集中在各级政府部门中,并以一系列的政策出台限制外来文化的流入,例如,《德国国家广播电视条约》第6条第1款贯彻了《电视无疆界指令》第4条第1款,规定德国播出的电影、电视以及纪录片中必须有一半以上是欧洲本土生产的。

第四节 日韩文化产业模式

一、日本模式

亚洲文化产业最发达的国家首推日本。日本文化产业被称为"内容产业",主要包括以下几个方面:影像业(电影业、电视业、动画业);音乐业;游戏业;出版业。近年来,随着科技网络业的不断发展,一种所谓的"数字内容产业"(DIGITAL CONTENTS)正在兴起。数字内容产业是随着电脑、互联网及手机等数字化产品的普及而产生的一项新兴数字艺术产业,已经成为日本第二大支柱产业。数字内容产业是利用数字技术和信息技术,对图像、影像、文字、语音等加以数字化并整合运用后的产品、技术和服务等,包括Maya、3Dmax、二维动画、平面视觉传达、影视特效制作、数字音乐等。原本资源贫乏的日本由于数字科技的发展,不仅影响和推动了其他的产业,更使日本的内容产业得到极大的发展。2004年数字内容产业达2.47兆日元,占内容产业总额的17%,其中最具有代表性的日本数字文化产业为动漫、游戏以及手机下载的动画和音乐。

(一)日本文化产业的发展历程

在近现代历史上,日本大致经历了从"军事立国"到"经济立国"再到"文化立国"的发展阶段。日本文化产业从萌芽、成长、成熟到"再发展",形成一条既依附于经济增长、同时又区别于经济增长周期以外的发展路线。

1. 萌芽时期(20世纪初至"二战"结束)

通过考察日本的出版、电影以及动漫等产业的历史可以看出,日本文化产业的萌芽出现得较早。20世纪初期,日本文化产业就已经形成了一定规模。但受经济发展水平的制约,这一时期的文化产业基本处于起步阶段,无论是文化消费市场的规模还是文化企业的运行机制,都还非常不成熟。

20世纪初,日本已经出现了三省堂、实业之日本社、讲谈社等出版机构。1909年,实业之日本社在日本首先实行期刊寄售制,推动了期刊出版业的发展。从1925年开始,日本图书市场上流行起每册售价为1日元的读物,这一时期被称为"元本时期"。在这个时期,30至40卷或大部头的全集、丛书出版物开始出现,图书品种与数量急剧上升。1938年,日本出版图书就已经近3万种。第二次世界大战爆发后,日本军国主义严格限制言论自由,出版业顿时凋敝。值得注意的是,日本是参与世界版权协议公约较早的国家。在日本文化产业的萌芽时期,日本就已经成为《佛罗伦萨协议》成员国,对进口的教育与文化方面的出版物实施免税政策。早在1899年,日本就加入了《伯尔尼公约》,并在同一年颁布实施了《著作权法》。

具有70多年发展历史的日本漫画产业,也同样发端于这一时期。从1917年开始,日本出现了动画作品,这段时期的动画产品主要是以世界名著为内容题材。后来受到日本军国主义的高压管制,日本动画作品的题材主题变成对日本军国主义的宣传。日本电影业从19世纪末起步,并在这一时期经历了从无声电影到有声电影和彩色电影的转变。早在1896年,爱迪生发明的"电影镜"就被引进到了日本,而真正意义上的日本本土电影则是从1899年开始出现,题材以纪实短片为主。与电影的出现几乎同步,1903年日本出现了最早的影院——东京浅草电气馆。到1908年,由吉泽商行在东京创建了日本最早的电影制作企业。日本的有声电影始于1931年,同时东宝、松竹和大映等几家电影制作公司之间形成了竞争局面。这一时期日本电影出现了许多经典作品,大批现实主义电影密集地被推向市场,掀起了一个高峰。1937年日本发动侵华战争后,统治者加紧对电影的控制,禁止拍摄具有批判社会倾向的影片,鼓励摄制所谓"国策电影"。伴随这个过程,日本于1939年制定了《电影法》,1940年成立了"内阁情报局"。为了宣传美化侵略战争,日本政府还进一步加强了新闻、纪录电影制作,于1941年成立了官方性质的日本电影社。

日本一直崇尚"拿来主义",为了快速发展,什么好就学习什么,所以在这一时期日本文化产业的题材内容和制作方式都深受国外影响,进而初步形成日本文化产业的运行模式,出现了部分比较知名的文化企业,市场也初具规模。但总体来看,这一时期国家整体的经济发展水平依然比较落后,导致文化产品在市场的反响一般,国民仍然更关注对物质生活的需求,对文化消费热情不高。

2. 过渡期("二战"结束至20世纪60年代初期)

这一阶段的日本文化产业带有明显的自我调整特点。由于深受"二战"影响,日本文化产业发展在许多领域出现断层,战后,日本的文化产业从内容题材入手,展开了自我反省与调整。

"二战"结束后,日本的出版业迅速发展,迎来了繁荣时期。1948年初日本的出版机构就已经有4000家。1956年,日本开始出现周刊,在《新潮周刊》的引领下,日本各出版社纷纷仿效,形成一股持续的"杂志热"。当时有影响的期刊包括《钻石》《主妇之友》《东洋经济周刊》《家之光》等。大众流行杂志与百科全书、丛书、全集一起,构成为日本出版业的主要内容。同时随着日本高等教育的发展,教科书也加入了出版业繁荣的群体当中。

日本战败后,部分动漫创作者吸取战争的教训,将反战题材用在动画中,另外也有人开始尝试不同题材的动画。这个时期的动画作品内容庞杂,制作水平也参差不齐。战后的日本电影,依旧面临严格的政府检查制度的管制,美军占领当局取代了原来政府展开对电影的检查。这一时期,各电影制片厂相继成立了工会,要求提高工资,还要求在经营管理和拍片方面的民主权利。这些要求遭到了美国占领者和电影垄断资本的打压。1948年,东宝公司就举行大罢工反对解雇员工,最后罢工被军队镇压。至20世纪50年代末期,日本的电影市场基本被东宝、松竹、大映、东映、日活、新东宝6家电影公司所垄断。由于社会动荡和物资匮乏,战后日本的电影质量提高缓慢,一些电影大制作的大公司在利益驱动下,更热衷于制作纯娱乐影片。独立电影作品虽然在艺术上有较高水准,但因为垄断问题难以推向市场,经营上难以为继。这一时期,日本电影导演也拍摄了一些具有较高艺术水准的电影,如黑泽明导演拍的《罗生门》,并慢慢开始在世界上获得一定的认可。1949年以后约10年间,日本电影中文艺片和描写社会问题的现实作品增多,这些具有进步意义的影片形成了日本战后10年电影的一个"黄金时代"。

3. 成熟期(20世纪60年代初期至90年代中期)

从20世纪60年代开始,日本经济迎来了高速增长,创造了世界瞩目的经济奇迹。伴随着经济高速增长,战后日本的民族自豪感和民族自信心重新被激发出来。这一时期,日本开始挖掘本土和民族文化,大力发展文化产业。日本政府、企业和民众参与文化产业的热情高涨,各种具有鲜明特色的文化产业逐渐走向成熟。尽管日本在20世纪90年代陷入了严重的经济低迷,但日本的文化产业却并未受到经济环境的影响,继续保持了稳步增长的态势,显示出了强劲的生命力和产业后劲。

这一时期,日本的出版产业发展达到鼎盛。1986年日本已经有出版社4183家,其中资产1亿日元以上的就有103家。日本80%的出版社集中在东京,10%在大阪和京都,10%分布在各地。主要的大型出版社有讲谈社、岩波书店、小学馆、平凡社、集英社、学习研究社、三省堂、丸善等。在出版发行方面,1985年日本已有书刊批发公司150多家,最大的东京出版贩卖株式会社和日本出版贩卖株式会社占据了书刊批发营业总额的70%。这一时期,日本书籍出版协会、日本杂志出版协会、日本出版贩卖协会、日本书店联合会等行业机构陆续成立。在日本出现泡沫经济的1989年,日本出版业的营业总额达到了2兆399亿日元,进入到"2兆日元时代"。

在日本,人们通常把由漫画改变的动画片称为动漫片,而动画片是指一开始就以动画形式上演的影片。日本的动画产业也在这一时期逐渐成熟并在艺术水平上达到一个新的高峰。1963年,《铁臂阿童木》是日本第一部走向世界的动画片。1974年剧情动画片《宇宙战舰》开始上演,导演及创作者松本零士在动画片市场制作了一系列广受欢迎的作品。1979年,《机甲战士》系列动画片风靡全球,以片中机械人形象制作的玩具至今畅销不衰。另外,圣斗士星矢、铁壁阿童木、聪明的一休、花仙子等已成为中国、新加坡等许多儿童熟知并喜欢的动画形象。此后又相继有《机动战士》、《超时空要塞》等优秀作品面世,动画影视作品在制作技艺以及剧情内容设计等方面都达到了极高的水准,进入到了发展成熟期。

与出版和动漫产业发展状况不同,这一时期的日本电影产业却出现了衰退,最重要的原因是当时电视普及给电影业造成了严重影响,这一趋势直到20世纪70年代才有所好转。为了抗衡电视的冲击,日本电影业采取了银幕大型化、彩色化等对策,并展开了与外国公司的合作,但这一时期电影作品的内容水准大幅下滑。为了更好地迎合市场需求,文化产业开始出现了相互融合、联动发展。出现一部有市场前景的电影后,往往是电影、电视、出版以及各种衍生产品联合开发,滚动经营,充分挖掘市场潜力。1985年,日本举办了第一届东京国际电影节,有来自世界42个国家的137部影片参加展映,观众达十余万人次,这也从一个侧面显示出当时日本文化产业的影响力。

相对于经济的低迷,日本文化产业的许多领域都在20世纪90年代达到了市场巅峰状态,这一时期的日本大众娱乐盛行,音乐、演出、广告等领域普遍繁荣,文化产业迎来了"黄金时期"。日本的音乐唱片生产在1998年达到了产值巅峰,当年产值高达6075亿日元。以纸质媒体为基础的出版业在1996年达到了顶峰,当年出版业的总销售额达到了26563亿日元。日本最大的两家出版机构之一的讲谈社的最佳销售业绩是1995年的2033亿日元,另外一家出版社小学馆则1999年实现了1688亿日元的销售额。此外,日本的报纸产业在1997年也达到了发行顶峰,总体发行量为5376万份。

4. 战略提升期(20世纪90年代中期至今)

这一时期日本出现经济危机,经济持续低迷,与此同时全球信息化、互联网的出现更对日本文化产业造成重创,特别是对出版业造成了巨大影响,导致了"出版大崩溃"。2001年,小林博一的著作《出版大崩溃》就描述了当时日本出版业因为经济危机和信息化的影响就像泰坦尼克号一般,撞到冰山,迅速下沉,毫无修补之可能,最后沉没于海底的情况。为挽救以出版业为代表的整个文化产业,国家开始考虑新的发展路径。日本政府一方面继续发展经济和高新科技产业,同时逐渐把战略重点由制造业转向文化产业。"文化立国"的战略被提出,日本开始进入文化产业战略振兴的发展阶段。在经济高速发展的时期,日本已经感受到了文化产业的巨大潜力。日本首相中曾根康弘提出过"建立文化发达国家"的战略构想,呼吁要努力使日本成为亚洲乃至世界的文化基地。1989 年,日本文部科学省文化厅成立了"日本文化政策推进会"。1995 年,文化政策推进会制定了《新文化立国:关于振兴文化的几个重要策略》,提出了 21 世纪"文化立国"的战略方针。日本国会在第 153 届临时会议上提出了《振兴文化艺术基本法》,这项法律明确规定了艺术、媒体、传统技能、生活文化、大众娱乐、出版物、唱片、文化遗产等文化产业领域的基本概念,国家及地方政府发展文化产业的相应责任,同时还提出了振兴文化产业的基本政策与方法。

1995 年,在《科学技术基本法》的指导下,许多企业投资于娱乐、信息和通信等产业,逐渐推动了日本的传播信息、知识和各种文化娱乐产业发展,这些产业同时也日益紧密地与计算机领域的发展结合在一起。由于出版、音乐唱片、报纸等传统文化产业领域在 20 世纪 90 年代以后均出现了"盛极而衰"的情况,及时调整文化产业的发展方向成为当务之急。日本经贸部 2003 年专门成立了"内容产业全球策略委员会",重点促进和协调数字内容产业的迅速健康发展。随着互联网经济和数字通信技术的发展与普及,日本在发展文化产业的过程中逐渐意识到了数字内容产业会对文化产业化发挥更加重要的作用,于是提出要让文化产业的结构转型朝着知识密集型方向发展,使日本造产品成为全球化的产品,调整产业重心从 GDP 转向 GNC,从国家的"硬威力"(经济和军事)转向"软威力"(文化价值观和品牌)。

日本数字内容协会在其 2003 年度白皮书中提出,依赖 IT 信息技术革命的数字内容产业将对 21 世纪的日本经济发挥重要作用。白皮书认为,通过内容产业的战略性推动发展,可以比其他产业发挥更大的经济效果,同时能加深世界各国对日本文化的理解,使日本文化在国际上得到尊重,因此就有利于提高国家形象。

数字内容产业迅速成为日本文化产业领域的新增长点。2002 年,日本数字内容产业的销售额达到了 2.0573 万亿日元,比前一年增长了 108.1%。一个最为经典的数据就是,据日本贸易振兴会 2004 年公布的数据,2003 年日本动漫产品在美国市场的销售规模就达到了 43.5 亿美元,是日本对美国出口的钢铁额的 4 倍。并且,2000 年出品的《游戏王》在美国儿童喜欢的动画片中排名第一。2002 年日本的动画片《千与千寻》还在美国获奥斯卡金像奖。

据日本数码内容协会统计,2007 年日本内容产业的市场规模为 138180 亿日元,其中数字内容产业市场规模为 26947 亿日元,占内容产业的比例高达 19.5%。日本文化产业在此前长期形成的国内市场为主的状况,在这一时期开始调整,文化产业的全球化战略被提上议事日程。2007年,日本经产省组织了"内容产业全球化战略研究会",并在当年 7 月提出了"内容产业全球化战略"中间报告书。这份报告提出了日本的文化产业未来发展的最新方向,具体来看包括 4 个方面:内容产业自身的全球化;人才、技术、资金等资源的进一步积累;将日本文化产业市场打造成国际中心;通过多种业态的共同参与,构建新的价值链和商业模式。为了更好地配合全球化战略,日本随即又提出了全新的"创建亚洲内容共同体"战略。日本经产省 2007 年 9 月发布的"内容产业全球化战略",将这项战略作为日本文化产业全球化战略的组成内容进行推广。该战略的前提是,首先认识到亚洲的民族、语言、宗教等方面的多样性,在互相尊重的基础上在亚洲地区建立文化产业创作者和消费者的相互联系,从而使日本的文化产品最终能够被更广泛的人群所接受。这项计划的关键,被认为是"创建亚洲各国创作人员和消费者共有的价值基础,以人的同感为核心,建立循环良好、能够顺利进行交流的视野环境"[①]。

为了更好地适应文化产业的发展战略方向调整,日本在随后又调整了文化产业发展的相关技术战略。2008年4月,日本公布"技术战略计划2008"。该计划确定了20个重点技术领域,包含29个技术领域。在这个计划中,日本经产省着眼于新技术对文化产业带来的巨大影响,正式将"内容技术"作为新的领域纳入其中,使内容技术上升为国家技术战略中的独立的技术领域。在有关报告中,"内容"的范围在传统界定的基础上,拓展为"作用于人的感性所感受的信息及系统、服务、环境、空间技术"。这份报告还界定了评估文化产业"重要技术"的指标,一共包括4项:创造力、用户沟通、技术的先进性和未来性、市场影响。

据日本电脑娱乐协会2002年7月发布的《白皮书》统计,日本的电子游戏已经发展壮大到了超过唱片业和电影业的规模,一跃成为日本娱乐业中最赚钱的项目。2001年游戏软硬件销售总额为1.46兆日元,其中游戏软件销售额达到6亿日元,位居世界第一。

目前,日本已拥有440多家动漫制作公司和一批国际顶尖级的漫画大师和动漫导演,每年出版的漫画作品高达7000种。日本的动漫产业具有强大的海外市场渗透能力,是世界上最大的动漫制作和动漫输出国。

(二)日本文化产业模式的特点

1. 与众不同

日本文化产业的特点之一是与众不同。以日本动画片为例,它之所以受到人们的欢迎,主要是因为有以下一些原因:

第一,与其他国家的动画片不同,日本的动画片适合各种年龄阶段的观众。因为除了儿童动画外,成人动画也占动画片整体的很大部分。

第二,无国籍化的动画人物可以使不同国家的观众很容易地接受。

第三,长篇的连续故事可以不知不觉地扣住观众的心弦。

第四,日本的动画片不像迪斯尼动画片有太多的规制,略加的暴力等情节具有新鲜感,更受外国观众的欢迎。

第五,许多动画片的原创较有历史性,这是其他国家的动画片,尤其是迪斯尼动画片很难与其媲美的。

第六,现代动画通常是一秒钟使用24枚画面的技术来达到影像的逼真,但是日本的动画恰恰利用了少枚数的动画技术使日本的动画片更具有夸张性,同时也弥补了由于日语不如英语具有国际性的缺点起到了轻语言重表现的作用。

2. 互动效应

日本内容产业中各个业种之间,无论是电影、漫画、游戏或是音乐,都是相互联系的,媒体的综合性和多元化使它们之间相互影响,从而推动了日本文化产业的发展。

日本的动画片大多来源于连环漫画。一部连环漫画出版后,通过后期开发,可以产生出许多副产品,如拍摄动画影片、电视连续剧,在剧场演出,制作DVD节目,还可以与游戏和玩具业合

---

① 李常庆.日本动漫产业与动漫文化研究(传播学论丛)[M].北京:北京大学出版社,2013:3.

作,制作网络游戏和玩具等。

3. **电子网络化**

电子网络化也是日本文化产业的一大特点,根据《1999年通信白皮书》统计,日本的上网人数已达到1700万,网络的利用正在从企业向个人化发展。另外,同年网络上的内容情报比上年增加了三倍以上。为了促进日本文化产业的发展,1999年日本发布了《网络内容产业白皮书》,首次将最新的情报在广泛调查与编辑的基础上向外界公开。

(三) 日本文化产业的管理体制

1. **法律法规健全,宏观调控手段制度化**

日本于1990年成立了由专家学者和艺术权威组成的"文化政策促进会议",作为文化厅长官的咨询机构。1995年7月,文化政策促进会议提出《新的文化立国目标——当前振兴文化的重点和对策》报告,开启了"文化立国"战略的初步设想。1996年7月,文化厅正式提出了《21世纪文化立国方案》,标志着日本"文化立国"战略的正式确定。1998年3月,面临国际文化全球化及经济竞争化现象,由文化厅提出《文化振兴基本假话——为实现文化立国》的报告中,提出了日本当前振兴文化的六大课题:搞活艺术创造活动;继承和发展传统文化;振兴地域文化与生活文化;培育和确保继承文化的人才;在文化上作出国际贡献并传播文化;加强基础设施建设以利于文化的对外传播。2001年12月7日,日本公布了《文化艺术振兴基本法》,确定了日本在未来21世纪的文化立国方略。这一个接一个的文化政策是日本文化产业振兴的重要前提。

2. **拥有成熟的文化市场体系和运作机制**

日本文化产业的管理范围非常广泛——休闲、培训、博彩、歌咏、旅游、参观博览会等都被列入了市场运作,政府根据其所占市场份额、税收比例采取相应的扶持政策,即用管理市场的办法管理文化市场。文化市场的主体是个人和企业,管理者主要起搭建平台、规范执法的作用。

日本文化产业模式的成功很大程度取决于产学官联合的体制。在产学官联合制中,"产"指企业,包括中小企业,它主要生产产品,但更要考虑社会需求,了解客户的变化,因此企业拥有大量的市场信息,这是企业的优势。"学",即大学以基础教育和研究为中心,科研项目多,科研成果含金量高,独立研究机构的情况也是这样。"官"既是实体概念(指政府和公共的研究机构),又是虚拟的概念,指政府、公共研究领域、大学、企业管理机构中的协调部分,它的优势就在于它的协调职能。

政府是制定和实施文化产业政策的主体,但是在文化产业政策制定的过程中,通过广泛地征集大众意见、协商和说服,最终形成对一个问题的共识。所以,文化产业政策的实施一般不会受到企业的普遍抵制。同时通过政府牵线规划、企业出资,研究机构研发,最终用于企业生产,有效地解决了资金、生产时间中的问题。

日本文化产业还得益于政府的各项财政、基金扶持以及灵活的投资体制。公司、基金会和个人的商业性赞助和公益性的捐款是文化艺术团体经费的主要来源,其数额是高于各级政府的资助和拨款的。政府对文化事业及相关产业给予不同的财政支持:一是中央政府直接提供赞助、补助和奖金等;二是地方政府都设立支持文化事业发展的财政预算;三是通过文化登记制度、税收减免制度等扶持措施,鼓励企业对文化产业的投入。

3. **实施外向型的文化发展战略,积极参加国际文化市场竞争**

为进军国际市场,日本政府提出了具体的六大政策措施:促进创新环境的形成并传播其魅力;创造向海外传播日本魅力的基础;以海外展开为视野强化文化产业的竞争力;创造文化产业的基础;文化艺术活动的战略支持和保护利用文化财产;推进国际文化交流和充实日语教育。

二、韩国模式

(一)韩国文化产业的发展历程

1. 管制时期(20世纪60年代至70年代)

20世纪60年代初的韩国仍是一个经济非常落后的农业国家,人均GDP不到100美元。从1962年开始,韩国实施了第一个经济增长的五年计划,此后的近20年间,韩国经济高速增长,创造了"汉江奇迹",进入工业化发展阶段。然而这一时期的韩国文化产业并没有实现与经济的同步发展,而是处在封闭式严格管制下。

这一时期的韩国本土文化产业虽然已经有所萌芽,但是基础非常薄弱,大量的外来文化产品对韩国本土市场形成包围,这迫使韩国政府在制定文化产业政策时不是为了促进和推动文化产业发展,而是把对各种外来的文化产业实施严格的限制和约束作为政策出发点。在韩国政府看来,以各种外来文化产品为主的所谓大众文化与韩国的传统文化处于对立面。与传统文化相比,西方国家传入的许多文化产品具有暴力和享乐主义倾向,强调商业和物质主义,这显然与韩国长期以来形成的道德伦理和精神世界相背离。由于担心传统文化和大众文化之间会发生严重冲突,韩国政府对大众文化进行了严格管制。

自20世纪60年代以来,以朴正熙政府为代表的韩国军政府以高度集中的管理方式,试图从传统文化里寻找现代化的力量,因此政府集中全力扶持传统文化的发展,扶持内容只限于所谓的"高级艺术"。这个时期的韩国文化政策的管制对象从传统艺术部门扩大到多种艺术创作部门及国民文化生活领域,同时也加强了对地方文化的关注。不论是外来文化还是本土文化的产业发展都受到了严重的制约。

2. 起步时期(20世纪70年代至80年代)

韩国的电影产业在"二战"时期至新中国成立前一直掌握在日本手中,新中国成立后,韩国电影重获新生。为扶持本国电影发展,韩国政府对国内所有电影制片商实行免税政策,这使得国产电影产业迅速增长,迎来了一段发展的黄金时期。20世纪60年代,韩国电影每年产量达到200部左右。但进入20世纪70年代后,由于受到电视迅速发展的影响,韩国电影又陷入了不景气的局面。一直到韩国放宽了对进口电影的限制后,不断减少的观影人数才有所回升。这一时期,韩国从资金和技术入手,对国产电影制作提供了政策扶持,同时通过向重要的电影制作公司颁发进口国外影片的许可制度,希望保持电影产业中输入产品与本土产品的均衡发展。而在这样的配给制限制下,进口电影在韩国的市场反映却很不错,很少出现亏本,这也从一个侧面显示出当时韩国国内文化市场的需求状况。

3. 成长期(20世纪80年代至90年代)

这一时期是韩国经济高速增长的时期,同时也是韩国开始大量引进和接受外来文化的时期。随着政府对文化产业管制的松动,韩国文化产业的许多领域开始成长起来,而政府对发展文化产业的态度开始转向积极扶持,这些都为韩国后来提出"文化立国"战略奠定了良好的基础。韩国真正对文化产业展开研究并采用"文化产业"的提法,是从20世纪80年代初开始的。此前,韩国只是宽泛地采用"文化"的概念,对文化产业的理解也非常模糊。随着20世纪80年代韩国经济的发展和社会民主化、多元化的趋势,国家对待文化产业的思路开始发生微妙的变化。

这一时期,韩国的文化产业按照市场的规律逐渐成长起来,中央日报、地方志、杂志、无线电台、有线电视台等文化企业和机构纷纷创立。进入20世纪90年代,随着各种新媒体的出现,纯艺术逐渐被大众艺术所取代,韩国开始步入了大众文化时代,政府对文化艺术和文化产业的认识也有所提高。1988年举办的汉城奥运会被认为是韩国从军人独裁统治到民主化社会的一个标志。这一时期的电影产业也迎来了解禁,1995年,韩国电影开始执行新的配额制度,"电影剪阅制度"在1998年被取消,代之以电影的分级制度。与之对应的是,大量韩国电影开始以"百无禁忌"的姿态进入市场,尤其是在过去长期被禁止涉及的领域,韩国电影往往取得了较好的艺术和市场成绩。

这一时期的几届韩国政府均对发展文化产业提出了积极的政策。其中,全斗焕政府1986年在韩国的第六个经济发展五年计划中,提出了"文化的发展与国家的发展同步化"的政策目标,并且从改善国民的文化生活这一角度,提出了"扶持文化媒介产业"的必要性。卢泰愚政府在1990年颁布了文化发展十年规划,提出了"文化要面向全体国民",并将此作为政策课题,提出了"加大国民享受文化的力度""扩大文化媒介功能""提高文化创造力"和"增进国际文化交流"等政策。金泳三政府则将增进国民的文化福利作为新的文化政策目标,并更注重"韩国文化的世界化"和"文化的产业化和信息化"。金泳三政府提出,进入信息化和全球化时代的文化艺术是提高国家竞争力的重要动力,因此发展文化产业是提高国民生活质量的核心要素。在1993年出台的"文化繁荣五年计划"中,开始将文化产业开发作为重要的政策目标。

1990年,韩国政府设立了负责文化产业的管理机构——文化产业局。1994年,文化观光部设立文化产业政策局,开始构建文化产业的法律体系,同时颁布了多项文化产业政策措施,政府开始积极从政策方面推动文化产业的发展。由此,韩国在政策方面完成了对文化产业从限制到扶持的转向,尽管在这一阶段这些政策还并没有给文化产业发展注入多少实质性内容,但却为后来金大中政府时期提出"文化立国"战略奠定了良好的社会舆论和政策基础。

4. 全面振兴期(20世纪90年代至今)

对于韩国的文化产业发展历程来讲,1997年爆发的亚洲金融风暴无疑是一道重要的分水岭。此前韩国的文化产业虽然有所起色,但政府并未对其投入更多关注,韩国经济更多是以制造业和现代生产性服务业为核心内容。亚洲金融风暴后,韩国政府选择了"文化立国"战略,开始全力支持发展文化产业,各种政策和扶持措施密集出台,在较短时期内就收到了显著效果。这一时期韩国的文化产业出现了跨越式高速增长,并与现代技术相衔接,在近年来实现了文化产业的结构优化和产业升级。

受亚洲金融风暴的影响,韩国爆发了严重的金融危机,韩国企业受到严重打击,国民经济濒临崩溃。韩国政府接受了国际货币基金组织(IMF)的紧急援助,并以此为契机,全面展开了经济、社会、文化等各领域的治理,并通过各种改革措施实现经济复兴。在这个过程中,韩国政府逐渐意识到文化产业蕴含有巨大的发展潜力,决定通过振兴文化产业带动经济发展,从而迅速摆脱金融危机的影响。

金大中政府在1998年至2002年期间通过一系列有力的政策措施,迅速推动了韩国文化产业的崛起,而后续政府也延续了政府全力推动文化产业发展的政策取向。在"文化立国"提出后的近十年时间里,韩国一方面出台了包括《文化产业振兴基本法》在内的纲领性法规,从宏观调控的角度全面统领和推动文化产业的发展,同时又针对文化行业的各不同领域制定了相关法律法规,详细划分了不同领域的发展方式。与此同时,韩国政府针对文化产业的发展特点,对政府管理文化产业的机构和体系进行了多次密集调整,通过反复整合政府管理机构,韩国的政府职能部门始终按照文化产业的发展变化做出相应调整,在宏观调控、投资引导、政策出台、产业分析等多个方面与产业保持密切同步,有效推动了产业的发展。

统计数据显示,2001年韩国文化产业的市场规模已经达到13兆韩元,2002年达到18.3兆韩元。1999年至2003年的5年间,韩国文化产业的市场规模年均增长约27.7%,要远远高于同期GDP的增长率。在韩国文化产业的增长最快的是游戏产业,2002年已经占整个文化产业市场份额的近20%,成为韩国文化产业的重要组成部分。

近年来,针对文化产业领域的新的市场环境和技术趋势,韩国仍然不断在发展战略上做出调整。2003年,韩国政府开始把文化产业确定为"十大未来成长动力产业"之一,并发表了"实现世界五大文化产业强国的文化产业政策前瞻",目标是使韩国成为世界第五大文化产业国家。

在具体发展中,韩国一方面积极融合现代科技的新成果,主动将数字化和互联网应用等大量现代技术运用到文化产业当中。韩国政府在2007年制定了《网络多媒体广播法》,初步完成了广播电视与通信的融合。韩国文化体育观光部预测,到2012年,韩国文化产业的融合将创造7兆韩元的新市场规模,并提供13万个就业岗位。另一方面,韩国从"文化立国"一开始就坚持走海外市场路线,在发展包括电影、动漫、游戏等产业的过程中,积极开拓海外市场,取得了显著成果。以"韩流"为代表的韩国文化产品迅速在海外市场打开局面。根据韩国文化体育观光部提供的统计数据,2003年至2007年韩国文化产业市场规模的年平均增长率虽然较前一阶段有所回落,但依然实现了9.4%的高增长速度。在进出口方面,游戏、漫画、广播电视和卡通四大产业的出口在2006年实现了较高增长率,游戏产业出口几乎占据了文化产业出口份额的一半。韩国文化产业过去进口大于出口的状况在这一阶段已经得到彻底改观,到2006年,韩国文化产业的贸易顺差已高达50062万美元。

2008年9月,韩国文化体育观光部下属的"内容促进委员会"发布了"文化产业前景与培育战略",提出了未来融和型的5种文化产业的重点发展领域。具体提出要发展CG产业、建立数字虚拟服务体系、开发广播电视与信息通信融合内容、展开"泛在学习"(有"全方位学习"的意思)以及创造虚拟现实的新市场开发计划。

(二)韩国文化产业模式的特点

1. 家族企业主导特征

在亚洲金融危机爆发以前,韩国经济以制造业为发展重点,取得了良好的增长业绩。在这个增长过程中,韩国经济在很大程度上表现为一种大型家族企业主导的经济形态。这些大型家族企业都是被创始人及其家族成员所控制。大型家族企业的重要特征是所有权集中,在大型家族企业里,一个创始人和他的家族成员几乎控制着这家企业的所有子公司。大型家族企业采用统一的管理体系并且成员之间相互支持与援助。在韩国大型家族企业中,家族能够凭借不到10%的所有权紧紧地控制住整个集团,除了成员企业之间相互交叉持股外,企业中的重要角色都由家族成员担任也是其中的重要原因。大型家族企业的CEO大多由家族企业的创始成员担任,家族成员控制企业的主要经营管理权。

由于韩国家族企业的融资结构特点表现为负债率高,而在家族企业的负债中,银行贷款又占较高比例。在缺乏完善的资本市场的前提下,韩国企业普遍存在失衡的融资模式。由于特殊的发展模式,韩国的银行和非银行金融机构都不能正常发挥监督者的角色,这从根本上给韩国的公司治理乃至整体宏观经济带来了危险。

针对企业透明度和信息披露问题等长期制约韩国企业的薄弱环节,韩国在亚洲金融危机以后开始对国内企业治理结构进行改革,主要内容包括提高企业经营透明性、限制大股东的支配权、强化董事会的独立性和经营监督、取消不公正的交易和改善财务状况等。经过改革,传统韩国企业治理模式中最大的弊端"所有权和经营权的一致"问题有所好转,企业经营的透明性和公正性也得以加强。这些改革的成果对于在20世纪90年代末期开始崛起的韩国文化产业构建更加科学合理的运行机制,奠定了良好的基础。

2. 从计划管制转为市场竞争

在文化产业领域,韩国经历了明显的从计划管制到市场竞争的转变过程。由于韩国在文化产业的许多领域长期面临外来文化产品输入的压力,韩国政府为此在产业政策和法律法规等方面制定了详细的抵制性措施,这些措施对韩国本土的文化产业发展造成了严重制约。在很长一段时期,韩国的电影、电视、广播等产业都是采取配额制管理模式,在播映内容及数量、播映时间、范围等方面均采取严格管制,文化企业难以灵活经营,市场竞争较弱,不利于文化产业的快速发展。这样的局面随着韩国"文化立国"战略的提出而发生根本性改变。以韩国的广播电视产业为例,1997年金大中执政后,开始在韩国推行"民主主义和市场经济"政策,对广播电视产业从以规制为主转向追求市场经济的政策。

1999年12月,韩国国会通过了新的《广播法》,该法将所有的广播电视媒体统一规定在一个法律体制之中,并由经过重组的韩国广播委员会(KBS)统一管理。新组建的广播电视委员会从政府"文化观光部"独立出来,作为民间性质的公共机构,开始独立处理广播电视事务。在这样的背景下,韩国的广播电视产业开始了结构调整,打破垄断、激活市场和增强实力成为重要的发展目标,通过加大力度推行节目制播的专业分工、发展有线电视和卫星电视等,根本改变了产业内容和格局。

3. 注重形象树立和品牌包装

设计出富有个性的人物或形象并进行商业开发,在韩国把这样的产业称为"形象产业"(Character),这个产业的主要内容包括形象设计、形象商品开发、生产和流通。2006年,这个产业中的形象开发及版权的市场规模达到了3068亿韩元,已经连续5年呈上升趋势;形象商品制作的市场规模达到20433亿韩元,形象商品消费的规模为44109亿韩元。

韩国的形象产业有着巨大的衍生品市场,消费种类繁多,市场规模巨大。其中,占据市场份额最大的是娃娃和玩具类,其次还有食品和饮料,文具图片以及幼儿用品等。2006年,韩国形象产业的出口总额为18945亿美元,比前一年增长了15.8%。出口最大的区域分别为北美、中国、欧洲、东南亚和日本。

联动发展是韩国文化产业的常用手法。据韩国经济研究院2004年底发表的《"韩流"现象与文化产业战略》报告显示,韩国主演电影《冬季恋歌》的演员裴勇俊引发了"裴勇俊现象",带来的整体经济效益超过3万亿韩元(约30亿美元),其中旅游业等收入为1万亿韩元,产品输出日本收入达2万亿韩元。电影在日本走红后,到韩国旅游的日本游客大幅增加,裴勇俊的写真集每册售价卖到150多美元,在日本销量达到10万册,仅此一项就收入1500万美元。此外,《冬季恋歌》小说在日本发行 120 万本，VCD、DVD 光盘供不应求。裴勇俊所用的品牌围巾和香水变得十分走俏。韩国的乐天集团聘请他为形象代言人，在酒店和商场到处可见他的照片。

另外，近年来韩国电视连续剧《大长今》也通过整合韩国的美食、医药等文化元素，并展示了韩国首尔以及周边地区的自然风光而风靡周边国家，通过电视剧的方式对韩国整体形象的宣传发挥了重要作用。随着《大长今》的热播，韩国的旅游业获得爆发式增长，各国纷纷开辟了专门的旅游线路。根据韩国官方的统计，仅 2006 年，在《大长今》的示范效应下，前往韩国的游客增加了 15% 以上。

韩国近年来更加注重对本国文化的包装和培育，并把培育代表韩国的品牌作为增强本国文化产业对外形象宣传的重要手段。2007 年 2 月，韩国文化观光部发布的"韩国发展综合计划"（2007—2011）中，提出了代表韩国形象的 6 大品牌类型，具体包括韩语、韩食、韩服、韩屋、韩纸和韩国音乐，在这样的品牌化和国际化路径下，韩国文化产业获得更为广阔的发展空间。

（三）韩国文化产业模式管理体制

1994 年，韩国政府进行改组时设立了负责文化产业的政府机构——文化产业局，隶属于当时的文化部（后改为文化体育观光部），标志着韩国文化产业的发展进入了规范管理阶段。在韩国 1998 年提出"文化立国"战略以后，政府对文化产业的职能部门进行了多次调整与整合，尤其是在韩国对政府机关普遍实施精简的时期，只有文化产业部门的机构和人员数量不减反增，这显示出了政府对发展文化产业的决心和重视程度。同时，经过不断调整，政府行政管理体制也不断被理顺优化，政府的管理效率得到了提高。

1. 多渠道筹措文化产业发展资金

按照"集中优选"的原则，韩国对文化产业不同领域实施了有侧重点的资金支持。文化产业振兴院 2002 年通过国家预算拨款、投资组合、专项基金，共融资文化产业事业费 5000 亿韩元，为文化创作和基础设施建设、营销和出口、人才培养，各投入不同数目的资金。

2. 注重区域协调发展

韩国政府分别于 2000 年投资 60 亿韩元在釜山、光州、大田，2001 年投资 100 亿韩元在大邱、春川、富川、金州，2002 年在木浦、庆州和济州，建立了多个"文化产业支援中心"，形成了中央与地方共同负责的文化产业管理运行体系，通过各级政府的协调管理，加强了各地文化产业相互之间的协作、技术交流、信息沟通等，从而推动文化产业在全国均衡发展。他们还提出前瞻性发展目标与计划。近年来，韩国意识到文化产业将是 21 世纪经济增长的最重要动力，在经济上具有高附加值的文化产业，应作为国家的核心产业进行大力培养。带着这样一种强烈意识，韩国通过采取多样化的措施不断促进文化产业的发展，并明确提出了跻身"文化产业五大强国"行列的发展目标。

3. 针对赶超文化强国的发展提出对策

（1）"知识产权保护"强国政策

韩国知识产权保护种类主要有专利、实用新型、外观设计、商标及服务标志、版权、商业秘密、计算机程序、半导体集成电路布图设计和数据库以及新植物品种等。韩国在知识产权保护方面已经形成了一套严密的法律制度体系。主要包括：《专利法》《实用新型法》《外观设计法》《商标法》《版权法》《计算机程序保护法》《半导体路设计法》《不正当竞争防止与商业秘密保护法》《种子产业法》和《海关法》等。

现代工业产权管理最早于1946年进入韩国,当时贸易、工业和能源部成立了专利局,处理所有与专利、实用新型、工业外观设计和商标有关的事务。1977年,该局独立并更名为韩国特许厅(即韩国知识产权局,KIPO),隶属韩国产业资源部,是韩国管辖专利、商标等知识产权的最重要的行政机构。

韩国知识产权保护制度所涉及的行政部门还包括文化观光部(主要负责版权保护及相关事宜)、信息通信部(主要负责网络数字内容产业的)及其下设的各类审议调解委员会、特许厅下设的专利审判院等;司法、执法部门有专利法院和法院、检察厅、警察厅;此外,海关、产业资源部贸易委员会也担负韩国知识产权保护制度保护知识产权的职责,具有部分行政执法权。

韩国的商标、专利司法权属于法院,法院对注册商标、专利的保护及处理措施与中国相似,有民事制裁和刑事制裁权。与此相区别,韩国特许厅只有对假冒商标、专利商品的行政调查权,但没有行政执法权,其主要职责是授予商标权和专利权。

韩国检察厅和警方有共同调查假冒商品及其制造者和销售者、以维护社会和正常贸易秩序的职责,并以刑事处罚为目的执行查处活动。由于韩国特许厅对假冒商标等不正当竞争行为只有行政调查权,所以如果需要实施查封、扣留、逮捕等强制措施时,必须与检察、警察部门联合执行。

检察机关的反伪行为集中在打击违法者方面。1993年,韩国最高检察院成立"侵犯知识产权联合调查中心",在全国21个主要地方厅和分厅设立"区域联合搜查队",建立了检察机关保护知识产权的专门机构,调查侵权犯罪的专门检察官被选派在这一部门工作。

韩国最高检察院还定期召开"侵犯知识产权调查指导协议会",由检察厅、外交通商部、文化观光部、信息通信部、警察厅、国税厅、海关、特许厅8个部门联合组成,每年召开例会,分析研究打击侵权行为的成效,并制定新的反侵权措施。该协议会本部设在最高检察院刑事部,具体负责部门为刑事课。地方检察院和警察局也都设立了专门反伪部门。海关总署及地方海关均设有专门调查班,依据《关税法》监视、查处伪造商品的进出口通关。有侵权嫌疑商品通关时,各海关可暂扣货物并对侵权者进行调查,并有没收侵权货物等部分执法权。海关网站还开设"真假商品展示会",帮助民众识别侵权商品。《海关法》及其实行令中有关知识产权保护的规定:禁止侵害商标权物品进出口;如进出口商品侵犯他人的商标权时,在商标权所有者提出要求并提供担保时,可保留侵权物品的通关;海关在接到商标权者的请求时,无特殊原因应保留侵权物的通关;但如进出口商提供担保并提出通关要求时,海关应予以同意;相关详细规定由总统令制定颁布;海关法对著作权也予以同样的保护。

此外,特许厅授权地方自治团体取缔假冒商品的权利,各地方自治团体与检、警、特许厅联合开展取缔假冒商品的调查活动并担负宣传任务。为加大知识产权保护力度,2004年韩国国务调整室牵头成立"知识产权保护政策协议会",委员长由国务调整室长担任。委员分政府委员和民间委员,政府委员由法务部、外交部、文化观光部、产业资源部、信息通信部、预算处(以上为次官、副部级)、海关、警察厅、特许厅、食药厅(以上为厅长)以及国政宣传处处长担任;民间委员各领域专家各设10名。

(2)扶持和鼓励文化产业各领域及行业的进一步整合

过去韩国的文化产业政策更多是以行业为中心来设置的,随着数字技术的快速发展,文化产业呈现出相互融合的趋势。为此,韩国文化产业的政策也相应转向以功能为中心的格局调整。

同时,韩国还按照发展阶段的不同来重新确定重点支持的内容。韩国政府提出,对能够产生高附加值的部门以及产业基础薄弱需要扶持的部门将给予重点扶持,而对于电影、游戏等已经进入了发展成熟期的领域,相应减少政府扶持,鼓励行业自主发展。对于一些新兴的文化产业领域,韩国继续按照直接支持的原则,由政府来提供各种制作费以及支付培养专业人才的费用等。同时政府还为新兴产业提供间接的支持,包括引导公平竞争、建立流通秩序等。

(3)建立了更加统一和集中的政策体系

韩国进一步改善文化产业政策的体系的重复性和低效率,实现政策促进体系的"一元化"。同时建议更加统一的政策促进体系。此外,韩国政府还增加了政府的文化产业的投资预算,提高资金的使用效率,并且更加注重官方与民间协作的政策体系。

(4)进一步拓展全球市场

韩国近年来将文化产业的发展目标锁定为世界市场,认为着眼于国内市场的文化产业战略难以成功,需要更多支持那些一开始就瞄准世界市场的内容制作,同时制定海外市场战略。政府积极引导国内的文化企业与国外展开合作。此外,韩国也更加注重培育全球化的文化企业。[①]

第五节 中国文化产业模式

一、中国文化产业发展之路

中国的文化产业从市场形态看,在很长一段时间里是作为纯粹公益属性的文化事业来规划和发展的。因此,中国真正开始发展市场经济意义下的文化产业,时间只有短短十年左右。

中国最早提出"文化产业"的概念并开始着手研究工作,始于1988年,当时一篇名为"论社会主义的文化产业"的论文,对中国文化产业作了初步探讨。第二年,日本学者日下公人的《新文化产业论》就被译成中文书籍出版。直到2000年10月,中共十五届五中全会通过的《中共中央关于制定国民经济和社会发展第十个五年计划的建议》中,明确提出要"推动信息产业与有关文化产业结合",要"完善文化产业政策,加强文化市场建设和管理,推动文化产业发展"。这是"文化产业"首次正式出现在中国的政策文件当中。

中国文化产业包含:网络、数字、信息技术、动漫游戏、数字音乐、数字电影、网络视频、移动多媒体广播电视、公共视听载体、数字出版、网络出版、手机出版等。

2006年9月中国印发的《国家"十一五"时期文化发展规划纲要》,进一步提出了文化创意产业的概念,同时还提出了数字内容产业、网络文化产业等。这些概念与传统的文化产业概念并行,在许多政策中交替使用,甚至在北京、上海等地方产业发展政策制定过程中,开始用创意产业或文化创意产业的概念取代文化产业。

文化产品和服务"走出去"的步伐不断加快,中华文化国际影响力日益提升。2009年,国产影片海外销售收入4亿美元左右,各类电视节目出口超过1万小时,外销金额共约5898万美元。中国在2009年举办的法兰克福国际书展上作为主宾国参展,实现版权输出2417项。

---

① 沈强.日韩文化产业发展比较研究[D].吉林:吉林大学出版社,2010:12.

2009年9月，中国国务院正式发布了《文化产业振兴规划》。这一规划首次明确提出了"创意产业"的概念，并把它置于优化文化产业结构、需较快发展的重点文化产业门类之首。与此同时，中国在文化产业与诸多传统制造业等广泛领域的发展开始推动"中国创造"概念。2009年11月，一则主题为"中国制造，世界合作"的公益广告在美国几大著名的电视频道播放。同一年，中国的制造业工人作为一个群体，被选为美国《时代周刊》的年度十大人物。这些进展全方位展现了中国制造的实力，并体现出了从"中国制造"向"中国创造"蜕变的过程。

根据中国文化部部长蔡武于2010年4月在十一届全国人大常委会第十四次会议上所作的国务院关于文化产业发展工作情况的报告，近年来中国文化产业实现了快速增长，年均增长速度在15%以上。文化产业增长势头强劲，对国民经济的贡献率不断上升、促进作用日益凸显。

根据中国社科院于2010年5月6日发布的"文化蓝皮书"——《2010年中国文化产业发展报告》，2009年中国文化产业国内外市场规模继续增长，大约为8000亿元人民币。社科院的报告认为，2009年堪称是中国文化产业发展的"转型之年"。在宏观经济复苏的大背景下，文化产业不负人们的高度期待，在多数领域实现了超常增长，成为国民经济发展中最为亮眼的领域。国际金融危机凸显了文化产业的特殊优势，文化产业已经登上了国家战略性产业的位置。

根据国家统计局公布的数字和课题组的联合估算，2009年中国城乡居民家庭文化娱乐用品及服务支出总额约6076亿元，政府公共财政文化消费支出1095.74亿元，文化产品和服务出口700亿元人民币左右。把这三项数据汇总相加可以得出，2009年中国文化产业的国内外市场规模大约为8000亿元人民币。

2009年，在3G等全新的市场概念的推广下，中国的手机网民一年就猛增了1.2亿，总量达到2.33亿人，这就使得手机网民的用户数量占到了全国的网民总数的60.8%，手机上网已成为中国互联网用户的新增长点。与此同时，被称为"中国下一代广播电视网（NGB）"开始启动，这被看做是加快实施有线电视数字化整体转换和加快发展移动多媒体广播电视（CMMB）的一个战略性举措。

中国的国内文化消费市场在金融危机的阴影下非但没有遇冷，反而呈现出活力四射的喜人局面。随着中国4万亿元的国家扩大内需、刺激经济发展计划的实施，2009年中国的经济发展走出了"V"型结构，尤其是下半年的经济增长比较快。2009年的国内消费稳步增长，其中文化消费市场也同样表现良好。数字显示，中国文化消费已经达到了占GDP 40%的水平。伴随这个过程的，正是国内文化产业的蓬勃发展，各种从事文化与创意产业的活动、机构和人数都有明显增长。

2010年是中国文化产业未来10年黄金发展期的开篇之年，也是各地政府和城市有关机构制定文化产业"十二五"发展规划的关键年份。"十二五"规划中涉及文化产业的内容包括：在文化产业的具体产业选择上应当突出（或者大中城市至少应当包括）"数字文化产业""3D技术与3G技术"、新媒体发展、本地文化资源和产业资源整合、文化旅游与活动经济、打造城市文化名片、塑造若干个文化品牌等。建设若干个具有品牌效益的特色项目，如中国文化出口基地、中国艺术产业基地、3D技术与影视动漫基地、网络文化产业基地、茶道文化产业基地、中国工艺美术产业基地、国家文化产业示范园区、品牌文化产业基地等重点项目，实现品牌化、集聚化和规模化发展。应当注重以文化产业带动旅游、本地其他相关产品销售和城市营销等的项目建设，推动当地经济和产业结构升级,促进现代服务业的发展。注重具有专业化水平和产业高集聚度的产业链建设,如创意、策划、企业集聚、产品研发、产业配套、营销、出口、广告、品牌授权、对外连锁经营、文化旅游、夜间娱乐、人才培训和本地产业升级等产业链的打造。

避免硬件式思维、盲目跟风、重复建设、占用过多土地资源、缺少财政收入从而需要国家财政长期补贴、个人艺术家为主、重点不突出、企业发展无力等的做法和项目,实现效益型的可持续发展目标。

二、中国文化产业亲民之路

随着超级女声在全中国刮起的一场亲民的选秀风,紧接而来的《星光大道》《中国好声音》《我要上春晚》等电视媒体都延续了这一亲民风。"人民是推动社会主义文化大发展大繁荣最深厚的力量源泉。"这是党的十七届六中全会《决定》中的重要论断。在笔者看来,近年火爆荧屏的热门综艺栏目《我要上春晚》用实践为此做出了很好的注解,也正因如此,这个开播不到两年的新栏目才深受百姓的喜爱。

正如《我要上春晚》的栏目名称,它是通向"春晚"的桥梁,它的主题和内容始终高度一致:祥和、欢乐、团团圆圆过大年。这是亿万中国人割舍不断的情结,30年的央视春晚,也自然而然地成为了维系这一情结的精神纽带。一切文学艺术的灵感源头无一例外地来自于人民群众的生活,基层百姓的生活中蕴藏着未经雕琢,却取之不尽、用之不竭的文化矿藏。能够深入基层充分挖掘这天然矿藏,让全国各地、各行各业具备才艺绝活的普通百姓都有机会登上电视舞台,再通过电视手段磨砺加工,最终将其打造成文艺精品呈现给广大观众。[①]

从《我要上春晚》的舞台举目远眺,我们看到了中国成为文化强国的群众基础,看到了中国成为文化强国的内在的无穷动力。不仅电视媒体,国内其他文化产业也走起了亲民路线。中国文化产业的发展是要靠全中国人共同来努力的,文化产业的发展必须奠定在一定的文化氛围中。国家大力支持全国各地修建大型图书馆、大型书店,更是在大型卖场和人流量集中的地铁站、大型公园设立流动自助借书设备。随着电子时代的到来,许多知名网站同时也向网友提供电子书籍的阅览功能。

三、中国文化产业的科技之路

正如英国国家科技和艺术基金会的研究报告《跨界创意的价值》所说:文化创意和科技的融合创新,犹如原子爆轰,可以把能量辐射到各个产业和广阔的社会领域。上海张江国家文化和科技融合示范基地的"河马SJS",作为国内原创3D立体动画系统的领先者,不但生产了一批拥有自主知识产权的3D立体动画片,并在十多个国家发行,开创了中国动画电影成规模地登陆海外院线之先河,更是签约包括全球最大的演艺经纪公司美国CAA在内等多家国内外大型传媒机构,鼓舞了中国原创文化进入世界市场的热情。

从全球角度看,文化创意产业的集聚发展,顺应了数字化、信息化和全球化的趋势,正在以"实体园区+专业平台+虚拟网络"为主导方向,形成四大潮流。

---

① 蒋大为.蒋大为看《我要上春晚》:一场通往梦想的大道[EB/OL].人民网,2012-02-24. http://culture.people.com.cn/h/2012/0224/c226948-3438499033.html.

1. 科技创新与集聚规模相结合

文化产业企业的集聚,有利于新观念、新技术、新产品的扩散和应用,形成"聚合—裂变"效应。

2. 实体企业和虚拟网络相结合

文化创意产业的集聚发展,将依托实体型产业集群,通过畅通的数字化服务平台及网络,实现"集聚—开发推动创新"与"辐射—形成共享网络"。

3. 公共服务和知识溢出相结合

强大的文化产业公共服务平台,包括科技研发平台、投资融资平台、会展博览品平台等,用"传承、激活、嫁接、更新"方式把散乱的文化资源整合起来。

4. 保护生态和空间再造相结合

文化产业的集聚发展,将越来越趋向发挥智能型开发、知识型生产,低污染、低能耗、少占地的优势,成为生态文明建设的生力军。

四、中国文化产业创意之路

21世纪初中国开始了中国文化创意产业园区建设,总共分为三阶段:第一个阶段是创意要素大量集聚的产业型集聚区,可称为1.0版,通过招商引资大批企业,进行园区式的封闭管理是第一阶段的典型特征;第二个阶段是创意要素融合渗透的经济型集聚区,可称为2.0版,建立产业公共服务平台,吸引创意研发机构等要素是发展亮点;第三个阶段是吸引人才集聚有利创业的社区型集聚区,可称为3.0版,突出企业集约化、人才知识化、社区宜居化、环境生态化的特点,这一趋势与许多地区重点推进的产业和城市"双转型"新型城镇化建设不谋而合。

浙江横店影视产业实验区是一个积极推动产业和园区升级的典型个例,不断迈向更高水平的集聚发展。该实验区从浙江中部的丘陵地区白手起家,到2011年入区影视企业总数达到435家,包括器材租赁、影视拍摄、后期制作等多个环节,形成了较为完整的产业链。自2004年成立到2010年,入驻实验区的影视企业累计完成营业收入91.07亿元,上缴税费6.24亿元;横店从1996年到2011年累积接待剧组900多个,10多年来累计拍摄影视剧2.5万部(集),占全国古装影视剧产量的1/3以上。2011年实验区影视产业收入33.7亿元,增幅达到28.6%。从2012年到2020年,横店的发展重点是全面改善环境,形成新型的影视创新社区,大力吸引创业型、专业型人才入驻,全面改善实验区的生活类服务品质,提升商贸、餐饮、宾馆、娱乐、交通、保健等方面的服务水平,配合横店的一带、两环、三心、六区的城市空间布局规划,改善文化视觉形象。在主要景区、道路、宾馆等地段,突出横店影视产业的标识、符号和形象,使得实验区成为全国影视内容最丰富、影视想象最活跃、文化生活质量优秀的创业中心和宜居社区。[1]

> **案例5-2 中国文化产业模式的代表作"超级女声"**
>
> "超级女声"作为中国地方电视台创办的一档节目,把几亿观众的眼球从美国、日本、韩国流行文化长期霸占的市场上抢回,在整个华人界掀起一阵热潮,其飙升的高收视率、盛大的财富宴席、迅速红火的品牌是可圈可点的。

---

[1] 花建.2013年文化产业的四大亮点[EB/OL].中国文化传媒网,2013-02-02. http://www.ccdy.cn/wenhuabao/eb/201302/t20130202_553071.htm.

"超级女声"的诞生,最初孕育于2002年湖南娱乐频道的企划部。2003年成为一档由湖南娱乐频道打造的类似真人竞赛现场秀的娱乐节目,推出伊始便受到省内观众的关注和积极参与。2004年开始,同属一个集团的湖南卫视,经过调整和重新包装后把它推向了全国。为了延续和开发超级系列品牌,2004年5月,湖南广电集团的决策者决定,对节目、品牌资源进行市场化运作,把存量资源变成增量资源,决定以湖南娱乐频道的名义与北京天中文化发展有限公司共同投资,在上海注册成立了一个控股子公司——上海天娱传媒有限公司,通过影视节目制作和经营湖南娱乐频道的娱乐赛事及其艺员经纪和培训等业务,实现湖南娱乐频道边际资源的再开发。2005年"超级女声"经天娱市场化运作以及与国内乳业巨头蒙牛合作,冠以"蒙牛酸酸乳"名号,"2005快乐中国蒙牛酸酸乳超级女声"以迅猛姿态唱响全国各地。随着"超级女声"声势扩大,"超级女声"已成了网络的热门关键词。

本章小结

文化产业发展的模式主要有五种基本类型,为美国模式、欧洲模式、日本和韩国模式、中国模式。美国模式为"无为而无不为",灵活多样;欧洲强调国家对文化开发和文化产品内容独创性的保护性管理,通过提高发展自己独具特色的文化产业提高自己的文化竞争力;日本和韩国模式则与欧洲模式相近,但是它们是从带有东方社会管理特征的社会文化管理制度,逐步进行文化管理体制的创新、走向西方式的、更加灵活多样的管理体制;中国模式是借鉴结合前辈的成功,转变为适合中国自己特色的文化产业模式。各种模式都有自身的发展策略:美国以创新和科技取胜;英国把历史资源商业化;法国重视开发利用保护;日本以完备法律作支撑;中国采用全面综合突破。

"全球化"早已不是一个陌生的概念,伴随着全球化进程的加剧,经济一体化步伐的加快,文化趋同性的增强,生活方式和审美追求变得越来越相似。文化产业模式也不得不"全球化",人类文明发展呼唤多元化的声音越来越响亮,只有多元的世界,才是丰富多彩的,而单一的文化世界必定会窒息。在全球化这个大背景下,文化产业的繁荣发展,不仅要充分保护自身产业模式的优点,更要借鉴和吸纳其他产业模式的成功运营经验,更要高扬创新精神将自身的文化特色融入世界文化之中。这样,全球化的文化产业才会健康、茁壮地成长,并富有旺盛的生命力!

练习与思考

1. 如何看待美国的文化渗透政策?
2. 英国文化产业模式有哪些特点?
3. 日本漫画图书的出版对动漫产业的发展有何影响?
4. 概括日韩文化产业模式的异同。
5. 请归纳中国文化产业发展的优势与劣势。

参 考 文 献

[1] 熊澄宇.世界文化产业研究[M].北京:清华大学出版社,2012.

［2］孙有中.美国文化产业［M］.北京：外语教学与研究出版社，2007.
［3］李常庆.日本动漫产业与动漫文化研究（传播学论丛）［M］.北京：北京大学出版社，2013.
［4］张讴.印度文化产业［M］.北京：外语教学与研究出版社，2013.
［5］宋涛.啥时能推咱的"阿凡达"委员热议文化产业发展［EB/OL］.半岛网，2010-02-24. http://news.bandao.cn/news_html/201002/20100224/news_20100224_905119.shtml
［6］蒋大为.蒋大为看《我要上春晚》：一场通往梦想的大道［EB/OL］.人民网，2012-02-24. http://culture.people.com.cn/h/2012/0224/c226948-3438499033.html
［7］花建.2013年文化产业的四大亮点［EB/OL］.中国文化传媒网，2013-02-02. http://www.ccdy.cn/wenhuabao/eb/201302/t20130202_553071.htm
［8］沈强.日韩文化产业发展比较研究［D］.吉林：吉林大学出版社，2010.12.

第六章 文化市场与调研

> **学习目标**
>
> 1. 初步了解文化市场的定义和特点,理解文化市场与一般市场的区别。
> 2. 熟悉我国文化市场的发展历程。
> 3. 了解文化市场的四大构成因素:文化产品、生产者、消费者和商业中介。
> 4. 掌握并熟练运用文化市场的调研方法。
> 5. 初步了解STP理论,学会如何用该理论分析某一文化市场。

当我们考察文化产业运行规律时,需要考察其如何通过内部诸要素——资源、资本、人力、制度、管理等的综合作用而形成文化产品;而当我们考察文化市场运行时,需要考察已经形成的文化产品是如何满足其他社会经济系统——消费者、相关行业、社会机构等的需要并被他们所接受的。因而,文化产业与文化市场是相互关联、相互作用的,它们共同形成复杂的社会动力学系统而实施社会的文化经济行为。

第一节 文 化 市 场

一、文化市场对文化产业的影响

文化市场是文化产业的一个组成部分。市场决定生产,而生产也只能基于市场的需求来完成,产品的开发、设计和生产都取决于市场目标。文化市场直接影响着文化产业的发展,包括文化产业的总量、构成、发展方向和前景。因此,我们要树立正确的现代文化市场观念,做到与时俱进,既有宏观的发展战略,又能采取具体的市场措施。

1. 文化市场决定了文化产业的总量

文化企业进行文化产品生产是为了满足人们的文化需要,使人们购买产品,从而达到获取利润和塑造品牌等目的。因此,它必须是能够实现的需要,即市场需求。如果一个企业生产的文化产品是人们不愿意购买或根本买不起的,那就是超出了文化市场的需求,这样的产品生产再多也没有意义。因此,一个国家或地区的文化产业发展的总水平,不可能超过这个国家或地区的文化市场需求总量。

2. 文化市场决定了文化产业的构成

既然一个地区的文化产业总量被市场所限定,那么,其相应的文化产业构成和布局也将受到市场的制约。也就是说,在该地区文化市场需求总量不变的情况下,其他文化产业部门的市场占有量就可能缩小。这实际上提醒我们,制订任何一个文化产业部门的计划,都会影响到其他任何文化产业部门。

3. 文化市场决定了文化产业的方向

就静态来看,文化市场的规模决定了文化产业的规模和布局;就动态来看,文化市场的前景决定了文化产业的前景。尤其对于买方市场时代而言,单纯考虑现有市场的潜力挖掘已没有太大意义,重要的是企业能够预测未来市场的需求增长状况。一般而言,文化市场需求的增长取决于三个因素:首先,文化市场上产品的价格因素。比如,如果大多数消费者一年只愿意花200元去看电影,而如果一场电影的平均票价为60元,那么,实际上每个消费者每年只花了180元去看电影。也就是说,如果是一个20万人的电影市场其实际的市场需求量只有3600万元;如果票价降到50元一张,那么消费者可能就把那本来没花出去的20元拿来看电影了,这个市场的电影实际需求量就提高了400万元。其次,居民生活水平的提高能促使文化市场需求量的增加。比如,如果该地区消费者一般将收入的10%用于文化消费,那么,如果他们的收入提高了10%,其文化市场需求量就可能提高1%。再次,作为文化消费者,其文化水平对其文化消费行为有着重要影响。一般而言,文化水平越高,对文化产品的需求就越大。具体而言,不同文化层次的人群对不同文化产品的选择是不同的。对于一个稳定的社会而言,一定地区居民的总体收入和文化水平总是呈不断提升的趋势,而一定的文化产品的价格大体呈下降趋势,这必然导致一定地区的文化需求总量呈不断增长的趋势。因此,一定地区的文化产业也必定随着市场需求的增长而不断发展壮大。

二、树立现代文化市场观

文化的某些方面可以超越经济的发展而发展,如诗词歌赋的发展和书画的发展,并非与资本投入、与经济发展呈正相关关系。从古到今,文化的发展都有超越经济制约而相对独立发展的事例。如,我国古代的生产力发展水平远远落后于现代,但却出了许多至今罕有其匹的大诗人、大书法家、大画家。又如,春秋战国时期,经济发展水平根本不可能与现在同日而语,但诸子百家群星璀璨,是我国文化史上少有的黄金时代。在当今社会,文化市场更加多元。我国的动漫事业发展远远落后于欧美,更遑论日本,但是漫画一直深受青少年的喜爱。随着"80后"、"90后"乃至"00后"接踵而至,市场需求越来越大。因此,我国部分城市率先响应发展动漫的口号,如杭州的城市动漫节、武汉的动漫基地等,培育大量动漫人才,促进动漫产业化的进程。

既然文化市场对文化产业起着决定的作用,那么,文化产业的业界人士必须树立起以消费者为中心的现代市场观。首先,需要明确的是,并非所有的文化事业领域都要转入文化产业领域。也就是说,不是所有的文化活动都能够市场化的。认为某些艺术品的营销应当以艺术家为中心,是针对艺术创造而言,一个画家创作一幅画,也许并不想把它卖出去,而纯粹是为了完成自己的艺术追求。但是,我们所说的文化产业就不同了,它不是某些艺术家纯粹个人目的的活动,而是为满足社会公众而提供文化产品或服务的活动。也就是说,文化的产业化必然意味着文化的市场化。因此,必须转变观念,注重消费者需求,把重心集中到市场上来。

第二节 文化市场的构成

文化市场的构成要素,包括生产者、消费者、文化产品和文化商业中介。文化市场的运作,是以文化产品为媒介,在文化商业中介的参与和作用下,生产者和消费者之间回环往复的一个互动过程。了解文化市场的构成,对文化产业的市场营销和经营管理策略都有着极为重要的意义。本节将作为文化市场之核心部分的文化产品放在首要位置,依次介绍文化产品的生产者、消费者和商业中介。

一、文化产品

文化产品的生产是在物质生产发展到一定历史阶段的基础上才出现的社会现象。人们首先必须吃、喝、住、穿,然后才能从事政治、科学、艺术、宗教等等;当物质生活资料生产达到比较丰裕的水平时,精神文化产品的生产才被提上日程。当今社会,人们对精神文化的追求日益多元,文化产品呈现出百花齐放的态势。

(一)什么是文化产品

人们通常理解的产品是指具有某种特定物质形状和用途的物品,是看得见、摸得着的东西。而文化产品是指具有特定文化含量的精神消费品。与物质产品用使用价值满足人们衣食住行的需要有所不同,文化产品虽然在形式上也能被消费,但它却直接作用于人的精神,主要是促进和提高人们的思想境界,改善人的精神状态,培育人们的道德情操,着眼于全面提高人的素质。文化产品是人类在精神生产领域内创造的智力成果,和一般产品一样,一般可以分为四个部分,即核心产品、形式产品、附加产品和心理产品。

1. 核心产品

核心产品也称实质产品,指产品能够提供给购买者的基本效用或益处,是购买者所追求的核心内容。如观看二人转是为了娱乐,阅读书刊报纸是为了获取知识和资讯,旅游是希望观赏当地的风景等。因此,企业在开发和宣传产品时只有明确产品所能提供的利益,产品才具有吸引力。

2. 有形产品

有形产品是产品在市场上出现时的具体物质外形,核心产品只有通过有形产品才能体现出来。产品的有形特征主要指质量、款式、特色、包装。如图书报刊,有形产品不仅仅指这本拿在手里的书,还包括它的装帧设计、纸张和印刷质量等。同样,对于某旅游景区,有形产品包括景区风景、管理、维护以及配套设施等。

3. 附加产品

附加产品指顾客购买产品所得到的各种附加利益的总和。由于产品的消费是一个连续的过程,既需要售前宣传产品,又需要售后持久、稳定地发挥效用,因此,服务是不能少的。例如,网购的某本图书在出现质量问题时,能够在第一时间解决问题。可以预见,随着市场竞争的日益激烈展开和消费者要求的不断提高,附加产品越来越成为竞争获胜的重要手段。

4. 心理产品

心理产品指产品的品牌和形象提供给顾客心理上的满足。例如,观赏芭蕾舞剧、竞拍艺术品等给消费者带来的心理满足感和优越感是显而易见的。产品的消费往往是生理消费和心理消费相结合的过程,随着人们生活水平的提高,人们对产品的品牌和形象看得越来越重,因而它也是产品的重要组成部分。

(二)文化产品的分类

就总体而言,文化产品可以分为两类:

第一类是公益性文化产品。这类文化产品一般不以市场营利为目的,不以利润的最大化为追求,而是以满足人们的精神文化生活需要、提高社会的科学文化水平、促进社会的精神文明、和谐发展与全面进步为宗旨。如历史上优秀的文化成果及其文明传统,人文社会科学、自然科学的基础理论研究成果,图书馆、博物馆、科普陈列馆等公益性场馆,公益性大众文化活动,全民健身运动场所及其活动,义务教育、科普宣传,公民道德教育,普法知识学习,某些行业的职工职业技术培训等等,这些文化产品及文化服务是公益性的,是政府义务为社会公众提供的,它体现了一个社会的文明程度和发展水平。

第二类是指非公益性的或曰市场营利性的文化产品,这也是文化产业中所要讲的文化产品,是文化商品或商业性文化产品。这类文化产品一般都要以特定的物质载体为存在形式,是走向市场进行交换的物质产品,如报纸、期刊、图书、字画、雕塑、唱片、音像制品、软件光盘、电影拷贝、文艺表演、工艺饰品、花卉盆景、旅游景观等。消费者通过购买这些文化产品或服务,获得一种文化享受,满足某种精神需求,或受到某种文化熏陶与启发。

二、文化产品生产者

文化产品的生产者,从广义的角度讲,既包括精神文化产品最初的创造者,也包括后来投入产业化运营后按照批量复制生产的模式进行生产的艺术加工者,他们都算作是文化产品的生产者。目前,我们的重点放在前者,他们生产出文化产品的价值和使用价值。

(一) 生产者的地位和特点

文化产品生产者从事精神生产劳动,创造出文化产品,满足人们的精神需求和文化消费。他与商品生产者有着很多不同。比如,在通常情况下,商品生产者是被排除在产品创意和设计之外的劳动者;而文化产品生产者,既是创意策划设计者,也是产品的生产制造者。没有文化产品的生产者,文化市场就不可能正常运行,文化产业就是一句空谈。

1. 生产者是文化产品的创造者,没有生产者就没有文化产品。

2. 文化产品的生命力取决于生产者创造产品的精神内涵。只有具有艺术价值的文化产品才能经得起时间的考验,才能在文化市场中保持生命力。而这取决于生产者的创作水平,生产者的创作水平则依赖于其天赋和学习。

毋庸置疑,文化市场的发展,很大程度上取决于一支品德和能力俱佳的文化产品生产者队伍的建设。文化产品生产者的知识高度和创造能力决定了文化产业发展的高度。一支高素质的生产者队伍,决定着一个企业、一个民族和一个国家的文化产业命运和前途。因此,对文化产业从业者的发掘和培养也成了文化产业的重要组成部分。

(二) 生产者的现状和问题

目前,我国已经开始努力和重视文化产品生产者队伍的培养、造就和建设。2004年起,教育部着手在高校批准设立"文化产业管理"专业。截止到2006年年底,全国已有40余所高校增加了这类专业,一些专门的文化产业学院也逐渐建设起来。诚然,我们的专业设置还暴露出粗放式和不成熟,具体到专业方面,比如游戏产业,美国有550所高校设立了这个专业,日本大致有200多所,只有4000万人口的韩国接近300所,直接受到政府扶助的就有106所,相比之下,我们国家还仅有40多所大学设置,专业教师队伍状况更不敢细究。再从文化产品生产者队伍占就业人口比例来看,纽约是12%,东京15%,伦敦14%,而北京实际不到5%,更别谈我国的其他城市了。①

在文化产业生产者数量明显不足的基础上,我们更加缺少高素质、高质量的领军人物和杰出人才。从事智力创造和文化生产,已经是一个高层次的精神运动领域了,而最终必然还是要落到实处,落到产业化的规模、落到产业链的循环、落到市场化的效益上,这真是难上加难了。当今社会的现状是13亿老百姓只看三五个导演的电影作品,销量过百万的图书有可能是抄袭的,此外,还有低水平的模仿和粗制滥造,导致文化产品与国外有相当大的差距。而这与文化产品的生产者须臾相关。因此,文化产品生产者的培养尚需加大力度。

三、文化产品消费者

文化需求和文化产品最终都必须落实到文化消费中,有需求、有产品、又有消费,才构成一个完整的文化市场。消费行为又被称为购买行为,文化市场的消费行为以是否购买文化消费品为标志。

(一)影响普通消费者行为的因素

一般而言,影响消费者购买行为的因素有三个:

1. 经济因素,包括社会生产力对市场购买活动的影响,社会生产关系对市场购买活动的影响,消费者的经济收入对市场购买活动的影响和商品价格对市场购买活动的影响等。

2. 文化因素,包括消费者文化背景对市场购买活动的影响,消费者文化水平对市场购买活动的影响,社会习俗对市场购买活动的影响和社会群体对市场购买活动的影响等。

3. 政治因素,包括政治制度对市场购买活动的影响,国家政策对市场购买活动的影响这两个方面。

(二)影响文化产品消费者行为的因素

鉴于文化产品更偏向于人的精神层次的需求,因此,在这些因素中,对文化消费产生更多影响的是下述几个方面:

1. 消费者的收入因素。1857年,德国著名统计学家恩格尔阐明了一个定律:随着家庭和个人收入的增加,收入中用于生活食品方面的支出比例将逐渐减少,这一定律被称为恩格尔定律,反映这一定律的系数被称为恩格尔系数。其公式表示为:

恩格尔系数(%)=食品支出总额/家庭或个人消费支出总额×100%

这个指数在某种意义上义被称为"享乐指数"。有资料表明,当恩格尔系数小于30%~40%时,人们消费上的享乐取向就会凸显出来,用于文化娱乐方面的消费就将大大增加。国际上常常用恩格尔系数来衡量一个国家和地区人民生活水平的状况。根据联合国粮农组织提出的标准,恩格尔系数在59%以上为贫困,50%~59%为温饱,40%~50%为小康,30%~40%为富裕,低于30%为最富裕。统计数据显示,2004年,我国城镇居民的恩格尔系数大多居于30%~40%之间水平。也就是说,我国城镇的文化消费面临着高速增长趋势,这意味着对文化产品和文化服务的需求将大幅度增长。

2. 消费者的文化水平因素。文化消费的需求与品位往往取决于消费者的文化价值观和文

---

① 王平,生产者是文化产业的核心要素. 和讯评论:http://opinion.hexun.com/2008-01-10/102722573.html. 2008-1-10.

化水平。文化水平越高,对文化的理解力就越强,其文化产品的需求也就越多,而文化水平较低的消费者,在文化消费中容易追逐时髦。消费者的知识背景也会影响它们的文化消费,如受人文学科教育程度高的人,对文化产品的选择个性比较明显,而工科背景的人更倾向于产品的标准化品质。

3. 社会习俗因素。社会习俗和文化禁忌对文化消费的影响十分明显。比如,中国人过除夕喜欢合家团圆吃饺子,而疏于文娱活动;元宵节却喜欢张灯结彩进行庙会狂欢,文化活动的气息浓厚。再比如,不同的神话传说产生了不同的动画片,而对于某些宗教方面的禁忌,则限制了一些文化产品的传播。

4. 政治因素的影响。文化产品的意识形态属性必然导致国家政策的强烈干预,政府往往采取一些措施来引导或制止某些文化消费行为,而文化商人也往往利用这些政策来更好地发展自己。[1] 如近年来掀起的"红色旅游"热,就与特定的政治观念、政治立场有着密切的关系。那些带有政治色彩的文化产品和服务,一般只能出现在特定的社会条件下,为特定的社会人群接受。社会的政治制度还会影响到文化消费的形态。比如,在一个妇女得到充分解放的国度,女性的文化消费能力就将大大提高。在旧社会,社会对妇女的禁忌很多,她们的文化消费受到很多限制。现在,广大妇女可以自由地进出剧场、影院等等公众娱乐场所,这使文化消费者的群体结构得到了根本改变。

四、文化商业中介

中介概念在德国古典哲学特别是在黑格尔的哲学中,得到了广泛的应用。黑格尔认为,作为事物之间的联系环节和事物转化、发展的中间环节,中介是普遍存在的。文化市场同样需要商业中介。

(一) 文化商业中介的定义

所谓中介,从词面上来看,就是指"在中间起媒介作用"。而主要履行中介活动的组织就是中介组织。其学术定义是指在不同事物或同一事物内部对立两极之间起中间联系作用的环节。对立的两极通过中介联成一体。文化商业中介则指以商业形式出现的联系文化产品生产者和消费者的中间环节,艺术经纪人、艺术出版商和发行商、画廊、拍卖行等等,都属于文化商业中介。

(二) 文化商业中介的作用

文化商业中介在文化市场运作中发挥着越来越重要的作用。可以说,没有文化产品的中介者,就没有文化产品的正常消费。豪泽尔在他的《艺术社会学》中说道:"没有中介者,纯粹的艺术消费几乎是不可能的。"

1. 文化商业中介是生产家的手足,是将艺术家的作品带到商品流通领域的重要使者。商业中介给艺术家留出了更多的空间和时间,让他们免于世俗的打扰,全心创作。他们能够通过各种营销策略让艺术家的作品为大家所熟知,创造更大的价值。

2. 文化商业中介是消费者的眼睛,是引领时尚消费的带头人。如果没有商业中介,艺术家的作品被尘封,消费者无法从茫茫人海中发现自己所需要的文化产品。

3. 文化商业中介是沟通生产者和消费者的桥梁。因为文化产品的特殊性,生产者和消费者

---

[1] 欧阳友权.文化产业通论[M].长沙:湖南人民出版社.2007:55.

很难做出一对一的交流,因此,需要商业中介作为桥梁。商业中介对推进文化产业的发展起着不可估量的作用。

> **案例 6-1　　　　　　　杨丽萍和她的《云南映像》**
>
> 　　《云南映像》是一部将云南乡土歌舞重新整合的充满浓郁云南风情的艺术作品。全剧70%的演员都不是专业演员,而是来自日常生活中的普通群众演员。舞路汇集了彝、苗、藏、傣、白、侗、哈尼等民族的原生态歌舞元素,由序、日月、土地、家园、神条、朝圣和尾声雀之灵七部分组成,朴素鲜活,充分展现了彝、苗、藏、傣、白、侗、哈尼等云南少数民族对自然的崇拜和对生命的热爱,具有令人震撼的艺术效果。歌舞让人领略到了云南少数民族文化的丰富多彩和活的形态,具有很高的观赏价值,已经成为云南原创民族歌舞的知名品牌。据了解,从2003年8月8日在昆明正式公演至今,《云南映像》已在国内25个省、直辖市的30余座城市巡演。同年11月,则开始长达一年的国外巡演。其中,在全美最大三家推广商的共同运作下,《云南映像》带来了至少超过1亿美元的票房收益。
>
> 　　在具体市场运作上,杨丽萍一方面采用股份制市场运作,另一方面则利用专业的、熟悉市场的公司来协助《云南映像》的商业开发。例如,杨丽萍与山林文化发展公司的法人代表荆林、昆明会堂的法人代表陆启龙分别出资,成为《云南映像》艺术团的三方股东,同时授权山林文化公司来帮她运作市场。在北京,则由派格影视公司的老总孙建军做《云南映像》的海外发行。这种项目制、股份制的运作使这台剧目从一开始就考虑怎样贴近观众、赢得市场。同时,《云南映像》自身也成立了云南映像文化产业发展有限公司,将有关《云南映像》的经营范围涵盖到了演出策划、组织、广告的发布、制作、代理及云南映像配套产品的销售等。
>
> 　　正如杨丽萍所说:"我要继续变下去。《云南映像》也要变,永远根据观众和时代的审美进行调整。必须产业化,产业化的意思就是不能单靠演出来养活自己,要做大,做成文化产业,别的映像制品啊,书籍等等。"如今,杨丽萍梦想成真,《云南映像》已成为一个产业。
>
> 　　请分析,《云南映像》这一文化产品究竟有什么魅力?其生产者、消费者和商业中介分别是谁?他们在这个成功案例中发挥着什么作用?

第三节　文化市场的营销调研

　　文化市场不是一个孤立的存在,它是整个商品市场中一个类别性的市场——提供文化产品和文化服务的市场,而整个商品市场是一种互动共存的关系。一般说来,不大会出现别的市场一片衰败而文化市场一枝独秀的情形。也不会是唯独文化市场萧条冷落而其他市场一派欣欣向荣。二者不是绝对同步,但反差不会太大,更不会截然相反。因此,在制定文化产品的市场营销策略之前,有必要做一个完整的调研,具体包括:对文化市场营销环境的调研、对消费者行为的调研、对文化市场的调查和预测,以及文化市场的STP分析。

一、文化市场的营销环境

　　一切存在于文化企业营销管理的外部并影响其具体营销管理活动实现的因素和力量的总和,即与文化企业营销有关的所有外部力量和关系的总和,我们称之为文化市场营销环境。与一般市场类似,文化市场营销环境也可分为一般环境、策略环境、科技环境、国际环境和文化市场总体环境。文化市场是存在于自然与社会的大环境中,为人类的生活特别是精神生活提供服务,那么,种种自然因素和社会因素就必然直接或间接地影响文化市场的存在和发展。因此,文化市场的营销就必须研究文化市场外部环境的千丝万缕的关系,极力避开外部环境的消极影响,化解威胁,捕捉机遇,借助和利用外部环境的积极因素,从而开辟和通畅文化营销的渠道,获得文化市场自身繁荣发展的优良的生存空间。

按照麦卡锡的观点,我们又可以把文化市场营销环境分为企业目标及资源环境、竞争环境、组织与技术环境、文化与社会环境。柯特勒则只把市场环境分为微观环境和宏观环境两大类。本书采用柯特勒的观点,从微观和宏观两个方面来讨论文化市场营销环境。

(一) 文化市场营销宏观环境

1. 政治因素:政治因素首先指政治局势。政治局势又包括文化市场所在国的国内政局稳定与否的状况,以及国际政治气候等。一个国家的文化市场营销是否兴旺,同这个国家的经济形势直接有关,而经济形势的好坏又往往取决于政局是否稳定。政治因素其次是指一个国家的经济体制和宏观经济政策。经济体制是一国经济运行的基本模式,是经济制度的具体体现,也是该国宏观经济政策制定和调整的依据。

2. 法律因素:法律是国家意识和国家尊严的体现,是国家以立法的形式保证强制实行的行为规范。经济法规则是国家为保证经济体制的确立和经济政策的实施而制定的制约、维护、调整企业经营活动的规范。文化企业的文化市场营销也不例外,既受有关文化管理法规的制约,也受文化管理法规的保护。

3. 人口因素:一是人口数量与增长速度。人口数量是文化市场存在的基本条件,并在一定程度上影响着文化市场营销的兴衰。人口基数大,必然意味着文化消费的巨大潜力的存在。二是人口分布及人口流动。三是人口结构。包括人口的年龄结构、家庭结构和社会结构。不同年龄的人有不同的文化消费需求。

4. 经济因素:是直接影响和制约文化市场营销的关键性因素。换句话说,是文化市场营销的实现性因素。经济因素包括很多方面,与文化市场营销关系较大的有经济发展阶段、地区经济状况以及社会文化消费能力等。

5. 社会文化因素:文化市场营销既是商业行为,又是文化行为,因此不可能不与社会文化大环境发生千丝万缕的联系。社会文化涉及的范围相当广泛,如文化传统、社会习俗、价值观念、审美观念、宗教信仰、亚文化群、语言文字、教育水平等。

6. 科学技术因素:科学技术是现代社会最活跃最主要的生产力,它的作用渗透到社会生产和生活的每一个领域,首先是对于经济活动的巨大影响和推动,并引起政治、法律、人口、社会文化等方面的连锁反应。科学技术对文化、文化传播、文化市场以及文化市场营销的影响也是不可估量的。就文化市场营销而言,可以说从文化产品的策划、设计、生产、包装、促销、销售到信息反馈,没有任何一种产品的任何一个环节离得开科学技术。

(二) 文化市场营销微观环境

所谓文化市场营销微观环境,是指与文化市场营销关系较为密切,直接影响文化企业,为目标市场服务能力的外部因素的总和(如其他文化企业、目标顾客、供应商、中间商、竞争者、公众等)。

二、文化产品消费者行为分析

文化市场和文化市场营销,说到底,都是为文化消费者而存在。因此,对文化消费者的行为的把握影响并决定着文化市场的兴衰和文化市场营销的成败。文化企业和经营者必须研究分析文化消费者的行为特点及其变化规律,以制定出为文化消费者所接受和欢迎的文化营销策略。文化市场营销尤其要研究分析文化消费者的行为阶段及其特点,既要把握好文化产品和文化服务的价格定位与消费者的经济承受能力相对应的尺度,还要把握好文化产品和文化服务的意义内涵与消费者的文化层次相对应的尺度。

(一)消费者行为阶段

文化消费者行为是指消费者围绕文化产品和文化服务产生消费欲望和消费行动的一系列心理活动和生理活动。文化消费者的心理活动包括消费欲望的产生、消费动机的形成以及消费欲望的满足;生理活动主要指消费者对文化产品和文化服务的购买与接受行为,即用货币获取文化产品与文化服务的选择过程。文化消费者行为不能简单地理解成就是购买行动,它有一个从产生消费愿望,到下定消费决心,再到采取消费行动的从心理到生理的全过程。这个过程既是连续发生、一以贯之的,又是各有特点、互相牵制的。其中任何一个环节出了问题,都可能导致消费者消费行为的取消,也就是营销者营销的失败。尤其要注意的是,文化产品和文化服务不像一些物质商品,如衣服、食物以及日常生活用品,是人人必须消费的。

因此,文化消费者消费行为的过程,一般可划分为六个阶段:形成需求、产生动机、收集信息、评估对象、消费决策、消费评价。[①]

1. 形成需求。文化消费者对文化产品形成消费需求,是心理受到刺激而产生的一种急切需要得到满足的渴求感与紧张感。可分为内在心理刺激和外在心理刺激。内在心理刺激是消费者自身引起的自发需求,如想投资股票但又缺乏这方面的知识,就会很自然地到书店购买这方面的图书;一天工作下来很紧张,想放松放松,就极有可能去看场轻松的电影或去跳跳舞。外在心理刺激是消费者受到客观因素影响而引起的需求,如流行一时的图书、轰动的电影、热门的歌星音乐会等外部效应的感染与诱惑,不及时地去消费一下担心会留下遗憾,需求当然就十分强烈。

2. 产生动机。光有文化消费的需求,还只是消费行为的起点,要真正实现消费还得把需求转化成决心,即产生消费动机。动机能否产生一方面取决于消费者消费欲望的强烈程度和经济承受能力;另一方面也取决于文化产品、文化服务的质量高低对消费者产生的刺激力、诱惑力的大小,当然也跟文化企业营销策略的优劣有关。就文化消费者而言,消费动机的产生一般要经历以下三个阶段:对文化产品和文化服务的注意阶段,即对消费对象的价值、属性等产生关心。二是对文化产品和文化服务的情感阶段,即消费者对消费对象是否感兴趣、是否中意以及感兴趣和中意的程度。三是对文化产品和文化服务的消费意志形成阶段,即消费者决心接受消费对象。前二者尚有一定的模糊性和摇摆性,只有用妥善省效的方法牢牢抓住第三个环节即意志形成环节,营销的目的才能实现。

3. 收集信息。消费动机产生后,往往出现两种反应:一种是直接购买,另一种情况是动机虽然产生了,但不马上付诸消费行动,原因是对消费对象的价值、属性了解得还不是很透彻,或者消

[①] 方明光.文化市场与营销[M].上海:上海人民出版社,2003.

费金额比较大。这时消费者就要收集有关文化产品或文化服务的信息,以帮助自己做出消费决策。

4. 评估对象。文化消费者收集到有关文化产品或文化服务的信息后,会对即将消费的对象进行分析、比较、权衡。其中主要包括消费对象的属性、价格、意义内涵。消费者一般喜欢"货比三家",对即将购买的文化产品有了基本的评价再做决策。

5. 消费决策。影响文化消费者消费决策的因素很多。首先,是文化产品的价格。消费者的经济承受能力不同,对文化产品和文化服务的价格反应也不一样。其次,文化产品和文化服务的意义内涵也是消费者十分关注的,它是指精神价值的大小。物质产品的价值在其实用性,而文化产品(包括文化服务)的价值则在其意义内涵。

6. 消费评价。文化消费者在购买文化产品或享受文化服务后,一般都会自觉不自觉地做出评价,或褒扬、或贬斥、或不置可否。这些评价有的是正确的,有的是错误的,有的可能是误解或偏见,包括排斥少数是出于某种目的(如不正当竞争手段)的恶意中伤。这些对于文化市场营销来说,都是极为重要的信息反馈. 必须及时搜集了解,引起高度重视。

(二)消费者行为特点

美国心理学家马斯洛将人的需求由低级到高级分成多个层次:生理需要、安全需要、归属和爱的需要、尊重需要,以及自我实现的需要。除了上述需要外、马斯洛在《通向一种关于存在的心理学》一书中指出,人还有更高层次的一系列需要,如完整、完善、完成、正义、活跃、丰富、单纯、独特、乐观、真诚、自我满足等等。审美和文化消费的需要在马斯洛的需要层次排行榜上尽管受到不同的评价,但有其合理和符合实际性,对于分析消费者(包括文化消费者)的消费动机和消费行为可起到有益的参考借鉴作用。文化消费者的需求特点因地因时因人而异,可以说相当纷繁和变化多端,这里介绍带有共同性的几个方面:

1. 需求的多样性。不同年龄、性别、职业、性格、气质、爱好、修养、文化程度和收入水平的消费者,其爱好和兴趣是各不相同的,因此对文化产品和文化服务的需要也是千差万别的;同一个消费者,在不同的时期,或在收入变动的情况下,或为了不同的目的,对文化消费的需要也是有很大差别的。

2. 需求的无限性。不论何种层次何种类型的消费者,其文化消费的需要都是没有止境的。一种需要满足了,还会有新的需要产生,何况有些文化消费是会反复需要的。此外,随着消费者自身情况的变化和社会提供的文化产品、文化服务越来越丰富,消费者的需要还会在广度和深度上向更高的层次发展。

3. 需求的伸缩性。由于内外因素的影响、消费者的文化需求还表现为有一定的弹性。内因的影响主要是消费者本身需求欲望的强烈程度和货币支付能力的大小;外因的影响包括文化产品、文化服务的提供及其质量、广告宣传以及营销环境等。二者都能导致消费者扩大消费或收缩消费。

4. 需求的层次性。不管是物质需求与精神需求的划分方法还是马斯洛的划分方法,都告诉我们一个基本原理:消费者对需求的满足都是循序渐进、由低层次到高层次逐步递升的。物质需求不首先满足最基本的,高一层的需求就无从产生,这是受自然规律的制约;精神需求不首先满足低层次的,则高一层的需求纵然产生也没有能力承受,这是受艺术规律的制约。

5. 需求的可诱导性。文化消费者的需要是可以进行市场引导和调节的。就是说,通过文化市场营销活动的影响与刺激,可以使消费者的需要发生变化和转移,潜在的消费欲望可以化为消费行动,未来的消费需要可以变为现实的消费。当然,错误或不得体的营销策略、营销手段也会起逆向诱导作用。

(三)消费者类型及特点分析

1. 经济型。这类消费者对文化产品和文化服务的价格十分敏感。价廉物美固然好,价廉物不美但有一定的实用价值,譬如特价书刊、旧书刊等,他们也乐于光顾。价格是营销消费者做决策的最重要的因素,因此,经济型的消费者占有极大的比重。

2. 理智型。这类消费者不盲从,有自信,一般也比较内行,消费时按照自己的意愿和眼光抉择,严格而慎重。他们的文化价值观相对比较稳定,其购买行为相对也比较固定,在制定营销策略时更注重凸显产品本身的价值。

3. 冲动型。这类消费者大都跟着感觉走,随机性大、易受外界影响;一般不太深思熟虑,付诸消费行动也较快捷。追逐时尚和潮流日益成为年轻人的选择。譬如影院热映的电影,不管他们本身是否喜欢,只要大家去,他就会为票房贡献力量。

4. 习惯型。也称经验型。这类消费者接受什么文化产品或文化服务,不接受什么、甚至在什么时间、什么地点接受,往往有自己的惯性轨迹,也较少受广告宣传的影响。对于这一类型的消费者,营销策略对他们做到的作用较小,需要经营者更费心思。

5. 执著型。这类消费者往往有自己独特的偏爱和嗜好,专门选择自己一向热衷的文化产品或文化服务(如某类文物收藏、某项文化娱乐),而对其他文化消费不感兴趣,熟视无睹。有的人对话剧感兴趣,而另一群人却完全不愿涉足。

6. 不定型。这类消费者就是爱好消费,只要条件允许,看到什么都想买,至于该不该买,买了有什么用往往不大考虑,也不甚懂行,随大流。这就是通常被称为有"购物欲""购物癖"的消费者。例如有的人书架上五花八门的什么书都有,但真看过的没有几本,别人从他的书架上也很难推测他所从事的职业。

对于文化市场营销来说,针对不同类型的消费者,展开不同方式的营销是非常必要的,这里的关键就是区别对象,用正当的手段,使服务一一到位。用单一的服务方式或无的放矢的错位服务都只能是南辕北辙,收不到预期的效果。

三、文化市场调查和预测

文化市场营销调查和文化市场需求预测,是文化企业营销战略中的两个重要环节。文化市场营销调查是文化市场需求预测的前提和基础,文化市场需求预测是文化市场营销调查的必然结果。作为一个相当活跃的动态系统,文化市场的需求在一般情况下总是一个变量,而不是一个常量。因此,只有根据科学的原理和正确的方法,才能做出符合客观实际情况的文化市场需求预测,而正确的文化市场需求预测,主导着文化企业的生产和营销,使文化企业能获得更高的社会效益和经济效益。

(一)信息采集

文化市场营销调查实质上是对有关信息的采集和整理的过程。信息采集的原则之一便是相关内容多多益善。因为信息采集是否全面、是否充分,将决定信息整理后所得出的结论的正确程度。而要采集大量的信息,没有多条途径显然是不行的。

市场是文化市场营销调查最直接、最宽广、最主要的途径,是连接生产者和消费者的中心环节,是解决供与求这对基本矛盾的唯一场所。通过市场所收集到的有关信息,一般来说都较为真实地反映了市场本身的方方面面,包括供求状况、容量大小、运行机制等。文化市场是文化消费的场所,剧院、影院、舞厅、书店、画廊、音乐厅、展览会等,是文化市场营销调查的基本对象。在一般情况下,影剧院的上座率、图书的发行量、画廊的售画数等最基本的经济指标,最为直接地反映了文化市场的真实情况。如果文化企业对这些最常见的市场经济指标不重视、不注意、不研究、不分析,那么文化市场的营销调查无异于缘木求鱼、舍本逐末。

为了更深入地进行营销调查,对于市场这一途径还可以加以细化,即还可以把市场途径分为消费者和竞争者两个方面。一是通过对文化市场上消费者的消费动机、消费心理、消费行为、消费对象等因素的调查,掌握有关需求信息。二是通过对文化市场上竞争者的产品数量、品种构成、营销手段、市场占有率等因素的调查,掌握有关供应的信息。

(二)市场调查的方法和技术

市场调查的方法,一般包括以下四种:

1. 观察法:在准备好调查提纲的基础上,组织调查人员到商店、集市或有关地方对商品交换行为进行观察,从观察记录中获取有关市场信息。观察法可以分为明观察法和暗观察法两种。明观察法,就是在商品交换场所向营业员和消费者说明调查目的;暗调查法则是隐瞒调查者身份和目的进行观察。

2. 实验法:把部分文化产品小规模地推向市场,让市场来检验这些产品是否具有适销性和竞争性。实验法是一种商品营销试验,从试验中得到有关市场信息。实验法可以分成两种,一种是展销,一种是试销。文化市场营销调查的技术,取决于文化市场营销调查的范围要求、目的以及调查者和被调查者之间的关系。

3. 访问法:在准备调查提纲和表格设计的基础上,通过各种手段向被调查者提出询问,使被调查者根据设计和安排来回答有关问题,从而获取文化市场的有关信息。询问法是文化市场营销调查的基本方法,这种方法可以在调查者和被调查者之间建立信息双向交流,互为反馈,并可以根据实际调查情况随时修正调查选题和调查计划,使调查得到完善结果。询问法可以采用多种手段,如访问调查、电话调查和信函调查等。

4. 问卷法:通过设计调查问卷,让被调查者填写调查表的方式获得所调查对象的信息。在调查中将调查的资料设计成问卷后,让接受调查的对象将自己的意见或答案填入问卷中。在一般进行的实地调查中,以问答卷采用最广;同时,问卷调查法在网络市场调查中运用得较为普遍。

市场营销调查的技术,大致上可以分为以下几种:

1. 全面调查,又可称为普查。全面调查,是对文化企业产品所涉及的对象毫无遗漏地逐一进行调查。全面调查所得到的信息比较完整、比较系统、可信度高、有效性强,但是调查工作面广量大,组织工作较为复杂,数据处理也较为麻烦。因此这种技术一般用于产品销售渠道较小、用户不多的市场营销调查。

2. 典型调查,是在某一范围内选择有代表性的单位进行调查,所谓有代表性的单位,应该根据其在整个文化市场中的地位、作用、意义等各方面进行分析、加以判断,不能单凭主观臆想。对文化市场而言,比较重要的剧场、影院、音乐厅、博物馆,都可作为典型单位。但是,某些规模过大或规模过小的单位,缺乏市场代表性,一般就不宜作为典型调查的对象。

3. 抽样调查:是从调查对象的总体中抽取若干样本进行调查,取得信息。抽样调查所依据的原理是数理统计理论,具有较强的科学性和较高的准确性,具体方法也简便易行,因此目前已经成为最常用、最普通的一种调查技术。实践证明,抽样调查较之其他市场调查,似乎更受欢迎,人们更喜欢借之评论文化消费行为以及文化产品营销活动的成功与否。

(三) 文化市场需求预测

文化市场需求预测可以用不同的标准进行划分归类。用不同的标准划分的不同类别,在营销实践中起着不同的作用。因此,应该根据营销实际中所遇到的问题,选择不同的标准,用不同类别的文化市场需求预测。

1. 按时间划分文化市场需求预测

近期预测:指三个月以内的市场需求预测。在一般的市场预测中,近期预测的主要对象是带有较为明显的时令性商品。而在文化市场预测中,近期预测的主要对象是带有明显时间性题材的较为小型的文化企业产品。例如我国传统节日里所需要的各类文化娱乐活动,一般可以进行近期预测。考虑到文化产品是一种物化的意识形态,就其本质来说,文化产品的创作是一种相当复杂的精神劳动,生产周期不宜过短,特别是某些高雅的、大型的文化产品,不可能在近期内立即生产出来,因此,文化市场的近期预测,除了某些小型产品甚至是应景式的产品之外,一般不宜采用。

短期预测:指三个月以上、一年以下的市场需求预测。文化市场需求的短期预测,对于一个文化企业的生产来说,其意义十分明显。因为如果能够正确地估计到一年之内的市场需求发展趋势,文化企业完全有时间根据这种趋势调整产品结构,或者推出新产品去适应这种市场发展趋势,从而获取较大的经济利益。例如,一个剧团排演一台新戏、一个乐团进行巡回演出、一个画廊办一次画展,甚至一个作家写一部中长篇小说。

中期预测:指一年以上、五年以下的市场需求预测。文化市场需求的中期预测,其主要对象是较为大型的文化产品。例如,多集型电视剧从创作到摄制完成,某些丛书从选题策划、创作到出版发行,城市社区内某一文化娱乐设施的建设,省际乃至国际某些文化合作交流项目从确定到实施等。对于文化生产单位来说,主要是大中型的文化企业和文化团体。当然,中小型文化企业在制订生产规划时,倘若条件许可,也应该有目的地进行文化市场需求的中期预测。

长期预测:指五年以上的市场需求预测。一般来说,市场需求预测的周期越长,其准确性就越难以得到保证。但是,文化市场具有一般市场所没有的特殊性。文化产品作为社会意识形态之一,国家对此进行了较为详细的规划和指导。因此,在某些条件下,文化企业可以根据国家有关文化发展的总体战略,进行文化市场需求的长期预测。当然,文化市场需求的长期预测的主体一般是政府文化管理部门和大型的文化生产企业。长期预测的对象一般是大型乃至特大型的社会文化工程项目,例如某些区域文化消费的总体情况,大百科全书的出版等等。就一般的文化企业而言,对文化市场需求进行长期预测的必要性不大,而且在实际操作上也会遇到一定的困难。

2. 按地点划分文化市场需求预测

全国性市场需求预测:是把全国看成一个统一的大市场、对这个统一的大市场进行全面而详尽的需求预测。全国性市场的需求预测,对于全国所有的文化企业都有一定的现实指导意义。无论是中央一级的文化企业,还是省市一级的文化企业或地县一级的文化企业,都可以凭借全国性市场需求预测结果,在全国范围内寻找新的市场生长点。但是,由于我国幅员辽阔、人口众多、市场巨大、情况复杂,因此要在全国范围内进行文化市场的需求预测,需要有良好的组织网络、雄厚的资金基础及有效的工作方法等,而这些并不是所有的文化企业和文化信息机构所具备的。除了全国性高层次的文化管理机构和全国性的大型文化企业以外,要全面、详尽、准确地进行全国性文化市场的需求预测,应该说尚有一定的难度。

地区性市场需求预测:主要是指省、自治区和直辖市范围内的市场需求预测。某些跨省市地区,如我国的京津唐地区、沪宁杭地区;某些省市自治区范围内相对独立的地区,如珠江三角洲、成渝地区等,也可以把它们看成一个地区性的统一市场。地区性市场需求预测,对于一个文化企业来说,既有必要性,又有可能性,因为地区性的市场容量比较适中。全国性市场容量太大,文化企业难以驾驭;而县级地区市场容量太小,文化企业难以施展。因此,地区性市场的需求预测,对于一个文化企业来说相当重要。

当地市场需求预测:主要是指省辖市、地级市范围内的市场需求预测。这一范围内人口较少、市场较小、地域不大、文化差异不多,因此要进行准确的市场需求调查和预测,一般来说并不困难。一般的文化企业单位,也完全有能力进行当地市场需求的预测。

3. 按照性质来划分文化市场需求预测

定量预测:是对文化市场需求从量的角度进行分析和考察,即把预测的结果量化。任何市场需求都可以表现为质和量两个方面,如果缺乏量的估计,那么市场预测就失去了意义。例如,预测一场演出的观众人数,预测一本书的发行数量,预测一个展览会的门票收入,归根到底,就是预测文化企业的经济效益,因此十分重要。定量预测一般可采用两种方法。一种是统计分析法,主要依据经市场调查后获取的大量资料,用统计数字表达,从中找寻文化产品的供需趋势,一种是经济计量法,主要依据市场需求中各因子之间的制约关系,用数学方法加以预测。一般来说,长期预测以采用定量预测为宜。

定性预测:是对文化市场需求从质的角度进行分析和考察,着眼于文化产品的种类和品质。定性预测首先应该解决文化市场需求的是哪一类文化产品,其次应该解决文化市场需求的是什么品质的文化产品。例如,预测高雅文化和通俗文化的潜在市场,预测电影市场和电视市场的发展趋势,预测中国画和西洋画的销售前景,等等,都属于定性预测的范畴。一般来说,短期预测以采用定性预测为宜。

四、文化市场营销的 STP

市场细分的概念是美国营销学家温德尔·史密斯在 1956 年最早提出的,此后,美国营销学家菲利浦·科特勒进一步完善了史密斯的理论,并最终形成了成熟的 STP 理论。S、T、P 分别是 Segmenting、Targeting、Positioning 三个英文单词的缩写,即市场细分、目标市场和市场定位的意思,它们是战略营销的核心内容。STP 理论(或称市场定位理论)的根本要义在于选择确定目标消费者或客户。[①] 根据 STP 理论,市场是一个综合体,是多层次、多元化的消费需求集合体,任何企业都无法满足所有的需求,企业应该根据不同需求、购买力等因素把市场分为由相似需求构成的消费群,即若干子市场,进而制定营销策略。

---

① 李康化.文化市场与营销变革[M].北京:北京大学出版社,2008.

(一) 市场细分概述

所谓市场细分,就是按照一定的标准,辨别和区分对同一产品有着不同需求的消费者群体并加以分类的过程,它是现代市场营销发展的必然产物。而通过市场细分形成的若干个较小的子市场,就是细分市场。市场细分与细分市场之间是过程和结果的关系。

1. 市场细分具有必然性

第一,它是消费者需求差异性的产物。消费者需求存在着广泛而深刻的差异性,这是市场细分的内在条件。在同一产品上,消费需求存在着多样性或异质性。消费者对产品的这种需求差异,决定了企业在从事市场营销活动时,必须针对不同性质的市场采取不同的对策。第二,市场细分也是现代市场营销活动的内在要求。一方面,现代企业是市场经济的主体,虽然其资源条件是极其有限的,但是其目标却是取得最大限度的利润;另一方面,激烈的市场竞争作为市场经济的本质属性,要求各市场主体努力参与,以获取其竭力追求的利益。第三,市场细分也是现代社会分工对市场营销的客观要求。现代市场经济的特征就是规模大、分工细的商品生产。日趋精细的社会分工,决定了企业的经济活动领域日趋狭小,表现在市场营销活动中,就是通过市场细分进行目标市场营销。

市场细分与文化有着密切的关系。一方面,文化是市场细分的基本手段。根据文化差异来进行市场细分,根据文化的变化来调整细分市场,是现代市场营销的基本手段;另一方面,市场细分不仅是市场营销研究的基本手段,也是研究各种事物的基本方法和手段。比如,以市场细分为手段,对社会文化系统进行细分,就可以探索不同文化和亚文化流派的产生和发展的内在规律,因此市场细分也是文化研究的基本手段。

2. 市场细分的依据

根据文化的观点,市场细分实际上就是把一个消费文化系统划分成若干个消费亚文化系统的过程。市场细分的依据主要包括大类:

(1) 地理细分。就是按照消费者所在的地理位置如经纬度、海防位置等,以及其他地理变量如国家、地区、城市或乡村、气候、地形地貌、人口密度、交通状况、资源水平等方面来进行市场细分,把市场划分为若干个各具特色的地理区域。而不同文化或亚文化的消费者需求存在着不同的特点,因此对企业的产品策略、价格策略、分销策略、促销策略等方面的营销手段也有着不同的需要和反应。

(2) 人口细分。就是按照多方面的人口变量如年龄、性别、收入、职业、教育水平、家庭规模、家庭生命周期阶段、宗教信仰、种族和国籍等标志来进行市场细分。这些因素都是文化的影响因素,其中年龄和性别是区分人的生理差异和心理差异的重要标志,也是年龄文化、性别文化形成和变化的根本要素。

(3) 心理细分。就是按照消费者的社会阶层、生活方式和个性特征等方面的心理变量来进行市场细分。社会阶层是社会阶层亚文化形成和发展的根本因素,消费者都自觉不自觉地以与其社会阶层特点相适应的方式进行消费活动;个性特征和生活方式都具有民族性、时代性、多样性和复杂性等特征。它们是区分文化或亚文化的重要因素,其本身也是特定的文化或亚文化的产物。企业只有充分地满足消费者在这些方面的需求,才能保持其营销手段的适应性。

(4) 行为细分。就是企业按照消费者购买或使用某种产品的时机、消费者所追求的利益、使用者的情况、消费者对某种产品的使用率、消费者对品牌的忠诚度和消费者对产品的态度来进行市场细分。这些方面是由消费者所受教育、收入水平、社会阶层、个性特点等方面决定的。从根本上说,行为细分的依据是消费者所处的文化或亚文化背景及其文化特征。

作为现代市场营销的基础理论和方法,市场细分是市场环境发展到一定阶段的产物。市场环境的演变,致使企业的目标市场呈现由大到小的变化过程,企业只有顺应这一趋势才能生存发展。现代市场营销是以市场细分为基础的目标市场营销,最集中地体现着现代市场营销的特色。

(二) 目标市场

目标市场是指企业从细分后的市场中选择出来的决定进入的细分市场,也是对企业最有利的市场组成部分。例如,现阶段我国城乡居民对照相机的需求,可分为高档、中档和普通三种不同的消费者群。调查表明,33%的消费者需要物美价廉的普通相机,52%的消费者需要使用质量可靠、价格适中的中档相机,16%的消费者需要美观、轻巧、耐用、高档的全自动或多镜头相机。国内各照相机生产厂家,大都以中档、普通相机为生产营销的目标,因而市场出现供过于求的现象,而各大中型商场的高档相机,多为高价进口货。如果某一照相机厂家选定16%的消费者目标,优先推出质优、价格合理的新型高级相机,就会受到这部分消费者的欢迎,从而迅速提高市场占有率。

1. 选择目标市场的要求

首先要求具有差异性,顾客在购买行为、成本、资金需求等方面有足够的差异,使差异化战略具有合理性;其次具有可衡量性,市场规模、购买力等特征可测量;第三是可达到性,通过相应营销组合,产品能送抵消费者;第四是实用性,规模足够大,有较大的盈利潜力;最后要有可行性:针对性的营销努力能有效抵达特定群体,对营销组合的反应基本一致。

2. 确定目标市场的方法

(1) 市场集中化。选择一个细分市场,集中力量为之服务。较小的企业一般这样专门填补市场的某一部分。集中营销使企业深刻了解该细分市场的需求特点,采用有针对性的产品、价格、渠道和促销策略,从而获得强有力的市场地位和良好的声誉。不过,集中营销同时隐含较大的经营风险。

(2) 产品专门化。集中生产一种产品,并向所有顾客销售这种产品。例如服装厂商向青年、中年和老年消费者销售高档服装。企业为不同的顾客提供不同种类的高档服装产品和服务,而不生产消费者需要的其他档次的服装。这样,企业在高档服装产品方面树立很高的声誉,但一旦出现其他品牌的替代品或消费者流行的偏好转移,企业将面临巨大的威胁。

(3) 市场专门化。专门服务于某一特定顾客群,尽力满足他们的各种需求。例如,企业专门为老年消费者提供各种档次的服装。企业专门为这个顾客群服务,能建立良好的声誉。但一旦这个顾客群的需求潜量和特点发生突然变化,企业要承担较大风险。

(4) 有选择的专门化。选择几个细分市场,每一个对企业的目标和资源利用都有一定的吸引力。但各细分市场彼此之间很少或根本没有任何联系。这种策略能分散企业经营风险,即使其中某个细分市场失去了吸引力,企业还能在其他细分市场盈利。

(5) 完全市场覆盖。企业力图用各种产品满足各种顾客群体的需求,即以所有的细分市场作为目标市场,例如上例中的服装厂商为不同年龄层次的顾客提供各种档次的服装。一般只有实力强大的大企业才能采用这种策略。例如IBM公司在计算机市场、可口可乐公司在饮料市场开发众多的产品,满足各种消费需求。

3. 确立目标市场的营销模式

按照企业目标市场的这一变化过程,市场营销活动以由先到后的顺序可划分为四种营销模式:

(1) 批量市场营销。社会化大生产发展之初,由于生产力水平低下,市场上的产品供不应求。在这一时期,各企业在生产观念的指导下,普遍认为消费者需求是无差异的。因而他们的营销策略就是大量地生产单一品种的产品,适当降低价格,并进行广泛的分销。这一营销策略能够最大可能地降低成本,简化交易过程,不仅能够更好地满足这一时期的消费者需求,并发掘尽可能大的潜在市场,还能够使企业获得丰厚的利润。

(2) 产品多样化市场营销。随着社会生产力的发展,市场的产品数量日益丰富,品种单一的产品出于不能给顾客提供任何选择机会,就不能更好地适应社会需求,也就是说,这种单一产品加广泛分销的营销策略就不能再适应市场营销实践的需要。因此,一些精明的小产者就开始增加产品的花色品种,向顾客提供多样化的产品,以吸引更多的顾客。在当时的条件下,这一市场营销策略也的确大大强化了企业的市场竞争力。

(3) 目标市场营销。目标市场营销是指以特定的细分市场为企业的目标消费者的市场营销方式。在目标市场营销下,企业为不同的目标消费者群体提供不同的产品和服务,并采用与其相适应的价格、分销和促销策略。产品多样化营销方式所提供的产品仅仅具有形式上的差异,其本身并没有任何的实质性区别。随着买方市场时代的到来,企业之间激烈的市场竞争使消费者的地位日趋优越。这就意味着,企业必须花大力气来仔细研究消费者的需求,并为消费者提供能够更好地满足其消费需求的产品,只有这样才能赢得顾客满意。现代企业在市场细分的基础上,选择合适的目标市场,并进行市场定位,进而制定和实施营销策略,就构成了现代市场营销或者目标市场营销活动的全过程。

(4) 个别市场营销。个别市场营销也叫一对一营销,它是指企业以各个单个的消费者为目标顾客的市场营销方式。在个别市场营销方式下,企业为各个消费者提供专门化的产品和服务,并采取相应的价格、分销和促销策略。实际上,个别市场营销也是一种目标市场营销,准确地说是一种细分市场划分到最小限度的目标市场营销。虽然当前的市场营销实践中已经出现了它的萌芽,但它更多的是适应未来社会生产力水平高度发展的条件下人们的个性化需求。

(三) 市场定位

定位的概念最先来自于美国的两位著名广告专家艾·里斯和杰克·居劳持发表的《定位时代》的系列论文。简单地说,所谓市场定位,就是企业通过设计出自己独特的产品、形象和具有经营特色的活动,从而在目标顾客心中确定与众不同的有价值的地位,以寻求最佳的市场位置为目标的各种活动的总称。具体地说,市场定位就是企业在市场细分和确立目标市场后所采取的勾画自身形象和产品、服务为顾客所提供价值的行为过程,目的在于塑造企业和产品、服务的鲜明个性,以便让这一目标市场上的顾客更好地识别。

1. 市场定位的意义

无论是产品特色、品牌特色还是企业文化特色,最终都取决于市场定位。市场定位就是确立产品特色、品牌特色和企业文化特色与特定文化系统相适应的观念文化,从而使特定的产品与特定的文化系统高度适应。按照文化的观点,市场定位就是给特定的物质产品品牌和企业赋予深层次的观念文化,以强化其文化特色。产品、品牌和企业作为外显文化,只是观念文化的一个载体,它必须高度适应文化系统的深层次因素——观念文化的内在要求。一件产品,无论质量好坏,如果它能与文化或亚文化系统的观念文化相适应,就意味着能融入某一文化系统中而能够为特定的消费者所广泛接受,因此在市场上就有生存空间;反之,如果不能与任何文化或亚文化系统中的观念文化相适应,就意味着为任何文化或亚文化系统所排斥,这就决定了这种产品无论如何都没有市场空间。正因如此,市场定位改变的不是产品、品牌和企业本身,而是人们对它们的看法。

2. 市场定位的方法

产品特点定位:即强调构成产品特色的某些因素,如产品的品质、价格、材料等。利益定位,即强调产品能够给消费者带来各种特殊的利益,或者能够满足消费者的某种特殊需求。使用场合或用途定位:即强调产品适用的特定场合或具有的特殊用途。竞争定位:即以竞争者产品为参照,强调自己的产品的特色。产品类别定位:即将产品定位于某一大类产品上。使用者定位,即强调产品适用于某一特定消费者群体。质量价格定位:即强调产品的质量、价格特色价廉和低质低价等情况。

3. 市场定位的策略

(1) 按目标区域分类

抢占或填补市场空白策略。这种策略是将企业产品的位置定在目标市场的空白处,它不仅避免了市场竞争,不与目标市场的竞争者直接对抗,而且在目标市场的间隙或空白领域开拓新的市场,生产销售目标向市场尚未挖掘的某种特色产品,以更好地发挥企业的竞争优势,获取较好的经济效益。

与竞争者并存和对峙的市场定位策略。这种策略是将本企业的产品位置确定在目标市场上现有竞争者的产品市场上,相互并存和对峙着。有些实力不太雄厚的中小企业大都采用此策略。采用这种策略的优点是:企业可仿制竞争者的产品,向市场销售自己品牌的产品;企业可节省大量的产品研究开发费用,降低成本;由于竞争者已为产品进行推广宣传,开拓市场,本企业既可节省推广费用,又可减少不适销的风险。企业决定采用对峙和并存的市场定位策略的前提是:首先是该市场的需求潜力还很大,还有很大的未被满足的需求,并足以吸纳新进入的产品;其次是企业推出的产品要有自己的特色,能与竞争产品媲美,进而能立足于该市场。

取代竞争者的市场定位策略。这种策略就是将竞争者赶出原有位置并取而代之。一些实力雄厚的大企业,为扩大自己的市场范围,通常会采取这种取而代之的策略。企业要实施这种定位策略,必须比竞争对手有明显的优势,提供比竞争者更加优越和有特色的产品,并做好大量的推广宣传工作,提高本企业产品的形象和知名度,冲淡顾客对竞争者产品的印象和好感。

(2) 按具体内容分类

巩固定位,即以强化其现有定位,巩固其在消费者心目中的地位的定位策略。寻隙定价,即寻找为一部分消费者所重视却不为竞争者所涉足的子市场,开拓新的市场领域,开发特色产品的定位策略。重新定位,即改变产品原有定位。首席定位,即争夺某一市场的领导者或第一名位置的定位策略。高级俱乐部定位,即以成为某一产品中最优者之一的定位策略。

4. 市场定位的注意事项

文化决定着市场定位的内容和手段。首先,市场定位的内容必须合乎文化的特色。由于消费者需求具有强烈的文化特性,这就要求企业进行市场定位时,无论是满足消费者的现实需求,还是引导消费者需求,首先要保证其市场定位的内容要合乎文化特性。也只有这样,消费者才可能接受这种产品。其次,企业还必须最大限度地适应文化的发展变化,一方面要保证产品的市场定位合乎现实的文化特色,只有这样才能保证产品适应消费者的现实需求;另一方面还要考虑到文化的发展变化,及时地对产品的市场定位进行适应性调整,只有这样才能保证产品在市场上的生命力。也就是说,市场营销是现实主义与浪漫主义的完美统一。

正因如此,许多国际驰名品牌长盛不衰的奥秘就是不断地根据文化环境的变化来及时地调整市场定位。改革开放以来,我国越来越多的传统名牌产品和老字号企业都纷纷陷入困境甚至最终为市场所淘汰,其根本原因就在于他们抱残守缺,其市场定位没有进行适应性调整,致使其难以适应当前市场的文化环境。比如,我国传统中医药必须进行创新,只有这样才能保证其在国内发扬光大,并走向世界。

另外,市场定位的方法也必须合乎文化的要求。从市场营销过程来看,市场调研、市场细分和目标市场选择作为市场定位的前期准备工作,其核心就是对消费文化进行深入细致的分析研究,这是产品拥有合适的市场位置的前提条件。就市场定位本身来看,市场定位就是发掘与社会文化环境相适应的产品特色,并将其发扬光大。

案例 6-2　　　　　　　　　**太合麦田的"彩铃之路"**

由黑龙江省对外文化交流协会主办的"太合麦田音乐文化发展有限公司"(以下简称太合麦田),是由太合传媒和麦田音乐制作公司合并而成的,是国内著名音乐制作公司。为什么合并后的太合麦田没有用音乐制作公司或唱片公司这一国际上通用的名称而是称自己为音乐文化发展有限公司呢?这是由国内音乐市场本身的特点决定的,也是符合国内音乐市场状况的一种命名。太合麦田在国内音乐市场不成熟因而充满极大风险的条件下之所以能取得成功,成为国内音乐文化产业行业的佼佼者,关键在于它能够结合国内实际情况来确定自己的发展道路,而没有盲目模仿西方国家音乐产业发展的模式。

与西方发达国家相比,中国音乐市场可以说是很不成熟,市场体系和法规也没有完全建立起来,所以音乐市场较为混乱,盗版猖獗,这就使投资风险增大。太合麦田在发展中坚持以市场为定位的原则,根据市场变化调整发展经营策略,同时积极拓展生存空间和领域,适应当今世界音乐潮流的变化趋势,开创了中国流行音乐的新格局,对中国流行音乐的发展起到了助推作用。

早在 2000 年,麦田音乐制作公司就与美国华纳唱片进行合作,并使之拥有了包括朴树、孙楠、周迅等一流歌星在内的国内著名歌星。2004 年,麦田音乐制作公司与著名的太合传媒合作,成立了太合麦田音乐文化发展有限公司,在中国流行乐坛引起"震撼"。2005 年,太合麦田与 2005 年"超女"冠军李宇春正式签约,成为一件轰动国内的事件。

太合麦田先把彩铃内容制作业务推向市场,受到人们的欢迎,也使手机有了新的增值业务。太合麦田依靠转让音乐版权获得了比销售唱片还巨大的市场收益,开创了经营和销售音乐的一种全新的模式。除了彩铃,太合麦田对音乐的经营还涉及 MP3、手机铃声定制、预置铃声等多个新技术领域,但真正给他们带来巨大收益的还是彩铃业务。

在推出彩铃内容制作服务业务之前，太合麦田就已经意识到了可以借助通信和网络技术的平台来销售音乐。早在2003年5月，他们就卖了1000多首歌的版权给新浪，使得新浪有了新的增值服务，拓展了业务范围和领域。后来他们又与中国移动进行全面合作推出彩铃业务，仅这一项业务就已超过传统的唱片收入。太和麦田在中国由于受各种因素的困扰，像西方唱片公司那样专做唱片一项业务肯定是不成功的，唱片公司也很难以生存下去，而借助手机平台销售音乐的市场却很大，很受消费者欢迎。这也说明，中国和西方国家不同的国情，直接影响到音乐发展模式的差别。中国是世界上手机用户第一大国，彩铃业务的出现正符合中国国情。而西方国家唱片业之所以红火，又与西方文化传统有关，加上西方国家对盗版现象的严厉打击，使盗版很难有生存的空间，所以，非常有利于唱片业的发展。太合麦田以彩铃的方式销售音乐，开创了音乐经营的全新模式，对流行音乐的发展产生了深刻影响。

阅读案例，思考问题：太和麦田为何能"先走一步"，取得成功？

本章小结

文化市场直接影响并决定了文化产业的发展。因此，我们需要了解文化市场的现状和发展趋势，树立正确的现代文化市场观念。了解文化市场，第一步在于了解文化市场的构成，即：文化产品、生产者、消费者和商业中介，掌握它们各自的特点和地位。

文化市场的营销调研是文化产业化的重要前提。在制定文化产品的市场营销策略之前，有必要做一个完整的调研，具体包括：对文化市场营销环境的调研、对消费者行为的调研、对文化市场的调查和预测，以及文化市场的STP分析。

练习与思考

1. 了解我国文化市场的发展史，并分析其特点。
2. 文化市场的组成因素有哪些？分析文化商业中介的作用。
3. 市场细分的依据有哪些？如何进行市场细分？
4. 文化产品的促销策略有哪些？

参 考 文 献

[1] 赵泽润.文化市场营销学[M].广州：中山大学出版社,2010.
[2] 李康化.文化市场与营销变革[M].北京：北京大学出版社,2008.
[3] 孙亮.文化艺术市场营销[M].北京：文化艺术出版社,2008.
[4] 周本存.文化与市场营销[M].合肥：合肥工业大学出版社,2012.
[5] 陈守则,刘旭明.文化产品营销研究[M].北京,经济日报出版社,2012.
[6] 秦宗财.文化创意产业营销[M].北京：中国科学技术出版社,2013.
[7] 王占霞,郑智武.文化市场法导论[M].杭州：浙江大学出版社,2010.

［8］邓香莲.在文化传播与市场运营之间［M］.上海：上海文化出版社，2008.

［9］张晓明等.中国文化产业发展报告（2012—2013）［M］.北京：社会科学文献出版社，2013.

［10］李向民.文化产业管理概论［M］.太原：书海出版社，2006.

［11］张胜冰.文化产业经营管理案例［M］.北京：中国海洋出版社，2007.

［12］王明珠，周剑杰.资本运营与风险防范［M］.北京：中国审计出版社，2011.

第七章 文化产业的经营管理

> **学习目标**
>
> 1. 掌握文化产业企业战略制定的方法,以及企业战略有效执行。
> 2. 掌握影响形成文化产业品牌的因素。
> 3. 初步了解文化产业的资本运营方式:实业资本运营、产业资本运营及金融资本运营。
> 4. 熟悉文化产业的行政管理、法律管理和经济调节等宏观管理方式。
> 5. 区分文化企业和一般企业的管理要素,掌握文化企业的管理重点。

文化产业的发展需要国家战略、地区战略和企业战略的衔接与配合。各级政府制定文化产业战略的规划,不能简单地等同于五年国民经济与社会发展规划,而必须是实实在在的产业发展规划。就企业而言,只有制定发展战略并且落实到商业模式上来,才能稳步提升企业的核心竞争力。同时,还需要借鉴国外先进的管理模式和经验,结合我国文化产业发展的实际情况,对文化产业实行有效并且有序的管理。

第一节 文化企业战略

战略问题是关系到组织机构或企业的全局性、根本性的问题。所谓"凡事预则立,不预则废",意思是讲做人做事都需要有宏观的战略思维和全局性的发展眼光,需要有正确的谋略和根本性的指导思想。文化产业经营与管理具有产品内容的独特性、产品形式的复杂性以及市场需求的多样性等特点,因此在文化产业的经营管理方面,如何制定企业战略成为重大议题。

一、企业战略及其内容构成

(一)企业战略的定义

"战略"一词本源于军事术语,指的是在战争中军队将帅利用军事手段达到战争目标的科学和艺术。春秋时期孙武的《孙子兵法》被认为是中国最早对战略进行全局筹划的著作。在现代,"战略"一词被引申至政治和经济领域,其涵义演变为泛指统领性的、全局性的、左右胜败的谋略、方案和对策。最早将"战略"这个军事术语运用到企业管理中的是20世纪50年代的一批美国管理学者,将过去以研究战争全局的规律性为主要内容的战略学,移植到企业管理中来,并用这套理论来解决企业,尤其是大中型企业如何把握商业机会、如何抵御竞争风险、如何实现企业组织内部与企业外部环境的动态平衡等重大问题。

文化产业的企业战略可以定义为:文化企业为了超越竞争对手,充分发挥自身优势,争夺更大的市场与更广泛的顾客群体而制定的带有全局性、根本性、长远性、重大性特征的系统规划。

（二）企业战略的构成

企业战略是一个长远的规划，而不是一个具体的行动计划或具体的业务方案。企业战略与企业业务计划的区别就像"兵法"与"剑法"的区别那样，一个是宏观的、形而上的，一个是微观的、形而下的。企业战略包括竞争战略、营销战略、发展战略、品牌战略、融资战略、技术开发战略、人才开发战略、资源开发战略等。文化产业战略是层出不穷的，例如信息化就是一个全新的战略。

企业战略虽然有多种，但基本属性是相同的，都是对企业的谋略，都是对企业整体性、长期性、基本性问题的计谋。各种企业战略有同也有异，相同的是基本属性，不同的是谋划问题的层次与角度。例如：企业竞争战略是对企业竞争的谋略，是对企业竞争整体性、长期性、基本性问题的计谋；企业营销战略是对企业营销的谋略，是对企业营销整体性、长期性、基本性问题的计谋；企业技术开发战略是对企业技术开发的谋略，是对企业技术开发整体性、长期性、基本性问题的计谋；企业人才战略是对企业人才开发的谋略，是对企业人才开发整体性、长期性、基本性问题的计谋。依此类推，都是一样的。总之，无论哪个方面的计谋，只要涉及的是企业整体性、长期性、基本性问题，就属于企业战略的范畴。当一个公司成功地制定和执行了价值创造的战略时，就能够获得战略竞争力。当一家公司实施的战略，竞争对手不能复制或因成本太高而无法模仿时，它就获得了竞争优势。只有当竞争对手模仿其战略的努力停止或失败后，一个组织才能确信其战略产生了一个或多个有用的竞争优势。

企业战略是一个复杂的系统构成。它涉及企业的具体生产、经营、管理等内容，立足企业现实而谋划企业的未来投入方向和未来产品与经营发展方向。以一个生产企业的管理过程为例，它包含有产品生产的现场作业管理、日常生产经营管理以及战略管理等三个不同的层次。企业的现场作业管理主要是企业产品生产过程的细节管理；日常经营管理是按照企业的总的发展计划使得企业的内外资源得到有效的利用并产生应有效益的具体行为方式和组织措施。它的内容主要是针对当前产品的生产现场管理和当前的投入与产出的管理；而战略管理的范围则是在当前的投入产出管理的基点上，规划并设计企业未来的投入以及未来的产品目标等更广阔范畴的管理过程。它的内容主要是关系企业未来发展以及企业预期总目标等重大问题。战略管理的目的是要回答这个企业是什么、它应当是什么、它从哪里来、将要到哪里去等问题。

1. 就企业战略的范畴来看，它是一种计划，属于规划、谋略的范畴。同一般概念的"计划"一样，其表现形式是"目标——手段体系的组合"。所以，企业战略是一定的战略目标和为实现这个预定的战略目标而事先谋划的具体手段的系统组合。这个主要包括目标、目的、任务等，而具体手段是指为实现目标而设定的政策、策略以及措施等。

2. 就企业战略的性质来看，它是一种带有全局性、关键性、根本性的并经过系统策划的企业长远规划。在时空结构上，它是整体的、长久的；在内容设计方面，它着眼于未来生存的根本性目标和投入产出方向；在策划方法上，它是系统的、全面的、整体的，而不是某个具体的产品或项目的设计。因而，企业战略是所有企业计划之上的"大政方针"与"指导思想"。

3. 就企业战略内容来看，它是一种以应变环境、超越对手、发展自我为特征的抗争性规划，带有鲜明的竞争性特点。所以，企业战略的内容不仅要考虑企业内部环境与自身优势劣势，还要充分考虑外部环境的挑战以及如何同竞争对手的对抗。

4. 企业战略又是独特的、带有鲜明个性特征的、具有目标预期的抽象理念与经营方略。它有其不可预见性和对宏观发展趋势的预测特性。

二、企业战略的制定与执行

文化企业的战略制定是文化产业经营管理的最重要的环节,也是一个系统的、动态循环的管理过程,它涉及企业运行的各种要素,关系到企业未来的生存与发展,因而也是文化企业经营管理的首要环节,包括企业自我条件分析、企业环境分析、企业组织结构设立、企业资源分析、企业优势与劣势分析、宗旨目标确立以及战略选择与制定等多个步骤。

(一)企业战略的制定

战略制定对于每个企业来说都具有极其重要的现实和深远的意义。英国有谚语说:对于一艘没有航标的船来说,任何方向的来风都是逆风。企业的战略就是企业航船的航标。制定企业发展战略是为企业寻找发展方向、确定市场目标。因而是企业生存发展的先决条件。

管理学理论中有关战略管理的"SWOT 分析法",是企业战略制定过程中最常用的方法。SWOT 方法是在详细分析企业各种资源条件和内外环境之后,将企业的优势(Strengths)、劣势(Weaknesses)、机会(Qpportunities)、威胁(Threats)等要素综合起来,系统分析与研究企业所具有的发展机遇以及所面临的挑战,找出适合该企业自身条件发展的战略路径,从而制定出最佳的战略方案。企业战略制定必须以企业的客观条件和企业所处的特定环境以及企业所拥有的资源条件为依据。

1. 要客观地分析企业自身的条件

主要包括与同行业相比较的人力资源状况、管理技术水平、所掌握的资源价值、自身的资金状况以及融资能力等。要客观分析自身的长处是在哪里,自身的不足是什么,与自己竞争的对手是谁,他们拥有的技术资源、社会资源、管理技术、资金条件等究竟如何,等等。明白这些情况之后,才能够做到知己知彼,扬长避短。

2. 要分析特定地域、特定时期的企业内在与外在环境

主要包括政治气候、政府政策、行业法规、人文环境、社会风俗以及企业文化状况等。任何企业组织都是在特定环境下生存的社会分子,它的生存优劣与否,与它所处的客观环境息息相关。所以环境是制定战略的重要环境依据。

3. 要分析企业所面临的竞争对手,分析行业竞争的特点,分析同类产品的市场状况

要十分清晰地知道自身的市场在哪里,竞争的对手是谁,他们的特点是什么,应当运用什么方法应对这些竞争者等。

战略制定大都具有严密的科学程序,一般都要经过如下环节来制定并选择企业战略:

① 充分认识战略制定的重要意义。无论是企业自身来制定发展战略,还是聘请专业管理咨询机构来制订方案,都需要战略制定企业的领导团队充分认识战略制定的重要性;

② 进行企业调研并开展 SWOT 分析;

③ 确定宗旨目标,实施战略方案策划;

④ 制定具体的战略方案;

⑤ 评估与选择战略方案。一旦战略方案确立之后,就应迅速付诸实施。

(二)企业战略执行的原则

战略的制定是为了战略的实施。与战略制定相比较,战略执行是一个相对漫长的过程,因而也是一个更为艰难、更为重要的管理过程。

战略执行一般要遵循如下几个原则：

1. 建立科学而健全的组织机构。任何战略方案的执行都是通过一定的组织机构来完成的。企业内部机构的设置，应当符合企业的战略实施要求，只有做到协调性强、目标明确、授权清晰，指能成为效能较高的机构。

2. 遴选最优管理者。一个企业最有竞争优势的条件首先是有一个好的管理团队，好的团队首先是要有好的领头人，因而遴选最优管理者是战略执行的关键。

3. 建立先进的激励与约束机制。实施企业战略需要运用一定的调控手段来约束管理者和员工。

4. 战略规划分时分段原则。任何战略都是特定时空条件下的规划与目标设定，要想完整、准确地实施企业战略，就必须对战略计划分时分段，通过逐步推进，达到最终目标。因而，对于战略规划的时间、空间的分解，长期、中期、短期方案的分步实施，是完成战略规划的必要措施。

战略执行是一个长久的过程，同时又是一个动态变化的过程，所以在战略执行过程中存在着战略控制的问题。战略控制是将战略预期目标与执行过程中的实际成效进行比较，分析其差异的程度，并采取措施进行有效的纠正和修订，以便完成战略目标。

（三）企业战略修订的标准

在战略执行过程中修订或纠正战略方案必须有一个基本的标准。战略修订的标准主要包括如下内容：

1. 内在的统一性。衡量整个战略方案内部是否相互配套、协调，是否形成和谐的统一体，如果不具备统一性就要进行修订。

2. 与环境的适应性。科学的战略方案往往考虑到一定条件下的环境变化，因而具备一定的适应环境变化的弹性。如果外在环境发生了变化，而战略方案不能适应这种变化，那么就应当修订战略方案。

3. 风险的控制性。所有战略规划都具有风险。有的风险来自于战略制定本身的失误，它不能适应企业的环境条件；有的风险则来自于战略执行过程中的偏差。衡量战略执行的风险性，主要是检验战略本身的抗风险能力。

4. 战略可操作性。优秀的战略规划应该是具有可操作性的，因为它来自于对企业的客观环境与自身条件的科学分析，是从企业的客观实际出发而制定的，所以它自然具有可操作性特点。

5. 与资源的配套性。企业战略的制定依据之一就是最大限度地获取并有效地配置各种资源。如果企业战略不能够很好地达到企业资源的有效配置，那么就应当进行战略修订。

三、文化企业战略模式

由于企业各自的资源禀赋不同，企业经营者的个性特征各异，导致企业的发展战略各有不同。但所有的企业战略的制定，都是为了突出企业特色、企业的资源特点以及企业自身的个性差异，以便使企业在激烈的市场竞争中获得优势。

众所周知，企业之间的竞争，无非是在资金、技术、管理和资源特色等企业的基本要素方面的竞争。任何企业要想在激烈的市场竞争中生存与发展，都必须在资源、技术、资金、管理等方面获得一定的优势。四者之中有其一，那么它就具备了一定的竞争力。所以，从企业的竞争优势层面上分析，我们可以将企业战略模式归纳为如下几个类型：资源优势型、管理优势型、技术优势型以及资金优势型。

(一) 资源优势型

这种战略模式的突出特点是拥有丰富的产品制造资源。战略的核心是突出资源优势以获取企业的核心竞争力。就文化产业特征来分析，对于那些历史悠久、文化积淀丰富的国家与地区来说，企业的发展战略往往是立足资源特色来制定的。例如我国的文化产业发展刚刚处在起步阶段，许多企业在资金、技术和管理等方面都不具备与发达国家文化产业相抗衡的竞争优势。但是，在文化产业的资源方面，由于中国是一个具有五千多年悠久历史的文明古国，历史文化资源的丰富性、多样性与独特性是我们发展文化产业的比较优势。有专家指出：中华民族有着五千年悠久的历史和灿烂的文化，有着多民族创造、兼容和共构一个伟大的文化共同体的辉煌，其文化积累之丰厚、文化形态之多样和文化哲学之深刻，是世界其他国家所少有的。这是一笔怎么估价也不过分的宝贵的文化资源，是我们得天独厚的优势。对于中国新兴的文化产业来说，启动并整合、包装这些文化资源，就有可能形成具有中国特色的文化产业，并在全球的市场竞争中占有可观的优势。

(二) 管理优势型

这种战略模式的特征是具有丰富的文化产业管理经验，具有比较完善的管理机制以及素质较高的管理团队。这一类企业往往熟悉企业的各种竞争环节以及善于应对企业所面临的风险与机遇。对于拥有丰富管理人才和长久的实践经验的企业来说，突出其团队的管理优势是他们的特点所在。例如西方发达国家的许多酒店管理集团，他们就是充分利用自身的管理经验和丰富的人才优势在世界范围内开展连锁管理经营的。

(三) 技术优势型

这种战略模式的特点是该企业拥有自己的某些核心技术，拥有某项专利或品牌的专利权，并且拥有某个产品或服务独特的制作工艺等。这种战略模式的实施往往要求企业所处的环境具有较完备的知识产权保护条件和比较严格的法制氛围。保护知识产权是实施这种战略的重要前提。例如，当前许多发达国家通过先进的动画技术、网络技术以及其他高科技方式，将传统的文化素材进行"包装""加工"，并迅速获得丰厚的市场回报。这是发达国家在文化产业发展方面经常采用的发展战略。

(四) 资金优势型

这种战略的特色在于该企业拥有丰富的资金储备，或者具备丰富的融资经验和良好的融资渠道。这类企业往往是一些大的金融投资财团、金融机构或者是基金组织。这些企业的管理者自身或许并不熟悉文化产业的具体业务，但是，他们对于企业的资本运作、资产经营等却具有丰富的技能和经验。

四、企业战略制定与实施应当注意的问题

企业战略制定是一个系统工程，它是建立在对于企业自身条件和企业所处环境的深入、细致、准确分析基础上的创意活动。因而应当注意如下几个问题。

(一) 注重专业咨询机构的聘请与企业自身的紧密参与配合

随着社会分工越来越专业化、协作化、系统化，目前许多企业对于自身的战略制定往往采取"借外脑"的方式，即聘请专业的咨询机构进行战略策划与设计。这是一种最优化的战略制定模

式,也是时代潮流的必然。然而,战略方案的策划与设计制作过程毕竟是带有策划者浓厚的主观色彩和想象的成分。要保证战略方案的客观性和对未来判断的准确性,就要求企业领导者在聘请专业机构进行策划设计的同时密切参与战略的构建过程。企业首脑首先应当了解并熟悉专业机构制定战略方案的整个流程,同时应当密切关注专业机构的调研、构思以及整个战略方案的设计过程。其实,企业战略的制定过程既是企业领导人对企业、对市场、对环境等诸多因素的深度认识过程,同时也是企业员工对企业战略思想的领悟、学习、思考、提高的过程。企业决策者应当将战略方案的制订过程作为企业全体员工对于企业经营理念的学习培训过程。

(二)注重企业家意识与企业员工参与并重

尽管企业战略是企业家所重点思考的问题,但是战略方案的正确实施,还必须依靠企业全体员工的积极参与和上下一致的共同努力。企业战略不能成为锁在企业家抽屉里的企业文件,而应当成为企业每一位员工的行动指南。企业领导者一旦选择了可供实施的战略方针,就必须有计划、有组织、有措施地宣传企业战略思想,使企业全体员工对于战略思想有全面的了解和思想准备,企业领导者也应当注重将战略思想灌注到企业的整个管理行为之中。

(三)注重学习型组织的建立与创新意识的培养

企业战略的核心是寻求企业资源能力与企业外部环境的动态平衡的最佳路径,是为了使得企业最大限度地获取并整合有效资源。因此,企业战略制定必须具有创新意识。创新是战略的灵魂。企业领导者应当在制订战略方案的同时,在企业中建立起学习型的组织结构,即以强烈的危机意识为学习的动力,以解决实际问题为学习的目的,以不断的组织创新、行为创新为学习的途径。

(四)注重战略策划与战略实施并重

战略的制定是为了战略方案在企业管理过程中得到切实的实施。当前一些企业普遍存在对于战略制定的片面认识和贯彻方面的误区,主要表现为:其一,有些企业把战略方案的制订当做一个时髦行为,脱离企业实际而迎合潮流,为制定而制定,忽略了战略的执行与调整,结果导致战略方案成为停留在稿纸上的官样文章。其二,忽略或者不知晓对战略方案进行有效的评估,没有建立一套完备的战略方案评估标准,使得战略方案的实践性、操作性、可行性以及与企业资源的配套性等得不到有效的评价。其三,一些专业机构由于缺乏对战略制定企业的详细研究和深入的市场调查,使得战略方案缺乏创意,没有个性特点,更没有整体性、全局性和前瞻性。一些战略咨询专业机构任意套用已有的企业战略模式,导致企业战略不能付诸实施,不仅贻误了企业发展的机会,也败坏了咨询机构的名声。其四,有些企业把生产计划、项目商业计划书等具体运作方案当成企业的发展战略,甚至用生产计划、规章制度替代企业战略。注意避免和克服这些问题,是企业战略制定和战略执行走出误区的有效方法。

第二节 文化产业的品牌塑造

文化产品与普通物质产品有着本质的不同,文化产品的价值主要取决于产品中的精神内容及消费者对消费过程中的心理体验。品牌作为产品的核心要素之一在文化产品消费中显得格外重要。随着社会经济的发展、物质产品生产和供应能力相对过剩,市场逐渐从早期的供小于求转变为供大于求,供求关系的改变导致了产品销售的理念也经过了生产观念、产品观念、推销观念、营销观念等几个发展阶段,并进一步向社会营销观念转变。在社会营销的过程中,品牌占据着越来越重要的地位。

企业都希望形成自己的品牌。形成品牌价值有两种途径:品牌的宽化战略和品牌窄化战略。品牌导入需要首先确定品牌的定位,并通过品牌要素的整合导入品牌形象。品牌价值评估包括定量方法和定性指标两个方面。品牌价值会受到多方面因素的影响,需要应对不利因素,进行品牌的危机管理。

一、品牌的概念

文化产业本质上是生产精神内容的产业,精神内容蕴涵着特定的文化意义和象征。对于文化产品的消费,实际上是消费者通过对精神内容的选择和体验,在得到某种程度的心理满足的同时,进而获得文化群体和社会身份的认同。例如对高雅文化和通俗文化的不同选择,不但显示了个人的志趣、学识,同时也体现了其所属的文化圈子和社会阶层。因此,品牌是文化产品价值的一个重要体现。同时,品牌在社会组织和企业发展的过程中占据着越来越重要的地位。

(一) 品牌的定义

一方面,品牌最初是由产品的功能延伸出来的,是为了让消费者区分同一种商品类型中不同厂家的产品之间所呈现出来的差异性。另一方面,品牌也可以是一个名称、一个标记和设计,可以增加产品的价值。依据美国行销学会的定义,品牌指一个名称、符号、标记或设计,或是它们的联合使用;其目的是用来确认一个销售者或一群销售者的产品或服务,以与竞争者的产品或服务有所区别。

1. 品牌是一种标志。对于消费者,品牌代表了一种社会象征。消费者通过对品牌差异性的获取和消费,取得社会认同、自我实现等心理满足感,建立一种稳定的消费行为。譬如,对乔布斯和苹果手机的追捧。对于企业来说,品牌是一种无形资产。企业通过品牌的构建和维护,获取持久竞争力。譬如对于迪斯尼来说,其最大的财富是无形资产,是米老鼠、唐老鸭的形象,这些形象构成了迪斯尼品牌的核心要素。

2. 品牌是一种无形资产。企业通过品牌的构建和维护,获取持久竞争力,实现企业利润、企业声誉等有形的和无形的利益。品牌内涵是通过价值诉求和消费者沟通获得的。一个产品,通常是在产品被研制出来之前就已经明确了它的价值诉求。文化产品的竞争是品牌的竞争,品牌的竞争最终是精神内容的创造力的竞争。

3. 品牌在企业发展中扮演着越来越重要的角色。首先,消费需求层次的高级化。当低层次物质需要得到基本满足后,人类的精神需求开始抬头,并逐步成为生活消费的主流。其次,闲暇时间的增加和收入的增长,促使上述潜在的心理需要转化为现实需求,使得文化消费成为消费活动的主流。第三,现代商品经济的发展促使消费文化的形成。消费者在消费商品的时候,开始注重产品背后的文化意义,商品中所包含的社会地位、民俗风情、生活品质和文化涵养等因素占据了主导地位。商品品牌的差异性往往成为人们区分社会身份和文化群体的一个主要标志。第四,技术进步促进了商品的个性化、体验化消费模式的形成和发展,使得各种不同形式和内涵的精神内容要素能够被快捷地传播,灵活快速地响应和满足消费者的个性化需求,例如节目的点播、商品个性化的定制服务等。

（二）品牌的特征

1. 差异性：产品差异性是创建一个产品或服务品牌所必须满足的第一个条件，公司必须将自己的产品同市场内的其他产品区分开来。张艺谋首部获奖作品《红高粱》体现了鲜明的个人特色，从同一时代的导演中脱颖而出，这种与众不同促使"张艺谋"这个名字成为最具含金量的品牌。同样，新锐编剧于正及他的"于正工作室"也正是因为不走寻常路，而开发了系列热播电视剧。

2. 风险性：品牌创立后，在其成长的过程中，由于市场的不断变化、需求的不断提高，企业的品牌资本可能壮大，也可能缩小，甚至某一品牌在竞争中退出市场。品牌的成长由此存在一定风险，对其评估也存在难度。企业的产品质量出现意外，服务不过关，或者品牌资本盲目扩张，运作不佳，都会给企业品牌的维护带来难度，导致企业品牌效益评估上的不确定性。

3. 表象性：品牌是企业的无形资产，不具有独立的实体，不占有空间，但它最原始的目的就是让人们通过一个比较容易记忆的形式来记住某一产品或企业，因此，品牌必须有物质载体，需要通过一系列的物质载体来表现自己，使自己形式化。品牌的直接载体主要是文字、图案和符号，间接载体主要有产品的质量，产品服务、知名度、美誉度、市场占有率。没有物质载体，品牌就无法表现出来，更不可能达到品牌的整体传播效果。优秀的品牌在载体方面表现较为突出，如"云南映像"的文字，使人们联想到奇妙民族舞；再如"华谊兄弟"，其"HB"会给人们独特的视觉效果。

（三）品牌的构成要素

1. 显性因素，即品牌的外在构成要素，是品牌的外在的，尽人皆知的标志性的内容。外在要素直接给消费者带来感觉上的冲击，包括品牌名称、品牌标识和品牌广告。

品牌名称要简洁地反映产品的功能和内容，不仅要高度概括产品的本质，还要把组织的经营理念、目标市场、价值观念和文化等信息涵盖其中。一般来说，品牌名称是品牌成功的关键要素。要朗朗上口，要尽量简单、易懂易记，给消费者留下深刻的印象。如北京"798"艺术区、武汉"汉阳造"艺术区。

品牌标识是用以刺激消费者感官的一种识别体系，它可以使消费者更为具体形象地识别和记忆。品牌标识包括图标、吉祥物、色彩及包装等。湖南卫视更换台标后，因新的台标形似芒果被称之为"芒果台"，与之相对应的江苏卫视因同样的理由冠名为"荔枝台"。网友这种戏谑性的称呼也证明了该媒体的品牌标志效果显著。

品牌广告也是直接呈现在消费者眼前的，很多品牌是通过富有特色的广告才深入人心的。比如代言人、广告歌曲、脍炙人口的广告语都能使品牌信息迅速传播。如2008年红遍全球的奥运会歌曲《北京欢迎你》及主题曲《我和你》。

2. 隐性因素，品牌的内在构成要素就是品牌的内涵，这种因素不会被消费者直接感知，但在品牌形成与传播的过程中逐步形成与品牌息息相关的意义内涵。品牌的内在构成要素包括品牌理念、品牌定位、品牌承诺和品牌体验。

品牌理念是品牌发展的原生动力。作为品牌的拥有者，经营品牌的目的在于服务社会及获得利润。品牌的发展过程不只是创造利润的过程，同时还是报效国家、社会并且体味创业的过程。以责任和快乐为品牌的发展理念并追求不断整合创新的思想，才会打造出优秀的品牌。

品牌定位是指品牌预期在消费者心中的位置。只有寻找顾客的需求，找到市场的空隙，对目标顾客群进行分析研究，确定品牌服务的消费群，做最有特长的产品，用智慧赢得社会的尊重和消费者的青睐，才可以使品牌更好地进入市场。

品牌承诺是指在品牌产品不断的更新换代中,品牌的经营理念、价值观、文化观始终保持对消费者负责,承诺给消费者的需求满足度不变。好的品牌承诺会使顾客形成对品牌的依赖和忠诚,并坚持以口碑传播的形式对品牌进行宣传。

品牌体验是指在品牌形成的过程中,消费者对品牌的情感因素。这种体验包括顾客在使用品牌产品的过程中积累的正面和负面的感觉。对于品牌拥有者来说,消费者对品牌产品的信任、满意、肯定等体验会使品牌赢得更多的忠诚顾客,而厌恶、怀疑、拒绝等体验会使品牌遭遇危机和困境。所以,品牌的发展一定要关注消费者对品牌的体验。

(四)文化品牌的市场功能

品牌的价值体现在品牌的属性和品牌的功能两方面。

1. 具有鲜明的识别功能。品牌就像一个人的名字一样,尽管只是一个符号,但却代表着这个对象的一切特征。

2. 品牌能够帮助顾客缩短选购商品的过程。许多同类商品,往往因为它们的知名度不同,顾客对于它们的了解程度也大为不同。一般来说,顾客往往愿意选购他所认知的那些品牌,当他选购商品时,总是先记住那些品牌,接着根据他对于那些品牌的熟悉程度决定是否购买。

3. 品牌具有使产品增值的功能。品牌是企业的无形资产,它本身就具有商品交换功能。不同品牌的市场价值是不同的。像耐克这样的著名品牌,许多质量较好的运动产品为了贴上它的商标而付出了巨额的品牌价格。

4. 品牌具有满足顾客心理需求的功能。在品牌消费盛行的今天,品牌是财富的象征,是信誉的代表,是高雅的同义词。

5. 品牌具有维护顾客与生产者权益的双重功能。对于顾客来说,使用品牌商品能够使自己的消费权益得到保障。

(五)文化品牌的市场价值

文化产业是极富有个性化特征的产业,产品的独特性、差异性、丰富性是文化产业的突出特色。无论是电视节目、故事影片、各类电视剧,还是旅游景观、平面媒体出版、互联网络的栏目设计以及各种图书期刊等,都需要突出其品牌特性。因此,打造知名品牌建设就成为文化产业追求的目标。文化品牌的价值主要体现为:

1. 品牌体现企业的核心竞争力。品牌不仅关系到企业的兴衰,也代表着企业的形象,体现着一个产业甚至一个国家的综合竞争实力。

2. 品牌代表着企业乃至民族形象。知名品牌是一个企业、一个行业乃至一个国家的科技水平、管理水平、营销能力和企业文化的综合反映。

3. 品牌反映综合实力。品牌如何以及名牌产品的多少,反映着一个企业乃至一个国家的综合实力和竞争能力的强弱。

4. 品牌的无形资产有着巨大的增值效应。品牌是一种附加值很高的知识产权,知名品牌不仅可以提高企业的声誉、促进产品销售,而且其本身就具有极高的无形价值。国际上通常以商标的价值来体现品牌的无形价值。

二、品牌塑造战略

品牌战略是公司将品牌作为塑造核心竞争优势,以获取超额利润的战略。品牌战略的终极使命是让品牌深深占据目标消费者的心灵。但消费者的心灵空间是非常有限的,在信息泛滥的今天,企业品牌战略的运用必须围绕品牌构成要素展开。

首先,品牌认同必须建立起品牌与产品之间的联系。品牌是概念,产品是实体,将品牌与产品属性紧密相连,是品牌战略的精髓之一。其次,精神内容的选择和组合模式,与特定消费群体的心理认知和消费行为相关联,具有明确的指向性。商务印书馆、三联书店品牌形象的树立与严谨、客观的视角和学风有很大关系,其目标人群以知识阶层为核心,其所提供的产品精神内容与之相契合,成为其品牌忠诚度的重要基础。第三。品牌定位的目的在于达成品牌认同。品牌认同包括四方面:产品、企业、个性及标识符号。这四方面必须有机协调,才会在消费者面前呈现出完整的品牌形象。

在塑造品牌的过程中,主要分为品牌窄化策略和品牌宽化策略。

(一)品牌窄化战略

品牌窄化是品牌对应着少数几类甚至只有一类产品。品牌个性相对明确,即品牌的产品属性窄化及品牌的个性窄化。品牌窄化战略奉行聚焦法则,努力让品牌成为产品类别的代名词,品牌认知集中而明确,让消费者对品牌的认知越明确、越简单越好。消费者想到某类产品时,基本上只联想到该品牌,则该品牌的市场地位必然高居首位。比如中国观众一提起篮球赛,就会联想到NBA,联想到姚明等大牌明星。这种由消费者心理认知所塑造出的竞争优势,是竞争对手无法模仿、也无法追赶的。

这类战略的核心优点是:在某一细分市场内做细、做深、做透,通过品牌塑造竞争壁垒,占据极高的市场份额,从而获取利润。品牌窄化战略也有明显的缺点:一旦具体产品类别需求萎缩,品牌也跟着遭殃。另外,品牌只对应一个或少数产品,如广东的大芬村油画基地称为"中国油画第一村",将"油画"这一特殊艺术门类做到极致,企业的产品规模很难扩大。

(二)品牌宽化战略①

品牌宽化战略是指品牌对应着众多品类,甚至包括关联性不大的产品大类。品牌个性多种多样从而相对复杂,即品牌的产品属性宽化,品牌个性和形象宽化。如美国迪斯尼公司的米老鼠几乎成为动画片的代名词,并被广泛地应用于影视、图书、文具、玩具和主题公园。品牌宽化战略的实质是最大限度地发挥品牌的现有价值。品牌宽化能发挥产品之间的协同效应。与品牌宽化战略相对应的是企业相关多元化发展战略。多元化发展虽然能使企业在短期内获得高速成长,但在具体品类的市场上,该企业的优势并不明显,品牌壁垒不高,容易遭遇竞争对手的攻击,且自身在某一品类上的发展受限制。通常分为品牌延伸、品牌联盟、品牌授权和品牌特许经营四种战略。

1.品牌延伸。是将品牌资产在企业内部从原有产品转移至新产品之上的品牌提升策略。品牌名称的转移实际上是品牌资产的转移,所以品牌延伸实质是对品牌资产的策略性使用。品牌延伸策略的优点在于,企业对品牌向内扩张能够有效地控制。不足之处在于,由于品牌资产集中在企业内部,如果外部突发事件对品牌产生损害,很容易涉及与品牌关联的产品线。执行品牌延伸战略,实际上是将品牌资产所含的精神内容转移到其他产品上,增加产品的附加值。首先,具备知名度和美誉度的品牌才有可能延伸,品牌资产必须在新业务领域中看上去是可信赖的。其次,还要使品牌资产的精神内容能够与所依附的产品的特性相符。具备相仿的品牌识别才有

---

① 李向民.文化产业管理概论[M].太原:书海出版社.2006:102.

可能延伸,否则会使原有消费者对新品牌产生心理冲突。第三是关联度。产品的关联度包括:共同的主要成分、相同的服务系统、技术上密切相关、使用者相似、质量档次相当等。关联度越大,协同效应越高,品牌延伸越容易成功。例如,迪斯尼开发了很多不同种类的产品,从卡通画、玩具、文具、卡通影片到主题公园,其核心主题是"为人们带来快乐",并针对这一主题实施相关产品品牌延伸。

2. 品牌联盟。是品牌资产在企业间通过产业业务链的合作,继续强化现有产业的提升策略。品牌联盟是两个或两个以上的企业,或者企业下属品牌之间,为了实现特定的战略目标而采取的股权或非股权形式的共担风险、共享利益的联合与合作。例如美国德尔塔航空公司和迪斯尼乐园打出这样的广告:"德尔塔和迪斯尼,带你进入冒险之旅。"鼓动消费者乘坐德尔塔的飞机前往迪斯尼乐园度假。通过这样的方式,双方都能从飞机票、门票和商品的销售上获利。品牌联盟的方式可以包括营销合作、生产合作、分销合作、研发合作等。品牌联盟的好处在于:投入较少资金即可建立品牌联盟;建立联盟所花费的时间也少得多;能形成更活跃的创新机制和更经济的创新成本;能照顾到不同国家、地区、社会团体甚至单个消费者的偏好和差异性。其不足之处在于:品牌联盟的运作要求具有极高的跨企业管理能力;联盟伙伴有可能成为将来的主要竞争对手。

3. 品牌授权。是品牌所有者将自己所拥有的品牌有偿地授予被授权者使用的一种品牌提升方式。这种方式其实与品牌延伸相似,都是将品牌资产延伸到新的产品之上,只不过品牌延伸是一种内部化的方式,而品牌授权是一种外部化的方式。品牌授权的好处在于灵活性强,几乎没有任何资源占用,如果原品牌产品与延伸产品的相似性或契合度很高,消费者对原品牌的正面联想,较容易被转至衍生产品上。以卡通业的品牌授权为例,卡通品牌授权系指经版权商及授权商同意,被授权商在授权期限内有偿拥有卡通形象版权的使用权、商标权,被授权商按合约规定应用人物形象的商标、人物形象及延伸造型图案设计,以及按合约规定开发、销售品牌授权产品。卡通品牌授权收费方式一般为一次性授权,收取年度版税。

4. 品牌特许经营。是一种非常类似于品牌授权的品牌提升方式,只不过品牌授权是将品牌资产转移至其他产品之上,而品牌特许经营则是品牌资产与现有产品之间的转移。品牌特许经营的规划流程如下:

首先,分析目标市场的竞争状况和市场潜力。包括以下几方面的问题:产品相关材料和资源的持续供应必须有保证;保证没有很大的货币或成本波动的风险;品牌有个长期的被确认的市场;加盟商必须能支付盟主的费用,并且仍能赢利,获取高于一般投资回报的较可观的利润。例如,我国音像图书市场虽然市场消费需求空间很大,但是图书音像行业是相关特许行业内发展最缓慢、收益最低的行业。其主要原因在于,地方保护主义、行业市场不规范,以及难以实现统一配送,使图书音像特许连锁企业难以在短时间赢利。其次,确定品牌相关业务能够通过一个运作系统和标准,被持续地应用于每天的运作,业务的各个方面必须能被编制成文本,能通过适当的培训被应用,而不是依赖于业主的风格和人格。第三,对品牌的美誉度和忠诚度等进行全面的评估,要确定品牌是否具有独特性,是否难以被模仿。第四,在管理上,特许经营公司本部的管理必须能够处理与具体情况各异的业主操作者的关系。

三、品牌价值维护

品牌维护,是指企业针对外部环境的变化给品牌带来的影响所进行的维护品牌形象、保持品牌的市场地位和品牌价值的一系列活动的统称。它是品牌战略实施中的一项重要工作。在市场经济环境下,一个良好的品牌形象是一个企业在激烈竞争中强有力的资本。俗话说,"打天下难,守天下更难!"竞争是残酷的,品牌也需要保养,需要经营,需要维护!不得当的品牌维护后果就是"千里之堤,溃于蚁穴"。

(一)品牌价值的评估

对品牌的价值评估是对品牌价值维护的前提,价值评估通常使用财务成本和市价评价方法,还有从管理角度来对品牌价值各要素进行综合评价。在品牌价值维护实践中,这两方面的评价都是必需的。通常使用的评估方法有以下几种。

1. 成本计量法

包括历史成本法和重置成本法,重置成本法的计算公式为:

品牌评估价值＝品牌重置成本×成新率

品牌重置成本＝品牌账面原值×(评估时物价指数÷品牌购置时物价指数)

品牌成新率＝剩余使用年限÷(已使用所限＋剩余使用年限)×100%

2. 市价计量法

这种方法是通过市场调查,选择一个或几个与评估品牌相类似的品牌作为比较对象,分析比较对象的成交价格和交易条件进行对比调整,估算出品牌价值。参考的资料有市场占有率、知名度、形象或偏好度等。应用市场价格法,必须具备两个前提条件:一是要有一个活跃、公开、公平的市场;二是必须有一个近期、可比的交易参照物。

3. 要素综合评估法

此方法是由大卫·艾克提出的,他通过对涉及品牌的诸多要素进行分析而将其分为5组10类,并作了新的综合,从而提出了"品牌资产评估十要"的指标系统。该评估系统兼顾了两套评估标准:基于长期发展的品牌强度指标,以及短期性的财务指标。这5个组别中,前4组代表消费者对品牌的认知,该认知体系包括品牌资产的4个面相:忠诚度、品质认知、联想度、知名度。第5组则是两种市场状况,代表来自于市场而非消费者的信息。如表7-1所示。

表7-1 品牌资产评估十要的指标系统

组别	类型
忠诚度评估	1. 价差效应 2. 满意度
品质认知	3. 品质认知 4. 领导性
联想性	5. 价值认知 6. 品牌个性 7. 企业联想
知名度	8. 品牌知名度
市场状况	9. 占有率 10. 市场价格、通路覆盖率

4. 价值评估模型

指由 Interbrand 公司所设计的一种品牌价值评估模型。其假设品牌创造的价值在未来一段时间内是稳定的,通过计算品牌收益与品牌的强度系数来确定品牌的价值。计算方法为:$V=I\times G$,其中 V 是品牌价值,I 是品牌给企业带来的年平均利润,G 是品牌强度系数。[①] 在使用时,一般要考虑以下三个问题:① 剔除非评估品牌所创造的利润和同一品牌中其他因素创造的利润。② 平均利润的确定。③ 强度系数的确定。

(二) 品牌价值的危机管理

品牌可以向消费者传达"高质量"的信息,从而摆脱因信息不对称造成的"混同均衡"转向"分离均衡"。[②] 随着交通运输的便利化、传媒的发展和产品安全意识的提升,市场竞争机制不断完善,品牌产品的优势不断凸显,品牌价值甚至成为强品牌企业最为重要的资产。张维迎认为,企业利润来自不确定性、创新和品牌的力量,品牌有价值就在于品牌为消费者提供了信任,消费者愿意多花钱买信得过的产品,消费不需要讨价还价,节省了交易成本,其中的一部分就归厂家所有,成为品牌溢价,尤其是对于不能用眼睛直接判断质量的复杂商品。从社会意义来讲,这有利于构建消费者与企业之间的信任、提升文化内涵和维护市场秩序。

从产品伤害危机对品牌价值的影响看,品牌资产构建于消费者的信念和品牌知识之上,是沉淀企业信誉、累计企业资产的重要载体,是一种重要但却脆弱的无形资产。创建品牌资产需要多年的努力,但毁掉它却只需要经历一场产品伤害危机。国内外已有学者对产品伤害危机进行研究,产品伤害危机被定义为偶然出现并被广泛宣传的关于某个产品是有缺陷或是对消费者有危险的事件。井淼通过 271 份样本的实验,考察了产品伤害危机对品牌资产的影响,证实了品牌资产由品牌知晓、品牌联想、感知质量、品牌态度和品牌忠诚五个维度构成的假设,产品伤害危机对品牌资产中的感知质量、品牌态度、品牌忠诚有显著的负面影响,对品牌知晓、品牌联想没有显著影响。

因此,一旦文化产品存在危害,企业应联合外部专家共同成立危机公关小组,尽快采取措施,与消费者或有关部门进行沟通。面对危机,企业领导和公关人员更应保持冷静。企业的危机事件分为人为危机和非人为危机。如果危机事件系人为策划,或是行业的不正当竞争行为,企业应协助有关部门尽快澄清事实,稳定消费者的信心。善谋略者,可化品牌危机事件为"事件营销",借机提高品牌知名度。品牌危机管理除了危机处理外,更重要的是防患于未然,防范品牌危机。[③] 企业要充分尊重消费者,在做好质量监控体系的同时,建立企业的危机公关系统,强化对危机的监控和防患能力:第一,企业应该树立正确的危机意识。第二,企业应该建立危机预警系统,以便高效迅速地处理危机。第三,成立危机管理小组,根据不同的危机类型制订危机管理计划,及时做出反应。第四,做好危机公关传播方案,与媒体、公众建立良好的沟通关系。

---

① 刘冰冰.基于 Interbrand 模型的饭店品牌价值评估研究[D].北京:北京第二外国语学院,2009.
② 亚洲品牌网.品牌的创造与维护[OL]. http://www.asiabrand.cn/server/abas/2078.html. 2013-6-7.
混同均衡:指质量高、低的目标企业都选择相同的信号,即定高价,此时价格已经起不到传递信息的作用。
分离均衡:指拥有信息的一方主动发布信息,从同类中突显出来。
③ 李向民.文化产业管理概论[M].太原:书海出版社,2006:116.

> **案例 7-1** 　　　　　　　　《知音漫客》的崛起
>
> 　　现今我国的市场经济发展模式渐趋成熟,中国卡通产业每年有 200 亿潜在的巨大市场。但是,我国动画产业在电视播出市场中尚存在巨大空白,也潜藏着国产动画片的巨大商机。据估计,中国动漫市场空间将超过 1000 亿人民币。但是巨额的空间却被美、日、韩等国的动漫占据着主要部分,中国动漫产业发展依然缓慢。究其原因在于,市场定位不恰当,且缺乏原创作品,没有形成品牌价值。随着我国对动漫产业的投入,逐渐有一些"品牌"走进大众视野,其中较有代表性的是《知音漫客》。
>
> 　　《知音漫客》创刊于 2006 年 1 月,主办方是知音传媒集团。知音传媒集团旗下有月发行量逾千万的《知音》杂志等,2007 年,斥资 1000 万改版《知音漫客》。2008 年,《知音漫客系列图书》荣获"2007 年我最喜爱的十大动漫图书奖"。截至目前,知音集团已出版发行动漫图书单行本 500 种、5000 万册,销售码洋达 6 亿元。知音动漫以《知音漫客》为基础进而开发动画、游戏等项目及其他衍生品,形成了期刊、图书、动画、游戏、网络、电子商城等良性发展产业链,年净利润 5000 余万元。然而,知音漫客的成功,不仅仅在于资金的投入,而且是因为该集团一直在打造自己的品牌。
>
> 　　首先,重视原创,扶植作者。如周洪滨的《偷星九月天》、颜开的漫画版《龙族》等。以原创性的漫画形象为基础,进一步向产业链的衍生产品发展。我国从 20 世纪 80 年代开始,已经开始为美国、法国和日本进行很大一部分的动画加工业。这一方面使得投资者利用国际劳动力价格的差别,减少了投资成本;另一方面,造成本国的动漫画人才流失。所以,我国必须鼓励原创,创作有品牌价值的原创动漫形象。
>
> 　　其次,着力于动漫产业链中相关衍生产品的开发。动画片的制作成本高昂,投资回收周期相对较长。而以动画为基础的相关衍生产品则因动画片的传播效应,投资回收快。相关的游戏软件、影碟、图书、动画主角模型、装饰品、海报、拼图、服装等,从产品开发到销售都已形成成熟完善的经营模式。
>
> 　　第三,形成良好的动漫氛围,促进媒体之间的交流合作。每周五上市的漫客周刊,与青少年一周七天的生活学习同步调,让动漫产业跟上中国超速的发展脚步,成为名副其实的朝阳产业。在知音传媒集团与知音动漫公司高屋建瓴的眼光下,《知音漫客》2009 年做出了几个大动作。一是召开第二届故事漫画家笔会,规划未来 5 年"中漫"发展方向,成为载入中国漫画史的"遵义会议";二是在文化部的号召下主办了第一届"爱动漫爱生活"主题夏令营,开创了动漫文化融入青少年生活学习的良好风气。
>
> 　　品牌就是力量,阅读案例,思考文化产业该如何打造动漫品牌。

第三节　文化产业的资本运营

　　资本,在经济学意义上,指的是用于生产的基本生产要素,即资金、厂房、设备、材料等物质资源,在金融学和会计领域,资本通常用来代表金融财富,特别是用于经商、兴办企业的金融资产。广义上,资本也可作为人类创造物质和精神财富的各种社会经济资源的总称。资本运营是出于以资本最大限度的增值目的,对资本及其运作所进行的运筹和经营活动。21世纪,资本就是生产力。文化产业资本运营是影响文化产业运作与发展的基本运动力员之一,没有一个科学和健全的文化产业资本运营体系,就很难有效地建立起完整的文化产业体系。因此,研究资本市场运动和文化产业发展间的关系,建立和健全科学的文化产业投融资体系,是我国发展文化产业的重要内容。

一、资本市场和资本运营

资本运营作为企业经营理念,在西方不是什么新概念,而是有着悠久的历史,是随着商品经济和市场经济的形成而产生,并不断发展和完善的。尽管有些西方国家没有"资本运营"这种提法,但可以说,现代西方经营管理思想就是资本运营思想。但在我国,资本运营理念刚刚兴起,仍处在理论发展阶段,这种理论的接受及实践不仅成为企业家现实的选择,而且关系到我国市场经济的完善和发展。

(一) 资本市场和资本运营内涵

资本市场亦称"长期金融市场"或"长期资金市场",指期限在一年以上的、各种资金借贷和证券交易的场所。本质上,资本就是财富,通常形式是金钱或者实物财产。资本市场上主要有两类人:寻找资本的人,以及提供资本的人。寻找资本的人通常是工商企业和政府;提供资本的人则是希望通过借出或者购买资产进而牟利的人。资本市场只是市场形态之一。

所谓的资本运营,是指公司的经营者把公司拥有的一切有形、无形存量资产及生产要素,通过流动、裂变、组合、优化配置等方式进行有效运作,以期实现最大限度的资本增值。正确理解资本运营的涵义应明确以下几方面内容。

1. 资本运营的主体:应是公司的经营者,而并非是其所有者。在所有权与经营权分离的情况下,公司经营属于管理当局的责任,而资本运营属于公司经营范围。因此,公司是自主经营的投资主体和资本运营主体。在我国,国有企业比重非常大,强调这一思想是非常重要的,否则国有企业资本运营将困难重重。

2. 资本运营的客体:指资本运营的具体对象。资本运营的客体是以存量资产形式所表现的资本,即资产是形式,资本是本原。这一点与商品经营有着本质不同,两者在观念和行为上存在巨大差异。

3. 资本运营的手段:可以概括为资本的流动和重组。包括的形式呈现出多样化,比如收购、兼并、重组、参股、转让、租赁、剥离、置换等。通过上述一系列手段的实施,达到资本在流动中最大限度地增值。

4. 资本运营的目标:是以实现资本最大限度地增值为目标。资本运营必须服从公司的目标。投资者建立企业的目的是从中求取最大投资回报从而增加财富,资本运营的理念也正是基于此。从宏观角度而言,以资本为纽带通过资本运营的形式调整社会产品结构、产业结构更趋于合理,有利于有限经济资源合理流动和配置,避免社会经济资源的浪费。

(二) 我国的资本市场

20世纪80年代初首期国库券的发行拉开了我国建立资本市场的序幕,17年的发展可概括为三个阶段:① 资本市场的起步和成长阶段(1981—1985年),处于逐渐发育和成长之中,只有证券的一级市场,而且各种证券的发行基本上靠行政手段,发行国债的动因是弥补财政赤字,国债发行规模较小。② 资本市场的形成阶段(1986—1991年),以公司债券和股票交易为主的证券二级市场率先成立和扩大。③ 资本市场的规范和发展阶段(1992年以来)。邓小平南巡讲话使我国资本市场的成长进入了一个新阶段,沪深两个交易所由地区性的交易所成为辐射全国的交易所,区域性的交易中心开始形成;资本市场的规模日益扩大;交易品种上亦从单一的股票交易,逐渐发展成为以股票交易为主,包括债券、投资基金、可转换债券以及认股权证等多种金融工具,上市交易的金融商品已达400多种;资本市场逐步国际化,B股上市公司从空白发展到近90家。这期间,我国企业开始了到境外上市的试点。目前已有29家企业分别到纽约、伦敦和我国香港特别行政区上市。

尽管如此,我国的资本市场仍存在以下几大问题:① 局域化。沪、深股市资本市场功能已基本发挥。但从严格意义上讲,我国资本市场的区域与功能仅限于国内,同国际主要资本市场如纽约股市、伦敦股市、东京股市等没有直接关系,国际资本不能全部进入我国的资本市场,我国的资本市场也不具备让国际资本自由进入的条件。因而,国际资本市场股价涨落并不会给我国股市带来直接联动影响。例如,911事件后纽约股价暴跌,我国资本市场却股票价格依旧;同样,萨达姆政权被推翻后,东京、伦敦股市价格相继猛涨,而我国股票市场的价格却依旧低迷,反过来,我国股市的股价波动也丝毫不影响国际股市的股价。② 市场单一,难同国际股市接轨。③ 国有股和法人股所占比例较大。④ 股民抛售股票,对资本市场投资极为谨慎和缺少信心。⑤ 中国资本市场正在逐步开放,前景较难预测。

(三) 我国文化产业的资本市场

自20世纪30年代初期起,大量的企业在资本市场上通过发行股票来筹资,文化企业也不例外,在资本市场大背景下争相上市。目前,我国文化产业大致由两类构成:其一,文化产业上市公司;其二,未上市的文化产业股份制公司或股份制企业。文化产业上市公司指那些在前几年通过国内的资本市场发行了一定数量的公司股票,筹集民间资金,并以此增加资本的文化产业领域的股份制公司。这些上市公司从民间筹得的资本占其资本总数的5%到20%不等。换句话说,这些文化产业上市公司80%到95%的资本是国有资产,这些国有资产以法人股和国有股的形式构成这些上市公司的资本主体。而法人股和国有股到目前为止不能在资本市场上流通。因此,所谓"文化产业上市公司",绝不是说这些公司已真的全部上市,而只不过是在资本市场筹集过一些资本的公司,且这些已发放的"流通股"始终在流通领域流通,除此以外,这些上市公司和市场并没有什么关系。因为这些上市公司的流通股占总股的比例极小,所以,无论其股票价格在市场上如何波动,对市场影响都不大。

未上市的文化产业股份制公司或股份制企业是相对于上市的文化公司占大多数。现在,我国大多数文化企业经改制属股份制企业。所谓改制,就是将原先全民所有制文化机构改为股份制"文化企业"。同时,将这些单位的国有资本价值折合成若干数量的股份,并将股份总额按一定比例划分为国有股和法人股。改制后的文化股份制企业,其营业总收入扣除营业成本应缴税款,所得净利润按该企业国有股和法人股的比例分成。摊派在国有股的红利归国家所有,摊派企业法人股的红利归企业所有。股份制虽然以制度形式确定了企业应上缴国家利润的比例,但在提高企业的资本质量、资本周转速度以及企业经营等方面并没有根本性触动,企业的生产关系并不因股份制而产生多大变化,因而大多数改制后的文化企业经营效益并不理想。

从改制后文化企业的财务情况看,其自有资金主要来自三个方面:① 企业留成利润(即法人股所得之红利);② 折旧。折旧基金是维持再生产的资金,不能长期挪作他用;③ 附属于企业的三产(所得一般用于提高企业福利等)。这些未上市的股份制文化企业的自有资金,主要来自企业留成利润。但因大多数文化企业经营效益并不理想,所以这些企业的自有资金数量非常有限。在这种情况下,若这些股份制文化企业希望扩大再生产,力求发展,就将主要依赖于向银行借贷和在资本市场上融资。若是向银行借贷,银行将对申贷企业财务情况进行审核。当前,银行体制也在加速改革,为了防范出现借贷坏账,银行贷款审批较过去大为严格。如果申贷企业经营效益和财务情况较差,被银行视为缺乏足够贷款偿还能力,该企业的贷款申请通常会遭银行拒绝。若在资本市场上融资,由于我国的资本市场近期发生了较大变化,文化企业以往的那种"上市"融资的可能性已不复存在。

无论是已上市的"文化产业上市公司"还是那些为数众多、尚未上市的文化企业,虽然在形式上都进行了"改制"和"企业化",但在其行业构成、资本结构、管理体制、经营方式等一些重要方面,同改制前的情况并没有根本的差别。该行业的构成仍受国家有关特殊政策的严格规定和限制。同时,在经营范围和经营内容方面,又因国家的特殊政策为该行业确立了垄断经营的地位,因此该行业既没有竞争的压力也不会受市场的冲击。文化机构的"改制"和"企业化"并未改变国家对其包办的实质。这些改制后的文化企业在经营活动的各个方面同那些资本市场化的企业相距甚远。因而,从市场经济角度看,恰恰是这些特殊政策卡住了该行业的快速发展。

不仅如此,若从世界经济层面考察,比较我国文化产业的基本现状,就不难发现,在世界经济高速发展的今天,一些发达国家为了经济能进一步发展而纷纷通过立法反垄断、反托拉斯,而我国的"文化企业"却始终要依靠那些陈旧的、世袭的特殊政策关照。这些特殊政策规定了"文化企业"在国内的垄断地位,严重阻碍了这一行业的高速发展。因此,当谈到该行业的经济效益、如何适应形势发展、如何同国际文化产业盛况相媲美并创造巨大价值时,我们的这些"文化企业"就显得包袱沉重,举步维艰。

这就是目前我国文化产业上市公司和未上市的股份制文化企业的基本情况。文化产业作为一个新兴产业的兴起是上世纪70年代的事,至今已过三十来年。但如果单从国外文化产业所创造的价值量来看,我们可以知道,就我们现行的文化体制和当前文化产业的实际状况而言,我国的文化产业落后的时间似乎还不止三十年。即在现行文化体制下,即便在三十年后,我国文化产业所创造的价值量也不会像今天的美国、日本、英国的那样大。理由很简单,目前文化产业上市公司的经济效益几乎都是负增长。所以,要大力发展我国文化产业,现行文化体制改革是前提与根本。

二、文化产业资本运营的环境

任何企业都是在特定环境下生存的经济组织。环境对于企业经营的影响是非常巨大的。构成企业环境的要素主要有企业外部的社会宏观大环境与企业内部的微观环境两大部分。同其他产业一样,文化产业要实施资本运营,就必须具备一些基本的环境条件。

(一)外部环境要素

所谓企业的外部环境,主要指企业赖以生存的完善的市场体系。这个体系不仅包括生活资料、生产资料等规范交易的商品市场,而且还包括比较完备的资本市场、劳动力市场、技术交易市场、信息市场、房地产市场以及产权交易市场等各种生产要素市场。

完善的市场体系的突出特征表现在这个体系的公平性、完整性、开放性和有序性。具体来说，完善的市场体系主要是指资本市场发育的完善和产权交易市场发育的完善。其中，资本市场发育的完善，要求融资结构合理，直接融资规模不断扩大，股权转让、出售灵活，资本流动自如，中介机构健全，金融品种齐全。产权交易市场发育的完善，主要是指产权交易市场的规范化、监督体系的规范化、交易程序的法制化。

目前我国的资本市场正处在成长与发展时期，还有许多不够规范的问题。例如，产权不够明晰，资本人格化程度太低，现代企业制度不够健全，融资结构不合理，直接融资份额太小，继续扩大直接融资规模存在障碍，资本体系不够完善，企业上市不规范，股东投资、转让、出售不方便，资本流动限制太多，资本市场中介机构太少，功能太单一等，这些都是我国进行资本运营应当改革的外部环境。

完善我国资本市场体系，创造良好的资本运营环境，还有许多艰巨的工作要做。具体来分析，应当着重如下几个方面的改革：第一，发展多种产权转让形式，鼓励各种企业之间的购并。第二，让国有资产进入产权市场，按照市场机制让国有资产参与市场转让。第三，充分运用国际上的各种成熟的产权转让方式规范我国产权转让市场，既要发展购买全部资产的企业购并，也要发展购买部分资产的合股经营；既要发展以买主出资的购买兼并活动，也要发展以债务人身份承担债务式的合并；既要发展经营效益好的企业扩张或主动购并，又要发展经营效益差的企业为了生存而实行的依附式的合并。第四，深化并完善现代产权制度，这是现代企业进行资本运作的根本保证，也是以企业法人产权独立运作人为现代企业制度的基石。

（二）内部环境要素

企业资本运营的内部环境要素，主要包括企业内部的现代企业制度的建立、企业经营者现代资本观念的确立以及高素质资本运营人才的培养等方面。

现代企业制度是企业能否实现资本运营的前提条件。因为资本运营是有基本条件要求的。它要求企业经营者除了具备在统一的社会化控制的市场机制下管理企业的能力，还要求企业具备基本的所有权、经营权概念，经营者能够在企业产权十分明晰的条件下进行资产运作，要求企业原始所有权与法人产权分离、法人产权与经营权分离。而这些条件只有在企业真正建立了现代企业制度的前提下才能具备。因此，要实施资本运营，必须首先在企业内部建立以明晰产权制度为核心的企业制度改革，否则资本运营是难以成功的。

企业经营者的现代资本观念的确立，也是企业实施资本运营的重要的环境要素。资本运营的实施，要求经营者在资本观念认识上和资本运营体制规范方面实现三个转化：资产向资本转化；资金向资本转化；负债经营向资本经营转化。资产向资本转化，既是经营方式上的变化，更是经营理念的区别。我国企业资产一般由两部分组成，一部分是所有权属于国家的国有资产，另外一部分是企业自身留成积累的资产。这两部分资产与其他投资者的投资结合成法人财产权。企业在实行资本重组时，企业资产就要实行资本化。资金向资本转化是指国有资产重组时，让国有资金和企业资金资本化。负债经营与资本运营是有本质差异的。过去的负债经营，是一种高风险经营方式，而资本运营则将债权当做资本，可以实现"债权转股权"的资本经营。这种运作方式不仅要有现代资本运营机制，还要有现代资本观念才能真正盘活存量资产、变大经营资产，使投入资本实现增值的最大化。

高素质资本运营人才是企业成功实施资本运营的基础。资本需要高素质的专家来经营。培养和吸引高素质、职业化的资本运营专家梯队,是企业资本运营的内在要求。现代企业家必须是懂得资本运营的专家,因为现代企业竞争已经从过去的生产经营成果竞争转向了企业发展的原动力竞争,即企业之间的资本运营竞争。企业家过去对于企业产、供、销全过程的直接管理,必须转变为以投入资本的营运以及效益考核为主的间接管理。现代企业管理要求以资本运营为主线,通过用足资本、用活资本、整合资本来提高经营业绩。而所有这些都是建立在企业具备优秀的资本运营人才的前提之上的。

对于文化产业经营来说,资本运营的概念在我国还比较陌生。因为我们的文化产业经营者大多数还刚刚从单纯的生产型向生产经营型转变,还没有真正意义上实行从生产经营型向资本运营型转变。过去计划经济对于资本的狭隘解释,使得许多经营者还没有充分认识到从生产经营型向资本经营型转变的重要性,对于资本的理解常常模糊不清,加上许多文化产业的经营资产都是概念型、隐蔽型、非物化型的无形资产,文化产业领域也没有建立一套完备的无形资产衡量体系,导致文化产业的资本认定十分困难。尤其是产权体制的不明晰,导致我们的文化产业资本运营举步维艰。在知识经济迅猛发展的年代,在世界经济全球化的时期,我们的文化产业要实现资本运营,必须从完善产权制度、建立现代知识产权制度开始,让知识真正变为资本。

(三)其他环境要素

1. 国际环境。中国文化市场巨大的消费潜力和可供开发的文化资源具有巨大的吸引力。国外文化产业进入中国内地市场有许多途径,现已包括电视节目入驻、投资报刊、宽带网络、有线电视网及民间节目制作机构等。这将给我国的文化产业带来巨大冲击,他们凭借雄厚的资金实力,及全球范围的内容资源与产业运作经验,必将在与国内文化产业竞争时占有非常巨大优势。然而,国外对手同时也给我国文化产业的生存与发展带来了新的理念与制度,加快了我国文化产业资本运营的全球一体化。

2. 国内环境。国内文化产业的生长有发展迅速、前景广阔、资金短缺等三个显著特征。譬如,2003年5月《中国新闻出版报》公布,2002年全国出版报纸2137种,总印数367.83亿份;期刊9029种,总印数29.51亿册;2003年初,我国共有3个报业集团。中国媒介产业进入迅速发展时期。同时,中国庞大的媒介需求也为媒介的发展提供了广阔的前景。中国每千人拥有日报数是世界第一名的挪威每千人拥有日报数的十分之一不到,甚至低于发展中国家每千人拥有日报数的指标。这说明中国报纸市场存在巨大的增长空间。但是,目前国内媒介都处于资金短缺状态,资金匮乏已经成为制约中国媒介发展的瓶颈。

3. 政策环境。国家对于文化产业的各项法规政策是生存与发展的土壤。我国的政策环境也在一步步改善,对文化产业资本运作的政策在进一步放松:2003年媒介业分为公益性事业和经营性产业,将新闻宣传以外的社会服务类、大众娱乐类节目和专业报刊出版等经营性资源从现有事业体制中分离出来组建公司,允许各类所有制机构进入经营性项目。政策的放宽推动了报业资本运作的发展,但是,在资本运营的过程中,政策和管理体制缺陷的方面,还是存在问题的。2013年3月10日,国务院发布《国务院机构改革和职能转变方案》,开启新一轮大部制改革。国务院组成部门将减少至25个,将国家新闻出版总署、国家广播电影电视总局的职责整合,组建国家新闻出版广播电影电视总局。主要职责是,统筹规划新闻出版广播电影电视事业产业发展,监督管理新闻出版广播影视机构和业务以及出版物、广播影视节目的内容和质量,负责著作权管理,等等。国家新闻出版广播电影电视总局加挂国家版权局牌子。不再保留国家广播电影电视总局、国家新闻出版总署。对促进文化交融,推进"大文化部"的发展起到了积极作用。

三、文化产业资本运营的方式

资本运营的方式日趋丰富。从广义上说,资本运营应包括实业资本运营、金融资本运营和产权资本运营。其中产权资本运营是一种外部交易型战略,是资本运营的重要方式,也是我们着重阐述的内容。

(一) 实业资本运营

所谓的实业资本运营,是指企业将资本直接投入生产经营活动所需的固定资本和流动资本之中,以形成产品生产或提供劳务的经营活动能力的一种资本运作方式。实业资本运营是资本运营的基本方式。其特点是：以商品为对象进行商品交易;资本流动性差,变现能力低,投资回报缓慢;收益较稳定,运作容易;运营场所以商品交易市场为主。实业资本运营,除筹资外,其他方面运作通常都是在商品交易市场进行,因而其商品交易市场信息的获得对于实业资本运营的质量至关重要。

(二) 金融资本运营

所谓的金融资本运营,就是以金融资本为对象而进行的一系列对外投资活动,主要包括股票投资、债券投资、期货、期权投资、外币投资、贷款等业务。与实业资本运营不同,金融资本运营主要依托资本交易市场进行金融资本交易,如有价证券交易、期货、期权交易、外汇交易或贷款等,通过交易获取价差收入,它既不进行实际商品交易,也不以控制被投资企业为目的,而是利用各种方法和手段,使手中的金融资本升值最大,从而达到保值增值目的。

(三) 产权资本运营

产权资本运营属于外部交易型策略,是资本运营的主要方式。为达到资本最大限度增值的目标,通过产权交易,可以使企业资本快速扩张或收缩,从而优化资本结构,提高经济效益。产权资本运营的特点表现为：依托于产权交易市场进行,资本运营的对象为产权,经营的主要方式是产权交易等。

产权是指法定主体对财产所拥有的占有、使用、收益和处置权力的总称。占有权是指对财产的实际占用和控制;使用权是指在法律允许的范围内,以各种方式使用财产的权利;收益权是指在不损害他人利益的情况下,享受从财产的使用、转让等形式中所获得的各种利益;处置权是指对财产的出售、出租等处分资产的权力。其中占有权是其他权利行使的基础,而处置权决定着财产的命运与归属。

产权资本运营复杂多样,主要包括以下操作方式。[①]

1. 并购。美国著名的经济学家乔治·施蒂格勒通过对美国兼并收购历史考察后指出："没有一个美国大公司不是通过某种程度、某种方式的兼并收购而成长起来的,几乎没有一家大公司主要是靠内部扩张成长起来的。"美国是工业经济高度发达的国家,世界经济发展的火车头,自20世纪末以来已出现了五次企业并购浪潮,并进而席卷全球,从而极大地促进了经济和企业的发展,创造了一批世界经济巨人。

2. 资产重组。是实现企业资本结构优化的重要手段,是产权资本运营的重要方式。社会经

[①] 王明珠,周剑杰.资本运营与风险防范[M].北京：中国审计出版社,2011：30.

济生活中,资源具有缺乏性,在资源稀缺的情况下能创造的社会财富也是有限的。社会资源在各个领域的分配和布置过程,称为组合。表现为三种状态:一是社会资源被充分利用;二是社会资源大部分被有效利用;三是社会资源被部分利用。资产重组的具体操作方式主要包括:资产的置换、资产的剥离、债务重组、转让、债权、破产、股票回收等。其中资产的剥离,包括不良资产的转让、拍卖及非经营性资产的转让等。

3. 股份制改造。股份制改造是将现有企业按《公司法》的要求,改变为股份公司形式的一种资本运作方式。股份制改造是企业经营机制的重大转变,现有企业通过股份制改造不仅可以优化资本结构,而且一旦具备就有条件上市,使资本筹集变得更为容易。相对于新建企业而言,股份制改造更为适合企业改革的特有方式。

4. 租赁经营。租赁经营是以企业经营权作为对象的一种产权资本运营方式。租赁是承租人通过支付租赁费,而出租人通过收取租金方式转让财产使用权的一种行为。租赁按租赁的对象来划分,可以分为单一生产要素租赁(如土地、厂房设备等)和企业租赁两种。其中单一生产要素的租赁又可以划分为经营性租赁和融资租赁这两种形式,是企业筹资的重要方式。

5. 企业托管。企业托管是企业资本运作的另外一种方式。托管是指企业的所有者依法将企业部分资产或全部资产的经营及处置权等以合同契约形式,在一定条件下、一定时期内委托给具有较强经营能力并能承担经营风险的企业去经营,以实现委托资产的保值增值。企业托管又称委托经营。企业托管往往是经营不善的企业资产,或者待出售的资产;受托人不须交纳租金,但需承担完成托管资产减亏或保值增值的义务,否则应承担相应的损失;受托人以自身的财力及经营能力,在完成对托管财产义务的前提下,获取托管费或超额利润收益。托管是我国近年来资本运营的新方式。在托管的具体组织上仍然存在一些不规范之处。

6. 跨国经营。据统计,全球500家大工业公司的销售款已占世界总产值的20%~32%,而我国国内50家大企业销售收入总和,只占我国国民生产总值的16%。企业之间的竞争,代表了国家之间的竞争。因此,我国企业的资本运营应侧重"抓大"战略,通过资本运营,建立一批跨国经营公司,提高国际竞争能力。这是我国经济发展需要认真解决的一个重要问题。

资本运营是一项充满风险的经济活动,尤其是产权资本运营更是如此。企业从筹集资本开始到实际运作、投资回收及分配的整个过程,都伴随着大量不确定因素,这些不确定因素常常会给企业资本运营带来巨大的风险。因而预见资本运营活动中的风险,分析风险的构成因素及特征,预测风险的大小,制定防范规避风险的策略,对于提高资本运营质量,实现资本最大限度增值,具有十分重要的意义。

案例 7-2　　　　　美国在线与时代华纳的世纪并购

美国在线创办于1985年,1991年正式改名为美国在线。成立之初,公司仅有250个员工,用户不足20万,年收入为3000万美元,股票市值仅为6600万美元。时代华纳脱胎于1989年时代公司与华纳传播公司的合并。合并前的时代公司是以经营杂志起家的出版业巨头。其下属的出版物销量已近1500万份,员工超过600人,拥有分布于世界各地的22家印刷厂,以及3家电台、1家造纸厂、1家印刷公司、1家石油公司,资产达数十亿美元,在全美500家大企业中排名第158位,居出版业之首。

20世纪90年代之后,美国掀起了自19世纪末以来的第五次大兼并浪潮。这次世纪末出现的兼并狂潮具有明显的强强联合趋向,发生在巨型跨国公司之间的并购屡见不鲜。同时,作为传统媒体的代表,时代华纳公司早在20世纪90年代中期就开始向互联网方面拓展,因为各种原因仍以失败而告终。随后时代华纳又成立了数字媒体公司,继续向数字化方向迈进,但成效甚微。对于时代华纳公司来说,如何把旗下全球最丰富的娱乐资源和信息内容带入互联网时代,就成了一个急需解决的重大课题。作为新兴网络媒体的代表,超常规发展的美国在线同样也有自己的难题。首先,虽然拥有众多的用户,但美国在线有一个致命的弱点,那就是缺乏内容制作的能力。与此同时,美国在线的主要竞争对手却加紧了发展宽带的步伐。这给美国在线带来了巨大压力和强烈的危机感,并使其深刻认识到,如果不能克服自身的缺陷,随时都有被淘汰的可能。

于是,带着各自的问题,美国在线和时代华纳走到了一起。双方各取所需,优势互补,犹如完成了一桩天作之合的美满婚姻。对于美国在线而言,时代华纳拥有全美第二大电视网,其电缆深入全美1/5的家庭,如果用做网络传输,可以将现有速度提高100倍,这样,困扰已久的宽带传输问题就迎刃而解了。同时,时代华纳所拥有的媒体、音乐、电影等丰富的内容资源,也是美国在线多年来梦寐以求的"宝藏"。如果两大公司能够成功并购,那么,美国在线内容匮乏的致命缺陷将不复存在。而对于在网络市场上屡战屡败的时代华纳来说,与美国在线的联姻则可以使自己实现数字化的飞跃,同时,美国在线拥有的数千万注册用户都有可能成为自己产品的潜在消费市场。此外,还有一点也很重要,那就是,当时正是互联网在美国发展如火如荼的时期,网络股票在市场上炙手可热,只要公司的后面带一个".com",那么它立刻就会身价倍增。

实际上,如果单看经济实力,时代华纳远在美国在线之上。但是在资本市场上,两家公司的价值却完全掉了个。在两家公司合并之初,美国在线的市值是时代华纳的两倍。可见,无论是美国在线还是时代华纳,对它们来说,合并都似乎是一个双赢的选择。于是,这桩举世瞩目的"世纪联姻"最终就水到渠成地摆到了两家公司的议事日程上。

然而,结果却并不像想象的那么美好。由于美国在线承接了时代华纳178亿美元的巨额债务,再加上股民担心美国在线将不再是一家纯种的网络公司,使得美国在线的股票在小幅上扬之后开始下跌,到合并之后第3天其股票以60.125美元报收,比上扬后的股价下跌了16%,同时,时代华纳的股票也跟着跌至每股79.25美元,比合并后的最高价下降了20美元。虽然美国在线推出了二季度收益报告,表明其收益比去年同期上扬了160%,缓解了投资商和股民对公司经济增长趋缓的担忧,股票价格也因此有所反弹,在报告公布当天以64.06美元报收,但是反弹的势头相当有限,并不足以使其摆脱股价下跌的困境。这也为合并后新公司的发展前景蒙上了一层阴影。

尽管美国在线和时代华纳合并后在股市上起伏不定,但这起世纪并购案所开创的新旧媒体相结合的发展模式却使困难重重的传统媒体看到了希望的曙光。

阅读案例后思考问题:为何时代华纳和美国在线的"婚姻"会走向失败?

第四节 文化产业的管理模式

亨利·法约尔在其名著《工业管理与一般管理》中的管理概念,对西方管理理论的发展具有重大的影响力。法约尔认为:管理是所有的人类组织都有的一种活动,这种活动由五项要素组成的:计划、组织、指挥、协调和控制。管理,是对文化产业的生产、交换、分配和消费等经济关系和经济活动的管理。任何管理都有其原则、目标和手段。文化产业作为我国蓬勃发展的朝阳产业之一,在发展过程中有其复杂性和特殊性,因此,在管理上也就提出了更高的要求。文化产业的管理需要遵循社会效益与经济效益结合的原则、公益性文化事业与经营性文化产业分类管理的原则和民族文化传承保护的原则。文化产业的管理应该强调市场手段,并结合实际情况综合运用各种管理手段。

一、文化产业的宏观管理

文化产业的宏观管理即从全国文化产业发展的总体状况出发,进行政策的制定、管理的执行等。文化产业作为一个庞大的宏观体系,它是由环环相扣的产业链和各种产业活动构成的,任何一个环节出现问题,都会对整个文化产业造成影响。因此,文化产业的宏观管理是对文化产业整体性、全局性的管理,它是以整个国家、区域或行业的文化生产、文化流通、文化消费和文化发展为对象进行的管理。

(一)文化产业的行政管理

文化行政组织的职能范围是根据文化行政组织的目标而确定的,其工作任务与活动范围,是组织目标的具体化。行政职能是国家职能的具体执行和体现,它在本质上是国家权力的执行,即通过实施行政行为实现国家行政权。文化行政职能定位主要是解决政府在文化活动管理过程中管什么、怎么管、发挥什么作用的问题。行政职能定位决定了政府部门对文化产业管理的范围,可能运用的管理手段和方法,以及对文化产业具体经济活动的干预程度。[①]

文化行政管理的职能体现了现代公共服务型政府的特征。首先,要重新确定政府的职能范围,将不应由政府管理的文化产品和服务剥离出去,交出市场和企业经营,政府从办文化向管文化转变,实现管、办分离。其次,要从直接干预转变为间接调控,实现政事分开。进一步放松管制,把政府管不了也管不好的事项剥离出去,在公共文化领域引入政府、企业、非政府组织共同管理的模式,构建公共文化服务体系,建设公共服务型政府。

1. 调控职能

在市场经济条件下,政府文化行政管理要按照有限政府的思路,对文化产业实行经济、法律等管理,引导社会资金对文化产业的投入,规范文化产业经营主体的行为,实现文化产业资源的有效配置。文化产业宏观调控体系是通过对文化产业和文化事业的分类管理,确立宏观调控的具体对象、范围和目标。世界许多国家都建立了文化产业分类体系,例如英国在文化创意产业范围的界定上,把就业人数多或参与人数多、产值大或成长潜力大、原创性高或创新性高三个原则作为标准,选定了13项产业列入文化创意产业的范畴,包括软件研发、出版、广告、电影、电视、广

---

① 李向民.文化产业管理概论[M].太原:书海出版社,2006:57.

播、设计、视觉艺术、工艺制造、博物馆、音乐、流行行业以及表演艺术等。

宏观调控体系,还需要政府制定文化产业总体发展战略,从而确立文化产业的指导思想和目标。例如英国提出"创意英国"的发展战略,在1998年出台的《英国创意工业路径文件》中明确地提出了"创意产业"的概念,要求政府"为支持文化创意产业而在从业人员的技能培训、企业财政扶持、知识产权保护、文化产品出口等方面"做出积极努力。

此外,宏观管理需要纳入国家法制化的轨道。通过建立健全相关的法律法规和政策体系,为宏观调控确立基本依据和效力保证。例如日、韩政府都十分注重对文化传统的保护,制定了相关的《文化财产保护法》等法律,推行地方文化振兴政策;韩国先后制定了《文化产业振兴基本法》《设立文化地区特别法》《出版与印刷基本法》等法律;美国等西方国家对于知识产权的法律保护尤为重视,为了强化知识产权,美国制定了多项法律法规,签订了一系列双边协定。

2. 文化监管职能

文化监管的职能,是指政府对文化市场的准入许可、市场行为的规范和文化内容的意识形态方面的内容监管。社会主义市场经济不仅要求经济资源配置市场化,而且要求文化资源配置市场化,因此文化领域必须全面进行市场化改革。

(1) 实行文化许可标准明确化、公开化的措施。行政许可是行政机关管理社会政治、经济、文化的一种重要的事前控制手段。文化产业行政许可改革的目标应该是放松行政管制,强化市场机制,扩大市场准入,加强市场监管,实行文化产业经营许可制度的规范化、公开化,建立有序的市场准入体系。比如英国电影分级制度,就是从英国的价值观出发来设计的。同时,制度应当遵循宪法和法律的要求。文化行政许可制度的设立和实施也要遵照基于法律自然正义的要求,如公开、公平、公正原则、便民原则、司法救济原则等。政府要把市场能够做到而且能够做好的事情交出去,逐步退出竞争性领域,规范和扶持非公有制经济进入"禁区",做到权利归民,职能转变。

(2) "事后审查"为一般原则,"事先审查"为特例。文化类公共产品与服务的特殊性和政府干预的特殊动机,决定了政府干预与监管文化的特殊机制。文化产品和服务提供的是文化意义,政府应该监管的也是这种文化意义可能具有的"社会价值"。但是,由于文化监管是内容,内容不经过表达就不能成为监管对象,因此文化监管只能是事后监管,而不可能是事前监管。"事后审查"制度是充分尊重文化单位经营自主权和文化自由的制度,为世界上绝大多数国家和地区所采用。事后审查制度的目的在于对确实违反了宪法和法律的行为进行惩处,以防止滥用权力。而事先审查制度表面上以预防"违规行为"为宗旨,实际上却是拿预先定好的审查机关的"框框"去约束文化活动。

(3) 建立自律和他律相结合的监督机制。监督文化单位的机制应包含两方面内容,即自律和他律。自律主要体现为文化行业协会和社团组织等中介组织和非营利性组织的自律活动。这些组织是自下而上产生的,与官方保持着一定的距离,也为业界所尊重,其自律行为是与维权行为协调进行的。例如,韩国刊行物伦理委员会是由政府全额拨款,代行政府某些职能的非营利性民间组织,其主要工作是从落实出版发行物的伦理、社会责任的角度去对图书、杂志、日报、周报及电子出版物等进行审核,判断其是否具有有害性。监督文化单位的他律,主要体现为行政监管和司法监督。行政监管是文化行政管理部门依据法律赋予的权力,根据法律规定程序的依法行政,对文化市场的侵权行为进行监管。法治原则要求建立适合现代行政要求的健全的行政程序法和行政实体法,依法重构和规范行政审批制度。

3. 公共服务职能

现代市场经济是责任经济、服务经济,政府是权力主体,更是义务主体,以为厂商和消费者提供良好的制度和环境服务为己任。现代市场经济所倡导的顾客至上、信誉第一、注重成本与绩效关系等思想文化,无不闪烁着为社会公众提供优质服务的理念。以服务为本质特征的现代市场经济理论为建设服务型政府奠定了坚实的理论基础。文化行政管理同样应当建立起服务社会的理念,发挥文化行政管理的公共服务职能,建立文化公共服务体系。

(1) 以人为本。建设服务型政府,就是要让文化行政的管理行为真正从"以管为本"走向"以人为本",从强调尊重政府权力转向强调尊重公民合法权益上来。建设公共服务型政府就是要以人为本思想为指导,培育和强化意识。在社会主义市场经济条件下,人民群众是文化市场的消费主体,政府文化行政管理必须面向市场,面向人民群众的文化消费需求,以满足人民日益增长的精神文化需求为目标,以人民满意度为衡量政府绩效的第一标准。政府治理如同企业治理一样,都要注重成本与绩效的统一。政府治理不仅有经济成本,更重要的是政治和社会成本。经济成本影响政治成本和社会成本,政府应该率先践行"节约社会"的要求,以"取之于民最小,用之于民最大"为理念,更加注重社会管理和公共职能履行的效能。

(2) 遵循科学分权的原则。首先是政府、市场、非政府组织的合理分权,使权力科学定位和准确归位。政府应采用说服、宣传、表彰、政策优惠等手段鼓励私人资本投入原来由政府包揽的文化事业和文化产业中去,打破政府的独家垄断,克服"只此一家,别无分店"的局面。明确政府在公共文化产品和服务提供方面的根本责任就是保证人民能得到数量、质量和成本都合意的公共文化产品和服务,而不是政府亲自去提供这些产品和服务。其次是权力下放、科学分解职能,扩大地方政府、市场和非政府组织的自主治理权。再次是通过制度和体制创新,使社会公众切实享有政治、经济、社会事务的参与权和管理权。服务就是履行责任。责任原则要求政府建立一套完整而有约束力的行政服务责任体系,使社会公众能够有效监督政府,真正实行民主行政和责任行政。公共文化服务行政责任体系应当由政治、经济、法律、道德、社会等方面的责任制度构成。政府围绕其使命进行绩效管理,采用目标管理、全面质量管理等手段,强化政府对人民的责任;实行成本核算,加强财务控制,完善信息反馈,实行绩效考核。

美国和德国都制定了所谓的"日落法案",规定不得推广没有经过评估的示范项目。评估还应用于监测和阶段性地评价具体改革措施,如英国的雷纳评审,就是1979年首相撒切尔夫人上台后组建的效率小组,对政府行政部门实行改革和效率评估。雷纳评审在"财务管理新方案""一步行动方案"和"公民宪章运动"中,对有关部门都进行了多次评估。

(二) 文化产业的经济调节

文化产业宏观管理中的经济调节具体是指在遵循客观经济规律的前提下,有效运用各种经济手段,通过对文化产业相关部门、企业和组织等的经济利益进行协调以实现较高的社会效益和经济效益的管理方式。实践证明,政府适宜的经济政策,如灵活的投融资政策、合理的税收优惠、开放的价格市场等,对文化产业的发展有着积极、显著的作用。一般而言,文化产业的经济调节主要表现在如下几个方面。

1. 灵活的投融资政策

加大对文化产业的投资力度,通过财政拨款、设立文化发展基金等,以直接或间接的方式加大对文化产业的投入，从而达到鼓励文化产业创新、促进文化产业发展的目的；同时，政府还可以采取各种经济措施，促进金融机构、文化单位和文化产业企业的合作，帮助文化企业争取信贷支持、拓宽融资渠道，为文化产业的发展注入强大的资金活力。

长期以来，我国文化发展的经费主要依赖于政府财政投入，原有的文化生产方式降低了文化的经济生产能力，政府在文化方面的经费更偏重于社会效益，对文化的投资也少之又少，严重浪费了宝贵的文化资源，许多文化单位设施陈旧、人员松散、事业萧条。在市场经济条件下，要改变这种现状，政府不仅要为公共文化事业投入资金，文化产业的发展同样需要政府的经济支援作为后盾。《国家"十一五"时期文化发展规划纲要》指出："国家设立文化发展专项资金和基金，重点用于扶持国家公益性文化事业发展、支持文化创新和精品生产、扶持具有示范性和导向性文化产业项目的研发，用于国家重要文化遗产的保护和支持地方重大文化工程项目的建设；用于支持国家重大出版项目、少数民族文字和盲文出版物的出版，以及无线广播电视的覆盖。"从中我们可以看出，政府已经改变了原来的文化管理思路，对文化事业和文化产业都有明确的经济扶持态度。

2. 合理的税收优惠机制

由于我国的文化产业才刚刚起步，还未完全摆脱原有的文化事业运作模式，文化产业的特点和稚嫩现状要求政府制定扶持文化产业的税收政策，大力培育文化市场主体，促进文化产业的发展。作为文化产业的管理者，政府可通过完善税收政策来体现其引导取向，即文化管理机构和管理者可以对那些具有较高的社会效益、有益于保存和发扬民族文化遗产、推动文化进步的公益性文化活动和文化产品、原创性文化产品的创作及其传播、推广，以及国内文化产品打入国际市场的营销活动等实行财政补贴和减免税收等优惠政策，以示扶助和支持。如增强文化企业所得税优惠政策，制定文化产业税率差别政策、文化产业税利返还政策等。

3. 建立开放的文化产品价格体系

市场经济中价格是商品供求关系变化的指示器，借助于价格这个指示器，市场主体可以不断地调整企业的生产经营决策，调节资源的配置方向，促进社会总供给和社会总需求的平衡。因此，价格水平与市场需求量的变化密切相关。一般来说，在消费水平一定的情况下，市场上某种商品的价格越高，消费者对这种商品的需求量就越小；反之，商品价格越低，消费者对它的需求量也就越大。因此，价格水平的变动起着改变消费者的需求量、需求方向以及需求结构的作用。

大力发展文化产业，必须遵循市场规律和需求，按经济规律办事，让价格在文化市场中发挥其应有的作用。文化产品的价格是价值的体现，同时也反映了文化市场的需求。因此，价格对文化市场有着重要的意义，只有合理放开文化产品的价格，让价格通过市场规律的调节作用来调节各种文化产品的供求关系和一部分国民收入的分配，才能够为政府的宏观管理提供便利条件。同时，需要注意的是，开放文化产品的价格并不是要将价格完全放开，政府仍应在一定程度上进行宏观调控，以避免由市场自发调节带来的经济运行的不稳定。

(三) 文化产业的法律制约

由于文化领域的特殊性和复杂性，我国的文化法制建设相对滞后。加入 WTO 后，我国文化立法与现实需求的矛盾更加突出，尤其是文化执法相对薄弱，文化市场的混乱现象尚未得到有效整治，盗版、侵权现象严重，文化垃圾屡禁不止，严重干扰了文化市场的秩序。文化产业的发展需要完备的法律体系的支持与保护，需要公开、公正、公平的市场环境，维护正常的文化市场秩序，保障文化产业的健康发展，其根本途径是加强法制建设，依法进行管理。在美国，文化产业的投资不仅仅只受经济法律法规的制约,鉴于文化产业的特殊性,它还受到专门法律的保护和约束,从而形成对文化产业发展的保障和制约机制,如《反垄断法》《版权法》等。许多大力发展文化产业的国家,如韩国、英国等,也都有许多相关法律对文化产业的运作加以规范。在我国,文化产业发展的法律规范相对较弱,因此需要从如下几个方面努力。

1. 加强文化立法,使文化产业有法可依

市场经济是法制经济。发展文化产业同发展其他产业一样,也需要健全的法制。长期以来,我们强调文化产品的特殊性和意识形态性,强调文化属于上层建筑,忽视了文化的商品性和市场性,更谈不上发展文化产业,因此,文化市场的立法工作更加薄弱,国家对文化产业的管理主要依靠政策号召和行政措施,而缺乏用法律手段保障文化建设和文化市场的健康发展。为了适应文化产业发展的要求,我们应该加强以下几个方面的工作。

第一,进一步完善文化法律体系,根据文化市场和文化产业的发展,制定相应的法律法规。20世纪90年代以来,随着文化产业的发展,一些与文化产业相关的法律法规相继出台,如《著作权法》《知识产权法》《专利法》《商标法》《文物保护法》《音像制品管理条例》《出版管理条例》《计算机软件保护条例》等,对各类文化产品的保护都做出了详细的规定,有力地保护了文化产业的合法权益。但是,从总体上看,我国文化产业的法律体系还远远跟不上文化产业发展的需求,特别是至今还缺少《新闻法》《电影法》以及专门的文化产业法等。只有逐步完善文化法律体系,才能全面保护文化产业的发展。

第二,根据市场和文化产业的发展需求,对原有的法律法规进行科学、合理的修订和修改。我国一些现行的法律法规,由于大多是在文化体制改革和经济体制改革的进程中制定和形成的,很大程度上带有计划经济的痕迹,这已经无法适应当前我国文化产业发展的需要,因此必须根据市场经济条件下文化产业发展的需求进一步修订和完善,以发挥其真正的法律效用。

2. 加大执法力度,做到文化产业发展有法必依

改革开放以来,我国市场经济得到了飞速发展,社会物质财富极大丰富,人们的文化需求和文化消费也空前高涨。但是,由于我国文化法制建设的速度还没有跟上文化产业发展的需求,也由于我国文化生产者和消费者的文化法制观念淡薄,再加上执法力量薄弱,因此文化市场至今仍有许多严重的问题,如盗版书籍、非法光盘屡禁不止,网络文化产品良莠不齐,充斥了大量侵权、低俗的内容等,这些都要求我们在加快立法的同时,加大执法力度,做到有法必依。

另外,有法必依还需要有一支懂法律、懂管理、懂文化产业、执法严明的执法队伍做支撑,这将决定执法的力度和水平。因此,必须加强文化执法队伍建设,培养高素质的专业人员。只有业务过硬、专业熟悉的执法队伍,才能真正做到有法必依、执法必严、违法必究,才能充分发挥法律法规对文化产业发展的保驾护航作用。与此同时,有法必依还要求完善文化执法的监督体系,应建立和完善行政执法主体公告制度、案卷评查制度和违法责任人的追究、赔偿制度,保证文化行政执法行为必须在法定的范围内依照法定程序实施。建立和完善人大与政协专门监督检查制度、领导干部监督执法制度和群众投诉制度,充分发挥行政监督、舆论监督和群众监督的作用。

二、文化产业的微观管理

文化产业的微观管理是指文化企业的管理者对企业的生产活动和经营活动进行有效管理,从而实现相关经济效益的管理过程。文化产业微观管理的主体依然是企业组织中的各级管理

者,根据企业的总体规划和发展目标等制定切实可行的管理政策,实施对组织内部生产经营活动、经济运行和人力资源等的有效管理。相对于文化产业宏观管理的宏观性、中观管理的间接性,微观管理则更为具体化和直接化,它更贴近于市场活动或者说本身就是市场活动,从而也就更容易产生直接的管理效果和业绩。同时,由于微观管理更接近实践,所以它更为复杂,不同的组织和管理主体均因立场、目标、经验等的不同,而采取各不相同的管理方式、方法。

(一)微观管理的概念和特征

不可否认,管理活动都是从具体行为开始的,过去几十年间,微观管理(《美国遗产辞典》对它的定义是"对细节予以很大的或者过度的控制与关注"的管理)逐渐式微。而布鲁斯·塔尔根则认为,现在正是重新让微观管理回来的时候。他提出了微观管理的五个基本面:清晰表述对每个员工的期许;明确且可衡量的目标与期限;对每个人工作的细致评估;明确的反馈;公正的奖赏。微观管理和管理实际上是一回事,是通过对人和事的管理,促成人际协调、人事匹配,充分发挥人的潜能,计划、组织、指挥和控制人的各种工作活动,实现组织目标。文化产业同样需要微观管理,它构成了文化产业管理的主要部分。文化产业的微观管理具备以下特征。①

首先,文化产业的微观管理更为具体。微观管理主要是指对文化产业中各类型的文化生产组织的管理,相对于宏观管理的宏观性、中观管理的间接性而言,这种管理更为具体和直接。生产组织管理的绩效直接关系着文化产业的产品形态、质量和数量,也就直接关系着文化产业繁荣的程度。文化产业的微观管理既包括对组织的管理,也包括对文化产品生产、销售、宣传等的管理,这些管理都是文化产业中最为具体的管理。

其次,文化产业的微观管理更为复杂。文化产业的行业众多、产品纷杂,具体到企业,产品更是千变万化,而微观管理恰恰是对组织的生产、销售等的管理,面对文化产业中各个行业、各个企业、各个生产组织的不同,在管理上都会呈现出各不相同的形态和面貌。因此,在管理上也就更为复杂,特别是微观管理中也包括对生产者——人的管理,这就更加复杂。所以,总体来讲,文化产业的微观管理形态各异,非常复杂。

最后,文化产业的微观管理更具实践性。与宏观管理和中观管理不同,微观管理包括对各文化市场中各种各样的生产组织的管理,对各个生产和销售环节的管理,这些都是文化产业最前沿和最现实的管理,都直接与文化产业的运作产生直接的实践关系。微观管理的优劣直接关系到产品的优劣、企业的成败以及市场的繁荣,因此,它比宏观管理和中观管理更接近实践,或者说就是实践本身。

(二)微观管理的基本类型

文化产业由于涉及旅游、影视、演艺、音乐、广告等众多行业,不同的行业都有各自不同的特点和市场发展要求,所以在管理过程中也就有了不同的管理模式。即使是同一行业的不同企业组织,也会因发展方向的不同而在管理上各有特点。因此,就文化产业的微观管理来说,它也具有丰富多样的管理形态。通过对文化产业微观主体的分析与对照,我们将微观管理划分为以下四种。

1. 文化企业的管理

企业管理的直接目的是提高企业的市场竞争力。随着经济全球化的发展,文化产业正呈现出竞争日趋激烈的态势。从企业诞生之日起,就不可避免地要与强手过招。因此,必须提高企业

---

① 刘吉发,陈怀平.文化产业学导论[M].北京:首都经贸大学出版社,2010:22.

管理的水平,打造企业的核心竞争力。

文化企业是以利润最大化为目标,以文化、创意和人力资本等无形资源为主要投入要素,提供文化产品和服务,并运用这些精神内容获取商业利益的企业。[①] 这里需要注意的是对文化企业的界定,已经不仅仅局限于一般意义上的文化产品和服务的提供者,它们既提供准精神产品,也从事以精神内容(纯精神产品)为要素的衍生产品的生产和销售,比如迪斯尼,不但提供主题公园和动画片的娱乐产品,而且通过形象特许,进行玩具、文具及其他制造品的特许经营活动。一般的企业管理强调计划、组织、协调、指挥和控制。文化企业管理既要遵循一般的管理学规律,同时又有其自身的特殊性,由此造成文化企业与一般企业不同的特征。

(1) 文化企业的战略管理

战略是企业与不断变化的外部环境间谋求平衡的一种途径,是关于文化企业的产品和服务以精神内容为核心,精神产品的竞争通过追求产品的精神内容差异化,能够带给消费者特别的感受与愉悦。因此,在内部的组织资源方面,文化企业的战略管理更加注重对企业无形资产的投资和积累,特别是对人力资本、知识产权和创意资源的投资。由于文化企业受到外部的社会文化环境、政治法律环境等因素的影响较大,文化企业的战略管理在对外部环境的分析中特别要注意这些因素的影响。

此外,在战略制定和实施过程中,文化企业还应当关注:内在纯精神产品、准精神产品和泛精神产品之间的转化关系,文化企业所面临的产业价值链可以延伸很长。特别是内在向泛精神产品的转化,造成了文化企业可以通过许可和概念的移植,将精神内容与不同的载体相结合形成不同的产品形式。如电影就可以生成音像、图书、动漫、电视剧、游戏、玩具、文具等衍生品。此外,文化企业的战略具有很大的弹性空间,具有动态性。一个文化企业可跨行业和地区运营,也可以专注于某一产业链环节进行专业化或者本地化的经营。文化企业需要根据环境的变化、自身资源状况,以及对产业链的控制与整合能力来确定自己的战略经营范围,并根据实际情况,通过战略计划实施过程的反馈,做出相应的战略调整。

(2) 文化企业的组织管理

文化企业的组织管理包括组织架构、组织中分权和集权的关系、组织文化建设等。文化企业的组织具有很大的弹性。

首先,提倡组织扁平化。扁平化组织结构可以减少管理层次,促进组织信息的沟通,提高组织的反应速度。它具有敏捷、灵活、快速、高效的优点,将直接带来管理费用的下降、管理效率的提高,同时还会极大提高员工的自主性与积极性。

其次,力争组织弹性化。组织结构的弹性化是指在组织结构上不设置固定的和正式的组织结构,而代之以一些临时性的、以任务为导向的团队式组织。如电影业中的剧组,编剧、导演、演员并不一定都是电影公司的固定员工,而大多来自于社会,通过某种方式临时会聚在一起,电影摄制完成后,剧组也不复存在。弹性化组织包括三种要素:一是广泛的内部跨单位网络;二是用市场机制来协调大量以营利为中心的内部单位;三是通过与外部协作伙伴的合作,创造新的优势。

第三,建设组织网络化。网络组织是由多个独立的个人、部门组成的联合体,它的运行不是靠传统的层级控制,而是在定义成员角色和各自任务的基础上,借助现代信息技术,通过密集的

---

① 李向民.文化产业管理概论[M].太原:书海出版社,2006:70.

多边联系、互利和交互式的合作来完成共同的目标。密集的多边联系和充分的合作是网络组织最主要的特点,而这正是其与传统企业组织形式的最大区别。如网络游戏软件公司在进行创意和形象策划后,即将各部分分配给不同的部门和员工自行开发,在开发过程中,相互之间不断进行交流和衔接,确保整体游戏产品的连贯性和可操作性。

(3) 文化企业的投资管理

通常投资管理包括为投资项目进行筹资和投资风险的控制等,其中最为重要的就是对无形资产的投资。文化企业投资决策存在风险大、收益高的特征,涉及对精神内容资源、知识产权和创意等无形资源的投资和积累。这些无形资产的投资收益存在较大的不确定性,受到文化相关的技术、政治和法律因素的影响。所以,在投资决策中除了需要考虑项目的收益和现金流外,还要充分考虑风险因素,进行投资风险的控制。

通常,文化企业投资的风险控制方法有制订分阶段的投资计划、延期投资和设计退出机制等方法。在演出公司中,通常的做法是初步确定演员阵容和剧目后,预先落实冠名赞助商、广告客户,如果这一切不能及时落实,就需要对原计划进行调整,很少有公司敢于冒经济风险,盲目决策上马。许多国外公司在此前还要对目标市场做深入的调查分析,如美国魔术师大卫·科波菲尔的经纪公司在认真研究了中国沿海各城市的市场后,才决定在其中几个城市进行巡演。

(4) 文化企业的财务管理

传统意义上的产品成本,主要是由构成产品的原材料、人工成本组成的,但文化企业生产出来的文化产品,其原材料在产品的成本中比重很小,产品的价值主要体现在该产品所蕴涵的精神内容的创新性和独特性上。更有一些产品,由于企业对该产品进行大量的产品宣传,包括"炒作",使得该产品的价值翻了几倍。传统的财务管理方法并不将广告宣传费和炒作费用作为成本进行处理,所以按照传统财务会计方法对于这种产品核算来的价值,和它的广告宣传费用并不成比例。

因此,传统企业的财务管理的对象是企业实物形态资产。而文化企业的财务管理涉及大量对企业无形资产的评估、核算、信息报告与披露的问题。此外传统会计信息系统中大多使用硬性的可以明确计量的指标对资产进行核算。文化企业中,还需要补充对企业无形资产,如企业人力资本的竞争力、企业知识产权的赢利能力、企业团队的创新能力等方面进行定性的评估,使企业的管理者能及时地掌握企业运行状况,做出正确的管理和投资决策。

此外,由于种种原因,文艺人才和精神生产活动很难仅仅依靠一般的财务规划进行控制,如剧组中的大量开支,支付群众演员的每日工资,支付向老乡临时借用道具的费用等,都不可能有完备的发票或者收据,但这又是不可避免的。目前在财务处理上,常用其他票据抵充,导致了财务监管的漏洞。在支付演员报酬时,也因种种原因成为一笔糊涂账。因此,文化企业的财务管理还面临许多问题,亟须加以解决。

(5) 文化企业的人力资源管理

文化企业的人力资源管理的最大特点在于管理对象的特殊性,其对象包括三类:

首先是文化企业员工的管理。文化企业员工大多是具备一项或者多项专业技能的高级人才和知识型员工,这些员工具有较强的独立意识。这些具有特殊技能和知名度的文艺人才,常常是文化企业竞相争夺的对象,如何培养和稳定这些员工,并从其他公司"挖"来需要的人才,调动其积极性,是文化企业必须高度重视的问题。

其次是合作对象的管理。文化企业常常通过与一些个体化组织合作完成文化产品的生产,有一些个体化文化生产组织多半以某个核心人物为中心和主导。例如,个人漫画工作室、设计工作室或者以某一策划人为中心的策划组织等。个体化文化生产组织具有鲜明的特点:第一,以某一人物为核心,突出个性化色彩,这是个体化文化生产组织最显著的特点,它们在命名上也常常突出这一特点,如"某某工作室""某某设计工作室"等。第二,由于个体化文化生产组织的文化产品具有相当的独特性,它们的文化产品往往很难批量生产,也不针对大众市场,而是突出个性化色彩,具有很强的创新性,这是个体化文化生产组织在市场上的立足之本。第三,由个体化文化生产组织生产的个性化的文化产品是整个文化产业市场的有益补充,满足了一部分追求个性的文化消费者的独特需求,丰富了文化产品的品种和类型。它在管理上更加灵活,更加注重核心人物的管理。

最后是文化自由职业者的管理。文化产业中存在着大量的自由职业者,诸如职业经纪人、作家、演员、歌唱家、剧作家、设计师等,相当多的人本身就没有很好的时间管理习惯,工作和生活不分界线,缺乏目标管理的能力。而这样一个不会进行时间管理的人一旦成为自由职业者,没有了考勤的约束,生活规律就可能更加紊乱,这对他的生理健康、心理健康和职业生涯的发展都不利。如很多文学网络签约作家处于亚健康状态。因此需要协助他们做好自我管理和社会管理。其中,自我管理包括自己的时间管理、健康管理和财务管理等,社会管理包括给他们提供行业协会讯息等。

2. 文化事业单位和非营利组织的管理

在国际上,通常都将那些既不是政府部门也不属于企业,从事社会公益性产品提供的组织称作非营利性组织。文化事业单位是中国目前对公办的非营利性机构的统称。由于历史的原因,这些事业单位与政府之间存在着或多或少的联系,没有做到政、事完全分开,所以在中国,文化事业单位与民办非企业(私营的非营利性机构)在生存环境、资金来源、组织的治理、运作机制等方面都存在着很大的差异,不能将这两者混同。

(1) 文化事业单位和非营利组织的党政管理

改革开放以来,文化事业单位体制基本上未变,但是事业发展需要大大超出了体制内事业单位的供给能力,为了在体制不变、不增加国家财政支出的情况下发展文化事业,就采取了双轨制的办法。所谓双轨制是指允许事业单位开展面向市场的经营活动,直至允许事业单位具有事业和产业双重身份的一种政策。目前,在双轨制和分权条件下,很大一部分文化事业单位已经成为独立的市场主体,在市场中开展起来的文化经济活动已经有了自身的发展规律和要求,大大超越了文化管理部门的传统管理职能。而在转型的现阶段,党、政两条线的格局正在出现,文化事业单位的经济属性和意识形态属性成为管理权属的核心问题。

(2) 文化事业单位和非营利组织的资本管理

非营利性组织的外部治理,主要是对非营利性组织社会公信力的监督。非营利性组织具有服务社会大众的公益使命,其资金来源和运作成本依赖于社会财富的二次分配,并从法律上享有一定的减免税待遇,因此公信力被视为非营利性组织的第二生命。

营利性企业筹资的来源主要是发行股票和公司债券,而非营利性组织却没有资本金,也没有利润导向的定价制度,他们必须依靠其他资金来支持组织或机构的活动。非营利性组织的经费中,很大一部分来自会费和捐赠。消费者所接受的服务与其向组织提供资源的多少之间没有直接的联系,如博物馆、公共图书馆。有些非营利性组织资金的主要来源是服务收入,如民办学校的主要收入是学生交纳的学费,民办研究所的收入主要来自于咨询策划费。国外文化非营利性机构的主要资金来源是私人赞助,如对于艺术的赞助很多来自个人、企业和基金会的赞助,但就总额而言,则以企业捐赠资金最高。

就资金的使用管理而言,非营利性机构涉及多方面的利益人和政府的规划管理。为了取得政府的管理支持和利益人的进一步捐助,非营利性机构必须定期进行绩效测量和评价,并向有关方面提供全面而详细的信息。

(3)文化事业单位和非营利组织的营销管理

首先,社会效益为首要。文化非营利性组织的目标是为社会公众提供文化产品和服务,满足社会公众的公共文化消费需求。因此,非营利性组织对公共产品的营销与营利性的企业组织的营销不同,其市场营销的根本目的是为了满足消费者的需要,而不是以营利为目的,所获取的销售收入也只是为能够补偿正常开支。非营利性组织所追求的是经济效益、社会效益、生态效益的最佳整合。

其次,营销对象多元化。非营利性组织至少对重视两方面公众,一是消费者,二是捐助者。由于非营利性组织有税收上的优惠并能获得无偿资助,很多工作人员都是志愿者,因此,它开展营销活动时往往要接受更严格的公众监督,它的一举一动也常常引起大众媒体、捐助者和顾客的关注。正因如此,非营利性组织所受的公众压力远远大于营利性组织。

3. 文化产业的项目管理

所谓项目管理,是指某一项目的管理者根据特定的文化资源,运用系统、专业的观点、方法和理论,对该文化产业项目涉及的全部工作进行有效管理。随着经济全球化的发展,社会生产方式发生了很大的变化,一种产品的生产过程不再局限于由一个企业独立完成,甚至不局限于在一个国家内完成,而是由不同国家的不同企业承担不同的工作任务,它们相互配合、密切合作,以完成共同的目标产品,于是出现了一种新的生产组织形式——企业集群。这种集群的组成者聚集在文化生产过程的特定空间,分担文化产品的创意、生产、流通、销售等某一环节,共同进行文化产品的专业化生产。这种集群最早出现在好莱坞,原来剧作家、演员和技术人员在一段时期内为一家制片厂工作,而现在,他们只为一部电影签合同。究其本质,这种围绕某一特定项目目标而结成的集体即我们所说的项目化文化生产组织,也就是一个项目组,参与者为了一个单一的文化生产目的而存在,是一种临时、专门的柔性组织。

目前,这种组织形式广泛地存在于文化产业之中。由于项目化的文化生产组织在管理上呈现出项目管理的特点,这种类型的管理通常会选择人本主义管理模式,强调以人为中心,强调个体在组织中的作用,管理的中心任务是围绕如何调动员工的工作积极性而开展人力资源管理与开发,目的在于使组织更富有活力,对员工实行民主的、开放的管理。或者将侧重点转向注重组织的整体性和目标性,强调人与人之间、人与部门之间、部门与部门之间的整体协调,对员工实行协作互动式管理。

(三)微观管理的基本模式

管理模式是基于某种人性假设而设计出的一整套具体的管理理念、管理内容、管理工具、管理程序、管理制度和管理方法论体系,并能反复运用于企业,使企业在运行过程中自觉加以遵守的管理规则。好的管理模式只有一个要素,那就是其对环境的适应性。[①]

---

① 企业管理中常见的六种管理模式[OL]. http://www.smartexcel.cn/solution/12.html. 2011-8-24.

1. 亲情化管理模式。这种管理模式利用家族血缘关系中的一个很重要的功能,即内聚功能,也就是试图通过家族血缘关系的内聚功能来实现对企业的管理。从历史上看,虽然这种亲情化的企业管理模式在企业的创业期确实起到过良好的作用,但是,当企业发展到一定程度的时候,尤其是当企业发展成大企业以后,这种亲情化的企业管理模式就很快会出现问题。因为这种管理模式中所使用的家族血缘关系中的内聚性功能,会由其内聚性功能而转化成为内耗功能,因而这种管理模式也就应该被其他的管理模式所替代。

2. 友情化管理模式。这种管理模式也是在企业初创阶段有积极意义。在钱少的时候,也就是为朋友可以而且也愿意两肋插刀的时候,这种模式是很有内聚力量的。但是当企业发展到一定规模,尤其是企业利润增长到一定程度之后,友情就淡化了,因而企业如果不随着发展而尽快调整这种管理模式,那么必然会很快衰落甚至破产。

3. 温情化管理模式。这种管理模式强调管理应该是更多地调动人性的内在作用,只有这样,才能使企业很快地发展。在企业中强调人情味的一面是对的,但是不能把强调人情味作为企业管理制度的最主要原则。人情味原则与企业管理原则是不同范畴的原则,因此,过度强调人情味,不仅不利于企业发展,而且最后往往会导致企业失控甚至破产。

4. 随机化管理模式。在现实中具体表现为两种形式:一种是民营企业中的独裁式管理。之所以把独裁式管理作为一种随机化管理,就是因为有些民营企业的创业者很独裁。他说了算,他随时可以任意改变任何规章制度,他的话就是原则和规则,因而这种管理属于随机性的管理。另外一种形式,就是发生在国有企业中的行政干预,即政府机构可以任意干预一个国有企业的经营活动,最后导致企业的管理非常随意化。

5. 制度化管理模式。所谓制度化管理模式,就是指按照某种既定的规则来推动企业管理。当然,这种规则必须是大家所认可的带有契约性的规则,同时这种规则也是责权利对称的。因此,未来的企业管理的目标模式是以制度化管理模式为基础,适当地吸收和利用其他几种管理模式的某些有用的因素。

6. 系统化管理模式。企业系统化、标准化、统筹化的管理是通过完成企业组织机构战略愿景管理、工作责任分工、薪酬设计、绩效管理、招聘、全员培训、员工生涯规划等七大系统的建立来完成的。这样的好处是有利于企业的快速扩展,因为在用这一套系统打造完一个企业管理的标准模版的时候,旗下的分公司或者代理都能简单复制,这就降低了扩展的难度。这就是企业组织系统的最大可利用性。

案例 7-3　　　　大树下面好乘凉的"大芬村"

在大芬村有一个流传颇为广泛的故事,说是一个深圳商人以 1.5 万美元的价格从法国购买了 8 幅油画,回国后想为油画定制画框来到大芬村,却被告知这些画均是大芬村的作品,销售价格也只有 2000 多元人民币。大芬村油画产业发展的初期可以说是纯粹的商业化运作模式,以工业化的生产方式复制名画。十多年间,大芬村吸引了近万名画家、画师、画工在此创作、生产、销售油画。依托油画,大芬村现在已拥有画廊 300 多家,油画个人工作室约 700 余间,创造了占全世界 60% 的油画市场的奇迹。

从 2000 年开始，布吉镇在龙岗区的支持下，邀请东南大学规划所的专家，为大芬油画村的发展制订了总体规划，并着手对村内环境进行改造，建起了油画市场。油画市场建成当年，大芬村的油画门面店便从二十几家猛增到近百家。二是布吉镇成立了深圳市第一家镇级文联，为外来画家提供了交流与合作的平台。文联成立后，先后组织书画家到黄山、徽州等地进行艺术采风，为画家们创作高水平的作品创造条件。三是举办高水平的作品展览，引导油画村原创绘画向高层次发展。2004 年 5 月，政府组织大芬油画村的画家在香港中环大会堂举办了"深圳布吉书画作品展"，在深港两地产生广泛影响。2004 年 11 月，在深圳首届国际文化产业博览会上，大芬油画村作为分会场举办了千人油画创作表演"大芬画意"专题文艺晚会、书画作品展览、文化产业发展论坛、油画作品拍卖会、大宗油画交易经销合同签约仪式等系列活动，进一步扩大了大芬村油画在国内外市场的影响力。

广东省政府对大芬村的艺术产业化模式也高度重视并大力支持，认为这是市场经济条件下发展文化产业的一个有效途径。广东省委宣传部将大芬村的油画产业发展模式概括为"坚持市场调节，坚持民营为主，政府支持为辅"。舆论界把这种模式称为"大芬模式"。大芬村入口一幅巨大标语上写道："艺术与市场在这里对接，才华与财富在这里转换"，明确表达了这一模式的主要内容。这个模式的核心就是艺术的产业化，即以市场为导向，让艺术品成为商品，让艺术创作成为商品生产。由我国政府举办的两届深圳"文博会"，极大地推动了大芬村油画的进一步发展。

大芬油画的发展为当地经济发展提供了最为有力的支持，大芬的知名度越来越高，前来观光旅游购物的人也越来越多，餐饮业、旅游业日渐兴旺……目前，大芬村已经形成了集生产、交易、培训、旅游等为一体的文化产业链，大芬村民由此得到了丰厚的收入。

阅读案例，思考政府在大芬村的发展中起到什么样的作用。

本章小结

文化企业为了超越竞争对手，充分发挥自身优势，争夺更大的市场与更广泛的顾客群体而制定了带有全局性、根本性、长远性、重大性特征的系统规划。从企业的竞争优势层面上分析，我们可以将企业战略模式归纳为如下几个类型：资源优势型、管理优势型、技术优势型以及资金优势型。

品牌是一种社会象征，是文化产品价值的一个重要体现，在社会组织和企业发展的过程中占据着越来越重要的地位。在塑造品牌的过程中，主要分为品牌窄化策略和品牌宽化策略。其中，品牌宽化策略通常分为品牌延伸、品牌联盟、品牌授权和品牌连锁四种战略。

资本运营是当代每个企业都需要面临的问题。在了解全球资本运营的大环境下，应结合中国的国情和现状，选择适合文化产业的资本运营模式。从广义说，资本运营应包括实业资本运营、金融资本运营和产权资本运营。

文化产业的管理需要遵循社会效益与经济效益结合的原则、公益性文化事业与经营性文化产业分类管理原则和民族文化传承保护原则。宏观上包括行政管理、经济调节和法律制约，微观上包括文化企业、文化事业单位和非营利组织等各自的财务、人力、资本管理等。

练习与思考

1. 文化企业制定战略时需要注意哪些问题？
2. 品牌有哪些构成要素？以某一文化产品为例试作分析。
3. 举例说明品牌窄化战略的优势和劣势分别是什么。
4. 文化产业资本运营的方式有哪些？
5. 文化企业的人力资源管理与一般企业相比有何特征？

参 考 文 献

[1] 赵玉忠.文化产业经营合同实务[M].北京：经济管理出版社,2012.
[2] 宋培文.文化产业经营管理成功案例解读[M].北京：中国广播电视出版社,2008.
[3] 徐浩然、雷琛烨.文化产业管理[M].北京：社会科学文献出版社,2006.
[4] 张胜冰.文化产业经营管理案例[M].北京：中国海洋出版社,2007.
[5] 邵培仁.文化产业经营通论[M].成都：四川大学出版社,2007.
[6] 阮可.文化创意产业管理学[M].北京：中国传媒大学出版社,2013.
[7] 赵晶媛.文化产业与管理[M].北京：清华大学出版社,2013.
[8] 李锡东.文化产业的营销与管理[M].北京：清华大学出版社,2011.
[9] 张立波.文化产业项目与管理[M].北京：北京大学出版社,2013.
[10] 张友臣.文化产业管理学[M].福州：福建人民出版社,2013.

第八章　文化产业的法律和标准规范

学习目标

1. 学习我国文化产业法律体系,了解国外文化产业的法律法规。
2. 了解我国文化产业法规的历史发展及其分类构成。
3. 学习我国文化标准化工作。

2010年4月28日,国务院在《关于文化产业发展工作情况的报告》中阐述道:"加快文化产业立法进程,着手起草《文化产业促进法》,推动尽快出台《电影产业促进法》,为文化产业发展提供法制保障。加快完善支持文化产业发展的财政、金融、税收、土地等方面的政策措施。"[①]这表明文化产业的法律法规的确立是我国文化产业发展的必然要求。文化产业健康有序的发展,离不开法律和标准规范的保驾护航。本章总结了我国文化产业的现行法律规定和标准规范的概况,同时也借鉴了国外文化产业的有关法律规定,并对我国文化产业的法律和标准规范做了理性分析,对文化产业的研究具有重要意义。

第一节　文化产业法律体系

任何行业产业的发展都离不开一整套规范行业行为的准则,这些行为准则通过国家相关制度、政策和法律法规得以实现。市场经济属于法制经济,而文化产业只有在法治化的市场环境中,才能得到成长和壮大。为文化产业的发展创造良好的法律环境乃当务之急。

一、文化产业法律法规含义和作用

（一）文化法律法规的基本含义

马克思主义吸收国内外法学研究的成果,把法定义为:指由国家专门机关创制的,以权利和义务为调整机制并通过国家强制力保证的调整行为关系的规范,它是意志与规律的结合,是阶级统治和社会管理的手段,它是通过利益调整从而实现某种社会目标的工具。[②] 法规,在我国法律体系中,主要指行政法规、地方性法规、民族自治法规及经济特区法规等。法规即指国务院、地方人大及其常委会、民族自治机关和经济特区人大制定的规范性文件。

文化法规是由国家制定,规定了人们在文化产业活动中相关法律权利、法律义务并承担相应责任的行为规范。此处的文化法规是广义的概念,并非单指行政法规,而是调节文化事业和文化

[①] 蔡武. 加快文化产业立法进程着手起草《文化产业促进法》[EB/OL]. [2010-04-28]. http://news.xinhuanet.com/politics/2010-04/28/c_1262099.htm.

[②] 张文显. 法理学[M]. 北京:法律出版社,2007:102.

产业行为规范的法律、法令、条例、规则、章程等的总称。在法律分类里面,文化法并非是单独的法律门类,而是以宪法为核心,包括社会法、民商法、行政法、刑法等多部门多层次的调整国家文化管理和社会文化生活中发生的各种社会关系的法规规范的集合体。①

(二) 文化法律法规的作用

1. 有利于文化事业和文化产业的发展

文化产业法律法规的建立是文化产业发展的前提和保障。文化产业法律法规使得文化事业和文化活动中的主体和客体相互发生文化法律关系,它通过权利与义务的划分规定了文化产业主体的界限和行为准则,又规范了文化市场的经营主体的行为,从而能保障文化市场和文化活动的行为主体的合法权益,帮助行为主体避免或减少摩擦、对抗及冲突,这都有利于我国维护健康有序的文化市场秩序。同时,文化产业法律法规能建立起符合市场客观规律和经济要求的市场准入制度,从而能为文化产业市场经济创造规范与稳定的环境,为文化产业的健康发展奠定良好的基础。

2. 便于政府调控和规制文化经济活动

文化法律法规中对文化产品的纳税办法、透析管理等一系列规定都是政府对文化经济活动的宏观的调控,再者,它改变了政府的管理方式,由用行政命令进行直接管理转变成运用法律法规进行间接管理,这种转变适应了管理法制化、规范化的客观要求,有效地提升了政府的社会管理效能,极大地激发了文化行为主体的主动性和积极性。

3. 开辟了保护和使用文化的新时代

《非物质文化遗产法》和《文物保护法》的颁布,不仅唤起了公众保护民族文化的意识,也是我国履行联合国教科文组织《保护非物质文化遗产公约》的举措,更是推进我国文化建设和立法建设完善的一大步。在我国,非物质文化遗产和文化产业资源的保护和开发都受到了严峻考验。珍贵文化遗产面临着数量锐减、流失海外、破损严重,民族文化技艺后继无人等困境,这些法律的出台,既解释和规范了文物的开采和开发,也规范了具体的文化事务和文化生产活动,从法律层面上加大了我国非物质文化遗产和文物的保护力度,强化了行政管理措施,为中国保护文化、发展文化提供了根本性的法律依据。

二、国外文化产业的法律法规

美、英、日、韩四国是当今世界文化产业发展的强国,政府作为推动文化产业发展的重要力量,通过营造一个适宜产业发展和企业公平竞争的外部环境来促进创意产业的发展。因此,这些国家文化产业的法律法规相对来说都比较健全,从法律和制度层面为文化产业提供了强有力的保障。

(一) 美国

美国作为文化产业的头号强国,其竞争实力和整体优势无可匹敌,这些无不归功于美国建立起来的内容丰富、结构完善的立法体系。1791年《美国宪法第一修正案》指出:"国会不得制定法律剥夺人民的言论和出版自由。"这使得行政机构和立法机构在对待文化干预和规制的时候,能

---

① 蔡尚伟,温洪泉.文化产业导论[M].上海:复旦大学出版社,2006:229.

秉持谨慎的态度。有的美国学者认为,联邦机构遵循的就是"无为而治"的文化政策。①

人们公认美国是第一个进行文化立法的国家,具体来说,就是实施版权保护战略,制定版权保护法,并予以严格落实的国家。因此,从某种程度上说,知识产权是文化产业的安身立命之本。为了保护日益发展起来的文化产业,美国的知识产权保护体系尤其发达,早在1790年美国就颁布实施了第一部《版权法》,并随着经济、科技和文化产业的发展要求进行了多次修改和调整。美国国会分别在1831年、1856年和1865年对《版权法》作了修改,为的是保障音乐、戏剧和摄影作品作者的合法权益,以及对这些文化产品和服务的保护。根据时代的需要,国会针对电影和录音制造业中的版权侵权的现象,于1982年通过了《反盗版和假冒修正法案》,加重了版权侵权的处罚力度。随着高科技和数字技术的发展,数字版权的保护引起了国会的重视,其先后实施了多部数字版权法,例如1980年《计算机软件保护法》,使美国成为最早用版权制度来保护软件知识产权的国家。继1997年《反电子盗版法》出台以后,美国于1998年开始实施数字化版权保护战略,同年通过了《跨世纪数字版权法》,为大众和版权产业界提供了数字化版权保护。此后,美国还通过了《半导体芯片保护法》《电子盗版禁止法》《伪造访问设备和计算机欺骗滥用法》,形成了全球范围内相关规定最为详尽的知识产权立法体系。

美国还针对不同的产业领域进行立法,1984年《唱片出租修正法》、1988年《伯尔尼公约实施法》、1990年《视觉艺术家权利法》、1994年《乌拉圭回合协议法》、1999年《伪造访问设备和计算机欺骗滥用法》等。② 这些法令、法规都是为加强对美国文化产业的保护、提高文化产业的竞争力而生的。

美国没有文化部,而是以各州政府为核心协调单位,为文化产业提供了良好的外部环境。美国在国内完善相关的法律法规,在国外积极推动知识产权保护的国际化进程,以促进其文化产业占领国际市场。根据美国文化产业发展的需要,美国于1988年通过了《伯尔尼公约实施法》,对公约成员国的版权进行强有力的保护。之后,为了跟上美国文化产业快速发展的需求,美国利用双边和多边机制,进一步打开国际市场。一方面,他们利用1988年《综合贸易与竞争法》中的301特别条款,迫使其他国家加大对美国版权的保护力度;另一方面,从1986年开始,美国利用《关税和贸易总协定》乌拉圭回合谈判的机会,全力推动建立与国际贸易相关的国际版权保护体制和机制。

(二)英国

英国政府将文化产业称为创意产业,它是世界上第一个提出创意产业理念,并第一个用政策推动创意产业发展的国家。英国创意产业增长速度已达到全球之冠,并与金融服务业一起成为英国知识经济的两大支柱产业。英国政府抓住一切机会来发展创意产业。在法律方面,《1988年版权、外观设计和专利法》《2002年企业法》《2003年通讯法》《2010年数字经济法》和《2012年现场音乐法》等都是重要的立法。1993年颁布的《彩票法》《著作权法》《电影法》和《英国艺术组织的喜剧政策》从制度上确保了文化市场的健康持续繁荣。除此之外,英国《1990年广播法》《1990年有限和无限广播法》是专门针对电子媒体所有权而立的,目的是防

---

① 蔡尚伟,温洪泉.文化产业导论[M].上海:复旦大学出版社,2006:240.
② 许小年.论文化创意产业法律体系的构建[EB/OL].[2013-01-07].http://www.rmlt.com.cn/2013/0107/58996.shtml.

止出现商业电视台和电视台产权过分集中的状况,同时它也允许全国性的报纸在商业电视台、电台中拥有股权。

英国对于版权创意产业、知识产权保护的意义有高度认识,早在1709年就制定了《安娜女王令》,开创了知识产权制度的新篇章。经过300年的演变,英国已经形成了以《版权法》为核心的知识产权保护立法体系。英国主管创意产业的DCMS是专门对创意产业进行知识产权保护的组织机构,通过提供持续政策为创意企业实施知识产权保护,同时还建立相关网站,方便使用者和创作者就产权、商标、专利等方面的信息交流沟通,还宣传相关法规、法律、政策、方法,并提供在线服务。另外,2004年由贸易产业部和DCMS专利办公室联合组建了"创意产业知识产权论坛",负责推进发展创意产业新的模式、相关教育。[①] 英国有关创意产业的法律制定、执行规则、处罚依据都已经十分健全,有力地为创意产业提供了法律保护。

案例8-1　　　　英国为了《哈利·波特》修改法律?

《哈利·波特》的成功众所周知,它为英国的出版业、电影业带来了巨大的文化和经济效益,这其中也有英国政府的功劳。在2000年该电影选角时,主演丹尼尔·雷德克里夫和他的两位伙伴未满16岁,按照当时的法律,他们虽被允许在华纳拍电影,但前提是必须征得学校的许可,且保证不能耽误在校学习的时间。这意味着,当他们在英国以外的国家取景时,三位小演员就会无法完成学业,与法律相悖,因此华纳公司考虑更换演员甚至不在英国拍摄,后经努力,英国相关的法律最终得到了适度修改,电影才得以顺利拍摄完成。英国及时调整政策和修订法律,为创意产业的发展扫清了障碍,使得法律、政策更好地服务于创意产业。

(三) 日本

文化产业的发展主要依靠市场经济来推动。日本是成熟的市场经济国家,政府积极制定相关政策法规来规范文化市场,为文化产品和服务提供了便利。

"二战"前日本的出版业和新闻、广播业受到的是来自政府的直接管制,既有《出版法》,也受《治安维持法》的限制,警察机关可以做出禁止销售和没收出版物的处罚。第二次世界大战后,日本改用《宪法》《学校教育法》等相关法规实行综合管理,出版业受到多方面的干涉与控制,因此其管理和规制更加全面和规范,更有利于出版业成长为社会化的产业。最具有代表性的法律是1970年5月6日颁布的《著作权法》。该法经过了二十多次修改,于2001年10月1日更名为"著作权管理法"并开始实施。修改后的《著作权法》拥有了更大的保护范围,保护期限也有大幅度延长,它的作用是引导人们公正使用文化成果,有效维护作者权利。表8-1是日本出台的部分出版类的具体法律法规。

---

① 张丽艳,颜士鹏.国外创意产业知识产权保护的法律与政策评析[J].黑龙江省政法管理干部学院学报,2010(9):61.

表 8-1　日本出台的部分出版类法律法规①

种类	名称	时间
法律	《著作权法》	2009 年 6 月 19 日修改
	《著作权等管理事业法》	2008 年 5 月 2 日修改
	《有关防止盗摄电影的法律》	2007 年 5 月 30 日制定
	《有关〈世界版权公约〉实施后著作权法的特例的法律》	2000 年 5 月 8 日修改
	《有关程序作品登记特例的法律》	2009 年 6 月 19 日修改
施行令	《著作权法施行令》	2009 年 12 月 28 日修改
	《有关程序作品登记特例的法律施行令》	2009 年 9 月 11 日修改
	《有关〈世界版权公约〉实施后著作权法的特例的法律施行令》	2005 年 5 月 18 日修改
施行规则	《著作权法施行规则》	2009 年 12 月 28 日修改
	《有关程序作品登记特例的法律施行规则》	2008 年 12 月 1 日修改

日本政府对文物保护极为重视,1950 年 5 月的《文化财保护法》是日本关于民族文化遗产保护工作的一部重要法典。1993 年被日本大众称为"节日法"的新法规全面生效,成为政府支持传统节日和其他公共娱乐活动的依据。日本在 1995 年确立了 21 世纪的"文化立国"方略,用于传承民族传统文化事业和振兴文化产业。

可操作性是日本文化产业法律法规的特点,新的法律颁布后,往往还有更为具体的配套性措施。2001 年 12 月 7 日日本公布施行了《振兴文化艺术基本法》,规定了媒体艺术、传统技能、大众娱乐、出版物、文化遗产等文化艺术的基本概念,并有《有关振兴文化艺术的基本方针》相配套。从 2002 年开始,日本又出台了《知识产权战略大纲》以与《知识产权基本法》相配套,明确提出"知识产权立国"战略,希望从战略层面创造、保护和应用知识产权,以此来重振日本经济,增强日本产业竞争力。

近年来,根据文化产业发展的新形势,日本相继颁布《内容产业促进法》《文化产业振兴法》《创造新产业战略》《IT 基本法》《著作权中介业务法》等法律法规。② 以上法律的实施,让政府调控文化产业的手段更加完善和全面,进一步完备了文化市场和体系,大大提高了日本文化产业的实力。

(四) 韩国

韩国的文化产业在亚洲范围内是比较发达的。在韩国,文化产业的全称是"文化内容产业",指的是文化内容产品的开发、制作、生产、流通、消费等以及与此相关的各项服务。从法律名称明确冠以文化产业促进法的角度讲,韩国是世界上最早制定文化产业促进法的国家。其实在 1997 年受到金融风暴洗礼之前,韩国是以农业和重工业为主导产业来发展本国的经济的,但在经历亚洲金融危机的过程中,韩国意识到文化产业能实现经济的复兴,能够摆脱金融危机,于是开始把目光投向文化产业,把文化产业作为国家长期发展的先驱。1998 年,韩国效仿日本提出了"文化立国"的战略,在 1999 至 2001 年先后制定《文化产业发展 5 年计划》《文化产业前景 21》和《文化产业发展推进计划》,明确了文化产业发展战略和中长期发展计划,并推出了一系列重大举措。

---

① 陶云峰.中日著作权法律制度比较研究[D].武汉:中南民族大学,2010:6.
② 许小年.论文化创意产业法律体系的构建[EB/OL].[2013-01-07].http://www.rmlt.com.cn/2013/0107/58996.shtml.

韩国还积极制定与文化相关的各项政策与法律法规,力推韩国文化产业走出国门,走向世界。

韩国政府非常重视文化产业的立法工作,1998年,"文化立国"战略提出以后,在不到一年的时间里,就制定了有关文化产业的综合性法规《文化产业振兴基本法》。这是一部带有扶持性质、宏观调控作用的法律,它明确了文化产业的涵义,并提出了振兴文化产业的基本政策和方针,奠定了发展文化产业的法律基石。此外,韩国陆续出台了《创新企业培养特别法》《设立文化地区特别法》等一系列法律法规。表8-2列举韩国部分文化产业法律。

表8-2 韩国部分文化产业法律一览①

法律名称	通过时间
文化产业振兴基本法	1999年2月8日
网络数字内容产业发展法	2002年1月14日
关于游戏产业振兴的法律	2006年4月28日
关于音乐产业振兴的法律	2006年4月28日
关于电影和录像产业振兴的法律	2006年4月28日

近年来,韩国政府认识到法律的完善必须适应以时代要求为基础,对《影像振兴基本法》《著作权法》《电影振兴法》《演出法》《广播法》《唱片录像带暨游戏制品法》等法律作了部分或全面的修订,被废止或修改的内容高达70%左右②,在1999年和2000年就两次对《电影振兴法》进行了修改,2002年韩国制定了《出版与印刷振兴法》,规定三年进行一次振兴出版与印刷产业政策的制定,构建起数字出版物和图书定价等基本法律框架。2003年,韩国政府修订了《租税特例限制法》,将电影业和广告业加入创业企业中,制定了减免税收的法律。这些法律的制定和完善取得了显著的效果,使韩国跻身于世界文化强国之列。

三、我国文化产业法律法规概述

在我国,文化法律体系是一个以宪法为核心,以文化法为主要内容,横跨行政法、民法、商法、经济法、社会法、刑法和诉讼法等多部门多层次的规范体系。③ 这包括了三个内容:一是宪法,宪法关于国家基本制度和发展文化事业及保障公民享有从事文化活动的权利的规定,为文化法制建设提供了基本原则。它既是建立文化法律体系的依据,又是文化法律体系的一部分。二是文化法,文化法是根据宪法制定的调整国家文化管理和社会文化生活中发生的各种社会关系的法律规范的总称。三是相关的部门法律,包括行政法、民法、商法、经济法、社会法、刑法和诉讼法等。

(一) 我国文化产业法规的历史发展

文化产业在20世纪的出现和兴起已经成为人类文明史和人类经济史上一道亮丽的风景线。

---

① 贾旭东. 以法律规范产业发展——韩国文化产业促进法研究[EB/OL]. [2010-09-28]. http://sspress.cass.cn/news/13672.htm.
② 张永文. 韩国:全方位建设文化产业强国[EB/OL]. [2008-02-04]. http://www.cnci.gov.cn/news/culture/200824/news_12742_p1.htm.
③ 胡月军. 着力健全文化产业法规体系[EB/OL]. [2010-05-27]. http://gzrb.gog.com.cn/system/2010/05/27/010807816.shtml.

它发端于美国,盛行于西方。随着文化资本的全球化,文化产业当之无愧地站在了全球经济发展的前沿,展示出了文化产业作为"朝阳产业"的强劲势头。甚至对一些国家而言,文化产业已成为他们不可或缺的国民经济支柱产业和新的经济增长点。在我国,经济结构调整以后,市场体制进行了转型,中国文化才开始向产业化转变,虽然起步比较晚,但文化产业已成为我国经济组成部分中最具发展潜力的产业。

在改革开放以前,文化更多的是展现其意识形态特性,发挥其政治功能。文化部门主要是宣传党的政策、方针和路线,文化产品的生产、流通、传播都被纳入了计划经济之中,它的经济功能几乎消失了。这样的体制不仅限制了文化的发展,也导致相关的法律法规的空缺。直到改革开放以后,中国在国际市场上受到其他国家文化产业的冲击和挑战,政府针对文化外围产业或相关的产业出台了一些相关法规。可是在这一阶段,文化的"产业"特性没有得到法律上的承认,真正意义上的文化产业尚未出现,因此,所谓的"文化产业法规"也还是空白。

在20世纪80年代到90年代初这段时间,我国的文化产业经历了萌芽起步和逐步发展的阶段。在80年代初,市场经济的出现使得各行各业开始被一只"无形的手"拉入了市场竞争当中,1983年在全国文化事业单位中开始试行体制改革,主要内容是在流通领域试行经营承包责任制,文化事业单位迫于竞争的压力,开始学习利用自身掌握的文化产业资源进行生产和盈利,最初这些行为并不被允许,直至文化部、财政部等政府部门从法规上予以支持。

到了20世纪80年代中期,改革开放全面展开,人们生活水平大幅度提高,在文化、娱乐休闲方面的需求也相应增加,因此各种营利性的文化活动场所例如舞厅、歌厅等大量涌现,但随之而来的各种问题急需相关法规来规范和整治。国家为了确保其健康发展,出台了相关的法规,例如1987年2月由文化部、公安部、国家工商局联合发出的《关于改进营业性舞会管理的通知》,第一次明确了营业性舞会的合法性质。[①] 1988年,文化部和国家工商行政总局联合颁布《关于加强文化市场管理工作的通知》,正式提出"文化市场"的概念,这标志着我国的娱乐经营活动和场所得到了正式的承认,实现了合法化,结束了文化市场管理无法可循的局面。

20世纪80年代后期和90年代初期,我国出现了第一批文化市场,文化终于以"产业"的身份登上历史舞台。文化制造业、广告、服务、影视等相关领域展示出了产业化的趋势,特别是唱片公司、音像公司、出版公司、广告公司的遍地开花,需要更为健全的法规来管理,文化产业相关的法规处在不断的补充和完善中。1992年以后,是我国文化产业全面扩张的阶段。党的"十四大"报告明确提出了"完善文化经济政策"。[②] 在这种时代潮流和发展趋势下,1998年7月文化部成立了专门处理文化产业发展问题的"文化产业司",这标志着文化产业的管理与发展的地位变得与文化事业发展同样重要。不仅如此,针对各种问题的相关文化产业法规孕育而生,在继1996年《国务院关于进一步完善文化经济政策的若干规定》以后,国务院又于2000年颁布了《关于支持文化事业发展若干经济政策的通知》,系统地出台了鼓励我国文化产业发展的财政、税收和金融政策和法规,极大地提高了文化产业各行业发展的积极性。在这一阶段,中央有关广播电视、印刷、出版、电影、影像制品等的行业管理条例和法律也相继出台,分别有《广播电视管理条例》《印刷管理条例》《音像制品管理条例》《著作权法》等,为文化产业的有序发展提供了强有力的法

---

① 刘吉发,陈怀平.文化产业学导论[M].北京:首都经济贸易大学出版社,2010:234.
② 欧阳友权.文化产业概论[M].长沙:湖南人民出版社,2007:26.

律保障。

从2007年到2009年,与文化体制改革相适应,文化法制建设也得到了突飞猛进的发展。中央和地方政府制定、修订了大量的法律和法规,废止了一些不适应文化产业发展的法律法规。这一阶段转变了过去单纯注重管理、注重规范的思想,开始加入注重保护、注重推动的理念,如2007年出台《关于奖励优秀出口文化企业文化产品和服务项目的通知》,就是国家支持我国文化产业产品出口的一种体现。

(二)我国文化产业的立法原则

1. 公民文化权利保障原则

有的学者认为,文化权利属于经济社会文化权利的范畴之内,它是公民的基本权利,并先于国家而存在,国家有义务保障它。[1]《经济、社会和文化权利国际公约》第15条规定,本《公约》缔约各国为充分实现文化权利而采取的步骤应包括:为保存、发展和传播科学和文化所必需的步骤;各国承认尊重进行科学研究和创造性活动所不可缺少的自由。文化权利保障是国际社会倡导并适用于不同国家的基本准则。[2] 在我国,将实现人民群众充分享有文化权利视为文化立法的最高准则。我国的文化法律体系是以《宪法》为核心、文化法为主要内容,宪法基本权利保护原则在文化方面的具体体现就是充分保障公民的文化权利,包括:文化参与权、文化表现权、文化保障权和文化平等权等。因此,文化法治建设的根本出发点要放在满足人民群众日益增长的物质文化需求和实现公民的文化权利上,文化立法必须充分体现公民和法人文化创作的权利和自由,保护公民文化创造的成果,鼓励公民选择和享受文化成果,这都极大地有利于解放和发展我国文化生产力。

2. 政府引导与公众参与相结合的原则

改革开放之前,我国实行的是计划经济,文化主要是发挥其政治功能和意识形态功能,随着改革开放的进行,近年来,文化产业的地位得到了巨大的提升,它既与经济关联,又与社会融合,还反映了文化的发展,文化产业领域转向了市场化,这些新的发展趋势更需要政府的主导。"从世界各国的产业发展经验来看,以政府为主体制定的文化产业政策法规将直接或间接影响文化产业的发展环境和资源配置,影响市场结构和市场机制的完善以及文化产品的生产和传播,在扶持、促进文化产业的发展中起到至关重要的作用。"[3]我国的文化产业法律法规经历了一个从无到有,从单一到日趋完善的过程,政府对文化的发展不仅在政策上加以引导,也需要用法律和法规进行规制,以此确保文化产业发展的方向与国家利益和公众需求相一致。在另一方面,在制定法律法规的时候,政府要充分重视公众参与的重要性。"经验证明,改革开放三十多年的经济成就要归功于公众的经济参与,而新时期政治、社会、文化建设同样需要强化对公众参与权的制度化保护,使得新时期的文化生产体现出明确的社会性与民族性,形成稳靠有力的文化软实力。"[4]由此可见,公众参与必不可少。政府通过构建多途径、多方面、多渠道的公众参与机制,积极争取社会各界参与文化立法。可以采取召开研讨会、公开草案等方式收集公众意见,从而了解民意。

---

[1] [美]路易斯·亨金,等.宪政与权利[M].郑戈,等译.上海:生活·读书·新知三联书店,1996:3.
[2] 肖金明.文化法的定位、原则与体系[J].法学论坛,2012:29.
[3] 韩英,付晓青.文化产业概论[M].福州:福建人民出版社,2012:43.
[4] 王锡锌.文化的法治与法治的文化[N].光明日报,2011-11-03.

在法律法规起草修订的过程中,可增加透明度,向社会公开,还可以组织决策听证和鼓励社会评估反馈,这些举措都有利于推进立法进程,提高公众的参与程度。

  3. 包容性原则

  文化产业从微观上来看,是由各种文化文本和文化内容构成的,因此具有强烈的文化功能。文化功能具体体现在对传统文化的保护和弘扬上,这就涉及了包容性的问题。我国地大物博,拥有众多的少数民族,每个地区和民族都有自己的文化传承,不同的地域和历史轨迹必然导致文化传统、风俗民情、饮食习惯、宗教信仰都大不相同,而文化立法就需要秉持接纳宽容的态度来对待多种多样的文化产业资源,平等地保护和鼓励文化资源的继承和传递。想要实现文化产业的大繁荣大发展,就要在法律层面上允许文化的多元化发展。只有自由度高、法律环境包容的氛围下,才能出现"百家争鸣"的盛况。

(三) 目前我国文化产业法律法规的概况

  法律法规是监管和治国的重要手段,我国在文化产业立法方面已取得一定成绩,表8-3、表8-4、表8-5是部分文化产业的法律法规和部门规章。

  1. 与文化产业相关的部分法律

表8-3 文化产业相关的部分法律

名称	时间
《中华人民共和国广告法》	1995年2月1日起施行
《中华人民共和国商标法》	2001年10月27日修正
《中华人民共和国文物保护法》	2002年10月28日施行
《中华人民共和国拍卖法》	2004年8月28日施行
《中华人民共和国专利法》	2009年10月1日施行
《中华人民共和国著作权法》	2010年2月26日修正
《中华人民共和国非物质文化遗产法》	2011年6月1日施行

  2. 与文化产业相关的部分法规

表8-4 与文化产业相关的部分法规

名称	时间
《中华人民共和国水下文物保护管理条例》	1989年10月20日施行
《传统工艺美术保护条例》	1997年5月20日施行
《广播电视管理条例》	1997年9月1日施行
《印刷业管理条例》	2001年8月2日施行
《电影管理条例》	2002年2月1日施行
《互联网上网服务营业场所管理条例》	2002年11月15日施行
《中华人民共和国文物保护法实施条例》	2003年7月1日施行
《著作权集体管理条例》	2005年3月1日施行
《娱乐场所管理条例》	2006年3月1日施行
《信息网络传播权保护条例》	2006年7月1日施行
《长城保护条例》	2006年12月1日施行

3. 与文化产业相关的部分部门规章

表 8-5　与文化产业相关的部分部门规章

名称	时间
《印刷品广告管理办法》	2000 年 3 月 1 日施行
《著作权行政处罚实施办法》	2003 年 9 月 1 日施行
《音像制品出版管理规定》	2004 年 8 月 1 日施行
《电视剧审查管理规定》	2004 年 10 月 20 日施行
《图书质量管理规定》	2005 年 3 月 1 日施行
《音像制品制作管理规定》	2008 年 4 月 15 日施行
《图书出版管理规定》	2008 年 5 月 1 日施行
《广播电视安全播出管理规定》	2010 年 2 月 6 日施行
《广播电视广告播出管理办法》	2010 年 1 月 1 日施行
《网络商品交易及有关服务行为管理暂行办法》	2010 年 7 月 1 日施行
《电视剧内容管理规定》	2010 年 7 月 1 日施行
《网络游戏管理暂行办法》	2010 年 8 月 1 日施行
《有线广播电视运营服务管理暂行规定》	2012 年 3 月 1 日施行

（四）我国文化产业法律法规的体系现状

从法律体系来看,中国管理和规范文化产业的法律制度的一项主要内容就是管理与规范作为意识形态的文化内容的法律制度。

1. 我国文化产业的法律法规体系不健全

文化产业正处于极速上升阶段,但我国文化产业的立法相对滞后,文化产业法制适时性不足,现有的文化产业的法律法规和蓬勃发展的文化产业很不相称,也很难对文化产业起到推动和促进作用,更不足以满足建设社会主义文化强国的需要。虽然我国已出台了一系列原则性政策措施来促进、保障文化产业,但由于行政法规未能将这些政策措施及时予以固化、细化,让它们缺少了行之有效的法律保障,因此这些政策措施浮于文字和书面,难以落到实处。由于缺少高层次立法,我国文化产业相关立法多是集中在行政法规以下的效力层级上,对资产、人才、信息、技术等文化要素的调整和规范则是通过行政法规、规章来实现的,这就导致文化产业法律法规对文化产业的规制和管理工作的力度远远不够。另一方面,已有的《著作权法》《专利法》等法律之间的重合和冲突使得整个文化产业法律体系缺少严谨性,其中的一些规定过于简单粗陋,法律法规的一些界定不明确,表述不清晰、不具体,过于含糊,导致操作性不强,规定与现实脱节,使得我国文化产业的某些环节尚处于无法可依的尴尬境地。

> **案例 8-2**　　　　　　　　　"水书"商标权案[①]
>
> 　　水族是我国历史悠久的少数民族之一,人口约有 41 万,其中 90% 以上都居住在贵州省。在水族的文化传统中,"水书"是其独特而又宝贵的文化遗产。水书记载了水族的各种禁忌事项尤其是避邪驱鬼的方法,因此水族人民的诸多生产、生活事项都会受到水书的制约。且水书

---

① 侯万平.贵州省民族民间传统知识产权保护案例分析[J].华章,2012(32):13.

文字多为象形符号,是当今世界上除了东巴文之外仅有的象形文字,因而被专家、学者誉为世界象形文字的"活化石"。水书独有的历史意义和文化内涵,让其在2002年被首批纳入"中国档案文献遗产名录"。2006年,该民俗经国务院批准列入第一批国家级非物质文化遗产名录。

近年来,虽然我国对水书的抢救和保护工作取得了一定成效。但在有关水书的保护和研究中,却出现了关于水书商标注册的争议案。在2004年2月,出身水族的贵州省水书专家潘朝霖向国家工商总局商标局申请注册了水书商标,有效期为2006年11月28至2016年11月27日。其使用范围与功能包括关于水书的科研、技术开发(替他人)、艺术品鉴定、书画刻印艺术设计等。按说,将水书进行商标注册,应该是对民族传统文化进行知识产权保护的自觉表现,但没想到时隔四年之后,潘朝霖的这一行为却引起了行政和法律争议。

2007年12月,黔南布依族苗族自治州政府和贵州省水家学会,对潘朝霖个人申报的水书商标提出异议。要求根据《商标法》第十条、第三十条、第三十一条,裁定潘朝霖的"水书"商标不予注册。国家工商总局商标局根据贵州省水家学会的申请,向潘朝霖发出"商标异议答辩通知书",要求潘朝霖限期做出答辩。针对这一事件,水族人及关心水族文化的各界人士纷纷发表意见,褒贬不一。反对潘朝霖的人认为,水书是水族人的集体文化遗产,任何个人不得注册并独占商标。而支持潘朝霖的人包括水族出身的一些学者却认为,谁先注册谁就是商标的合法拥有者。在他们看来,水族是个弱小民族,能有本族学者甘于研究本民族的文化,已属不易;而有着忧患意识和法律意识的学者能够自费抢注"水书"商标,并申明该商标可以免费使用于发展本民族的有益事业上,这更是难能可贵。

在本案例中,孰是孰非,难以简单地下定论。但可以肯定的是,这一关于"水书"商标的争议案反映了我们在利用知识产权法保护民族文化方面的进步。不管是潘朝霖还是贵州省水家学会,都是本着保护水书这一民族文化遗产的目的才申请商标注册的。至于出现这一争议的原因,主要在于立法上的不健全。在现有的知识产权法里面,并没有对民族传统知识的产权保护做出明确规定。按照法律程序,潘朝霖抢先注册,应视为合法,但源于水书并非个人制造,若被个人注册商标,是否侵犯了水族人民的集体利益?因此,要想切实解决这个问题,避免类似的争端,还需我国尽快加强和完善立法,让知识产权的保护有法可依。

2. 文化产业法律法规存在重复、冲突和缺位的现象

我国文化产业起步时间较晚,发展时间也短,加之涉及众多行业和领域,目前文化产业立法的覆盖面就出现了空白处,存在着法律缺位的现象。法律在维护和运行图书馆、文化馆、展览馆等公共文化服务设施等方面存在着疏漏,在数字领域、网络空间、新媒体的监管方面也有空缺。除此之外,我国各地承担文化行政管理职能,除文化行政主管部门外,还有林业、环保、国土资源等20多家部门和团体。这些管理部门之间缺乏统一管理协调机制,加上我国没有《文化产业促进法》这种宏观的文化立法,文化产业法律层面的立法是空白,导致不同部门或地方在起草法规、规章或地方性法规时总是习惯于强化本地区或本部门的权利,对于不能带来经济效益的权利常常表现出漠不关心、相互推诿的态度,对于收费权、处罚权、审批权等一类能带来经济效益的权利,则彼此争夺,致使不同部门不同地区的规定多有交叉重复。再者,文化产业领域的立法还存在着冲突的现象,行政法规和地方性法规的冲突,行政法规和部门规章的冲突,等等,都不利于我

国文化产业法律体系的完善和健全。

（五）我国文化产业法律法规介绍

1. 新闻出版类法律法规

新闻出版法律法规以新闻出版单位、新闻出版活动和作为大众传播媒体的出版物为规范对象，主要是规定新闻出版企事业单位及人员的权利与义务、新闻出版行政机关的权力与责任。新闻出版法律法规是规范新闻出版活动的法律规范，也是新闻出版企事业单位依法经营、新闻出版人员依法开展活动、新闻出版行政机关依法管理的依据。随着新闻出版体制改革的进一步深化，我国的新闻出版法制建设取得了一定成就，在维护出版秩序、促进出版事业发展等方面发挥着越来越重要的作用。

新闻出版既是大众传媒，又是舆论宣传的工具，具有强烈的意识形态属性，因此党和国家特别强调对新闻出版的监管和规范。目前我国已形成比较完整且有机联系的新闻出版法规体系，新闻出版法规体系由宪法、法律、行政法规、行政规章、地方性法规规章、国际条约、法律解释等七种具体形式构成。本章主要介绍的是与新闻出版有关的法律和法规。

（1）与新闻出版有关的法律

与新闻出版有关的法律有：《宪法》《著作权法》《民法通则》《广告法》《行政处罚法》《行政诉讼法》等。下面重点介绍《宪法》《著作权法》《广告法》。

宪法是国家的根本大法，规定了国家的根本制度和根本任务、公民的基本权利和义务，具有最高的法律效力。《中华人民共和国宪法》第二十二条第一款规定："国家发展为人民服务的、为社会主义服务的文学艺术事业、新闻广播电视事业、出版发行事业、图书馆博物馆文化馆和其他文化事业，开展群众性的文化活动。"第三十五条规定："中华人民共和国公民有言论、出版、集会、结社、游行、示威的自由。"我国《宪法》明确规定了我国新闻事业的性质、任务和作用，也指出我国公民有出版的自由和权利。

《中华人民共和国广告法》第十三条："大众传播媒介不得以新闻报道形式发布广告。通过大众传播媒介发布的广告应当有广告标记，与其他非广告信息相区别，不得使消费者产生误解。"第十八条："禁止利用广播、电影、电视、报纸、期刊发布烟草广告。"第三十四条："利用广播、电影、电视、报纸、期刊以及其他媒介发布药品、医疗器械、农药、兽药等商品的广告和法律、行政法规规定应当进行审查的其他广告，必须在发布前依照有关法律、行政法规由有关行政主管部门（以下简称广告审查机关）对广告内容进行审查；未经审查，不得发布。"新闻出版总署和各地新闻出版行政部门根据以上规定，将广告宣传导向列为报刊管理的重要内容，提出严禁刊登新闻形式的广告。《广告法》能够进一步规范报纸广告刊发行为，也为新闻媒体单位建立领导责任追究制和广告审查员责任制提供了法律依据。

《中华人民共和国著作权法》中第三十三条规定："著作权人向报社、期刊社投稿的，自稿件发出之日起十五日内未收到报社通知决定刊登的，或者自稿件发出之日起三十日内未收到期刊社通知决定刊登的，可以将同一作品向其他报社、期刊社投稿。双方另有约定的除外。作品刊登后，除著作权人声明不得转载、摘编的外，其他报刊可以转载或者作为文摘、资料刊登，但应当按照规定向著作权人支付报酬。"第三十四条："图书出版者经作者许可，可以对作品修改、删节。报社、期刊社可以对作品作文字性修改、删节，对内容的修改，应当经作者许可。"以上的条例明确规定了著作权人投稿并获得报酬的权利，也明确了新闻出版人员和部门在得到作者允许后有修改的权利,《著作权法》对我国新闻出版活动和新闻出版单位、人员起到了一定的管理和规制的作用。

(2) 与新闻出版有关的法规

本书将与新闻出版有关的法规分成三类,第一类是传统出版物管理法规,第二类是著作权管理条例,第三类是电子和数字出版管理法规。

第一类传统出版物管理法规,我国有《出版管理条例》《印刷业管理条例》等,本书主要介绍的是《出版管理条例》。《出版管理条例》规定了出版活动和出版管理的基本法律制度,是新闻出版业目前最主要的行政法规,在《出版法》尚未出台的情况下,实际上起着出版活动和出版管理基本法律规范的作用。1997年1月2日国务院颁布了《出版管理条例》,2002年1月2日国务院公布了新的《出版管理条例》,在2011年3月19日国务院对《出版管理条例》进行了修订,修订后的《条例》在指导思想、出版单位的设置与管理、出版物的进口、出版物的出版、法律责任等方面都有了改变,并增设了"出版物的监管"一章。新的《条例》更有利于我国出版事业的繁荣,为我国出版物的出版、发行和传播提供了坚实的制度保障。《出版管理条例》的制定和修改,在某些方面集中反映了我国新闻出版立法的进程。

第二类是著作权管理条例,我国有《中华人民共和国著作权法实施条例》和《著作权集体管理条例》等。2013年1月30日国务院对《中华人民共和国著作权法实施条例》进行了修订。《中华人民共和国著作权法》及其《中华人民共和国著作权法实施条例》的不断修订和实施,是我国版权保护事业不断进步的表现,这也体现出我国应对新技术对版权保护挑战的适应能力,标志着我国进入了版权保护的新时代。

第三类是电子和数字出版管理法规,如《音像制品管理条例》《计算机软件保护条例》和《信息网络传播权保护管理条例》等。随着改革开放的深化和近年来数字技术的不断提高,音像出版事业及电子出版物得到普及和发展。在我国加入世贸组织以后,电子出版和音像管理都出现了新情况和新问题,特别是电子出版物作为一种新兴的知识信息传播媒体,带有明显的数字优势,对繁荣我国新闻出版事业具有重要意义。2011年1月8日国务院对《计算机软件保护条例》进行了第一次修订,2013年1月30日又进行了第二次修订;2011年3月19日国务院对《音像制品管理条例》做了修改;《信息网络传播权保护条例》于2006年7月1日起施行。以上法规的修订和实施,都是我国加强对音像出版的管理和对电子出版的管理、完善数字出版和音像出版业的法律举措。

2. 广播影视类法律法规

1895年12月28日法国电影《工厂大门》《火车到站》等影片的放映,拉开了"电影时代"的序幕。我国在1905年也拍出了自己的第一部电影。随着电影技术的不断成熟以及人们对精神娱乐需求的增大,电影产业已经成为我国国民经济非常重要的一个组成部分。电影类的法律法规也随着电影业的兴旺而逐渐完善起来。

(1) 电影类法律法规

我国关于电影业的立法还在逐步建构中,至今为止,已有多个与电影类相关的行政法规和行政规章颁布实施,但仍未有一部电影产业的法律出台,这是我国法制建设在电影方面的一个空白。可喜的是,2011年12月15日,国务院公布《电影产业促进法(征求意见稿)》,向社会征求意见。

近年来,我国电影的产业化需要改革深化,电影审查制度改革的呼声较强,这些现象引起了党与政府的高度重视,加之我国民主政治在不断进步,《电影产业促进法(征求意见稿)》的公布已经水到渠成,它体现了国家对各界需求的呼应态度。《电影产业促进法(征求意见稿)》把"降低电影准入门槛"等业界已经在进行操作的规则法规化,又把电影产业高速发展所引起的"偷票房""播广告"等问题用法律法规进行规范。此次的征求意见稿中规定严禁"偷票房",电影院不得偷漏瞒报票房收入;加盟电影院线的电影院,应当安装符合国家标准的计算机售票系统。同时还规定,对偷漏瞒报票房收入的,依照有关法律、行政法规予以处罚。将偷票房上升到立法的层面,加重处罚,提高违规风险,偷票房的现象因此而得到遏制。征求意见稿也严管"播广告",能让消费者明白消费。我们将征求意见稿与2002年2月施行的《电影管理条例》比较时发现,电影被禁内容由10项增至13项。《电影产业促进法(征求意见稿)》虽然亮点颇多,但存在争议依然在所难免,但从促进电影产业繁荣发展、丰富人民群众精神文化生活、提高公民思想道德素质和科学文化素质的方面来看,还是颇有益处的。

目前,我国出台的与电影类有关的行政法规和行政规章有:《电影管理条例》《数字电影发行放映管理办法》《电影企业经营资格准入暂行规定》《中外合作摄制电影片管理规定》《电影数字放映暂行技术要求》《中外合作摄制电影片管理规定》等。这些法规都有利于规范我国电影市场的准入制度,完善法律体系,促进我国电影业的蓬勃发展。

(2) 广播电视类法规

广播电视产业在传媒业中的地位和作用举足轻重,影响颇为巨大,而广播电视法律制度在整个广播电视制度中具有十分重要的地位。但我国广播电视产业的法律法规还不完善,还没有制定专门的广播电视法,广播电视的法制建设缺乏系统性。这些现状引起了国家的重视,认识到加快广播电视产业立法既是适应广播电视产业发展的需要,又是推进我国社会进一步对外开放的需要。

我国国务院早于1997年8月11日制定了《广播电视管理条例》,并于同年9月1日施行,这是我国第一部全面规范管理广播电视事业的行政法规,也是我国管理广播电视活动的基本法律依据。《广播电视管理条例》的出台起到了规范广播电视活动的秩序,填补了缺少广播电视法的空白,加强广播电视领域的法制建设的作用,因此具有里程碑的意义。

《广播电视管理条例》制定以后,我国广播电视法制建设得到了一定的发展,例如《电视剧审查暂行规定》《电信条例》《广播电视设施保护条例》《电视剧管理规定》等都陆续颁布实施。在加入WTO后,我国广播电视在对外合作、交流中得到了进一步的深入和拓展,只有积极实施"走出去"战略,才能扩大我国广播电视的影响力。2004年施行的《广播电视广告播放管理暂行规定》、新的《中外合作制作电视剧管理规定》和《境外电视节目引进、播出管理规定》的出台,标志着我国对外政策的进一步放开。同年9月20日实施的《广播电台电视台审批管理办法》和8月1日实施的《境外机构设立驻华广播电视办事机构管理规定》,是根据我国广播电视改革的实际,对内容作出的调整,明确了我国广播电台电视台设立及驻华广播电视办事机构的法律制度。此外,我国还颁布了《广播电台电视台播放录音制品支付报酬暂行办法》《卫星电视广播地面接收设施管理规定》《广播电视设施保护条例》等,这都表明了党和政府加快发展广播电视产业发展步伐的决心。

3. 广告业管理类法律法规

世界最早的工商业广告是我国北宋时期刘家针铺的广告铜版。新中国广告事业的发展从 1979 年算起，在 1979 年《天津日报》刊登的新中国第一条商业广告开始，随着时代的变迁，我国的广告法制建设经历了一个由简单、粗放、局部的到法制化道路的过程。经过多年的理论和实践，我国广告法律体系形成了以基本法《中华人民共和国广告法》(以下简称《广告法》)为核心、以主要法规《广告管理条例》为必要补充、以国家工商局单独或会同有关部门制定的行政规章和规定为具体操作依据、以地方行政规定为实际针对性措施、以行业自律规则为重要补充的多层次、全方位、多角度的法制体系。①

《广告法》是规范广告活动的基本法，也是我国广告法律领域的第一部法律。它于 1994 年 10 月 27 日通过，1995 年 2 月 1 日施行。《广告法》是其他广告法规、规章的立法依据，能把我国广告活动和广告市场引向健康的轨道，是一部充分体现国家对广告的社会管理职能的行政管理法律，它的颁布具有重大的历史意义及现实意义。面对日新月异的广告市场，我国决定对《广告法》进行修订，以适应时代的发展需要。2011 年 7 月 18 日，《广告法》的修订工作座谈会在北京召开，国家工商总局有关部门人员收集、整理各种修订意见，以期新的《广告法》更加全面、完善，能全面保护广告主、经营者、发布者和消费者的利益。②

《广告管理条例》及其《实施细则》是规范广告活动的主要法规，能弥补《广告法》的不足和疏漏之处。《广告管理条例施行细则》《酒类广告管理办法》等多项部门行政规章，是根据《广告法》《广告管理条例》的原则制定的，具有很强的针对性和操作性。其他的地方行政规定，也是规范广告活动的法律文件。它们是国家法律、法规和部门规章、规范性文件的重要补充。最后一项广告行业自律规则，例如《中国广告协会自律规则》《广告宣传精神文化自律规则》等都是为了约束广告行业内成员的行为，是以上法律法规的重要补充。

4. 网络产业类法律法规

相较于传统媒体，网络产业有着成本低、时效性强、无地域限制、互动性强、广泛性和多媒体等优点，在现代社会中扮演了越来越重要的角色。网络产业作为新兴的产业已经显示出其特有的优越性和生命力，网络产业立法不仅能促进互联网产业的健康发展，也对我国国家安全、社会稳定以及与之相关的其他领域的发展都有着极大的帮助。

本书重点介绍网络产业管理监管、保护和促进三方面的法律法规。

第一种监管类法律法规包括《中华人民共和国国家安全法》、电子政务法和网络服务法律法规等。在网络信息安全保护方面，《中华人民共和国国家安全法》第三条规定："中华人民共和国公民有维护国家的安全、荣誉和利益的义务，不得有危害国家的安全、荣誉和利益的行为。一切国家机关和武装力量、各政党和社会团体及各企业事业组织，都有维护国家安全的义务。"明确了网络活动和网络信息的传播必须遵照《国家安全法》，否则就会受到法律的追究。电子政务法是对电子政务进行法律规范的总和。它包括：第一是有关计算机系统安全和保密方面的：《计算机系统保密管理暂行规定》《计算机系统安全保护条例》；第二是互联网方面的：《计算机信息网络国际互联网管理暂行规定》；第三是信息方面的：《北京市政务与公共服务信息化工程建设管理

---

① 王军. 广告管理与法规[M]. 北京：中国广播电视出版社，2003：53.
② 赵阳，徐宝祥. 文化产业政策与法规[M]. 广州：中山大学出版社，2012：270.

办法》;第四是政务公开方面的:《政府采购信息公告管理办法》;第五是计算机软件保护方面的:《计算机软件保护条例》。从以上的列举来看,我国相关立法过于分散,应当制定统一的《电子政务法》,然后逐步制定或者修订配套的单行法或者实施细则。① 在网络服务方面的立法上,有的学者认为我国可以在延伸适用现有法律法规的基础上,对网络信息服务监管采取单独立法的模式。对国务院颁发的《互联网信息服务管理办法》进行修订完善,将其上升为法律,名称可定为"网络信息服务法",并建立以《网络信息服务法》为主干、相应行政法规为基础、地方性法规和规章为补充的网络信息服务政府监管法律体系。②

第二种是知识产权保护方面的法律法规。主要有《中华人民共和国著作权法》(2010年2月26日进行了修订)、《中华人民共和国专利法》(2008年12月27日第三次修订)和《中华人民共和国商标法》(2001年10月27日第二次修订)等。《著作权法》《专利法》《商标法》这三部法律一起构成了我国知识产权保护体系,能够保护我国创作人、著作人及相关权利人的合法利益,对激发他们创造的积极性和热情有极大的促进作用,从大的方面来说还能推进我国文化、艺术和创作的大繁荣。我国根据《中华人民共和国专利法》制定了《中华人民共和国专利法实施细则》,除此之外,我国也出台了些《信息网络传播权保护条例》《中华人民共和国著作权法实施条例》《计算机软件保护条例》等法规,共同促进网络知识产权的保护。

第三种是网络产业促进方面的法律法规。早已有人大代表建议国家应出台《网络文化产业促进法》。《网络文化产业促进法》的推出具有必要性和紧迫性,应包括以下主要内容:管理机制、网络文化产业发展基金、政策支持、技术支持、资金支持、市场准入与退出、未成年人保护和隐私等方面。北京出台了《北京市信息化促进条例》来规范信息化管理,加快信息化建设。加强网络产业促进方面的立法,能有效提高我国文化软实力,推动社会主义文化大繁荣大发展。

5. 演出市场管理类法律法规

改革开放以来,我国居民生活水平的提高,人们对生活质量的追求不再限于物质方面,而更注重精神需求。2010年国家政策要大力发展文化产业,演出市场作为我国文化产业的重要组成部分,遇到了前所未有的发展机遇。完善演出市场管理类法律法规是促进其发展的重要前提。

演出市场是指由专业艺术表演团体、业余艺术表演团体、个体艺人及时装团体从事表演活动所形成的场所。演出内容包括舞蹈、音乐、戏剧、曲艺、杂技和马戏等。③

1997年8月11日国务院发布了《营业性演出管理条例》,这是一部较为全面的关于营业性演出管理的规范文件,对于演出主体、演出规范、监督管理、法律责任等方面都作了详细规定,对规范我国演出市场的管理有重大意义。2005年9月1日施行修订版的《营业性演出管理条例》,废止了1997年的管理条例。2005年的《营业性演出管理条例》(以下简称《管理条例》)针对演员假唱、领导干部"公款追星"或个人借"义演"之名牟利等问题,用法律制度加以约束,能更好地维护观众和演职人员的正当权益。修订的亮点有:降低市场准入的门槛,打破当前票价虚高,同时也鼓励推动演出团体面向基层,让基层群众看得到、看得起演出;根据《管理条例》,公款办演出、

---

① 高家伟. 论电子政务法[J]. 中国法学,2003(4):65-66.
② 戴建华. 加强网络信息立法服务研究[EB/OL]. [2012-11-26]. http://news.xinhuanet.com/legal/2012-11/26/c_124003582.htm.
③ 陈杰,闵锐武. 文化产业政策与法规[M]. 青岛:青岛海洋大学,2006:119.

公款消费将被追究法律责任,严厉打击演出市场的欺诈行为;《管理条例》保障观众、演员和演出场所的安全。2008年7月22日国务院修订了《营业性演出管理条例》,紧跟时代发展步伐以立法来推动演艺市场进一步繁荣。为了配合《营业性演出管理条例》的实施,我国出台了《营业性演出管理条例实施细则》(以下简称《实施细节》)与之相配套。《实施细则》在2009年10月1日期施行,它遵照《管理条例》的立法精神,进一步扩大了演出渠道,通过降低演出领域的门槛、简化行政手续的方式促使演出市场更加活跃。2003年,文化部发布了《关于建立营业性演出项目审批信息互联网发布制度的通知》,推进我国政府政务公开,提高行政审批工作的透明度,也确立了营业性演出项目信息互联网发布的制度。此外,同年发布的《关于坚决取缔非法演出团体、严厉打击色情淫秽表演活动的紧急通知》和《文化部、公安部、国家工商行政管理总局关于制止在公众聚集场所裸体的人体彩绘表演活动的通知》都显示出国家打击色情演出活动的决心,力保演出市场的纯洁、健康性。

改革开放促进了国外文化与我国本土文化的交流,各种文化在交流中不断碰撞、融合。面对越来越活跃的涉外文艺表演,我国需要加强立法,维护我国演出市场的有序发展。早在1997年我国就出台了《文化部涉外文化艺术表演及展览管理规定》,为涉外文艺表演提供了法律准绳。1999年3月24日接着颁布《在华外国人参加演出活动管理办法》,出台了外国人在我国进行表演时应遵守的法律规定。

6. 会展业管理类法律法规

昆明世界园艺博览会、上海世界博览会和中国出口商品交易会的成功举办,客观地折射出我国会展业在经济社会发展中的功能与作用正在不断放大,我国将会迎来"大会展时代"。商务部发布的《关于"十二五"期间促进会展业发展的指导意见》指出,会展业是现代服务业的重要组成部分,其发展程度体现了一个国家文化、经济和社会的综合发展水平。发展会展业,能够汇聚人流、物流、资金流、技术流,直接拉动和间接带动相关产业和配套行业发展,引导产业升级与转移,促进就业,拉动消费,优化资源配置,促进创新发展。《关于"十二五"期间促进会展业发展的指导意见》明确提出加强对会展业的整体协调和统筹管理,完善法律法规体系和管理制度,建立相对统一的内外贸会展业管理体制。①

目前,我国会展业经历了十几年的发展,已基本完成了从零星到规模、从局部到全局的发展过程,形成了"三圈二带"的经济格局。

迄今为止,我国仍未出台一部会展法,会展产业的法律体系也不够健全。会展公司的设立、组织机构、资产使用和管理、停止与解散等都是套用《中华人民共和国公司法》来规范。会展合同在我国属于无名合同,因此《合同法》《消费者权益保护法》《知识产权法》《商标法》都适用。在会展展览上,会展产品鱼龙混杂,这就需要用《中华人民共和国产品质量法》来规范和管理。对于会展市场的管理,《中华人民共和国广告法》对会展的广告方面作了限定;《税法》则规定了会展产业的纳税义务和准则;《中华人民共和国反不正当竞争法》调整会展市场中经营者的竞争关系。会展业的展品常常需要进口和出口,这就涉及交通运输问题。《中国民用航空法》《中华人民共和国铁路法》《中华人民共和国公路法》《国内水路货物运输规则》和《中华人民共和国内河交通安全管

---

① 秦菲菲. 商务部:完善会展业法律法规体系[EB/OL]. [2011-12-23]. http://news.ihongpan.com/11/1223/seocs142236.html.

理条例》等法律法规都共同构成了会展业交通运输的法律体系。《中华人民共和国出境入境管理法》保障了会展主体出入中国国境的正当权利和权益。《中华人民共和国仲裁法》则可以解决会展中出现的侵权纠纷问题等。

我国其他的一些部门规章和地方性法规也共同构成了会展法体系。有《商品展销会管理办法》《中国加入世界贸易组织(WTO)服务贸易谈判中关于展示和展览服务中的承诺与减让》《涉外文化艺术表演及展览规定》《文化艺术品出国和来华展览管理细则》《关于出国(境)举办招商和办展等经贸活动的管理办法》等。深圳颁布了《深圳会议展览业行规》,上海出台了《上海市展览业管理办法》,此外,广州、南宁、大连、宁波等城市都颁布了各自的政策措施。①

7. 美术品市场管理类法律法规

我国艺术品市场在近十年里得到了质的飞跃,画廊业、艺术品拍卖业、博览业等产业都成为我国艺术品市场,甚至是国际艺术品市场的一支重要的组成力量。

我国艺术领域的立法过程经历了一些波折,在新中国成立之初曾一度繁荣,但由于特殊的政治形势,法制建设一直比较落后,直至改革开放以后,艺术领域才真正开始不断壮大,相应的法制建设才刚起步。1985年出台的《艺术创作基金暂行条例》鼓励我国的艺术创作,激发了艺术家们的创作热情和积极性。1990年的《文化艺术品出国(境)和来华展览管理办法》和1993年《关于加强引进外国艺术表演和艺术展览管理的意见》的颁布,对我国涉外文化艺术品的展览起到了管理和规范作用。在当时艺术品市场管理方面的部门规章只有1994年11月25日实施的《美术品经营管理办法》这一部,它的出台有利于鼓励和繁荣我国美术品市场,具有重大的意义。为了适应美术品市场的新情况,也为了配合《行政许可法》的实施,《美术品经营管理办法》在2004年修订,于2004年7月1日起施行。新的《美术品经营管理办法》规定了十种内容违法的美术品,并按照是否从事进出口经营对美术品经营单位进行了分类,设定了不同的设立标准,降低了非从事进出口美术品经营单位的市场准入门槛,而对于从事美术品进出口经营活动的单位,则有了更为严格的资格认定,并首次允许外资进入。总而言之,它对建立我国艺术品信用管理体系起到了积极的推动作用。

与艺术品市场管理相关的法律法规和部门规章还有:《中华人民共和国拍卖法》《中华人民共和国文物保护法》《传统工艺美术保护条例》《关于加强美术展览活动广告管理的通知》《艺术档案管理办法》《中华人民共和国文物保护法实施条例》《文物拍卖管理暂行规定》《拍卖管理办法》等。虽然《中华人民共和国拍卖法》《中华人民共和国文物保护法》都与艺术品市场的管理相关,但是过于笼统,缺乏针对性,《中华人民共和国文物保护法》并未对艺术品市场活动的管理以及流通管理做规定。到目前为止,我国的艺术品市场的管理还是存在着体系不完善、法律缺失等问题。因此,加快立法、加强管制是我国艺术品市场管理亟须解决的问题。

8. 文化娱乐与休闲服务类法律法规

社会生产力提高,带来了劳动收入的增加和消费结构的改变,人们开始注重文化精神的消费和追求。文化娱乐活动和休闲服务类活动是文化产业的重要组成部分,正日益成为生活丰富、经济繁荣的重要因素。本书将文化娱乐与休闲服务类法律法规分成以下三类。

第一类是文化娱乐业的管理类法规。文化娱乐市场于1979年兴起,我国第一家音乐茶座在

---

① 赵阳,徐宝祥.文化产业政策与法规[M].广州:中山大学出版社,2012:244.

广州东方宾馆开设。第二年的6月,公安部和文化部就联合颁布了《关于取缔营业性舞会和公共场所自发舞会的通知》,禁止开办营业性舞会。在1984年我国对舞会的限制放松,出台了《关于加强舞会管理问题的通知》,逐渐意识到舞会的积极作用。直至1987年营业性舞会才得到法律允许,《关于改进舞会管理问题的通知》的公布标志着国家允许机关、团体、宾馆饭店等举办营业性舞会。文化娱乐生活日益丰富,卡拉OK、电子游戏机、球类休闲游戏开始走进人们的生活,为此,我国陆续出台了《文化部、公安部关于加强台球、电子游戏机娱乐活动管理的通知》《营业性歌舞娱乐场所管理办法》《公共娱乐场所消防管理规定》《文化部关于加强文化娱乐业管理整顿文化娱乐场所经营秩序的通知》等法规。1999年3月26日国务院发布的《娱乐场所管理条例》成为娱乐场所管理的基本法规,它对娱乐场所设立、经营、安全和惩处等方面都作了详细的规定。2006年3月1日施行修订版的《娱乐场所管理条例》在审批条件上更为严格,提高了准入门槛,使得我国对文化娱乐市场的管理更加规范科学,同时也进一步繁荣了娱乐市场。2001年8月15日的《国务院办公厅关于进一步整顿和规范文化市场秩序的通知》和2003年11月7日的《文化部关于进一步加强和改进歌舞娱乐场所管理的通知》等都是我国鼓励发展文化娱乐产业、保障公共安全的有力举措。

第二类是旅游服务与管理类法律法规,《中华人民共和国旅游法》最具有代表性。我国早在1982年就成立了《中华人民共和国旅游法》起草领导小组和工作小组。《旅游法》的制定几次中断,在1995年底再次重新启动起草工作,终于《中华人民共和国旅游法》在2013年4月25日通过,自2013年10月1日起施行。它的出台能保障旅游者和旅游经营者的合法权益,规范旅游市场秩序,保护和合理利用旅游资源,促进旅游业持续健康发展。除了《中华人民共和国旅游法》以外,国务院专门制定了针对旅游服务业的行政法规,有《旅行社条例》《导游人员管理条例》《中国公民出国旅游管理办法》等。《旅行社管理条例》是我国旅游法制建设史上第一个行政法规。它将旅行社归于旅游管理之内,《旅行社管理暂行条例》在1985年颁布,1996年国务院发布了《旅行社管理条例》对原来的《旅行社管理暂行条例》做了较大修订,2001年再次修订。2009年5月1日施行了新的《旅行社条例》,同时废止了1996年10月15日国务院发布的《旅行社管理条例》。《旅行社管理条例》的多次修订和最新的《旅行社条例》的颁布都是我国根据不同时期的特点和情况做的调整,为的是更好地适应我国旅游行业的发展需要。

第三类是公共文化服务与管理类法律法规。公共文化服务与管理包括博物馆、图书馆、纪念馆、文化馆、艺术馆、美术馆等公共文化服务与管理。目前,中国公共文化服务立法总体上比较滞后,相关内容散见于一些单项的法律、法规、规章中,没有形成完整的体系。《广东省公共文化服务促进条例》于2012年1月1日起实施。它作为中国第一部关于公共文化服务体系建设的综合性地方法规,这在国内是比较重要的创新。为国内关于公共文化服务的制度建设和立法模式提供研究对象,促进相关研究的深化,同时也为以后国家和其他地区的类似立法提供参照文本。①《关于公共文化设施向未成年人等社会群体免费开放的通知》在2004年由文化部、国家文物局联合下发,显示出文化设施的公益性,为未成年人和社会公众服务。近年来,不少学者提出要加快推动《公共图书馆法》《博物馆条例》等法律法规的出台,进一步制定和完善图书馆、文化馆、文化

---

① 中国新闻网.中国首部公共文化服务地方法规1月1日起实施[EB/OL].[2011-12-31]. http://www.chinanews.com/fz/2011/12-31/3575589.shtml.

站等公共文化机构的服务标准,把公共文化服务真正落实到百姓身上。

9. 知识产权保护类法律法规

知识产权法是国家成文法认可的、调整自然人的智力创造成果而产生的各种社会关系的法律规范的总和。[①] 我国知识产权保护的法律体系由法律、行政法规和部门规章三部分组成。相关的法律有《中华人民共和国著作权法》(以下简称《著作权法》)《中华人民共和国专利法》(以下简称《专利法》)《中华人民共和国商标法》(以下简称《商标法》)等专门的法律,还有《宪法》《刑法》等法律中的有关规定。行政规章有《著作权法实施条例》《计算机软件保护条例》《专利法实施细则》《商标法实施条例》《知识产权海关保护条例》《植物新品种保护条例》《集成电路布图设计保护条例》等。

《著作权法》于1991年6月1日起生效,这是中华人民共和国成立以来第一部全面而系统规定著作权的基本法律。《著作权法》的实施促进了我国文学、艺术、科学领域的繁荣,也加强了我国与世界各国的交流。《著作权法》于2010年2月26日进行了第二次修订,这使得我国著作权法律制度不断完善。

专利法是知识产权法的重要组成部分。《专利法》在1985年4月1日起实施,同年国务院批准了《中华人民共和国专利法实施细则》。《专利法》的出台意味着我国申请专利、授予专利、保护专利的工作得以顺利展开。《专利法》在2008年12月27日进行了第三次修订,我国专利制度在适应时代要求的基础上不断发展。

中华人民共和国成立后,我国先后制定了三部商标法规,即1950年政务院公布的《商标注册暂行条例》、1963年国务院公布的《商标管理条例》、1982年第五届全国人民代表大会常务委员会通过的《中华人民共和国商标法》。《商标法》于1983年3月1日起正式实施,是新中国第一部关于知识产权保护的专门法律,该法以保护商标专用权为核心,反映了商标法律保制度的基本要求。[②] 《商标法》在2001年进行了第二次修改,为的是适应中国社会主义市场经济体制和加入世界贸易组织的新要求。

10. 文物保护类法律法规

中国对古代文物的收藏和保护历来十分重视,国人也对收藏情有独钟。但由于对一些文物遗址的过度开采,保护缺失,造成了不可弥补的损失,加大文物保护力度、完善立法保护势在必行。

新中国成立以来,我国颁布了一系列例如《禁止珍贵文物图书出口暂行办法》《古文化遗址及古墓调查发掘暂行办法》《文化部、中华全国供销合作总社关于加强保护文物工作的联合通知》《文物保护管理暂行条例》《文物保护单位保护暂行办法》《古遗址古墓调查发掘暂行管理办法》《关于进一步加强考古发掘工作管理的通知》《对外国人、华侨、港澳同胞携带、邮寄文物出口鉴定、管理办法》《拓印古代石刻的暂行规定》《国家文物局关于博物馆涉外工作的通知》等法规和规范性文件来保护文物。1982年我国公布了《中华人民共和国文物保护法》,该法明确了文物保护的基本原则,也使我国文化保护工作迈上了法制化的轨道。《全国人民代表大会常务委员会关于修改〈中华人民共和国文物保护法〉等十二部法律的决定》于2013年6月29日第十二届全国人

---

① 姜一春.知识产权法学[M].北京:科学出版社,2008:5.
② 吕彦.知识产权法[M].成都:四川大学出版社,2008:214.

民代表大会常务委员会第三次会议通过,《中华人民共和国文物保护法》进行了第三次修订是为了加强对文物的保护,继承中华民族优秀的历史文化遗产,促进科学研究工作,进行爱国主义和革命传统教育,有利于社会主义精神文明和物质文明的建设。

我国还在2003年7月1日颁布了《中华人民共和国文物保护法实施条例》,标志着我国文物保护法制建设步入新台阶。我国在同年也颁布了《文物保护工程管理办法》,2005年发布了《博物馆管理办法》等。它们都规范了博物馆藏品的管理,加强了对藏品的利用和保存工作。

第二节 文化产业标准体系

一、我国文化标准化工作概述

所谓标准,就是:"为了在一定的范围内获得最佳秩序,经协商一致制定并由公认机构批准,共同使用的和重复使用的一种规范性文件。"[①]根据《中华人民共和国标准化法》的规定:由我国各主管部、委(局)批准发布,在该部门范围内统一使用的标准,称为行业标准。行业标准不得与有关国家标准相抵触。[②]

文化标准对于文化产业的发展具有重要的意义。首先,它能保障文化设施和文化活动的安全。文化设施器材的质量、活动场的选取有了统一规定,就能在一定程度上保证其质量和性能的安全性和稳定性,减少安全方面的隐患。其次,文化标准能保障文化服务和活动的质量。目前我国政府将人民群众的文化需求分为两个部分:"一部分是体现人民群众文化权益的基本文化需求,另一部分是多样化、多层次、多方面的文化需求。现阶段,我们界定的基本文化需求主要包括读书看报、听广播看电视、进行公共文化鉴赏、参加公共文化活动等。在农村,考虑到过去的传统,每个月为农民免费放映一场电影也属于这个范畴。除此之外,就属于多样化、多层次、多方面的文化需求。"[③]文化标准体系的构建可以弥补文化服务业标准缺失的问题,有效划分基本公共文化服务的范围,提供服务的程度等,切实保障人民群众的基本文化权益。第三,文化标准可以规范文化市场。只有具备了完善的技术规范,文化产品的质量才能得到提高,这就给文化市场健康有序的秩序带来了助力。从另一方面来说,强制性标准本身就是法律法规的一部分,文化标准能推动我国文化法制建设。第四,文化标准有利于我国文化产业的升级。当今,世界各国对知识产权的争夺愈发激烈,发达国家通过国际标准、技术法规来保护本国企业或知识产权,以谋求经济利益最大化,我国文化产业的升级离不开标准化的实现。

目前,我国文化行业标准化工作取得了不小的进展,文化行业标准化工作改革创新的步伐也在不断加快。在标准化体系完善方面,文化行业标准化体系框架基本形成。2010年初,文化部组织各标委会,在有关学者的共同努力下,编写、整理、完成了文化行业标准体系框架,为日后文

---

① 中华人民共和国国家质量监督检验检疫总局.标准化工作指南第一部:标准化和相关活动的通用词汇.GB/T20000.1-2002[M].北京:中国标准出版社,2002:229.
② 国家技术监督局.行业标准管理办法[EB/OL].[2007-07-12].http://www.sac.gov.cn/zwgk/flfg/gnflfg/201012/t20101210_56202.htm.
③ 中国新闻网.李长春:正确认识和处理文化建设的若干重大关系[EB/OL].[2010-06-16].http://www.chinanews.com/gn/news/2010/06-16/2345778.shtml.

化行业标准的制定与修订提供了依据和基础。在制度建设方面,文化行业第一个标准化规划——《文化标准化中长期发展规划(2007—2020)》在2007年出台,明确了文化行业标准化工作的指导思想、基本原则、主要目标和任务,指明了今后的工作方向。2011年《文化行业标准化工作管理办法(暂行)》正式颁布,填补了文化行业标准化工作无管理规定的空白,用制度保证了文化行业标准化工作的开展。在国家标准和行业标准制定、修订方面,十七大以来,共发布实施了2项国家标准,23项文化行业标准,31项国家标准立项。2008年实施了《古籍修复技术规范与质量要求》,这是文化行业的第一个国家标准。在2012年5月1日实施《公共图书馆服务规范》国家标准。在培训调研方面,2009年5月11日至13日,北京举办了首次文化行业标准化工作培训班,对文化行业8个标准化技术委员会人员进行了培训。2010年7月,文化科技司委托全国图书馆标准化技术委员会秘书处所在单位国家图书馆牵头组成调研组,对我国文化行业标准化工作现状与发展趋势进行调研,充分了解文化行业标准化工作的状况,国外开展的情况和发展趋势,为今后的标准化工作提供参考和依据。

虽然目前文化行业标准化工作在稳步进行中,但我国的文化行业标准化工作起步较晚、基础较弱,导致标准总体水平偏低,高新技术标准、基础标准和安全标准都存在一定程度的缺失状况。再者,标准的制定、修订速度慢,国际竞争力弱,重点领域标准匮乏等问题都需要我们赋予足够重视,攻坚克难,积极完成国家标准和行业标准的制定、修订工作,做好立项申报。

二、新闻出版标准

随着科技进步以及经济全球化发展,我国新闻出版体制改革得到深化,新闻出版标准成为出版行业规范秩序、提升竞争力的重要手段,新闻出版行业标准在我国新闻出版业甚至是文化产业中占有越来越重要的地位。

截止到2011年,全国印刷标准化技术委员会成立以来共制定或修订94项/次国家和行业标准(其中国家标准44项次、行业标准50项次);全国新闻出版标准化技术委员会已完成9项国家标准和25项行业标准的制定和修订工作,正在制定国家标准4项、行业标准50项,申报国际标准1项;全国出版物发行标准化技术委员会已制定9项标准,其中行业标准8项、指导性技术文件1项,正在组织制定和修订的标准有14项,其中2项国家标准、11项行业标准、1项指导性技术文件;全国新闻出版信息标准化技术委员会已经完成制定并发布行业标准4个,正在研究制定和修订的行业标准17个。[①]

2012年,新闻出版业发布国家标准4项,组织编制完成并发布行业标准15项,发布行业指导性技术规范1项。截至2012年年底,新闻出版业共制定和修订国家标准56项,发布行业标准149项。标准内容已覆盖产业链全流程。2012年,经国家标准化管理委员会批准,全国印刷标准化技术委员会成立了3个二级分技术委员会,即书刊、网版、包装印刷分技术委员会,成立了9个标准化应用试验基地和2个标准化应用研究实验室;同时批准版权标委会启动筹建。在加强基础能力建设方面,改进了新闻出版行业标准化协同工作平台的功能;开展了标准符合性测试和标准实效性的研究;完成了标准化人员及专家库建设;完成了《新闻出版标准汇编》的编辑工作,出

---

① 黄先蓉,李晶晶. 新闻出版标准与新闻出版法规体系的协调发展研究(一)——基于我国新闻出版标准与新闻出版法规所涉概念的不同解释分析[J]. 出版科学,2012(1):43.

版了一套六册、汇集1989年至2011年的国家标准、行业标准和行业标准化指导性技术文件共167项。[①]

2013年8月26日我国发布首个出版物信息交换行业标准：《中国出版物在线信息交换》。这将解决长期制约出版业发展的信息不畅的问题，满足出版者向批发商、经销商、零售商、网上书店、图书馆等终端客户及其他贸易伙伴传递产品信息的需要，统一中国出版物数据交换格式，对跨语种、跨媒体、跨区域的开放式出版物流通信息平台奠定了基础，也能促进图书连锁经营、物流和电子商务的流通，进一步打通出版物国内外贸易信息通道。

我国新闻出版发行行业的迅猛发展，既是完善新闻出版行业标准，加大其推广的力度不仅是贯彻科学发展观、提高出版物产业效益的重要途径，也是深化出版体制改革、完善出版管理的内在要求，更是我国新闻出版产业参与国际合作、提高整体竞争力的必要措施。

新闻出版标准涉及新闻出版产业的各个环节，标准的制定和落实能保证新闻出版物生产、供应、销售能有序进行。本书就部分新闻出版行业标准加以介绍，表8-6、8-7、8-8、8-9、8-10、8-11分别列举了部分有关出版物、图书、期刊、录音制品和音像制品、电子出版物等方面的标准。

（一）部分有关出版物的行业标准

表8-6 部分有关出版物的行业标准

名称	实施时间
《出版物发货单》	2009年1月20日
《出版物退货单/退货差错回告单》	2009年1月20日
《出版物物流标签》	2009年1月20日
《出版物物流作业规范第1部分：收货验收》	2009年1月20日
《出版物运输包装材料基本要求》	2009年1月20日
《出版物在途查询单/回告单》	2009年1月20日
《MPR出版物第1部分：MPR码符号规范》	2009年4月10日
《MPR出版物第2部分：MPR码编码规则》	2009年4月10日
《MPR出版物第3部分：通用制作规范》	2009年4月10日
《MPR出版物第4部分：MPR码印刷质量要求及检验方法》	2009年4月10日
《MPR出版物第5部分：基本管理规范》	2009年4月10日

《出版物发货单》（CY/T 52-2009）对出版物发货单的格式及内容做了明确的规定。《出版物退货单/退货差错回告单》（CY/T 53-2009）则规定了出版物退货单/退货差错回告单的格式及内容。《出版物物流标签》（CY/T 55-2009）标明了出版物物流标签的规格及内容。《出版物物流作业规范第1部分：收货验收》（CY/T 56.1-2009）对出版物收货验收的基本原则、程序和结果处理方法做了详细规定。《出版物运输包装材料基本要求》（CY/T 57-2009）提出了出版发行业常用的运输包装材料的基本要求。《出版物在途查询单/回告单》（CY/T 54-2009）规定了在途查询单/回告单的格式和内容，用于查询并回告出版物在途状态。《MPR出版物第1部分：MPR码符号规范》（CY/T 58.1-2009）明确了MPR出版物使用的MPR码的符号结构、数据编码和符号生

[①] 人民网.我国新闻出版业标准内容已覆盖产业链全流程[EB/OL].[2013-04-16]. http://www.donews.com/media/201304/1471333.shtm.

成方法以及符号质量评级。《MPR 出版物第 2 部分：MPR 码编码规则》(CY/T 58.2-2009)则标明了 MPR 出版物 MPR 码的编码规则，适用于 MPR 码的编码。《MPR 出版物第 3 部分：通用制作规范》(CY/T 58.3-2009)规定了 MPR 出版物的制作规范，对 MPR 出版物的制作和出版具有规范和指导作用。《MPR 出版物第 4 部分：MPR 码印刷质量要求及检验方法》(CY/T 58.4-2009)对 MPR 码印刷质量要求及检验方法做了规定，为 MPR 码的印刷生产和质量检验提供依据。《MPR 出版物第 5 部分：基本管理规范》(CY/T 58.5-2009)列举出了 MPR 出版物中 MPR 码前置编码和数字媒体文件的基本管理规范。CY/T 58《MPR 出版物》的颁布旨在定义和规范 MPR 码的符号结构、编码规则、出版物制作、印刷、质量检验和编码管理等。

（二）部分有关图书的标准

表 8-7　部分有关图书的标准

名称	实施时间
《图书、音像制品、电子出版物营销分类法》	2008 年 12 月 22 日
《图书流通信息交换规则》	2006 年 4 月 1 日
《图书征订代码》	1994 年 1 月 1 日

《图书、音像制品、电子出版物营销分类法》(CY/T 51-2008)对图书的类目体系和类目代码做了细致规定。《图书流通信息交换规则》(CY/T 39-2006)标明了中国图书流通信息交换的内容、类型和格式，适用于在中国的图书流通信息的交换与共享目的在于促进中国图书出版发行供应链之间的信息交换，通过完整定义图书商品信息以及图书商品在流通各环节中的信息交换内容和规则，规范了图书出版发行供应链中各企业信息系统的数据接口，使企业间数据库能以标准格式相互提供所需数据，以达到整个出版发行供应链、信息链异构系统的数据传输简单化。每个数据库拥有者只需将自己数据库的内部格式和标准格式进行转化，就可达到供应链中各企业信息的互联。《图书征订代码》(CY/T 8-1993)目的在于促进图书发行工作的计算机管理和信息交换，提高数据处理的效率和可靠性，它规定了图书征订代码的编码结构以及印刷、存储和交换格式，使在中国公开编印发行的图书征订目录及所收订的每一条书目都具有一个标准的代码，从而为图书发行业务的征订、订书、发书、收书和贷款结算工资实现计算机管理和信息交换创造条件。

（三）部分有关期刊方面的标准

表 8-8　部分有关期刊方面的标准

名称	实施时间
《期刊编排格式》	2010 年 2 月 1 日
《期刊目次表》	2010 年 2 月 1 日
《科学技术期刊编排格式》	1992 年 12 月 1 日

《期刊编排格式》(GB/T 3179-2009)规定了期刊的编排格式。《期刊目次表》(GB/T 13417-2009)则对期刊目次表的构成、内容要求和编排格式做了规定。这两个标准是专门针对期刊编辑制定的，适用于我国出版的各个学科、各种类型的期刊。严格按照标准实施，能进一步提高我国期刊编辑、出版、管理等水平。《科学技术期刊编排格式》(GB/T 3179-92)的制定是为了统一科学技术期刊的编排格式，加强科学管理，促进学术交流，便于编辑和出版工作。

(四)部分有关录音制品和音像制品的标准

表8-9 部分有关录音制品和音像制品的标准

名称	实施时间
《中国标准录音制品编码》	2010年2月1日
《音像制品质量技术要求》	2008年4月3日

《中国标准录音制品编码》(GB/T 13396-2009)为在中国登记的录音制品和音乐录像制品提供在全世界唯一的标准标识代码。一个中国标准录音制品编码将永久标识该制品,以便于制作者、著作权管理机构、广播机构及图书馆、档案馆等使用。中国标准录音制品编码旨在保护相关权利人的合法权益,方便检索,并促进录音制品和音乐录像制品的传播。我国音像制品技术质量的第一个系列行业标准《音像制品质量技术要求》(CY/T 48.1-5-2008)盒式音带、数字音频光盘(CD-DA)、VHS带、数码激光视盘(VCD)、视频多用途数字光盘(DVD-VIDEO)等7项行业标准发布实施,目的是规范音像制品市场和提高产品质量,加强复制产品的质量监管。

(五)部分有关电子出版物的标准

表8-10 部分有关电子出版物的标准

名称	实施时间
《电子出版物外观标识》	2002年1月1日
《图书、音像制品、电子出版物营销分类法》	2008年12月22日

《电子出版物外观标识》(CY/T 36-2001)规定了电子出版物外观上所应包含的一般属性信息和特殊信息的内容及其规范的标示方法。适用于各种媒体形态的电子出版物,不适用于网络出版。

(六)部分有关光盘的标准

表8-11 部分有关光盘的标准

名称	实施时间
《可录类光盘DVD-R/DVD+R常规检测参数》	2007年9月29日
《光盘标识面印刷质量要求与检测方法》	2009年11月23日
《可录类光盘产品外观标识》	2007年9月29日
《可录类光盘CD-R常规检测参数》	2007年9月29日

《可录类光盘DVD-R/DVD+R常规检测参数》(CY/T 41-2007)列举出了可录类光盘DVD-R/DVD+R光盘的常规检测参数。适用于DVD-R/DVD+R产品的主要质量参数检测,为我国光盘行业的产品质量管理和质量评估提供技术依据。《光盘标识面印刷质量要求与检测方法》(CY/T 68-2009)标明了在中华人民共和国境内生产和销售的光盘产品的标识面印刷的质量要求及检验方法。《可录类光盘产品外观标识》(CY/T 37-2007)的制定可以有效规范我国可录类光盘产品的外观标识,为可录类光盘产品质量检测、评价提供了依据,有助于推动可录类光盘产业的发展。《可录类光盘CD-R常规检测参数》(CY/T 38-2007)规定了可录类光盘

CD-R光盘的常规检测参数,适用于CD-R产品的主要质量参数检测,为我国光盘行业的质量管理和质量评估提供了技术依据。

三、文化行业标准

文化是民族凝聚力和创造力的重要源泉,也是满足我国精神文化生活需求的最重要因素。面对我国人民对丰富文化生活的热切期盼,文化行业标准能在促进社会主义文化大发展大繁荣的同时,保障文化服务和活动的质量。文化行业标准涉及演出场地、文化设施器材、古籍文学等方面,下面就这几方面的标准作介绍,表8-12和表8-13列举了部分有关文化设施和古籍方面的行业标准。

(一)部分有关文化设施方面的行业标准

表8-12 部分有关文化设施方面的行业标准

名称	实施时间
《舞台机械台下设备安全要求》	2009年6月1日
《舞台扩声系统跳线柜、综合接线箱、地板接线盒设置规范》	2009年6月1日
《专业音频和扩声用扬声器组件实用规范》	2009年6月1日
《网络DVD播发机设备技术规范》	2009年5月1日
《舞台灯具光度测试与标注》	2007年6月1日
《舞台机械验收检测程序》	2007年6月1日
《舞台机械台上设备安全》	2007年6月1日

《舞台扩声系统跳线柜、综合接线箱、地板接线盒设置规范》(WH/T 38-2009)确立了舞台扩声系统专用跳线柜、综合接线箱、地板接线盒等的设置基本原则,规定了相应设备的形式、尺寸、材质等技术规格。系统工程商和产品制造商应按照本标准进行生产活动。《专业音频和扩声用扬声器组件实用规范》(WH/T 39-2009)给出了用于专业音频和扩声系统的扬声器组件的通用技术规范。《网络DVD播发机设备技术规范》(WH/T 34-2009)的制定是为了规范网络DVD市场的管理,促进网络DVD产业链的形成和发展,帮助内容提供商、终端制造商和服务运营商建立合理的业务分工与合作,实现搁置清晰的赢利模式,提升整个产业链中的技术和服务水平,实现互联网文化产业的健康、和谐、快速发展。《舞台灯具光度测试与标注》(WH/T 26-2007)给出了舞台灯具的光度测试方法及舞台灯具说明书中光度参数的标注要求。《舞台机械验收检测程序》(WH/T 27-2007)适用于舞台机械设备的验收检测。既适用于单台舞台机械设备的验收检测,也适用于舞台机械设备工程的验收检测。《舞台机械台上设备安全》适用于设置在各种表演场所的舞台台上机械设备,这些表演场所包括剧院、多功能厅、展厅、电视演播室、音乐厅、礼堂、体育馆、酒吧迪斯科舞厅和露天剧场等。

（二）部分有关古籍方面的行业标准

表8-13　部分有关古籍方面的行业标准

名称	实施时间
1.《古籍定级标准》	2006年10月1日
2.《图书馆古籍特藏书库基本要求》	2006年10月1日
3.《古籍特藏破损定级标准》	2006年10月1日
4.《古籍修复技术规范与质量要求》	2006年10月1日
5.《古籍普查规范》	2006年10月1日
6.《古籍修复技术规范与质量标准》	2001年6月1日

为实施"中华古籍特藏保护计划",文化部委托国家图书馆制定相关标准,包括《古籍定级标准》《图书馆古籍特藏书库基本要求》《古籍特藏破损定级标准》《古籍修复技术规范与质量要求》《古籍普查规范》等五项标准,各个标准互相关联,为确保"中华古籍特藏保护计划"的有效实施提供了基本保证。《古籍定级标准》(WH/T 20-2006)确定了古籍传本的级别等次,能实现对古籍的科学保护、合理利用,有利于我国古代璀璨文明的传承。《图书馆古籍特藏书库基本要求》(WH/T 24-2006)对图书馆古籍特藏书库的温湿度要求、空气净化要求、光照和防紫外线要求以及书库的建筑、消防、安防等与文献保护和安全相关的基本条件作了明确规定。《古籍特藏破损定级标准》(WH/T22-2006)给出了划分古籍特藏破损级别的方法。《古籍修复技术规范与质量要求》(WH/T 23-2006)规定了古籍修复基本术语及其定义、技术规范及质量要求。按照《古籍普查规范》(WH/T 21-2006)可以厘清现今古籍的存量,评定现存古籍的级别等次,掌握现今古籍的存藏环境状况,了解古籍的破损程度、致损成因、破损数量,据以制定修复机会,以便有目标进行人才培养,置办设备,建立古籍保护实验室,最后完成中国古籍的登录任务。《古籍修复技术规范与质量标准》(WH/T 14-2001)标明了古籍修复基本术语及其定义、技术规范及质量标准。

四、广播影视标准

广播影视是文化产业的核心领域,日益成为新的经济增长点。近年来,我国对广播影视产业和数字化发展提供了强有力的政策支持,通过积极引导和鼓励的方式促进了广播影视产业多元化格局的形成。目前广播影视产业里的各门类都呈现蓬勃发展状态,电影产业保持着稳步上升的势头,电视剧产业亦是欣欣向荣,影视动画产业快速发展,新兴的数字新媒体产业开始夺人眼球,无线广播电视方面也呈现出良好的发展态势。在广播影视产业全面数字化、产业化的契机下,广播影视行业标准的需求相应增加。我们可以预见,产业标准的制定和完善工作将发挥更为重要的作用,鉴于标准的重要性,我国正努力建立具有国际先进水平的广播影视数字化标准体系。

数字电视作为新一代的电视技术,能大幅度提高电视产业和事业的收视质量,数字电视行业的增长潜力巨大,无可否认,数字电视是未来电视的发展趋势,美国已经全面关闭模拟电视,欧洲各国在2012年年前全部关闭模拟电视,我国计划在2015年完成数字化过渡。2008年1月1日中央电视台免费地面数字高清电视在北京开播,标志着我国地面数字电视国家标准实质性启动。

2006年8月30日,国家标准化管理委员会颁布了具有我国自主知识产权的地面数字电视传输标准:《数字电视地面广播传输系统帧结构、信道编码和调制》(GB20600-2006),即我国数字电视地面广播传输标准正式出台,2007年8月1日起正式实施。本标准为国家强制性标准,标志着中国的广播电视数字化进入了一个崭新时代。体现了我国自主创新的发展方向,是我国电视广播事业发展史上一个重要的里程碑,将有力地促进我国数字电视广播及其相关产业可持续的跨越式发展,是我国建设创新型国家的成功范例。考虑到 GB20600-2006 的地面数字电视广播传输系统标准实施的复杂性,为有效指导我国地面数字电视广播产业发展,规范地面数字电视广播系统建设和运行,确保地面数字电视广播质量,我国在 2011 年 11 月 1 日实施了《地面数字电视广播传输系统实施指南》(GB/T 26666-2011)。该标准规定了符合 GB 20600-2006 的地面数字电视广播传输系统的主要特征,给出了指导性意见,包括对单频网和多频网网络机构的一般性描述、节目分配、与模拟电视共用发射站点的可能性和制约性以及网络规划等内容。我国的数字电视标准在不断补充中,2012 年 6 月 1 日实施了《数字电视广播电子节目指南规范》(GB/T28160-2011),规定了应用于数字电视广播的基本 EPG 信息的内容格式和传输方式,以及应用于交换的扩展 EPG 信息的格式。至今为止,国家广播电影电视总局先后颁布了多项涉及地面数字电视广播的行业标准表 8-14 是部分行业标准。

表 8-14 部分数字电视广播影视行业标准

名称	实施时间
《地面数字电视广播单频网适配器技术要求和测量方法》(GY/T229.1-2008)	2008 年 3 月 1 日
《地面数字电视广播激励器技术要求和测量方法》(GY/T229.2-2008)	2008 年 3 月 1 日
《地面数字电视传输流复用和接口技术规范》(GY/T229.3-2008)	2008 年 3 月 1 日
《地面数字电视广播发射机技术要求和测量方法》(GY/T229.4-2008)	2008 年 3 月 20 日
《数字电视广播信息规范》(GY/T230-2008)	2008 年 3 月 1 日
《数字电视广播电子节目指南规范》(GY/T231-2008)	2008 年 3 月 1 日
《地面数字电视广播传输系统实施指南》(GY/T236-2008)	2008 年 10 月 16 日
《VHF/UHF 频段地面数字电视广播频率规划准则》(GY/T237-2008)	2008 年 10 月 16 日
《地面数字电视广播信号覆盖客观评估和测量方法第 1 部分:单点发射室外固定接收》(GY/T238.1-2008)	2008 年 10 月 16 日

以上的行业标准的颁布进一步完善了整个地面数字电视广播系统的技术环节,是为了地面数字电视频率覆盖规划有章可依,覆盖网络建设有据可依。目前,上述各项技术标准已经进入行业标准升级为国家标准的程序阶段。

五、其他标准

《文化及相关产业分类(2012)》中根据管理需要和文化生产活动的自身特点将文化及相关产业分为十类,分别是新闻出版发行服务、广播电视电影服务、文化艺术服务、文化信息传输服务、文化创意和设计服务、文化休闲娱乐服务、工艺美术品的生产、文化产品生产的辅助生产、文化用品的生产和文化专用设备的生产。其中文化休闲娱乐服务这一类包括了景区游览服务。在我国的旅游行业标准中有《旅行社出境旅游服务》(LB/T 005-2002)、《旅行社国内旅游服务》(LB/T

004-1997)、《旅游汽车服务质量》(LB/T 002-1995)等标准,这些都属于文化产业的标准体系里的一部分。在文化艺术服务这一类中,也包括了文物及非物质文化遗产保护,表明文物的保护和传承在我国文化产业里面占有重要的一席之地。

文物是人类共同的财富和不可再生的资源,科学技术是对其永续保存的有力保障,而标准是对长期以来文物保护实践经验的科学总结,是对科学研究和技术成果的高度提炼,是科技成果得以迅速推广和应用的重要手段。《国家文物博物馆事业发展"十二五"规划》和《国家文物保护科学和技术发展"十二五"规划》,都对文物保护标准化工作提出了新的更高的要求,将标准化建设列为"加强文物保护能力建设"的重要举措。我国文物保护行业的标准化工作在注重实际工作的特点的基础上,紧密围绕文物保护和公共服务的需求来开展,力求既与现有的技术法规相协调,又能与国际同类体系接轨,具备可操作性也有前瞻性。根据《规划》,我国在"十二五期间"将"制定5070项文物保护行业标准"。表8-15和表8-16是部分已颁布实施的文物保护标准。

(一)中华人民共和国国家标准

表8-15 部分文物保护标准

名称	实施时间
《文物保护单位标志》	2009年2月1日
《文物保护单位开放服务规范》	2009年2月1日
《文物运输包装规范》	2009年12月1日
《博物馆照明设计规范》	2009年12月1日
《博物馆讲解员资质划分》	2011年4月1日
《中国文化遗产标志》	2011年4月1日

《文物保护单位标志》(GB/T 22527-2008)是为适应我国文化遗产保护、管理领域标准化的战略要求,根据文化部、国家文物局颁布的相关文件、法规中所规定的要求,结合调研结果,从标志牌制作的可行性和标志牌标准规范的必要性出发,按照科学性、可操作性的原则而制定的。《文物保护单位开放服务规范》(GB/T 22528-2008)注重与现行法律、法规和政策及有关基础和相关标准的协调性,规定了文物保护单位开放服务中所涉及的术语和定义、开放服务总则、开放管理机构应具备的基本条件、开放区域和开放方式、开放服务,以及安全防范等内容。据了解,类似标准的制定在国内外属首次,这两项标准也是我国文物保护领域的首批国家标准,适用于我国各级文物保护单位。这两项标准的制定工作从2006年开始启动,经过两年多的修改完善,于2008年11月发布,其单行本已由中国标准出版社出版发行。《文物运输包装规范》(GB/T 23862-2009)规定了文物运输包装过程中的基本技术要求。《博物馆照明设计规范》(GB/T 23863-2009)规定了博物馆照明的设计原则、照明数量和质量指标。《博物馆讲解员资质划分》(GB/T 25600-2010)规定了博物馆讲解员的定义和资质划分等内容。《中国文化遗产标志》(GB/T 25601-2010)对中国文化遗产标志的汉语拼音与英文的形式和组成进行了界定,规定了标志的颜色和应用时的背景颜色,并对标志中各要素进行了准确描述。

(二) 中华人民共和国文物保护行业标准

表 8-16 部分文物保护行业标准

名称	实施时间
古代壁画病害与图示(WW/T0001-2007)	
石质文物病害分类与图示(WW/T0002-2007)	2009年1月20日
馆藏出土竹木漆器类文物病害分类与图示(WW/T0003-2007)	2009年1月20日
馆藏青铜器病害与图示(WW/T0004-2007)	2009年1月20日
馆藏铁质文物病害与图示(WW/T0005-2007)	2009年1月20日
古代壁画现状调查规范(WW/T0006-2007)	2009年1月20日
石质文物保护修复方案编写规范(WW/T0007-2007)	2009年4月10日
馆藏出土竹木漆器类文物保护修复方案编写规范(WW/T0008-2007)	2009年4月10日
馆藏金属文物保护修复方案编写规范(WW/T0009-2007)	2009年4月10日
馆藏金属文物保护修复档案记录规范(WW/T0010-2008)	2009年4月10日
馆藏出土竹木漆器类文物保护修复档案记录规范(WW/T0011-2008)	2009年4月10日
石质文物保护修复档案记录规范(WW/T0012-2008)	2009年3月1日
馆藏丝织品病害与图示(WW/T0013-2008)	2009年3月1日
馆藏丝织品保护修复方案编写规范(WW/T0014-2008)	2009年3月1日
馆藏丝织品保护修复档案记录规范(WW/T0015-2008)	2009年3月1日
馆藏文物保存环境质量检测技术规范(WW/T0016-2008)	2009年3月1日
馆藏文物登录规范(WW/T0017-2013)	2009年3月1日
馆藏文物出入库规范(WW/T0018-2008)	2009年3月1日
馆藏文物展览点交规范(WW/T0019-2008)	2009年3月1日
文物藏品档案规范(WW/T0020-2008)	2009年3月1日
陶制彩绘文物病害与图示(WW/T0021-2010)	2010年9月1日
陶制彩绘文物保护修复方案编写规范(WW/T0022-2010)	2010年9月1日
陶制彩绘文物保护修复档案记录规范(WW/T0023-2010)	2010年9月1日
文物保护工程文件归档整理规范(WW/T0024-2010)	2010年9月1日
馆藏纸质文物保护修复方案编写规范(WW/T0025-2010)	2010年9月1日
馆藏纸质文物病害分类与图示(WW/T0026-2010)	2010年9月1日
馆藏纸质类文物保护修复档案记录规范(WW/T0027-2010)	2010年9月1日
砂岩质文物防风化材料保护效果评估方法(WW/T0028-2010)	2010年9月1日
长城资源要素分类、代码与图式(WW/T0029-2010)	2010年9月1日
古代建筑彩画病害与图式(WW/T0030-2010)	2010年9月1日
古代壁画脱盐技术规范(WW/T0031-2010)	2010年9月1日
古代壁画地仗层可溶盐分析的取样与测定(WW/T0032-2010)	2010年9月1日
田野考古出土动物标本采集及实验室操作规范(WW/T0033-2010)	2010年9月1日

在我国，文化行业的标准化工作内容非常丰富，涵盖了文化领域的安全、质量、功能、设施、消费者权益、产权等各个方面，涉及图书馆、博物馆、娱乐休闲场所、文化演场地、工艺美术、网络动漫行业、电影电视、出版发行等各个领域。自文化行业 8 个全国专业标准化技术委员会(分技术

委员会)成立以来,我国已经制定了文化行业标准、广播影视行业标准、新闻出版行业标准、旅游行业标准、文物保护行业标准等多项标准。未来文化产业标准化工作的重点,应放在加强基础建设,制定亟需的文化产业标准上面,还要加强编制文化服务标准化建设和涉及公共文化安全标准,提升文化产业标准化工作的宣传、实施力度,以此推进文化产业的发展。

第三节 文化产业行业自律

文化产品和服务兼具了文化属性和商品属性,文化产业肩负着传承文化等意识形态领域的重任,特别是其正处于急速发展的阶段,要想营造良好的文化产业市场环境进而促进文化产业健康成长,不仅需要依靠国家监管和法律规范这一主要的规范力量,还需要文化产业内部的自我调节和控制,这就是行业自律。文化产业行业自律即是规则、质量上的自我管理和约束,更是我国文化产业独立发展能力的体现。它的作用体现在社会效益和经济效益产生冲突的时候,从业者能谨记职业操守,遵守行业公约和道德规范,从而保证文化产业的稳定和有序。根据《文化及相关产业分类(2012)》的分类,我们可以知道,文化产业指的是一切可以产业化的文化存在对象,文化产业涵盖的范围几乎涉及人类文化生产、文化生活等活动的所有方面。文化产业的行业自律工作也在各自的产业领域里不断建立和完善着,本书从新闻出版行业、广告影视行业、文化艺术行业和广告行业这些领域入手,通过分析行业自律机构和自律准则两方面来反映我国文化产业行业自律工作开展的状况。

一、新闻出版行业自律

新闻出版行业担负着传播先进文化、建设社会主义核心价值体系、培育文明道德风尚、营造良好思想舆论氛围、丰富社会文化生活、促进社会和谐发展的重任。新闻出版行业自律在传媒管理中发挥着积极的作用,新闻出版行业自律能够从行为的源头对新闻出版活动进行有效监控,用较低的社会成本实现较好的监控效果,维护新闻出版行业内部秩序和促进其长远发展,避免他律造成的被动局面。

(一)外国新闻出版行业自律

综观世界各国的新闻出版行业自律,其成功的因素都离不开两点:一是行业自律机构的构建;二是新闻出版道德规范的完善。这两者缺一不可,相辅相成,仅仅有职业道德的约束只是纸上谈兵,无法付诸行动,若只有自律机构却缺乏精神核心,亦如一具缺乏灵魂的躯体。

美国、英国、日本等发达国家已经建立了专业的行业自律机构。在美国,报业评议会的成员全部来自业界之外,是由新闻教育单位延聘的;在英国,报业评议会成员中有20%为其他行业的代表,其主席也由报界之外的人士担任;在以色列和菲律宾,他们采取以公开选举的方式来产生自律团体或组织;在印度,评议会成员则出自记者、报业管理人员、社会公众或议会上下两院。虽然这些国家自律机构或成员的产生途径都不相同,但这些行业自律组织的权限几乎相同,评议会的刊物会发布评议的判决结果,具有道义上的影响。

自律对于"他律"而言,属于道德范畴。自律守则是新闻出版行业道德标准的集中体现。新闻出版道德规范要求新闻出版工作者加强自身的职业道德修养,按照一定的道德标准约束自己、管理自己,做到"以德治业"。瑞典在1766年的瑞典会议通过了《报业自由法案》,它被认为是世界上最早实行新闻道德自律的国家,在1874年,瑞典政治家俱乐部成立后制定了职业守则,对报业进行规范。在新闻团体制定的自律守则中,最著名的当属美国报纸主编人协会制定的《报业信条》。它于1923起草,1975年修订,明确了新闻自律要以责任、新闻自由、独立、诚信、公平、正直、庄重七大要点为核心。《报业信条》广为流传,并被各国学者所承认。在日本,1946年由日本新闻协会制定的《新闻伦理纲领》是最著名的自律守则,包括了新闻自由、报道与评论的界限、评论原则、公正、宽容、指导、责任、荣誉、严重等相关内容。在2000年10月,《新闻伦理纲领》出台,内涵了自由责任、公正正确、独立宽容、人权、品格和节度等内容。①

(二)我国新闻出版行业自律状况

行业自律,离不开行业协会,因为行业协会是进行行业自律的基本机构。余晖在《行业协会及其在中国的发展理论与案例》中如此界定:行业协会"具有同一、相似或相近市场地位的特殊部门的经济行为人组织起来的,界定和促进本部门公共利益的集体性组织"。并认为"行业协会是一种管理方式"。② 在中国,至今为止仍未建立一个正式的新闻自律组织。中华全国新闻工作者协会(记协)成立于1957年3月14日,被定位为全国性新闻工作者组织。③ 中国记协实行团体会员制,截至2009年11月,共有全国性新闻媒体,地方记协,专业记协,主要新闻教育、研究机构等团体会员、团体单位共217个,新闻从业人员近百万。中国报业协会也是我国新闻出版行业开展自律工作的重要机构之一。它于1988年3月22日成立,秉承着大团结、议大事、办实事、促发展的工作方针,公布了《中国报业自律公约》。中国出版协会成立于1979年12月,原名中国出版工作者协会,2011年5月更名为中国出版协会。中国出版协会的主要职能之一也提到了积极推动和监督从业者遵守职业道德,加强行业自律。2004年2月24日中国出版工作者协会颁发了《中国出版工作者职业道德准则》,在进一步加强出版行业工作者的职业道德建设方面起到了积极作用。

除此之外,我国还成立了中国书刊发行行业协会、中国期刊协会等组织来共同担负着实施新闻出版行业自律的重要职责,通过健全自律性的管理制度,制订并组织实施相应的行业职业道德准则,大力推进行业诚信建设,规范和约束会员行为,协调会员关系,维护公平竞争的市场环境。

新闻职业道德规范指新闻媒介及新闻工作者在新闻传播活动中所遵循的一些长期实践,约定俗成的职业行为准则。④ 在新闻工作自律准则建设方面,我国于2009年11月27日公布了新修订的《中国新闻工作者职业道德准则》,它是新闻行业自律的核心内容,制定的目的就是强调新闻工作的职业道德操守,对出现的黄色新闻、有偿新闻等现象进行规制。该准则包括了七个内容:一是全心全意为人民服务;二是坚持正确的舆论导向;三是坚持新闻真实性;四是发扬优良作风;五是坚持改革创新;六是遵纪守法;七是促进国际新闻的交流合作。《中国新闻工作者职业道德准则》第一次修订是在1994年4月,1997年1月进行了第二次修订。2009年的再次修订是为了适应新形势的和新变化,让新准则更具有时代性和可操作性,其被认为是符合我国国情、符合时代的需要,比较完备的一部道德规章。1999年12月中国报业协会通过并公布了《中国报业

---

① 蓝鸿文.新闻伦理学简明教程[M].北京:中国人民大学出版社,2001:21-23.
② 余晖.行业协会及其在中国的发展理论与案例[M].北京:经济管理出版社,2002:1-5.
③ 新华网.中华全国新闻工作者协会(中国记协)[EB/OL].[2006-01-04].http://cq.qq.com/a/20061104/000141.htm.
④ 蓝鸿文.新闻伦理学简明教程[M].北京:中国人民大学出版社,2001:42.

自律公约》,这部公约的出台有利于我国报业开展公平、公正、公开、有序的行业竞争,并在加强行业团结、维护行业形象方面起到了重要作用,标志着我国报业自律工作走向成熟。新闻出版总署文明办、中国出版工作者协会、中国期刊协会、中国书刊发行业协会等十单位发出了《关于大力加强新闻出版行业社会主义精神文明建设的倡议书》,这都是自觉加强行业自律的举措。中国书刊发行协会也于2006年4月再次修订《全国书刊发行业公约》,反对无序竞争、倡议守法经营、共铸行业诚信。

我国新闻出版行业内的各种行业协会通过制定不同种类的自律准则,在精神、行为层面上对新闻出版从业人员进行规范,表明我国新闻出版队伍的职业道德建设迈上了新台阶。

二、广播影视行业自律

广播影视行业抓住了发展的机遇,电影产业进入高速发展期,实现了产量质量并举;电视剧产业步入稳步阶段,市场主体实现赢利;动画产业的规模和影响扩大,创作水平逐步提升;广告行业的收入不容小觑,经济效应显著;有线网络发展持续推进,无线网络产业取得新突破;视听新媒体产业迅速成长壮大,市场规模不断拓宽。总而言之,广播影视繁荣发展,取得了新成就,迈上新台阶。

2010年1月1日施行的《广播电视广告播出管理办法》第三十九条"国务院广播影视行政部门推动建立播出机构行业自律组织。该组织可以按照章程的规定,采取向社会公告、推荐和撤销'广播电视广告播出行业自律示范单位'等措施,加强行业自律",明确了加强广播影视行业自律的必要性和重要性。再加上我国广播影视行业面对日新月异的市场环境和文化氛围,出现了节目造假、质量庸俗化、暴力色情泛滥、有偿新闻、媒体审判、偷拍层出不穷、宣扬封建迷信或策划"伪事件"等负面现象,都需要对从业行为进行规范和约束来解决。加强广播影视行业自律,不仅是广播影视行业健康发展的必然要求,也是拓宽发展空间、提高行业威信、树立社会形象的重要途径。

我国在广播影视行业自律的内容、机制建设等方面进行了一系列的探索,并取得了阶段性成果。中国广播电视协会于1986年10月成立于北京,它是全国性的广播电视社会团体,也被认为是广播电视行业最大的行业组织。它担负着加强行业自律维权、深入开展学术理论研究的基本职能,在推进行业发展和职业道德建设、努力提高从业人员素质方面作出了积极贡献,在全国广播影视乃至宣传文化领域具有十分重要的影响。中国广播电视协会在制度机制和组织机制两方面都有成效,建立了专门的监管部门——自律维权部,明确了监管部门的权利、责任和受理规范,畅通了反映情况的沟通渠道。中国广播电视协会正是通过以上的工作来增强《广播电视从业人员自律公约》的严肃性、权威性和可执行性。[①]

除了中国广播电视协会,我国还有其他协会组织也在自己的领域中起着重要作用。2011年8月中国网络视听节目服务协会成立,并在2012年5月17日发出《关于抵制色情暴力等有害视听节目的倡议书》,呼吁网络视听节目服务单位自觉传播优秀文化,自觉抵制有害、低俗、色情、暴力的节目,加强行业自律,努力营造健康文明的网络环境。该协会在2012年7月13日讨论通过了《中国网络视听节目服务自律公约》,要求实行节目内容先审后播制度。2013年8月21日,中

---

① 沙京平.关于"广播电视从业人员自律公约"的思考[J].中国广播电视学刊,2007(8):14.

国电视剧制作产业协会在北京举行成立大会,会上发布了行业自律公约,并计划建立会员诚信档案,这将会促进电视剧制作成本搭配的合理化。

想要保证广播影视行业认真履行好党和政府赋予自己的神圣职责,完成好人民群众交付的时代任务,不仅需要通过强制性的外部力量进行制约,事实上,更需要从内部着手,增强广播电视从业人员的政治修养和业务素质,需要依靠自律公约和道德规范来共同效力。公约被认为是某一团体、成员、社会或公民对某个事物或某个行为的共同约定。近年来,以《中国广播电视从业人员自律公约》《中国广播电视播音员主持人自律公约》为重点的一系列公约相继出台。由于广播影视行业工种、行当众多,从业人员包括编辑、记者、主持人、播音员,还有化妆师、录音师、摄像师、灯光师、技术师等,从业人员的职业素养和道德操守都需要这些公约与规范来把握。《中国广播电视从业人员自律公约》既是中国广播电视协会履行职能的具体体现,又是规范广播电视从业人员的行为的制度保障。2005年9月10日,国家广电总局发出《广电总局关于批转中国广播电视协会〈中国广播电视播音员主持人自律公约〉的通知》。《中国广播电视播音员主持人自律公约》是在充分研究我国广播电视播音员的实际情况的基础上制定的,进一步规范了播音主持队伍的行为。中国广播电视协会制定了《中国电视剧制作行业自律公约》,于2006年8月21日发布。这将有利于构造和谐良好的电视剧制作环境,建立行业自律机制,维护行业的社会形象。到目前为止,已有《未成年人广播电视工作从业人员自律公约》《电视剧制片人自律公约》《交通广播行业自律公约》《纪录片制作业自律公约》《广播电视广告业自律公约》《法制节目自律公约》《城市广播电视新闻从业人员自律公约》等出台。

相较于法律,道德是一种软控制力量。但它能通过提高从业者道德修养和素养的方式,引导从业者依靠内心的自省、自觉、自控、自教来调节、管理、培养自己的行为,从而达到自律的目标。我国在制定自律公约的同时也制定了不少广播影视行业的职业道德规章,《中国广播电视播音员主持人职业道德准则》的出台就是在思想道德方面提高了从业人员的职业道德水平,还有《中国新闻工作者职业道德准则》《中国广播电视编辑记者职业道德准则》等从业人员在工作实践中应该把握和遵循的基本准则。

虽然我国广播影视行业自律工作取得了一定的成绩,但仍处于起步阶段,有不少薄弱环节,亟待加强和提高。各类自律的颁布、各种具体实施细则的制定都是实现我国广播影视行业自律工作制度化、规范化、长期化的有力措施。我国仍需虚心学习国外行业自律的成功经验,探索出一条适合我国实际现状的发展道路,提升广播影视行业自我约束、自我管理、自我控制的能力。

三、文化艺术行业自律

(一)文化艺术品拍卖行业自律

在党和国家文化大发展大繁荣的号召下,文化艺术行业如雨后春笋般兴起。我国文化艺术行业每年都会举办各种不同规模的文化艺术博览会、拍卖会。但在这一过程中,一系列由于文化艺术类行业缺乏自律觉悟和能力而造成的问题涌现出来了。一些拍卖公司、企业的业务人员不具备基本的拍卖常识和能力,致使文物拍卖企业良莠不齐,更为严重的是,在全国各地的拍卖会、古玩字画市场、文物艺术品市场上都不同程度地出现了假画、赝品、假拍等弄虚作假的现象,伴随文物市场的火爆、收藏热的兴起,对行业的诟病呈愈演愈烈的状况。因此,规范文化艺术品的生产和传播,维护消费者权益,大力打击作假行为的呼声与日俱增,面对此种境况,构建完善高效的拍卖行业自律体系刻不容缓。

中国拍卖行业协会于1995年6月22日成立,它是依法成立的社团法人,是拍卖行业的自律组织。为了规范拍卖行为的合法性,维护拍卖秩序,营造公平竞争、诚实守信的行业氛围,中国拍卖行业协会三届七次常务理事会经过认真讨论,决定自2009年8月至12月,在全行业开展一次专项自查自律活动,并发布了《关于在全国拍卖行业开展诚信体系建设、加强行业自查自律的决定》。2011年6月10日,中国拍卖行业协会正式公布了《中国文物艺术品拍卖企业自律公约》,该公约坚持自律与惩戒并重,近60家主要文物艺术品拍卖企业承诺遵守,业务量覆盖当前文物艺术品市场的九成。这对于我国规范文物艺术品拍卖市场,建立行业自律体系有重要意义。2010年7月1日实施的《文物艺术品拍卖规程》是中国拍卖行业恢复发展23年、国内文物艺术品拍卖市场发展18年来的第一部行业标准。它结合了文物艺术品拍卖的实际情况,对拍卖程序中的拍卖标的征集、鉴定与审核、保管,拍卖委托,图录的制作,拍卖会的实施,拍卖结算,争议解决途径,拍卖档案的管理等主要环节做出详细规定,让拍卖行业在经营时有标准可依,也调动了其他拍卖当事方开展拍卖活动,维护合法的权益。①

文化艺术拍卖是一个具有高尚品味、特别强调"公开、公平、公正"和透明度的交易行业。拍卖师在这其中扮演了一个举足轻重的角色,他们的形象塑造、道德风范、专业素质、鉴赏能力、法律知识、行为举止、服务态度都与拍卖行业的兴衰息息相关。如若不然,缺乏职业道德和行为约束的拍卖师不仅会破坏拍卖行业的形象,还会削弱市场的竞争力,最严重的情况就是触碰法律的准绳,涉嫌经济犯罪,给拍卖行业带来难以弥补的损失。《拍卖法》赋予了协会充分管理拍卖师的权力和责任,因此协会有义务去管理好拍卖从业者,在充分认识到拍卖师的重要作用以后,中国拍卖协会印发了《关于加强拍卖师监督管理的若干规定》,该规定自2005年1月1日起施行,就是为了规范拍卖师的从业行为,提高其综合素质。拍卖师自律的内容要求内外兼具。他们不仅要有良好的外在形象,更要有高尚的道德情操,从事拍卖工作时恪守公正、客观的原则,最重要的是要善于自控,遵纪守法,拒绝任何有损于拍卖行业、消费者合法权益的行为。2004年7月1日起施行的《关于加强行业自律的若干规定》与《关于加强拍卖师监督管理的若干规定》两个文件几乎覆盖了整个拍卖行业的自律行为。

我国各地根据实际情况,建立了适应本地特点和自身状况的拍卖行业协会。例如上海市拍卖行业协会在1998年成立,现有会员单位100多家,它的建立是为了增强拍卖行业的凝聚力和自我保护、自我发展的能力,以为政府部门和会员单位双向服务为宗旨,力促拍卖行业的经济效益和社会效益的共同提高。2013年8月13日,西藏拍卖行业协会也成立了,它的成立标志着加强行业自律已经成为大家的共识,文化艺术行业自律的觉悟在逐步提高,也体现出我国文化艺术行业自律体系在朝着规范化的方向发展。

(二)文化演出行业自律

表演艺术历来都是文化产业的重要组成部分之一,多彩多样的中国文化元素为我国文化演出行业注入了源源不断的生命力,再加上各种类型的演出活动、艺术节的举办更是为我国文化演出行业打造了宽阔的舞台。近年来,我国文化演出市场的规模不断增长,演出产品日益丰富多

---

① 中国拍卖协会.《文物艺术品拍卖规程》正式实施[EB/OL].[2010-06-29]. http://finance.sina.com.cn/money/collection/pmdt/20100629/10438199260.shtml.

样,在满足人民群众精神文化需求方面起到了重要作用。但是新的演出业态、组织形式和经营方式也对文化演出市场的管理提出了新的要求。在谈到文化艺术行业自律时,自然也离不开我国文化演出行业的自律。

在中国加入 WTO 后,我国演出行业迅猛发展,北京是中国文化、政治的中心,有着丰富的文化资源。北京演出行业协会在此种文化背景下应运而生,2012 年 7 月 24 日中国演出行业协会揭牌仪式在文化部举行。这标志着文化部系统中第一家行业协会的正式成立,也标志着中国的演出业界有了属于自己的行业协会。近年来,中国演出行业协会开展了演出经纪人等从业人员资格认定工作,制定了《临时搭建舞台、看台安全技术要求》等行业标准,举办百名歌手反假唱联合行动等活动推动行业自律,协会将以行业自律为核心,以行业的规范化、标准化建设为主要工作,并建立与行业需求相适应的服务体系。[①]

从 2005 年起,小剧场话剧的潮流逐渐从京沪风行至全国。在小剧场市场持续走高的同时,伴随着出现了低俗戏剧、品质低下、管理混乱等诟病。因此,孟京辉戏剧工作室等北京 30 余家小剧场经营与制作单位在北京发布了《北京市小剧场戏剧行业自律公约》,规定坚决抵制低质、低俗、低水准的演出,坚持思想性强、艺术性高且有利于我国精神文明建设的演出,履行文艺演出行业的社会使命。文化艺术行业的自律不光要注重拍卖市场和演出市场的规制,也要注重从业者和从艺者的职业道德规范。2012 年 3 月 1 日中国文联九届二次全委会通过了"文艺界核心价值观"和《中国文艺工作者职业道德公约》。以"爱国、为民、崇德、尚艺"为内容的文艺界核心价值观,有助于文艺工作者树立正确的价值观,引导文艺工作者争做德艺双馨的从业者。《中国文艺工作者职业道德公约》则对文艺从业者提出了加强修养、提高素质、具备职业精神的要求。

四、广告行业自律

党的十一届三中全会以来,我国广告行业经历了一个恢复阶段,近年来,逐步形成了良好的发展势头,但在这样的趋势下,仍然出现了一些不和谐的声音。不少广告主、广告商或广告从业人员抱着侥幸的心理,寻找《中华人民共和国广告法》及其相关法律法规的空子和漏洞,发布夸大、虚假广告来误导、欺骗消费者。要想消除这些现象,不仅需要法律的强制打击,也需要加强广告行业自律,从行业源头加以杜绝。

广告行业自律,是指广告业者通过章程、准则、规范等形式进行自我约束和管理,使自己的行为更符合国家法律、社会道德和职业道德要求的一种制度。广告行业自律主要通过建立、实施广告行业规范来实现,行业规范的贯彻落实主要依靠行业自律组织进行。[②]

充分发挥广告行业自律的作用具有现实意义,它是《广告法》及其相关法律法规的补充,可以有效地避免广告纠纷,保障广告事业沿着健康、有序的方向发展,还可以树立广告行业正气,增强广告业的社会责任感,为广告行业赢得良好的口碑和信誉,另一方面,行业自律可以抵制不正当竞争,切实维护广告企业和消费者的利益,对促进广告事业的健康发展起到重要作用。

(一)外国广告行业自律

世界许多国家非常注重广告行业自律的构建和发展。

---

① 国际在线专稿.中国演出行业协会在京举行揭牌仪式[EB/OL].[2012-07-24]. http://gb.cri.cn/27824/2012/07/24/6611s3781909.htm.

② 王军.广告管理与法规[M].北京:中国广播电视出版社,2003:58.

在日本,全国广告联盟制定了《广告伦理纲领》,并将此纲领视为广告行业的最高准则。日本私营广播联合会还制定了《1993年广播电视广告审查标准》规则。在自律机构设置方面,日本还成立了日本广告审查机构、日本民间放送联盟等。

美国大力提倡广告行业自律,在管理机构和自律准则两方面都值得我们借鉴。联邦贸易委员会和联邦通讯委员会是美国政府广告管理的主要机构。在1971年7月,由美国广告协会、美国广告公司委员会、全美广告主委员和最佳商业局委员会四个团体创办了广告自控系统。该系统可以受理广告的投诉并解决相关的纠纷,甚至起到监督作用,当发现违法的广告行为时,它可以提交政府机构加以解决。除此之外,美国还颁布了《美国广告活动准则》。[①]

加拿大对广告主、广告商的广告活动提出了严格的要求。《加拿大广告准则》强调了商品的真实性原则,不允许夸张、作假、欺骗和误导消费者,并且严格控制广告内容,严禁广告中含有色情、裸露和凶手的表演和情节。加拿大还对广告时间进行了控制,每小时的商业广告必须控制在12分钟以内。

(二)我国广告行业自律

中国广告协会创立于1983年12月27日,是国家工商行政管理总局的直属事业单位,是中国广告界的行业组织,经国家民政部登记注册的非营利性社团组织。它在1994年12月7日颁布了《中国广告协会自律规则》,但原有的规范不适应新形势的要求,中国广告协会重新审议通过了《中国广告协会自律规则》,自2008年1月12日起实施。新的《自律规则》在虚假、误导广告方面做了明令禁止,也不允许贿赂、不正当竞争行为的出现。在知识产权方面,新规则秉承着尊重他人产权的态度,尊重我国传统美德。中国广告协会四届三次理事会议通过了《广告宣传精神文明自律规则》,将其作为"中国广告协会自律规则"的单项规则,要求中国广告协会的会员自觉遵守。

国家工商行政管理局在1997年12月颁布了《广告活动道德规范》,将其作为广告活动的基本道德准则,目的是促进广告业社会主义精神文明建设,增强广告主、广告商等广告活动参与者的社会公德和职业道德。

我国实际情况表明,广告行业的外部环境给广告提供了有利的发展条件,但只有协调好国家监管和行业自律这两股强大的力量,将行业自律纳入法制化、规范化的轨道,才能解决好广告行业中的矛盾与问题,实现广告行业自律与广告行业发展的良性循环。

本章小结

纵观世界各国文化产业发展的经验,法律制度和标准规范对它的促进作用毋庸置疑。因此,曾有学者分析,目前我国文化产业发展的瓶颈在于法律和标准体系不健全,法律法规和标准体系由于具有权威性和确定性,因而能给予文化产业足够的支撑和保障。本章通过对国外的文化产业法律法规的介绍,明确了世界文化强国的成功之处在于充分发挥了法律和标准规定的作用,再对比我国文化产业法律法规体系和标准体系的现状,发现了我国在这一方面的不足之处和可以改进的地方。本章将文化产业的法律法规分成了新闻出版类、广播影视类、广告业管理类、网络产业类、演出市场管理类、会展业管理类、美术品市场管理类、文化娱乐与休闲服务类、知识产权

---

① 刘林清.广告监管与自律广告人行为规范[M].长沙:中南大学出版社,2003:212.

保护类和文物保护类等十大类,几乎涵盖了文化产业的所有方面,归纳整理出各类的立法状况,深刻认识到文化产业的发展在很大程度上取决于相关法律法规制度的完善与实施。

在标准体系方面,我国文化行业标准化工作的内容非常丰富,涉及多个文化领域,目前文化行业标准化体系框架基本形成。本章在概述了文化标准化工作的基础上,选取了新闻出版标准、文化行业标准和广播影视标准来重点介绍,显示出我国文化行业标准的工作也在不断改进和创新中,加强基础建设必不可少。

由于文化产品蕴含了文化和商品的双重属性,但是单纯依靠法律法规和标准规范来营造文化产业良好的发展秩序仍显得不够,还需要发挥文化产业自身的调节、控制和约束作用,因此文化产业行业自律的成长也显得尤为重要。本章通过分析新闻出版行业、广告影视行业、文化艺术行业和广告行业这些领域的自律情况,揭示出我国文化产业行业自律的开展现状,对加强文化产业的规范化有一定的意义。

练习与思考

1. 简述文化产业法律法规的作用。
2. 我国文化产业的立法原则是什么?
3. 我国文化产业的法律法规体系表现出了什么样的问题?
4. 文化标准对于文化产业的发展具有哪些重要的意义?
5. 目前文化行业标准化工作出现了哪些问题?

参 考 文 献

[1] 王军.广告管理与法规[M]北京:中国广播电视出版社,2003.
[2] 刘林清.广告监管与自律广告人行为规范[M].长沙:中南大学出版社,2003.
[3] 余晖.行业协会及其在中国的发展理论与案例[M].北京:经济管理出版社,2002.
[4] 姜一春.知识产权法学[M].北京:科学出版社,2008.
[5] 赵阳,徐宝祥.文化产业政策与法规[M].广州:中山大学出版社,2012.
[6] 陈杰,闫锐武.文化产业政策与法规[M].青岛:青岛海洋大学,2006.
[7] 欧阳友权.文化产业概论[M].长沙:湖南人民出版社,2007.
[8] 韩英,付晓青.文化产业概论[M].福州:福建人民出版社,2012.
[9] 蔡尚伟,温洪泉.文化产业导论[M].上海:复旦大学出版社,2006.
[10] 高家伟.论电子政务法[J].中国法学,2003(4).
[11] 肖金明.文化法的定位、原则与体系[J].法学论坛,2012.

第九章　文化创意与内容产业

> **学习目标**
>
> 1. 通过对文化创意产业基本概念的学习，掌握文化创意产业的相关内涵及特点。
> 2. 通过学习内容产业，了解其定义、重要性等相关知识。
> 3. 通过对迪斯尼产业链案例的学习，熟悉文化产业链及价值链的相关知识。

第一节　文化创意

文化创意的兴起源于创意产业这一创新理念的发现和发明。创意产业、创意经济，或译成"创造性产业"，是一种在全球化消费社会的背景中发展起来的，推崇创新、个人创造力，强调文化艺术对经济的支持与推动的新兴的理念、思潮和经济实践。随着文化产业的快速发展和伴随而来的激烈竞争，人们比过去更加注重创意与策划。文化产业创意不仅体现在文化产品设计方面的灵感和创造力，更重要的是对本民族文化资源利用的巧思新意，从而以文化创意来激发全民族的文化创造力。[1] 重视文化创意，就能形成文化产业核心竞争力，实现文化产业的可持续发展。

一、文化创意

（一）什么是创意

"创意"一词最早是由英文"creative idea"翻译过来的，直译为"具有创造性的观点（意念/观念）"。它是20世纪90年代以来使用频率很高的一个词语，既可做动词，也可做名词。做动词，指一种创造性思维活动；做名词，指具有创新的意识和思想，简而言之，指"好点子"或"好主意"。"创意"一词无论做动词还是名词，都与"创新意图"或"创造意念"相关。它具有以下几个特点。

一是抽象性。创意是一种异于常规的思想和思路，是一种创新思维。创意的产生是发散性思维和收敛性思维共同作用的结果，要求意识高度集中与纯化，要处于一种和谐有序的状态。它往往是从某一要素或事物发散开来，得到许多新的构思，再从中选择出最优的方案。创意是一种纯主观的思维活动，是意识与潜意识互相转化的过程，属于灵感思维，因此创意往往是对于思维定式或司空见惯事物的打破，是一种超越常规却又合乎逻辑的抽象性思维。

二是广泛性。创意体现在人类生产、生活等领域的方方面面，所涉及的范畴相当广泛。创意不仅体现在文化产品的内容、宣传上，还体现在组织的发展规划、战略上以及组织之间的关系等方面。不仅仅是文化产业理论与实践活动中才存在创意，在政治、经济、科学、社会等几乎所有涉及人类思维活动的领域，都离不开创意。

---

[1] 严三九,王虎主编.文化产业创意与策划[M].上海:复旦大学出版社,2008:1.

三是关联性。创意的关联性是指创意不是孤立存在的,它与许多方面相互联系,密不可分。按照创意关联对象的不同,可分为与文化产品的关联性,与竞争者的关联性;按照创意关联方式的不同,又可分为直接关联与间接关联;按照创意关联诱导的不同,还可分为感性关联与理性关联。

四是独创性。独创性是指创意不能因循守旧、墨守成规,要勇于标新立异、独辟蹊径。

此外,对于创意的理解,还需注意以下两点:

第一,创意不等于创新。创新是指包括物质和技术所有层面的创造和更新;创意是人的创新思维能力的具体体现,是比宽泛意义上的创新更深一层的思想创新或理念创新,是指创造出新的思想点或意义点,它是一切创新活动得以展开的前提和基础,一切有形无形的创新过程及其结果最终都可溯源到某一创意。

第二,创意也不同于策划。策划是人们围绕某一特定问题而进行的构思、规划、设计、论证、比较等一系列的行为过程,它更注重严谨、敏锐的思维能力,强调整体感觉和逻辑思维。创意是注重意象的关联和重组,创造出新的思想点或意义点,强调创新思维的瞬间和灵感的凸现。

创意就是我们通常所说的与众不同的想法和发明,而且这些想法和发明是独特的、原创的和有实际价值的,是人的智力中的创造力在社会经济活动中的体现。个人创造力、个人技能和才华的创意来自人的头脑,它会衍生出无穷的新产品、新服务、新市场和创造财富的新机会,它强调了人的创造力、人的技能、人的天赋对文化艺术和其他知识产品、智能产品的一种智慧运用,是推动科技进步和人类文明发展进步的动力。

创意的结果最终通过产品和服务表达出来,从广义上分析,创意产品应包含两个基本含义:一是被赋予特定文化内涵和某种艺术想象力的产品,如艺术品、电影、出版物等产品,是高端的文化产品;二是以大规模认同和普遍接受为特征的标准、经营和管理规则,如产品制造过程中的技术标准,保证生产效率和创新能力实现的组织设计规则等。

从创意产品的形成过程来分析,创意者的经济活动,与一般的经济活动有着很大区别,具体表现为以下四个方面。

第一,创意活动要求生产者拥有多种技能。普通产品的生产往往是一种机械化、批量化的工作,不需要生产者拥有多方面的技能,相比之下,很多创意产品需要各种专业人员将个人技能倾注在质量和形态方面。

第二,创意者关注自己的原创产品。在创意过程中,创意人员非常注重产品的原创性以及技术与艺术的和谐统一。

第三,消费者的需求具有不确定性。根据经济形势,可判断出一般商品的市场认可程度,而对于新出现的创意产品能否被消费者接受还难以通过以往的判断方法来确定。

第四,创意产品具有很大的差异性。由于创意者的原创性、技巧性以及熟练程度等方面的差异,使得很多创意产品和服务产生出了多样化的创意结果,满足了不同消费层次的消费者对创意产品的需求。

21世纪是一个创意的时代,工业经济时代的传统生产方式将不再决定一切,依靠脑力、创造力的知识密集型经济成为关键,一个优秀的创意可以给人们带来无穷的财富和精神享受。现代社会对创意的需求极大地改变了人们的生活、工作方式,从某种意义上说,创意开启了新时代的文明活力和经济方式。

(二) 什么是文化创意

文化创意产业是20世纪90年代发达国家提出的发展理念,是信息时代知识经济的产物。文化与创意有着千丝万缕的联系,创意本身就是一种文化的体现。文化创意是为了满足人们的精神需求,以文化产品、文化服务、文化活动为专门对象的思维创新和观念创新活动。文化创意既指文化产业、经营,也指文化公益事业活动,还包括其他产业生产经营中提升文化附加值在内的各种创意活动,涵盖面极为广阔,它们共同推动着当代社会文化、经济、政治等协调发展和共同进步。

文化创意如果老套陈旧,就不能引人入胜,难以获得理想的传播效果;文化创意如果具有新意,但不符合文化主题与文化语境,也会削弱文化主体的内涵。

(三) 文化创意与文化内容产业

文化产业是生产文化产品和提供文化服务的特殊产业,它在获取丰厚经济效益的同时,还要提高人们的思想道德水平和人文素质,塑造丰富而健康的心灵,获取更大的社会效益。这种内容生产的本质决定了文化创意在文化产业中的核心地位。随着物质生活水平的提高,人们对精神娱乐需求日趋多样化,文化产品越能满足人们的这方面需求就越具有市场竞争力。文化创意不仅体现在文化产品设计、研发的灵感和创造力方面,更重要的体现在本民族、本国文化资源利用的巧思新意上。

文化创意贯穿于文化产业发展的全过程之中,从文化产品的设计、文化项目的开发、文化活动的构想,到文化服务或文化内容的创新,以及文化生产经营方式的创意,一个成功的文化产业,离不开领先、高效运作的文化创意。

文化创意是发展文化产业的动力,是文化产业的先导。"内容为王"这一名言在文化产业中同样适用。在西方,发达国家较早意识到了文化创意在文化产业中的重要性,早在20世纪90年代就提出了"文化创意产业"的口号。中国政府也在新世纪明确提出要"解放和发展文化生产力",重视文化创意,发展文化创意产业已给我国文化产业注入了新的活力。

二、创意产业

(一) 创意产业的含义及分类

"创意产业"(Creative Industry),又称创造性产业,这一术语最早源自英国,是以一种国家产业政策的战略地位明确提出的。当时,布莱尔当选为英国首相。为振兴英国经济,他成立了一个特别工作小组,该小组于1998年和2001年分别发布了研究报告,分析英国创意产业现状并提出相关发展战略。在1998年的《英国创意产业路径文件》中,首次对创意产业进行了定义:"所谓'创意产业',是指那些从个人的创造力、技能和天分中获取发动力的企业,以及那些通过对知识产权的开发来创造潜在财富和就业机会的活动。"同时,英国政府将广告、建筑艺术、艺术和古董市场、手工艺品、时尚设计、电影和录像、交互式互动软件、音乐、表演艺术、出版业、软件及计算机服务、电视和广播这13个领域划入"创意产业"的范畴。

创意产业早在几十年前就已出现,但人们对它的自觉认识及其发展壮大却是在20世纪90年代后期。英国是世界上第一个政策性推动创意产业发展的国家,此后,许多发达国家的政府也纷纷掀起了重视、研究和发展"创意产业"的热潮。澳大利亚自1994年发布第一个国家文化发展战略以来,就将创意产业作为一项国家战略加以实施,专门设立布里斯班大学创意产业研究中心;新加坡于1998年出台《创意新加坡》计划,2002年又提出建立"新亚洲创意中心"和"全球文化和设计中心"等新的全面计划;美国新英格兰地区于2001年6月提出《创意经济计划:新英格兰创意经济投资蓝皮书》。

与此同时,许多管理学家、经济学家、文化产业理论研究者也对创意产业及创意经济等话题进行了各种调查和研究。美国哈佛大学经济学教授理查德·凯夫斯在《创意产业经济学——艺术的商业之道》"序论"中对创意产业所包含的行业门类做了描述,认为创意产业包括:书刊出版、视觉艺术(绘画与雕塑)、表演艺术(戏剧、歌剧、演唱会、舞蹈)、有声唱片、电影和电视节目,以及时装、玩具和游戏等行业。该书的研究重点是有关创意行为的组织构成,即从创意行为的经济特性出发研究创意活动的交易和合同方式。凯夫斯对创意产业的定义在行业门类上与英国政府的定义并没有多大差别。不过,他的着眼点不是界定创意产业概念所包含的内容,而是重点分析以往经济学很少涉足的文化创意活动的经济特性。"创意产业"逐渐成为一门新兴产业进入人们的视野。

但是,有关创意产业概念的确切内涵却一直存在争议。西蒙·鲁德豪斯认为,英国创意产业特别工作组对创意产业的定义,歪曲了有关创意活动的文化特性以及这一产业与当代社会经济和技术发展的相互联系。而美国经济学家约翰·霍金斯的《创意经济:人们如何从思想中创造金钱》一书给出了一个十分宽泛但令人耳目一新的定义。他认为:"版权、专利、商标和设计产业等四个部门共同构建了创意产业和创意经济。"[①]约翰·霍金斯的定义大大扩展了创意产业概念原有的内涵,把以科学、工程、技术为基础的部门中所有以专利为基础的研究与开发活动也囊括其中,并从概念定义上解决了一直以来令西方感到困惑的创意活动中艺术与科学相分离的问题。澳大利亚学者斯图亚特·坎宁安通过考察文化产业概念的历史演变,分析文化产业与创意产业这两个概念之间的关联性。他认为,这两个概念之间的差异"可以归结为创意产业正在试图描绘出一个历史性的变化,即从被资助的'公共艺术'和广播时代的媒体转变为对创意的新的和更广泛的应用"。"创意产业部门正在发挥(而不是限制)新经济的优势及其特点。在这里,技术的和制度的创新可以实现顾客和公众的新联系,这种新联系不是靠'规模'式的集中化生产(媒体)和当下的公共消费(艺术)。互动、融合、客户、合作和网络是关键。在公共传播体制、先锋艺术公司等特殊体制中,创意产业主要是全球的和地区/区域的,而不是国家的。其特殊的组织模式是那种比中小型企业(SMEs)——它们与那些被确认的大型的分配集中体制相关联——还要小的微型公司。如果说许多创意企业在艺术与媒体的范围内仍然可以得到认同,那是因为创意投入在服务业部门的重要性显著增加。在这种情况下,这些企业通常必须转变为信息密集型企业,因此也必须在创造力上变得更加'密集'。"[②]坎宁安对创意产业的描述并不着眼于创意产业所涵盖的内容,而主要在于强调这一产业在新经济条件下所包含的创意特征。

总的来说,文化创意产业应包括以下五个方面的基本含义。

1. 文化创意产业是创造创意产品的企业的集合。
2. 文化创意产业中的创意产品是指作为无形资产的创意渗透于生产过程所创造出的具有

[①] Howkins(2001). *The Creative Economy:How People Make From Ideas*. Allen Lane:The Penguin Press.

[②] (澳)坎宁安,从文化产业到创意产业:理论、产业和政策的涵义,载林拓等主编,世界文化产业发展前沿报告[M].北京:社会科学文献出版社,2004.

象征价值、社会意义和特定文化内涵的产品和服务。

3. 文化创意产业强调文化和艺术创新对经济的推动,表现为文化和经济的互动和互补性,保证经济和文化一体化的发展。

4. 文化创意产业发展空间和延伸领域非常广泛,不仅拓展了传统产业内容,还创造出了新的知识经济的产业内涵。

5. 文化创意产业体现了较强的空间差异性,很多文化创意产业往往和特殊的地理位置联系在一起,如纽约的百老汇演出产业、东京的动漫产业、巴黎的时尚产业。

创意产业在中国的提出始于2004年。2003年4月,英国政府在北京、上海、广州、重庆等地举办"创意英国(Think UK)"活动,引发了我国对创意产业的广泛关注。2004年5月初,一个名为"中国创意产业企业家"的代表团访问了英国伦敦,随后,由中国太平洋学会牵头,包括"官、产、学、研"在内的六家单位,发起成立民间组织"创意中国产业联盟"。2004年年底,由人民日报华东分社、上海社会科学院、上海市经委联合主办的"2004中国创意产业发展论坛"在上海举行,开启了我国发展创意产业的序幕。

当前,我国学术界对创意产业研究的关注点主要为:一是对这一产业分类概念的介绍和引进;二是对我国已经兴起的文化创意企业发展现状的研究。由于创意产业作为产业分类概念还没有被纳入我国国民经济统计体系,因此,我国学术界对创意产业内涵和外延的研究还没有形成一致的认识,并且目前还缺乏系统的研究成果。但已有的研究成果体现了中国学者对创意产业发展趋势及其概念定义的独特认识。

目前,我国的创意产业正处于蓬勃发展阶段,具有广阔前景。从2005年起,受英国、美国、澳大利亚、日本等国文化创意产业思潮的影响,我国内地城市也吹响了发展文化创意产业的"集结号",文化创意产业集群发展。随着北京、上海建立其文化创意产业集聚区,其他城市纷纷效仿,各类文化创意产业园如雨后春笋般出现。目前,我国文化创意产业迅速崛起,北京、上海、广州、深圳、长沙、成都等城市纷纷依托各自的人才、资源、区位优势,建设各具特色的文化创意产业园区,积极推动文化创意产业的发展。文化创意产业不仅在各城市形成集聚发展,在全国范围内也形成了具有特色的产业集群。从全国的整体布局来看,截至2006年,我国已初步形成六大文化创意产业集群:以北京为主的首都创意产业集群,以上海为主辐射南京、杭州、苏州等地的长三角创意产业集群,以广州深圳为中心的珠三角创意产业集群,以昆明大理丽水为主的滇海创意产业集群,以西安重庆成都为首的川陕创意产业集群及以长沙为核心的中部创意产业集群。六大产业集群的发展速度和产业特色不尽相同,总体实力上呈现"东高西低"的态势。东部沿海城市由于占有科学技术、信息、国际交流和人才等方面的巨大优势,在创意产业发展方面明显要领先于中西部城市。根据有关数据显示,东部地区除了文化产业单位数量、从业人员数和拥有资产所占比例远高于中西部地区外,东部地区文化产业的营业收入已占到全国的82%,为我国文化创意产业的发展插上了腾飞的翅膀。

约翰·霍金斯在《创意经济:人们如何从思想中创造金钱》一书中,把创意产业的类型分为版权、专利、商标和设计等四类。这一分类实际上包含了所有以科学、工程、技术为基础的产业部门的研究和开发,从而共同构建了创意产业和创意经济。从目前各国对创意产业的表述来看,其主要包括:广告、建筑、艺术、古董市场、手工艺、设计、时尚造型、电影、音乐、游戏软件、电视广播、表演艺术、出版等。这些内容既包括了传统的艺术部门、商业化的传媒,以及数字化的新经济部门。

(二)创意产业的特征和作用

1. 文化创意产业的特征

文化创意产业的兴起是产业发展演变的新趋势,有着明显区别于其他产业的标志性特征,具体表现为以下几个方面。

(1) 文化创意产业具有很强的渗透性,产业附加值高

创意是技术、经济和文化等相互交融的思想理念,创意产品是新思想、新技术、新内容的物化形式,特别是现代数字技术和文化、艺术的交融和升华,技术产业化和文化产业化交互发展的结果,可以渗透到许多产业部门,因此,文化创意产业很难从传统产业类型中完全分离出来。文化创意产业的核心生产要素是信息、知识,特别是文化和技术等无形资产,是具有自主知识产权的有附加价值的产业。

(2) 文化创意产业拥有能激发出创意灵感的设计高手和特殊人才

文化创意产业的从业人员不同于其他产业的人员,其工作有其特殊性和不可替代性,他们不断创造新观念、新技术和新内容,职业能力来自于个人灵感的迸发。文化创意产业的生产方式是脑力与体力同信息与信息化等现代化手段相结合,实现智能生产与快捷生产。在发达国家,随着后工业化社会的到来,教育、研发、文化、金融等众多领域的创意从业人员所占的比重正在增加。

(3) 创意产品呈现出智能化、个性化、艺术化的特点

创意产品类型多样,却又有着共同的特性,是与科学技术、文化相互交融、集成创新的产物,即以创意为核心,运用知识和技术,产生出新的价值,是创意灵感在特定行业的物化表现。电影、广播电视、音像产业、出版业、视觉艺术产业等文化产品,是与新技术和传媒相结合的产品,通过大量生产掀起全球性商品流动与竞争,呈现出智能化、个性化、艺术化的特点,其价值并非局限于产品本身,还包括它们所衍生出的附加价值。例如图书、影视和音乐作品的实物贸易,以及与之相关的各种附属版权如改编、翻译权的贸易,甚至能够创造出比服装和汽车等制造业产品出口更多的利润。

(4) 文化创意产业技术向数字化、知识化、可视化方向发展

现代科技尤其是信息技术、传播技术、自动化技术和激光技术等高科技的广泛运用,给文化创意产业带来了革命性的影响。从世界范围来看,产业应用技术正向数字化、知识化、可视化的方向发展。近年来,数字技术和网络技术的飞速发展使得美国电影、电视、广播、出版等行业全面迈向了数字化时代。2010年3D大片《阿凡达》的巨大成功表明电脑特技等高科技手段在影视传播中的运用已经取代传统手段,成为确保票房的最大卖点。高科技的运用使得美国文化产业的布局结构发生了新的变化,涌现出包括网络出版、电子图书等在内的一些新兴产业,迅速带动了美国文化产业的升级换代。

(5) 文化创意产业组织呈集群化、网络化的特点,企业组织呈小型化、扁平化、灵活化的特点

当今社会,文化创意已不再局限于个别艺术家、设计师的灵感和创造,而是知识和社会文化传播构成与产业发展形态及社会运作方式的创新。文化创意产业的发展不仅仅是个人和单个企业的行为,更是集体的互动和企业的地理集聚,形成集群化的环境。文化创意产业集群的特征是工作和生活的结合、知识文化产品生产和消费的结合,有多样性的宽松环境和独特的本地特征,并且与世界各地有密切的联系。例如,美国电影《泰坦尼克号》的制作就是由7个国家的30多家公司协作承担的,募集总投资将近2亿美元,最终成功收获了18亿美元的全球票房总收入。

文化创意产业具有特殊的产业组织形式,企业呈现出小型化、扁平化、灵活化的特点。就单个企业而言,可以是比中小企业还要小的微型企业,甚至是个人工作室,但这类企业通常以产业集群的方式分布,具有集群效应的基本特征,如具有经济的外部性、技术创新优势、集群式学习和集群自我发展的能力。正是创意企业的产业组织特征,形成了文化创意产业生产组织层面小企业和大公司错位的竞争态势,使产业发展具有良好的势头。

（6）企业管理向信息化、网络化、知识化管理的方向发展

创意往往是个人的灵感体现,可能是发散的、凌乱的、不系统的,因此,需要创意企业利用信息化、网络化的手段,通过知识管理来整合和集成各种创意。只有通过现代管理手段,整合从研发到营销环节的各种资源,才有可能针对消费者的需求,更快更好地创造出市场需要的产品和实现企业的最大效益。

2. 文化创意产业的作用

文化创意产业的发展,建立了在新的全球经济、技术与文化交流的背景下,适应经济发展的新格局,构建了新的经济核心要素和产业结构的通道。文化创意产业已不仅仅是一个理念,而是已经创造出了巨大的经济效益和社会效益。以美国迪斯尼为例,迪斯尼一般分五步提取最大赢利:票房收入是第一轮收入;发行录像带、DVD是第二轮收入;迪斯尼主题公园的推广是第三轮收入;特许经营和品牌专卖是第四轮收入;最后,通过电视媒体获取最后一轮收入。据统计,在迪斯尼的全部收入中,电影发行加上后续的电影和电视收入只占30%,主题公园的收入占20%,其余的50%则全部来自品牌销售。约翰·霍金斯在《创意经济:人们如何从思想中创造金钱》一书中指出,全世界创意经济每天创造220亿美元的价值,并以每年5%的速度递增。一些发达国家增长的速度更快,美国达14%,英国达12%。纵观全球,发达国家的众多创意产品及其相关的营销和服务,吸引了全世界的眼球,形成了一股巨大的创意经济浪潮,文化创意产业对经济的影响不断加大。

（1）文化创意产业促进了经济增长

文化创意产业不仅是一种新兴的产业类型,更重要的是创意作为生产要素已成为推动经济增长的重要手段,对经济发展具有促进和拉动作用。比尔·盖茨曾说:"创意具有裂变效应,一盎司创意能够带来难以计数的商业利益和商业奇迹。"好的创意和策划,可以大幅度增加产品附加值,提高企业知名度,扩大市场占有率,并使许多传统产业和传统产品焕发新的生机与活力。

纵观国际创意产业的发展,英国、美国、澳大利亚、韩国、丹麦、荷兰、新加坡等国都是文化创意产业发展的典范,它们不仅形成了自己的发展特色,而且还创造出了巨大的经济效益。以英国为例,英国政府对创意产业采取了税收优惠等政策性扶持,文化创意产业成功推动了英国出口的增长,有效抵补了贸易逆差。2000年,英国文化创意产业增加值已超过500亿英镑,占国内生产总值增加值的7.9%,是其他产业年增长率的3倍,达到9%。2001年,根据当时英国文化媒体体育部发表的《创意产业专题报告》,当年英国文化创意产业的产值约为1125亿英镑,占GDP的5%,已超过任何制造业对GDP的贡献。2002年,英国文化创意产业增加值达809亿英镑,成为仅次于金融服务业的第二大产业。2003年,英国首相战略小组指出,以就业和产出来衡量,伦敦文化创意产业对经济发展的重要性已经超过了金融业。当年伦敦的境内外游客在艺术文化方面的消费超过了60亿英镑。在美国来看,创意经济是知识经济的核心和动力,是其经济的重要表现形式。美国人宣称:资本的时代已经过去,创意的时代已经来临。据统计,到2001年,美国的

核心版权产业为国民经济贡献了 5351 亿美元左右,约占国内生产总值的 5.24%。

(2) 文化创意产业提供了新的就业机会

文化创意产业涉及和涵盖的产业领域范围相当广阔,能容纳大量就业人口。1977—1997 年间,美国版权产业就业人口翻了一番,达到 380 万人,占美国就业人口总数的 2.9%;2001 年,中国台湾文化创意产业就业人口为 33 万,占岛内就业人口比重的 3%;2002 年,英国约有 122000 家文化创意类公司注册,雇用总人数为 190 万人,远超金融服务业,成为吸纳就业人口的第一大产业;2002 年,中国香港创意产业的就业人员超过 9 万人,占香港总就业人口的 3.7%;瑞典创意产业从业人数占总就业人口的比重最大,高达 9%,澳大利亚、新西兰、芬兰分别为 3.7%、3.2%、3.6%。

(3) 文化创意产业促进了产业结构优化升级

随着知识经济时代的到来,各国产业结构重心开始从工业化向信息化转移,与之相对应的产业竞争也从规模经济的制造工业向创意竞争的知识型现代服务业转移,产品的核心竞争力和企业自主创新成为经济增长的主要方式。以创新为基本特征的文化创意产业不仅可以将现有的文化资源和创意资源转化为经济成就,提高产业经济的附加值,并且还能通过对文化资源的保护与再利用以及对创意资源的激发来提升整个地区或城市的经济结构,促进社会的可持续发展。

创意产业对产业结构的优化升级作用体现在两个方面:一是以独立的产业形式存在,并成为国民经济的主导产业;二是通过产业渗透的方式对传统产业加以改造,以延长产品生命周期的形式拉长产业的生命周期,从而拉长产业的价值链。以美国、日本、韩国为代表的文化产业就借助文化创意产业来拓展传统产品的价值链,就目前而言以第二种形式为主。

(4) 文化创意产业带动了相关产业的发展

就产业层面而言,文化创意产业是以创意产品为主体,如设计创意、题材构思、选题策划、生产工艺、技术标准等,但其自身价值的实现却以相关产业的产品为基础;从产业组织的层面看,文化创意产业的发展是以众多的相关企业为基础,将艺术家、经纪人、生产商、销售商等不同的参与者连接起来的产业链条,形成企业协作链,链条中的各个环节将不同类型的企业涵盖进来。文化创意产业不仅带动了相关产业的发展,而且通过将创意融合到其他产业产品的方式有效地延长了这些产品的生命周期,相应地改变了相关产业的生命周期。

目前,文化创意产业的发展呈现出明显的产业关联效应。具体表现为:

一是文化创意产业内部及其他产业之间以融合、合作或重组的形式出现,促进了产业间的整合。从 20 世纪 80 年代开始,美国文化产业掀起了企业兼并的狂潮。据统计,从 1986 年到 1990 年,美国有 400 家电视台在产权市场上被出售。1995 年迪斯尼公司以 190 亿美元兼并了美国广播公司(ABC)。1996 年,微软公司与全国广播公司(NBC)合作,开办了微软全国广播公司电视频道(MSNBC)。1999 年,维亚康姆公司以 380 亿美元兼并了哥伦比亚广播公司(CBS)。2000 年,时代华纳公司和美国在线公司宣布合并,成立了美国在线时代华纳公司,产值高达 3500 亿美元。经过多年的兼并和整合,目前美国文化产业的主体行业,包括电视、广播、电影和出版等行业,都被少数大型文化产业集团控制。其中最主要的有五家:美国在线时代华纳集团、沃特迪斯尼集团(DISNEY)、维亚康姆集团、新闻集团(NewsGroup)和通用电气集团(GE)。

二是文化创意产业在特定的城市空间形成高度的产业集聚。文化创意产业最发达的地区都集中在纽约、伦敦、东京等国际大都市,这些城市既是世界经济中心,也是区域乃至世界文化创意产业中心。如,日本东京集中了全国电影产业的60%,出版产业的35%,印刷产业的40%;韩国首尔集中了全国主要的报业、电视台、出版社和软件研发机构;美国纽约麦迪逊大街集中了全美主要的广告公司,并辐射到世界各地。

(5) 文化创意产业将成为城市可持续发展的战略性产业,进而能增强城市的竞争力

文化创意产业通过对城市的文化、经济以及科技的整合,把城市的文化资源逐渐转化为核心的经济资源。现代传媒技术手段能够通过数字化手段和媒体传播人类文明,而有意义的内容的稀缺又推动人们利用强大的传媒手段重新整合文化遗产,从传统文化资源中获得新的灵感。以前的图书馆、档案馆等公共文化资源机构,可能变成新兴内容产业发展的资源。随着城市的文化发展水平得到进一步的广泛提升,城市的软实力必将带动城市竞争力的增强。数字技术将我们的生活日益"传媒化",有意义的文化符号将越来越多的消费品变成载体,并事实上构成这些消费品的价值主体。文化创意是文化与经济、科技高度融合的新兴产业形态,它将成为城市可持续发展的战略性产业。

从世界范围看,文化创意产业的发展成为许多发达国家或地区寻求城市复兴的重要路径。随着城市间竞争的日益激烈,一些城市可能会出现具有鲜明特征的文化创意产业中心。这些地区市场发育完善,法制健全,政府管理透明,文化氛围宽松,将引领国际新经济的潮流。目前,创意产业在空间上的地理集聚,尽管还没有非常成熟的模式,但是从东京、伦敦、纽约等文化创意产业发展比较充分的城市可以看出,文化创意产业与城市的整体发展呈良性互动关系。

(6) 文化创建产业还具有广泛而深刻的社会效益

文化创意产业是对于传统产业的超越和发展,它致力于多样化、个性化的文化产品或服务以及有特色、丰富的创意设计,其理念反映了后工业社会的价值观。创意产业本身是一种绿色产业,具有高度的艺术性和灵活性,在作业模式上打破了传统的分工体系,在这里,生产与消费一体化,工作与生活水乳交融,等等。创意产业成为建设现代宜居城市发展战略的首选,文化创意产业的发展可以在城市品位、城市活力、城市人口素质、城市综合竞争力等多方面提升城市形象。当然,也只有具备文化与创意活力的城市才会是适宜文化创意产业发展和最具创新能力的城市。

总之,作为一种新兴的产业,文化创意产业是经济、文化、技术等相互融合的产物,具有高度的融合性、较强的渗透性和辐射力,为发展新兴产业及其关联产业提供了良好条件。文化创意产业在带动相关产业的发展、推动区域经济发展的同时,还可以辐射到社会的各个方面,全面提升人民群众的文化素质。

(三) 创意产业与文化产业

创意产业与文化产业是人类社会步入新经济时代的两种相互关联的产业,作为21世纪的新兴产业,两者有许多共同之处,它们都以精神和认识的商品化为特征,但定义角度并不完全相同。文化产业立足于所有文化产品、文化娱乐及其他文化服务,强调的是所有和文化相关的精神与物质的工业化生产和商业运作。文化产业涵盖面广,包括艺术、出版、传媒、娱乐、广告、旅游、教育、体育等众多相关行业,有完整的产业体系和复杂的产业链,呈现出宏观包容性和扩充延展性。创意产业则是多以分散的状态存在于各行各业之中,直接针对知识创新带来的财富创造和经济增长,强调人的创造力对经济发展的贡献,更具有复合性和动态游离性。创意产业除了普遍存在于文化产业中外,已渗透到其他产业或行业。

创意产业与文化产业是互相包含、互相渗透的关系,两者不可分。创意产业以文化产业为主

体,文化产业以创意产业为源头。简而言之,文化为体,创意为用。从广义的文化产业来看,创意产业是文化产业的基本构成或主要标志。

基于上述理解,不难发现欧美等发达国家对文化产业的提及并不多,因为它们的创意产业已包含或指代了文化产业。随着知识经济时代的到来,创意产业与文化产业将更加密不可分,两者将相互促进共同发展。

(四) 文化创意园区

在知识经济时代,产业发展呈现出集群化和规模化的趋势,文化创意产业作为知识经济时代的核心产业,不仅需要个体艺术家、设计师的灵感和创造,更需要集体的智慧和企业的地理集聚,以形成集群化的外部环境。因此,建立创意产业园区,形成高端创意策划人才、创意作品汇集以及思想交流中心,结合技术、资本、市场等要素,整合产业链,形成创意产业的规模效应,可以推动文化创意产业的发展。

1. 文化创意园区的概念

文化创意产业园区,是集文化创意产业与高新科技产业为一体、科技产业与文化产业互相交融、和谐共存的新型经济园区。国内至今尚无对文化创意产业园区的统一界定。在此尝试将其概念定义为文化创意产业园区是一系列与文化关联的产业规模集聚的特定地理区域,是具有鲜明文化形象并对外界产生一定吸引力的集生产交易、休闲、居住为一体的多功能园区。

产业园区是一种介于政府、市场与企业之间的新型社会经济组织和企业发展平台,通过提供一系列新创企业发展所需的管理支持和资源网络,来帮助初创阶段或刚成立的相对弱小的新创企业,使其能够独立运作并健康成长。产业园区是将消费者、供应商和其他能提高竞争力的因素紧密连接在一起的产业群组,它通过创意产品的贸易和服务形成的产业链条,能获得显著的经济效益和社会效益。创意产业园区应该包括生产——销售——消费的价值链,这个价值链将因技术、专门的基础设施、创造性的艺术、熟练的创意个体的存在得到加强。因此文化创意产业园区应与一般的科技创业园区区分开来,文化创意产业作为创意人才和企业的集聚地,还应当是创意策划产品交易、产业研究、作品展示、人才培训及交流咨询等多项功能的有机结合。

2. 建设文化创意产业园区的条件

文化创意产业园区不同于一般的产业园区,它是文化企业、非营利机构和个体艺术家集聚和互动而形成的独特的集群环境。因此,建设文化创意产业园区,必须营造适合文化创意产业发展的条件。

首先,建立一个良好的创业环境,离不开强有力的制度保证、政策支持和高效的协调机制。不仅要拥有能够提供公共服务、运输、通信等公共基础设施,而且要提供包括高品质的大学、研发设施、风险投资及知识产权保护等法律保障在内的创意基础设施,以形成吸引文化创意产业的基本条件。

其次,需要良好的文化、艺术创意的资源,注重创意培训,推崇文化价值,营造良好的文化创意产业氛围。例如,注重对传统文化遗产的保护、开发和利用;推动形成国际多元文化发展的共识;创造城市或园区文化活动的社会氛围,培养公众参与的热情与素质。此外,还需要发挥集聚效应的市场网络,这有利于培育创意企业群体,打造并完善文化创意产业链,形成新的产业发展群落以及由高技术的基础设施支持和相互连接的产业链条。

3. 文化创意园区的类型

文化创意园区的类型多种多样,按照不同的分类标准,可将文化创意园区划分为不同的类型。按照文化创意园区的运营主体和提供服务平台的机构的不同,可将其分为以下五大类型。

(1) 企业主导型。即由企业为主体进行园区运营并搭建文化创意产业的服务平台,如凌奥创意产业园,是由天津市第一家注册的创意产业园区投资运营公司——天津凌奥创意产业园集团有限公司作为开发运营主体开发的一个典型的企业主导型文化创意园区。园区以建设公共服务平台为核心,以创新产品发布、展示交易为重点,整合了产品研发、创意设计、发布展示、产品交易及品牌推广等多种功能,产业化程度较高,是目前天津市创意产业的旗舰。

(2) 政府主导型。即由政府作为运营主体,负责文化创意园区的规划、建设、运营并搭建产业发展服务平台。如天津市红桥区政府主抓的"意库"文化创意产业园,在红桥区政府的支持下,通过市场化运作,进行项目开发建设,并主动将其融入市、区规划建设项目之中,形成了以"创意为核心,科技为载体,文化为内容,市场为导向"的创意产业发展新模式,集中发展建筑设计、园林园艺设计、工艺美术设计、工业设计、咨询策划、城市空间创意设计等六大公共技术服务平台,为城市设计提供一站式、一体化、数字化服务。"意库"获得了"2008 年全国十佳创意产业园区"称号。

(3) 政府、社团、企业联合主导型。如蓟县蟠龙山的盘龙谷影视基地,由中华文化名人联盟与蓟县许家台乡共同立项,上海绿地集团承建,该园区以饮食创作制作、交易展演、评选、颁奖、体验、旅游为主,占地 28 平方千米,是文化创意产业的又一新模式。

(4) 院校、企业主导运作型。这一类型以高等院校的学术品牌为依托,即以高等院校的科研、人才优势为核心,整合文化创意产业要素,由高等院校作为文化创意园区主要运营主体的一种模式。上海虹桥软件园是采取这种运营模式开发园区的典型代表。园区是由以上海交通大学为主体的上海市慧谷高科技创业中心和上海虹桥软件园有限公司共同运营。上海市慧谷高科技创业中心是一个社会公益性的科学技术服务机构,它的宗旨是引导科学技术创新,促进科技成果转化、孵化高科技企业和培养科技型企业家。目前,由上海市慧谷创业中心直接运作的孵化基地有三个,有超过 170 家的在孵企业,其中 IT 企业占到了 70% 以上,从业人数多达 3153 人,截至 2003 年年底,产业园产值达到 7.5 亿元。

(5) 行业组织运作型。这种运作模式是建立在行业特色的基础上,依托行业组织的号召力和背景特点对文化创意园区的特色进行定位,并由行业组织直接运作的创意产业集聚区。上海时尚产业园是这种文化创意园区的典型代表。上海时尚产业园依托原上海离合器总厂厂房,在上海市经济和信息化委员会的支持下,于 2004 年 2 月,由上海市长宁区区政府和中国服装设计师协会联合改建而来。产业园一期于 2004 年 8 月 19 日建成开园,占地面积约 7000 平方米。产业园以服装产业为主导产业,旨在为国际服装产业建设一个人才培训、服装设计、产品研发、品牌发布和信息互动等专业功能性的发展平台。凭借中国服装设计师协会和动画大学服装艺术学院的人文资源优势,目前,产业园已经成功引进了中国服装设计师协会、亚洲时尚联合会以及毛戈平形象艺术设计学校等十余家世界知名的时尚创意机构入驻。在产业园内已经形成了商贸中心、1718 俱乐部,在时尚产业园周围聚集了虹桥服装精品园、虹桥东华仿制服饰科技园、东方鳄鱼总部大厦和茅台路服饰一条街等。

当然,按照运营主体和提供服务平台的机构不同对于文化创意园区进行分类并不是绝对的,比如以企业为主导的文化创意园区,在运营过程中也需要政府的相关产业支持政策,政府主导型的文化创意园区,在运营过程中也少不了企业的参与。

4. 文化创意园区的运营主体

通过以上对各种类型的文化创意园区的分析可知,文化创意园区的运营主要涉及以下五大主体。

(1) 政府部门。对于政府在文化创意园区发展中承担的重要角色,社会对此十分认可,因为只有政府才能从一个行业的发展方向上判定今后的发展趋势。作为文化创意园区的一方行为主体,政府对园区的空间演化有很大推动作用。由于文化产业创意园区的创意经济充满活力,政府愿意提供各种资金、智力、空间等各种优惠措施支持文化创意园区结构的调整。在全国的成功经验来看,政府发挥园区建设主导者作用,不仅需要从传统的土地、资金、政策方面进行投入保障,还需要强化服务功能建设:一是建立标准化、流程化、技术化的服务体系,促进配套服务的跟进,如金融、物流、电信等第三配套服务;二是完善服务模式。文化创意园区是优秀文化要素、创意和智力的聚集,而不是简单的物理元素如土地、建筑等的汇集。只有整合多种产业要素构建完善的产业链,并促进产业链内企业的互动,才能使园区在促进产业发展方面的优势得到发挥。

(2) 运营企业。企业作为市场经济中的重要经济实体,对文化创意产业的发展具有重要作用。特别是企业主导型文化创意园区,企业作为运营主体,对于园区的良性发展起着决定性作用。作为文化创意园区的运营主体,其主旨一般都在于为入驻园区的创意企业和个人搭建服务平台,帮助创意进入市场,促进创意转化为产品,产生价值。作为园区运营主体的企业,其主要职能是配合企业创意产业发展需求,通过政府、市场和企业的三方相结合,搭建公共服务平台,拓宽投融资渠道,实现利益和服务共享;促进园区合理规划、有效结合和快速推进;整合完善产业发展的技术、咨询、信息、市场推广等中介服务,为园区企业搭建权威的中介服务平台;传播推广智能,通过图书出版、自身网络平台、报纸、杂志等传播园区信息,为入驻园区企业提供产品推广服务;合理规划和发展好园区主导产业的衍生产业,提升服务平台的权威性、系统性、示范性,塑造园区品牌,为入驻园区的企业提供更为完善的服务。

(3) 产业组织或协会。产业组织或协会作为非政府、非营利性的中介机构,在园区运营中主要是发挥行业号召力,整合全社会优势产业资源,吸引研发机构和创意企业入驻,孵化创意人才并调动其创意积极性,实现创意企业和人才的聚集,以促进园区的发展。

(4) 高等院校或文化研发机构。院校和科研机构自古以来是人才培养和理论研究的场所,作为文化创意园区运营主体之一,通过将高等院校和科研机构内部资源与园区间进行整合,实现资源共享,从而为园区的发展输出源源不断的创意人才、新知识、新思维、新工艺、新管理模式,同时也加快大学和科研机构知识资源转化成为产业成果的速度。

(5) 入驻园区的创意主体。创意主体又称为创意阶层,它的兴起为文化创意产业的发展提供了基础原动力,在入驻文化创意园区以后,作为园区组织的最基本成分之一,对于园区的运营有着重要的作用。据调查,90%以上的创意企业都是中小企业,并普遍具有手工作坊的特点,这类企业的工作人员即创意主体与传统劳动或服务阶层最大的区别在于他们推崇创新和个人创造力,他们对工作空间的人文环境、气候、湿度以及绿化等条件都要求较高,因此他们的要求也就成为决定文化创意园区运营模式的重要力量。

5. 文化创意园区的功能

"一个国家是否具有国际竞争优势,与该国优势产业是否形成产业集聚有很大关联,文化创意产业园区的作用在于通过创意产业的产业集聚和人才集聚推动创意产业的发展。"这是哈佛大学商学院著名学者迈克·波特教授提出的观点。在他看来,文化创意园区主要有两大功能。

第一,文化创意产业园区有利于发挥产业集聚效应,并通过园区经验的积累和传播,促进文化创意产业的发展。

集群理论认为,产业集群更有利于集聚效应和规模经济的发挥。文化创意产业的发展不仅是个人和单个企业的行为,而且需要集体的互动、协作和企业的地理集聚。文化创意产业在发展初期,便十分依赖于规模效应和集聚效应,文化创意产业及其相关产业在城市的某些地方,例如在艺术场所、科技园区或媒体中心附近集聚,以利于文化企业、非营利机构和个体艺术家集聚和互动,形成独特的集群发展环境。

在文化创意产业园集群的环境下,尽管文化创意产业部门在总体上存在差别,但各个产业部门内却有着共同的或相近的属性。如:都生产同一类产品或相关产品;共同分享同一市场,采用大致相近的销售方式和销售渠道;相同的产业上游的资源需求;相同或相近智力及人力支持的群体、科技理念与技术相互支持。总之,产业园区构成了共同的产业运行链条,产业间、企业间相互促进,形成了一系列的产业优势。在产业内部企业之间形成互动,产业园区企业间建立同盟,共同为客户提供产品和服务。同时,产业集群因享有地理上的优势而使企业能更便捷地发展。

文化创意产业集群具有生活和创作结合、文化产品生产和消费结合、多样化的宽松环境的特征,并且同世界各地有密切的联系。因此,建立文化创意产业园区是发展文化创意产业集群的最好方式。产业园区不仅能发挥集聚效应,从而成为文化创意产业发展的重点示范基地,并且能通过园区经验的积累和传播,促进文化创意产业的发展。

第二,文化创意产业园区整合了不同文化背景和专业知识的人才,不同的思想和学科的结合,激发了创意,有助于形成多样化的设计与创作、经营与管理的创意氛围。

创意产业的发展机制在于多学科人才和多样化组织的有机整合,专业化的分工、不同文化背景人才的整合,刺激了人们的创意,使得感性与理性、严谨与浪漫、理论与实践相互碰撞,从而能产生智慧和创意的火花。

美国学者理查德·弗罗里达在研究中发现,最富有创意活力的地区,也是科技研发人员和文化艺术人才集聚的地方。许多创意园区里,集中了两种不同类型的人:一种是严谨而认真的科学家、工程师、设计师、建筑师等,充满了科学思维的钻研精神;而另一种是地地道道的"波西米亚人",包括艺术家、文化人、传媒工作者、各种自由职业者,充满了异想天开的创造和想象。其中还包括了各种各样文化背景的移民群体,他们带来了形形色色的文化信息。恰恰是这多种文化背景的人才的集聚,形成了文化创意产业园区的独特的创意氛围。

首先,文化创意园区不仅仅是文化创意产业成长壮大的外部空间环境,还是凭借其独具魅力的内涵成为一个城市、一个地区的标志性建筑或区域,是这个城市的著名人文景观及最具代表性的名片。标志性的文化创意园区首先注重的是个性,缺少了个性也就缺少了魅力,也就缺少了城市的竞争力。其次,园区符合被广泛认可的城市精神。一个城市的标志性建筑是这个城市最具代表性的东西,也是最能体现城市精神的东西,文化创意园区往往就是展现这一城市文化的重要场所。除此之外,园区还与城市生活紧密融合在一起。这不仅可以提高文化创意园区的亲和度,使之获得更多市民的认可,而且丰富的城市生活本身就是创意的源泉,是文化创意产业基地的精神给养。可以毫不夸张地说,发展文化创意产业园区的过程,也是为城市精心设计名片的过程。

6. 文化创意园区的未来发展趋势

以地理方式实体构建的文化创意产业园区毕竟受到地域分割、传统格局、资源配置、利润预期等条件的限制,很难达到理想的要素构建和产业配置。此外,文化创意产业园区的构建过程也是市场选择的过程,其中充满了风险和不确定因素。实际上,文化创意产业的根本观念是通过"越界"促成不同行业、不同领域的重组与合作;通过"越界",寻找新的增长点,推动文化发展与经济发展,并且以此来促进社会体制的改革创新。而从未来的发展来看,数字化高端融合是文化创意产业园区的高级形态和未来发展趋势。

因此,文化创意产业园区发展的高级形态和未来发展趋势是:依托一定的实体文化创意产业园区,在实物设施的基础上打造无界域、国际化的虚拟创意园区,建设迅速顺畅交换传播的数字化网上市场和数字化的交易平台,构建"虚拟文化创意产业园区"或"文化创意信息数字交易港",吸引海量信息汇聚,开展网上信息交换、商务交易、科研成果转换、产品推介销售,从而以最新的技术形式实现官、产、学、研等各个链条上的数字化高端整合。

7. 国内外文化创意园区的经验借鉴

(1) 美国苏荷区

苏荷(SOHO)即纽约市休斯敦街以南(South of Houston Street)的缩写。原是纽约的工业区之一,遗留了50多家生产独特精致铸铁工艺构件的小工厂和仓库。"一战"后由于纽约制造业衰落,这些工厂大批关闭或外迁,许多房屋空置破败。20世纪50年代,苏荷地区所有老建筑陆续被艺术家们使用。20世纪60年代初,在城市改造浪潮中,苏荷的旧房计划被铲平,代之以高层楼房和开拓10个车道的高速公路,当地居民和艺术家们联合起来强烈反对改造计划,尽管遭到了政府的压制,但引起了更多市民的反对,并得到世界上许多艺术家的支持。1969年,纽约市宣布永久取消原来开路和建房的计划,并于1973年成立保护区。这是美国也是世界首次将工厂仓库列为历史文化遗产并对其进行法律保护的地区。政府在新的城市规划中明确规定:苏荷是以艺术品经营为主,辅之以餐饮、旅游和时装设计的历史文化景区。政府的政策导向促进了苏荷的再生与繁华,许多艺术家纷纷入住苏荷旧建筑里并开出了百余家画廊,还吸引了许多著名品牌的时装、家具、摆设等时尚店铺和设计机构。许多成功人士纷纷迁到苏荷。苏荷区成为时尚的代名词,也成为纽约曼哈顿房地产价格最昂贵的地段。对苏荷区的特色,法律明确规定,任何人不得破坏老房的外貌,不能改变原来建筑的基本结构,改造只能集中于内部的现代化。这些经过改造的老房,外观还是原来的工厂仓库,反映原来建筑特征的砖石墙体、铸铁窗、柱子仍然保留着。但这些建筑又是以现代的材料和手法,传递出了新的内容,使这些建筑显得既传统又时尚,体现了历史文化和现代艺术的融合。

(2) 中国台湾地区创意产业园区型态设计

在经济比较发达的国家和地区普遍兴起的文化创意产业园中,我国台湾地区的经验最值得我们借鉴和参考。台北市制定的《台北市综合发展计划2010》,确定了城市未来的总体发展目标,即追求人文与自然结合、塑造人性化都市、跃升为高层次的国际化都市、发展为具有中华文化特质之现代化都市。这份文件的中心内容,就是探讨台北文化创意经济园区的规划问题。根据中国台湾地区的《挑战2008计划》,未来的台北市、台中市、嘉义市、台南市、花莲市等多个城市都将致力于发展文化创意园区,并且将之划分为以下几种型态。

第一,创作型创意文化园区。这种型态的产业园区是国际创意文化交流的平台、创意文化知识学习的场所、创意工坊集聚地、创意技术资源中心、配合创意工坊群的展示交易中心、创意产业工作者联谊俱乐部以及创意知识专业培训基地。

第二,消费型创意文化园区。以文化消费者、游客为主要服务对象,不仅是创作者与消费者、观众进行接触与交流的平台,也是文化创意产业营销的通路和营造生活美学氛围的场所,并在此基础上促成文化消费习惯的建立。该类型园区的位置设立,必须首先考虑交通的可及性、开放性等配套的区位条件。通过消费性空间的创造、生活方式的呈现与公民创意意识的培养,去理解建筑、时尚、家具、艺术、餐饮等文化创意产品,培养文化创意产业的消费者,以文化消费市场的创造与刺激来带动产业生产规模与生产者投入。而园区内的创作生产空间将起辅助作用,其主要功用在于建立一种"普及性"的创意知识及产品通道,销售由园区所提供的各式文化创意产品。

第三,复合型创意文化园区。复合型创意文化园区结合了创作型创意文化园区与消费型创意文化园区的功能与设施,兼具创作性空间与消费性空间。两者比重的确定需要根据园区的地方特色来定。

此外,各个园区的发展定位还将依据园区所在城市的功能与地域发展特性,分为以下两种类型:一是"都会型"创意文化园区,如台北创意文化园区、台中创意文化园区,二是"城乡型"创意文化园区,如嘉义创意文化园区、台南创意文化园区、花莲创意文化园区。

整体而言,中国台湾地区各个创意文化园区的营造,遵循着这样的理念:作为文化创意与产业经济的媒介,通过创意为产业增值,并通过经济发展回馈文化;作为生活艺术与商业消费的媒介,通过艺术提升商业价值,并通过消费来提高人们的生活品质。同时,根据文化创意产业范畴内各领域的特性,以及相关的政府文化部门和产业部门的需求,对园区规划进行不同的定位。就文化产业而言,通过数字科技、网络,提供工作室、展演空间,并进行跨领域、跨地域、专业与业余的交流互动;就创意支持与周边创意产业而言,园区提供创意技术资源场所,如艺文活动备展区、生活产业设计咨询等,作为创意生产与相关产业的链接基地;就主流文化产业而言,通过"国民鉴赏能力"的提升和"青少年创意力"的开发,改造社会文化土壤,从而建立文化市场并扩大市场规模;就设计产业与生活产业而言,通过消费空间的营造,如茶馆、戏棚、戏院等,以创意产品为媒介,综合呈现休闲生活环境。

(3)北京798文化创意园

北京798艺术区位于北京市朝阳区东北部酒仙桥718大院内,是20世纪90年代后期在原有工业建筑闲置空间的基础上逐渐发展起来,以当代艺术为核心的艺术区。

北京798艺术区包括798厂、706厂、797厂、707厂、718厂(现已合并成北京七星华电科技集团有限责任公司),总建筑面积23万平方米。主要建筑为20世纪50年代由前东德设计并指导建造,采用了当时世界最先进的工艺和包豪斯设计理念,强调在实用性中体现艺术性,建筑的时代特征明显,造型简洁,内部空间完整、高大。建筑北侧的高天窗形成较为均质的室内光环境,对当代艺术活动的建筑和空间需求有着很好的适应性。

由于受包豪斯建筑及周围厂区环境幽静、交通便利等特点的吸引,从1996年开始,不同风格的艺术家纷至沓来,北京798艺术区逐步成为雕塑、绘画、摄影等独立艺术工作室、画廊、艺术书店、时装店、广告设计、环境设计、精品家居设计、餐饮、酒吧等各种文化艺术空间的聚居区。目前入驻北京798的艺术机构已近300家,成为当代艺术的重要集散地,成为国际上具有影响力的文化产业区。

北京798艺术区作为北京市重要的文化创意产业区,已被北京市政府列入"首批文化创意产业集聚区",成立了北京798艺术区建设管理办公室,以推进艺术区的产业规划、建设及发展,798作为"创意地区、文化名园"的氛围已经形成。艺术区将通过吸引国内外知名艺术家及艺术机构的入驻,推进园区产业升级,进行艺术品的制作、展示、交易、拍卖,影视产品的制作,时尚产品的宣传、广告、新闻发布等活动,带动798艺术区系列文化活动的进行,展示798的魅力,打造798的品牌,把798艺术区建设成为北京最具特色和影响力的文化创意产业基地和世界著名的文化创意产业园区。

目前,798艺术区已经成为区域性的当代艺术品、时尚奢侈品、国际知名品牌展览展示和宣传发布中心,宝马、奔驰、耐克竞相入驻这个充满创意的地方。包括众多外国元首、多家世界性组织负责人在内的每年数百万的游客参观来访。"2008北京奥运会"期间,作为北京市六大奥运接待点之一——文化接待点,北京798艺术区共迎来国内外游客、媒体等各界人士约33万余人,其中30%以上为国外游客。日最高人流量超过10万人。期间,仅瑞士屋——"瑞士奥运之家"的参观总人数就达到12万人,日均参观人数超过5000人。

第二节 内 容 产 业

21世纪是以知识产权为基础的内容产业经济,没有一定的内容产业,文化产业难以得到长足发展。内容产业作为文化产业的核心层次,以投入少、产品附加值高等优势引起了各国的重视,各国都将内容产业作为国家发展的战略性产业来扶持。

一、内容产业的含义与特点

(一) 内容产业的含义

内容产业概念的提出同信息在生产活动中的传递、运用,以及信息技术的发展紧密相连。1962年,美国经济学家马克卢普在其《美国的知识生产与分配》的著作中首次对知识信息的生产、传递和运用在经济活动中的作用作了考察。1977年,波拉特出版《信息经济》一书。他在费希尔——克拉克——库兹涅茨三次产业分类方法的基础上,开创性地把信息业从服务业中划分出来,提出了第四产业即信息业的产业分类概念。

信息一词具有广泛的内涵。与此相近的另一个概念是"内容",而内容是一个古老的词汇,相对具有确切的内涵,但应用同样极为广泛,只有对生产者和消费者有意义、有价值的信息,才能被称为内容。自20世纪70年代起,随着信息技术的发展以及在生产和生活中应用的迅速普及,信息产业呈爆发式成长态势,其产业的规模和内涵不断扩大。从信息产业所提供的产品和服务来看,其产品主要包括两部分,一是与计算机、网络通信相关的硬件设备制造;二是在计算机上运行,用以处理各种信息和满足不同需要的软件。软件分为三大类:计算机操作系统、实用程序和应用程序。软件的功能是将各种形式的信息转换成数字加以处理,包括文本、数据、音讯和影像。因此,软件的功能就是其包含的内容。而信息产业所提供的服务,实际上是将信息技术应用于除信息产业之外的一切领域。信息技术的突出作用是极大地提高了信息加工、存储、传输和交换的效率。

信息产业这一概念最早起源美国学者对信息经济的研究,演变至今已经有狭义和广义两种理解。狭义地讲,是指运用现代科学技术手段提供信息咨询服务的产业,即信息服务业;广义地理解,是指从事信息技术研究开发与应用、信息设备与器件制造,对信息进行收集、生产、传递和储存的行业的总称。但是,1999年7月,北美自由贸易区美国、加拿大、墨西哥三国公布了统一的"北美行业分类系统",其中首次将"信息"作为一种产品看待,并据此定义了"信息业"。根据这一新的行业分类系统,北美的信息业是指将信息转变为商品和服务的行业,它包含了生产和分发信息及文化产品的广播电视和通信业、信息和数据处理服务业。同时,北美行业分类系统将计算机及电子器件的生产销售从信息产业中划出,归入制造业。这样,北美的信息业既包括了以现代信息技术为基础的软件、数据库、卫星通讯、无线寻呼、移动电话、在线信息服务和其他信息服务,也涵盖了报纸、书刊、电影、音像制品的出版发行甚至图书馆等行业。[①]

文化产品的核心价值是其产品所具有的精神内涵,即内容。文化产品通常都有物质载体,但形式各异、内涵多样的文化产品因其内容而有价值,因此也可以称为内容产品。信息技术在内容产品的生产、传播和消费上的应用,极大地提高了内容产品的生产能力。至20世纪90年代中期,欧洲出现了内容产业(Content Industry)的提法。欧盟在名为"INFO2000"的计划文件中将内容产业的主体定义为:"那些制造、开发、包装和销售信息产品及其服务的企业。"根据这一定义,内容产业包括了各种媒介上传播的印刷品内容(书刊、报纸等)、音像电子出版物内容(联机数据库、音像制品、电子游戏等)、音像传播内容(广播、电视、录像和影院)、用做消费的各种数字化软件的生产、销售和服务。[②] 欧洲学者提出内容产业的概念,其着眼点是把握信息技术为提高欧洲文化产业及其文化产品竞争力所提供的机遇。而信息技术在文化产业领域的广泛应用,突现了文化产业内容创造在整个产业运作中的核心地位。

大众传媒是指可以面向社会大众大规模传递信息的工具,主要包括报纸、书刊、广播、电视、电影和网络等。大众传媒成为产业,一是由于其规模巨大,具有规模效益;二是媒介居于核心地位,其运作具有明确的组织形态和方式。但是,信息技术对大众传媒产业的影响,不仅在改变其产业形态,还凸现了这一产业作为内容生产者其内容生产的重要性,并正在促使内容生产与媒介相分离而成为独立的产业。

我国学者赵子忠对内容产业做了深入研究,他比较分析了内容产业与信息产业、文化产业和大众传媒产业的区别和联系。赵子忠认为:"随着数字技术的发展,内容产品融合并逐渐规模化,内容逐渐摆脱了媒介的附属关系,成为一个独立的产业。从目前的情况看,内容产业还处于一个发展和成形的过程,所以内容产业的定义还处于探索的阶段。"赵子忠在比较分析的基础上提出了他对内容产业的定义:"内容产业是依托内容产品数据库,自由利用各种数字化渠道的软件和硬件,通过多种数字化终端,向消费者提供多层次的、多类型的内容产品的企业群。"按照这一定义,可以纳入内容产业的行业主要有:教育、音乐、广播、出版、报刊、电影、电视等。[③]

显然,内容产业概念的形成与信息技术对产业发展的影响有着直接的关系。尼葛洛庞蒂把信息社会的生产划分为原子生产和比特生产两个部分,受这一思路的启发,我国学者周振华把以

---

① 宋玉华著.美国新经济研究[M].北京:人民出版社,2002:71.
② 缪其浩.内容,一个大产业[J].世界科学,2000(3):16-18.
③ 赵子忠.内容产业论[M].北京:中国传媒大学出版社,2005:14.

比特加工为主(以数字技术为核心的生产加工)的产业部门称为内容产业。[①] 由于内容产业大都是由传统的文化产业经信息化改造后形成的(如出版业由数字排版技术全面取代传统的铸模排版技术),或由传统的文化产业与新兴的网络通信业融合而成(如网络媒体业)等,因此,并不是所有的文化产业都可以称为内容产业。反之也一样,并不是所有的内容产业都是文化产业,比如,远程教育和网络咨询等行业部门不具有文化产业的一般特征。但是,随着信息化进程的深化和拓展,内容产业无论是其涵盖的行业部门,还是整个产业的规模正在呈现不断扩大的趋势,而内容产业发展的这一动态特征必须放在信息化这一背景下才能理解。

(二)内容产业的特点

1. 内容产业具有很强的技术关联性。内容产业是随着信息技术、数字技术的出现和发展而产生的新兴产业,信息技术、数字技术的不断提升为内容产业的生产、复制、传播提供了必要的技术条件,成为内容产业必不可少的重要组成要素,使得内容产业中的内容能打破时空限制,在更长时间、更广泛的范围内得以传播。

2. 内容产业是创意产业。"内容为王"这一经典名言对于内容产业同样适用,内容产业是以提供知识信息等精神文化产品为核心的产业,必须通过创新和创意才能永葆活力,专利、版权、知识产权等就是内容产业的关键。

3. 内容产业具有很强的行业延伸性。内容产业中的精神文化产品影响着人们日常生活的方方面面,内容产业可以衍生出许多其他产品和服务,除了其自身产业外,还能带动旅游、餐饮、服装、玩具等行业的兴盛。内容产业将其内容延伸至其他行业,大量的产品和服务通过内容产业得到了增值。例如一部人偶舞台剧的成功演出,首先可以吸引儿童与其家长走进剧场观看,增加演出收入。如果把相关舞台剧内容绘制成儿童读物,把舞台剧角色制成孩子们喜欢的玩具产品放在剧场大厅或剧场休息区,孩子们看完舞台剧走出剧场,也会因喜欢演出内容而购买这些相关的儿童读物和玩具产品。如此一来,演出收入就得到了延伸。

4. 内容产业具有重要的战略意义。内容产业不仅能给国家带来巨大的经济价值,更对国家安全和民族发展起着至关重要的作用。内容产业生产、传播精神文化产品,对人们的思想和灵魂影响深远,能潜移默化地对人们的行为产生影响,具有重要的战略意义,因此,许多国家十分重视内容产业的发展。

二、内容产业与文化产业链

(一)内容产业的优先性

文化产业主要分为文化产业核心层、文化产业外围层、文化产业相关层(详见第一章第一节)。一项文化活动的策划往往是从核心层向外围层,再到相关层依次进行的,内容产业位于文化产业的核心层。因此,优先发展内容产业是发展文化产业的关键。

在当今世界文化产业的发展中,有一个奇怪的现象:文化资源大国并不是文化产业强国,而文化资源小国却是文化产业强国。文化资源小国将文化资源大国的丰富文化巧妙地借鉴,并加以改造、包装,推向世界市场,取得经济上的巨大利润。这不禁又引起人们的疑问,"内容为王"的名言为何不适用于文化产业。原因在于,文化内容并不等同于内容产业。内容产业对一定的文

---

① 周振华.信息化与产业融合[M].上海:上海人民出版社,2003:238.

化内容进行产业化加工,再进行文化产品的销售。文化产业是一个有机系统,它从对文化资源的开发入手,根据市场需求,制造文化产品和提供相关服务,并形成出版、影视、食品、娱乐、玩具、广告等产品的相关市场中价值层层回收的产业链。

美国的历史很短,只有两百多年的历史,许多学者笑称美国是"没有历史的国家",其文化底蕴相比五千多年华夏文化的中国而言相去甚远。然而,美国的文化产业水平却位居世界第一,是世界文化产业强国。究其原因,在于对他国文化内容的巧妙利用和包装。

美国主体文化是从欧洲文化那里继承、发展而来的,在其构建过程中,它不断汲取世界其他文化的精华,通过不断地演进,成为世界文化舞台上一支生气勃勃、不断进取的文化力量。美国利用其优势,购买英国作家J.K.罗琳的《哈利·波特》系列小说作品的影视改编权,拍成一系列电影,获得了巨大的票房成功;利用埃及文化中的金字塔、木乃伊等元素,拍摄《木乃伊》系列电影;利用中国古代民间广为流传的木兰从军的故事,在其基础上进行大胆的艺术想象和创新,制作了动画片《花木兰》,给人全新的感受,获得了巨额的票房收入……

日本的文化产业仅次于美国,位居世界第二,其文化产业中的许多文化元素实际上都源于中国。动漫产业是其文化产业的核心,其中许多作品内容都有着中国文化的影子,《七龙珠》《最游记》等动漫作品,原型是我国四大名著之一的《西游记》;《封神演义》则受我国《封神榜》的启发。此外,日本也借鉴欧美地区的文化内容进行文化产品的制作,如动漫作品《名侦探柯南》,是以英国作家阿瑟·柯南·道尔的侦探小说作品内容为借鉴的推理破案故事。

在过去渠道优先的环境中,谁占有对广播、电视的所有权,谁就能赢得大批受众和市场。然而,在当今自媒体时代下,这一优势早已被内容优先所替代。以控制渠道的方式来限制国外文化产业的入侵,只能是一时的应急措施,以优质内容吸引受众才是长远之道。从一定意义上说,媒介产业等文化产业核心层的生存能力取决于"内容"的创造和消费,并以此为依托发展外围层和相关层产业。[①] 因此,发展内容产业已成为文化产业的重中之重。

(二) 内容生产与市场开发

在传统文化产业中,主要由作者决定生产的内容。例如作者通常会根据自身喜好创作文学作品、绘画、雕刻等作品,以表达个人感悟,而不考虑读者的市场需求。然而在现代文化产业中,内容的生产不再是艺术创作家个人的行为,而成为他们将个人感悟与受众需求相结合,用自身作品引起受众的共鸣,或者完全依据受众市场需求进行内容生产。文化产业已由"作者为中心"向"消费者为中心"转变,对受众接受心理、消费心理、市场需求等的研究成为文化产业商业性研究的重要工作。

(三) 产业链与价值链理论

1. 文化产业链理论

文化产业链,是一个关于文化产业中围绕文化产品而展开的各环节之间,以及文化产业与其他产业之间所存在的相互依存关系的概念。产业链(Industry Chain)是指经济布局和组织中,不同地区、不同产业之间或相关联行业之间构成的具有链条绞合能力的经济组织关系。

从定义上看,产业链是建立在产业内部分工和供需关系基础上的,以若干企业为大节点、产品为小节点纵横交织而成的网络状系统。产业链主要分为垂直的供需链与横向的协作链两类。

---

① 李思屈,李涛.文化产业概论[M].杭州:浙江大学出版社,2007:160.

垂直供需链是产业链的主要结构,一般将垂直分工划分为产业的上、中、下游关系,横向协作链则是产业的配套与服务。它所揭示的是文化产业在运动过程中不同的环节和不同产业形态间相互作用的价值关系,又称价值链。在一般的产业经济学中,这种关系称为"产业关联"。

文化产业链具有一般产业关联的基本表现形式,即后向关联和前向关联,单项循环关联与多项循环关联。

后向关联,是指某一产业在其生产过程中需要从其他产业获得投入品所形成的依赖关系。如图书出版产业,其后向关联是从事其物质材料和技术设备生产的机器制造业、IT业、印刷业等,和从事精神生产的文艺创作业、理论研究业以及进行人才培养的教育业等。如果没有这种物质投入和精神投入,出版产业就如无源之水,无从产生和发展。这些相关联产业的进步,会极大地促进出版产业的发展。同样,电影、演出等文化产业也需要制造产业、信息产业、教育培训产业、文艺创作业等的材料提供与技术、信息、人才、文化及艺术支持。这些相关产业是出版、电影、演出等文化产业赖以存在的基础。

前向关联,是指某一产业的产品成为其他产业的投入物而形成的产业关联,那么该产业对其他产业来说,就构成了一种前向关联。在文化产业中,电影产业最具有前向关联性。一部成功的影片往往能够形成巨大的社会效应,并利用这种效应介入其他产业的生产,成为许多产业部门生产的投入物,从而开发出诸多的衍生产品或后电影产品。如好莱坞著名的科幻片《星球大战》,继高票房收入之后,又生产出了图书、唱片、玩具、游戏、旅游纪念品等产品,成为出版业、唱片业、游戏业、玩具业和旅游业的生产资源,为这些产业带来了非常可观的附加值,并且带动了这些产业的发展。因此,在某种程度上,电影往往是文化产业中的核心产业。

单项循环关联是指产业关联从某一产业开始,沿单一方向向前延伸,而最后又回到这一产业,形成一个循环往复的产业关联过程。也就是说,产业关联并非门前"一遍即过"、永不复返的流水,而是各产业之间存在着一种相互联动的关系,即在相互关联中既促进对方,也促进自身,从而使自身和对方都获得源源不断的推动力。如英国布鲁姆斯伯里出版社出版的《哈利·波特》小说大卖,为美国时代华纳传媒集团的电影《哈利·波特》带来了精彩的内容资源和顶尖的知名度。同时,时代华纳的《哈利·波特》电影又进一步推动了布鲁姆斯伯里出版社《哈利·波特》的图书销售,和人们对《哈利·波特》续集的热切期待。由此可见,图书出版业的繁荣会带动和促进影视产业的发展,而影视产业的发展反过来也会成为图书出版业进一步发展的推动力量,它们之间存在着一种不可小视的联动作用。而这种联动作用正是图书出版产业做大市场的重要前提之一。

多项循环关联,是指一个产业的产业关联链条同时指向许多产业,形成一个立体交叉的产业关联网络。影视产业和现代动漫产业都是非常典型的多项循环关联产业。因为从其后向关联来看,它们会涉及创作、设计、机械制造、信息、制片等诸多产业;从其前向关联看,它们不仅可以形成电影、电视等本体产品,而且还可以形成其他产业的相关产品,如广告产品、原声唱片、DVD产品、旅游产品、游戏产品和服装、玩具等授权产品等,从而与广告业、唱片业、旅游业、游戏业、服装业、玩具业等多个产业发生关联。而且更为重要的是,这些产业关联全都以一种彼此之间循环关联的状态存在着,相互影响,相互促进,互惠互利互赢,共同构成一种产业关联的立体交叉网络。

文化产业链不仅具有一般产业关联的基本表现形式,同时又具有其自身独特的性质。这种独特的性质主要表现在其知识产权、文化属性及共同消费等方面。

(1)知识产权

文化产业链的形成与价值链的实现,必须仰赖于知识产权制度的建立与完善。只有通过对知识产权的开发和运用,才能有效地保证知识产品转化为商品,获得应有的经济效益。知识产权有很多种,比如专利、商标、著作权、商业秘密等。而在这众多的知识产权中,著作权、商标等,是跟文化产业发展最为密切相关的知识产权。

著作权是指文学、艺术、科学作品的作者依法对他的作品享有的一系列的专有权。它表现为:第一,享有著作权的作者可以决定是否对他的作品进行著作权意义上的使用;第二,他可以决定是否就他的作品实施某些涉及他的人格利益的行为;第三,他可以在必要时请求有关的国家机关以强制性的协助来保护或实现他的权利。

商标是生产经营者在其生产、制造、加工、拣选、经销的商品或者服务上采用的,区别商品或者服务来源的,由文字、图形或者其组合构成的,具有显著特征的标志。商标必须按照《商标法》的规定进行注册和使用,方具有法律效力,具有专用权。其专用权在全国及世界范围内有效,并有法定的时效性。

无论是著作权,还是商标,乃至专利,所保护的都是知识的创造性,都是通过他人依法对所保护的创造性知识的有偿使用来产生经济效益。对著作权、商标等知识产权进行有效保护,是文化产业崛起、发展的重要基础,是文化产业链得以形成与延伸的前提条件。否则,盗版猖獗、知识产权拥有者的收益就会大打折扣,进而血本无归,直接损害整个产业的利益,危及行业的生存。所以,美国曾多次修改版权法,延长迪斯尼产品、好莱坞电影的保护期限,将个人著作权的保护期从著作人终身及死后50年延长至70年,公司版权保护期从75年延长到95年,从而进一步保障迪斯尼、好莱坞等集团的利益。

(2) 文化属性

文化产业是生产和经营文化产品的行业,因而与生产和经营物质产品的一般产业不同,具有特殊的精神或文化的属性。

英国文化史学者雷蒙·威廉斯认为,文化由三个基本的层面组成:

其一是作为大写的文化(Culture),它指称精神特别是艺术活动的产品和实践;

其二是指生活方式的文化,它主要指称人类运用符号的能力;

其三是指作为过程的文化,它起初是指培育农作物和动物的过程,现在指称人类观念或者思想形成和发展的过程。

事实上,文化产品中的"文化"涉及上述各个方面,即文化产品既是人类精神实践的产物,是人类思想、观念的表达,又是一个社会的生活方式及其历史的反映。它往往渗透着一个民族或一个文化圈的世界观、人生观、价值观,只有或隐或显的意识形态色彩,会对受众的精神世界产生直接的或潜移默化的影响,从而产生社会效益。因此,各国政府都非常重视本国文化产品对于意识形态导向、弘扬时代精神的影响,对于宣传国家形象、进行价值观输出的重要作用。例如"美国国土安全文化局的四大战略":

促进、培育文化生产,彰显伟大的美利坚民族的自由和力量。

引导、建议文化领域的领导人和管理者与我们一道加入反恐战争。

利用文化生产的广泛影响和力量,向国内和国外的人们宣传美国是这个地球上最伟大的国家。

监督、限制,在必要时关闭与恐怖组织有联系或可能对国家安全产生危害的文化组织和公司。[①]

[①] 张玉国.国家利益与文化政策[M].广州:广东人民出版社,2005:107.

由此可见,在美国的文化产品大行其道于世界文化市场时,在其宣扬的"开放、灵活、个人主义、反权威、多元化、平民化和自由"等美国价值观的内容里,其实深藏着一种比其经济力量毫不逊色的文化或政治力量。这也就是为什么世界各地不断涌现各种抵抗美国文化侵略的现象的缘由。

(3) 共同消费

共同消费,是指文化产品一旦生产出来走向市场就具有了大众共享的性质,而且,在共享中并不引发产品本身价值的损耗和成本的明显提高。也就是说,"观众在消费产品的时候,他们不是敌对的:一个观众观看,不会消耗掉这个产品;或是他们的观看不会分散别的观众观看时的乐趣"[①]。当然,一种文化产品的复制和发行是需要投入费用的,但这种费用与产品最初的生产成本相比,是"很小的"或"微不足道的"[②]。由此可见,生产文化产品是"一本万利"的买卖:高投入,高回报。尤其是当一种知名产品引发了众多的消费者共享、树立起了一种品牌的时候,其价值链就会不断延伸,从而带来极为可观的经济收益。

在现代生产和消费环境中,文化产业只有充分发挥自身的优势,极大地挖掘其经济潜能,最大限度地展开自己的产业链,才能获得核心竞争力。

文化产业链是一个由多种环节、多个层面的因素所构成的关联体系。在产业链的核心,是由策划创作、产品生产、产品流通销售、延伸产品开发等互相承接的环节组成,围绕着这个核心,还分布着技术设备、资本市场、调查咨询等密切关联的服务环节,这些环节共同构成了一个立体的、交叉的文化产业链[③]。

文化产业链的核心主要由策划创作、产品生产、流通销售、延伸开发等四个环节构成。

文化产业链的第一个环节——策划创作,是指文化产品的内容生产阶段。在这个阶段,既有文学、艺术方面的创作,又有物质产品的社交、广告的创意,还有各种文化活动、项目的策划等。内容生产偏于精神性生产,注重创新性追求,但同时需要关注人们审美兴趣、娱乐及休闲等需求的不断变化。最终依据文化消费指向,创作、设计出相应的文化产品或文化活动,以满足公众的文化消费,适应公众的文化需求,表达公众的文化意志。在文化产业中,"内容为王",内容是决定一个文化产品能否在市场上存活以及产业链能够延伸多长的最重要因素,是文化产业的命脉之所在。

文化产业链的第二个环节——产品生产,是指文化产业中策划、创作内容的物化过程,其最终结果是有着物质载体的、可供消费的文化产品的形成。文化产品生产可划分为文化物品制造、文化信息传播和文化服务三类:文化物品制造主要包括平面出版物、音像制品、工艺品等的印刷、刻录、制造;文化信息传播主要包括平面媒体信息、广播影视媒体信息、网络媒体信息的采集、编辑、制作、复制、传播;文化服务提供包括的种类很多,几乎链接文化产业的所有领域。

第一个环节和第二个环节常常可合并为一个环节,总称为"文化生产"环节。

文化产业链的第三个环节——流通销售是指文化产品完成生产环节之后经由市场到达消费者手中的过程,它包括流通、承销两个环节。在流通环节,文化产品被文化产品发行人、代理商及

---

① (加)考林·霍金斯等.全球电视和电影——产业经济学导论[M].北京:新华出版社,2004:44.
② (加)考林·霍金斯等.全球电视和电影——产业经济学导论[M].北京:新华出版社,2004:44.
③ 何群.文化生产及产品分析[M].北京:高等教育出版社,2006:10.

经纪公司（人）进行营销传播和分销；在承销环节，文化产品被文化产品经销商购买，并运用各种销售渠道、营销模式和手段将产品出售给文化消费者。

文化产业链的第四个环节——延伸开发，又称后产品开发，是指某一文化产品除了原初形态之外所开发出的、与之相关联的、能产生价值的其他产品形式，如影视剧后续的 VCD、DVD、录像带、网络视频等音像产品和各种纪念品，图书产品的后续影视改编产品等。延伸产品的开发在电影产业中表现最为明显。在许多发达国家，影片本身有"火车头"效应，多达 70% 的收入可能来自于后电影产业。后电影产品的开发，包括海报、音像制品、玩具、邮票、纪念品、电子游戏、主题公园、原创音乐、文学作品等。

文化产业链的核心，既可以集中在一个文化企业之内，像 20 世纪三四十年代好莱坞黄金时期垂直一体化的八大电影公司那样，也可以分解到不同的企业中去，各企业之间通过相互交易而生产出最终产品，形成一条社会化的文化产业链，如英国布里斯托尔的自然历史电影产业集群。

技术设备、资本市场、调查咨询等环节，是文化产业链的服务性环节，分布在核心文化产业链的周边，对它起到基础性、前提性、支持性作用。其中，技术设备的生产与提供是文化产品生产、传播乃至消费的基础，具有不可置疑的基础性地位。资本市场则对文化产业起着供血作用，投融资机构、渠道及政策的变化，以及文化企业的上市等，都会直接对文化产业的发展与繁荣发生直接的关系。调查咨询环节是连接文化产品的生产与消费的中间环节，其提供的数据与信息在一定程度上决定着产品内容的制作、流通和播出。文化产业链的服务性环节还有很多，如法律服务等，在此就不一一列举了。

在文化产业的产业链层面展开的竞争中，制胜的关键在于有效识别和追逐在文化产业变动中不断"漂移"的利润区，通过文化产业链条的打造，实现对潜在"厚利润区"的有效覆盖，或预留接入口，保存随时进入的柔性能力与资源积累。

文化产业链的利润实现模式主要有[①]：

（1）强势主导型。由强有力的主导者操作文化产业链的构筑，其他利益相关方依附在产业链上，合作共生，协作共进。这一模式又包括"喷泉式"和"漩涡式"。"喷泉式"是指文化企业拥有核心信息源优势、信息处理模式优势、运营模式优势、高黏合度的核心受众群体等独特优势之一，在产业操作过程中利用已有的核心优势在地域空间或业务范围上向外拓展；"漩涡式"是以核心文化产品或服务充当沟通平台，打造核心战略联盟，以吸引各种社会资本与资源向此汇集，并在资源的碰撞中不断产生新的灵感与商机。

（2）优势互补型。由存在优势互补的文化企业以战略联盟的形式构筑整个产业链。在不同的产业链条之间存在资源总体、产业链规模与产业链效率的竞争，在同一产业链内部也同样存在对于链条主导权的激烈竞争。随着外部环境的变化，制约产业链条运行发展的"瓶颈问题"将不断变化，解决问题所需的资源与能力的优势地位也将发生变化；在不同的时点上，整合产业链条的主导权将随之递变，产业链条的主导者凭借较大的话语权可在一定程度上占有其他利益合作方的"剩余价值"，同时承担更大的公共责任。

实施文化产业项目的战略之一是打造文化产业链，而提升文化产业内部价值链则是开拓文化产业新局面的另一管理方式。许多企业成败的经验教训揭示出：随着企业规模的扩大，企业

---

① 喻国民，张小争.传媒竞争力[M].北京：华夏出版社，2005：25.

将承受来自市场的更大风险,因而更加脆弱。那么,文化机构如何取得竞争优势?哈佛大学著名管理大师迈克尔·波特的"价值链理论"提出,应该从产业出发,通过结构化的竞争,实现建立竞争优势的目标。迈克尔·波特认为,企业的竞争优势来源于企业为客户创造的超过其成本的价值。价值是客户愿意支付的价钱,而超额价值产生于以低于对手的价格提供同等的效益,或者所提供的独特效益补偿高价而有余。也就是说,当一个企业在为客户提供产品或者服务的同时,能够获得低于竞争对手的成本,或者可以为客户提供其他附加价值,则这个企业就在市场上获得了相对于竞争对手的竞争优势。

竞争优势有两种表现形式:成本领先和标新立异。[①] 成本领先是指企业的产品低于产业内平均成本而获得的竞争优势。在成本领先的情况下,如果企业的产品按市场平均价格出售,则可以获得高于竞争对手的利润率;如果根据竞争对手的价格水平出售产品,则可以低价优势获得更大的市场,争取更多的销路,从而得到优于竞争者的利润水平。标新立异是企业以创新产品获得优于竞争者的市场号召力,争取消费者的注意,从而提高和保持优于对手的销售能力。

2. 文化价值链理论

文化产业关联,无论是后向关联和前向关联,还是单项与多项循环关联,在本质意义上都是一种价值关联,或称价值链。美国作业成本科技公司(ABC Technologies)及美国供应链局(The Value Chain Authority)曾联合对价值链进行了界定,即价值链是一种高层次的物流模式,内容由原材料作为投入资产开始、直至为原料通过不同过程售予顾客为止,当中做出的所有增值活动都可包括在价值链的组成部分中。但随着世界产业结构的发展,价值链的概念渐渐超越了物流内涵,投入资产的开始也不只限于原材料,而更多地向资本和创意内容等倾斜。而在文化产业这一新兴产业链中,以原创内容作为一条价值链的开端,在品牌知名度和影响力提高的前提下,以资本的投入为依托逐渐发展出了一条周边等级化衍生物的价值链开发模式,在每一环上都得到了价值的最大限度增值。因而,文化产业关联或曰文化产业链的形成,实质上就是不断拓宽收益渠道、提升文化产品价值的过程,而产业的增值性在某种程度上正是文化产业的市场竞争力的表现。

所谓价值链(Value Chain),是指企业在一个特定产业内的各种活动的组合,它反映企业所从事的各个活动的方式、经营战略、推行战略的途径以及企业各项活动本身的根本经济效益。

价值链主要是相对于一个企业而言的,是针对企业经营状况开展的价值分析,其目的是弄清企业的价值生成机制,剖析企业的价值链条的构成并尽可能加以优化,从而促进企业竞争优势的形成。不同的企业,其实现环节也有所不同,有的在研发环节,有的在生产环节,有的在营销环节,如果企业比同行在某一环节上具有优势,那么该企业在该方面就具有核心竞争力。

根据价值链理论,我们可以把文化生产分解成与竞争战略相关的许多活动,每一项文化活动都是设计、生产、营销以及对文化产品或服务起辅助作用的各种活动的集合,这些活动都被称为价值活动。

有一些活动在任何产业竞争中都需要,被称为主要价值活动,它们是以下 5 种类型:

(1) 内部后勤:与接收、存储和分配相关联的各种活动。

(2) 生产作业:与将投入转化为最终产品形式相关的各种活动。

---

① (美)迈克尔·波特.竞争优势[M].陈小悦译.北京:华夏出版社,1997:3.

(3) 外部后勤：与集中、存储和将产品发送给买方有关的各种活动。

(4) 市场和销售：与提供一种买方购买产品的方式和引导他们进行购买有关的活动。

(5) 服务：与提供服务以增加或保持产品价值有关的各种活动。

除此以外，那些能够确保主要价值活动顺利进行的活动被称为辅助价值活动，包括：企业基础设施、人力资源管理、技术开发和采购四种。① 加上前面所述的五种类型，一共有九类主要的价值活动，这九类价值活动是决定企业竞争优势的各种相互分离活动的组合，它们又相互关联，构成企业价值的动态过程和主要内容。

对于文化企业而言，由特定文化项目所必须经历的价值活动构成的一定水平的价值链是文化企业在一个特定文化产业内各种活动的组合。文化企业正是在每项价值活动中比竞争对手更廉价或更有特点地开展文化战略活动来赢得竞争优势。一项文化活动中的每一种价值活动及其经济效果，将是衡量一项文化活动在成本方面相对竞争能力的指标；另一种衡量指标系统是，不从每一种价值活动出发，而是从总成本的角度整体考虑其经营管理效果，不片面追求单项价值活动的优化。

如果从某项文化产业项目的角度来考虑某一文化企业的价值链，则文化企业的价值链成为一个更大的活动群中的一环，这家特定文化机构的价值链存在于联结上游供应商，中游生产商和下游分销商的复杂价值链条中，迈克尔·波特称其是"价值系统"(Value System)。在价值系统中，上一级价值链活动中的成品是下一阶段价值链的原料。企业的产品通常经由销售渠道的价值链到达最终客户，最后产品又变成下一阶段价值链的采购元件，执行一个以上的采购活动。

价值链是分析企业竞争优势的基本工具，运用价值链理论对企业进行管理，或者说价值链管理如何转变成企业的结构竞争优势，需要引入一个重要概念——"联结点"。迈克尔·波特理论中的企业价值链是一个交互依存的活动系统，由联结点衔接。当执行某项活动的效益会影响到其他活动的成本或效益时，联结点就会出现，并造成原本应该形成最大效果的个别活动出现取舍效应。比方说，产品的设计成本核算愈高、采用的材料愈贵，售后服务成本便可能愈低。企业要根据它的战略，解决这类的取舍问题，并达到竞争优势。②

所以，文化价值活动之间的联结点成了文化企业"成本领先"或"标新立异"变化的核心，文化机构组织内部不同层面的联结点是构成文化机构在文化市场中竞争的基本架构。文化企业要取得更大的利润，除了保证内部九类价值活动正常运转外，还需要通过协调价值链中的上游供应商和下游分销商，根据企业的总体目标对价值活动进行权衡取舍，通过对联结点进行最优化或者协调一致的管理，确保文化企业或项目在文化市场中的竞争优势。

3. 案例分析——以迪斯尼集团产业链和价值链为例

《米老鼠》《小美人鱼》和《小鹿斑比》等中国观众耳熟能详的动画片已成记忆中的经典。近年来，在全国各地热映的《冰雪奇缘》《勇敢传说》《复仇者联盟》等影片又掀起了一轮又一轮的热潮。迪斯尼公司的动画大片发行业绩辉煌，吸引了无数中国人的目光和钱包。

作为全球第三大娱乐公司，迪斯尼传媒集团的成长发展正如其创始人——华特迪斯尼一样具有传奇色彩。迪斯尼的动漫影视制作一直是公司的品牌支柱，是其产业链经营的源头，是其系

---

① （美）迈克尔·波特. 竞争优势[M]. 陈小悦，译. 北京：华夏出版社，1997：42.
② （美）迈克尔·波特. 竞争优势[M]. 陈小悦，译. 北京：华夏出版社，1997：73.

列衍生产品的母体。迪斯尼乐园则将动漫影视中出色的动画人物、故事场景等以主题公园的形式进入人们的现实生活,发展"体验式营销"。随着媒体科技的进步,迪斯尼公司将业务拓展到媒体网络,给迪斯尼产业链增加筹码。特许经营与衍生消费品的收入也是产业链的重要组成部分。

迪斯尼在全球媒介市场的基本概况

几个主要的电影、录像和电视节目制作室,包括 DISNEY 和 BUENA VISTA。

公园和度假胜地。包括 DISNERTAND,DISNEY WORLD 和法国、日本一些迪斯尼主题公园的股份。

娱乐消费品,包括遍布全世界的 550 多家迪斯尼零售店和迪斯尼商标的产品。

三个音乐制作公司,包括好莱坞唱片公司和华特-迪斯尼唱片公司。

书籍出版业,包括 HYPERION BOOKS 和 CHILTOR PULICATION 等知名出版公司。

美国广播公司(ABC)的广播电视网。

在美国拥有 10 座电视台和 21 座广播电台。

青年广播公司 14% 的股份,青年广播公司拥有 8 座美国电视台。

美国和全球的迪斯尼有线电视频道 ESPN、ESPNZ。

拥有 LIFETIME 杂志的 50% 的股份,ART&ENTERTAINMENT 的 37% 的股份和有线历史电视频道。

报纸和杂志出版业,包括 7 家报纸和 3 家专业性杂志出版公司。

拥有欧洲 5 家商业电视公司 20%~30% 的所有权。

拥有 TVA20% 的股份,这是巴西的一家付费电视公司。

(1) 迪斯尼公司链头:动漫制作

动漫影视制作是迪斯尼公司产品链的源头,是其系列衍生产品的母体,影片内容的成功与否直接关系到后续产品的市场前景,高质量的品牌形象是迪斯尼公司成功的关键。动画影片的影院收入是产业链的链头部分:主要包括票房收入、发行销售拷贝和录像带、影像出版物的收入。迪斯尼公司不仅自己制作还购买其他厂商的影视片向影院、电视台和家庭录像带市场销售。同时,迪斯尼公司是美国四大电视网的主要节目供应商。迪斯尼公司在创制新影片的同时注重对旧产品的开发再利用,7 年一个轮回,计划就是把过去成功的或高质量但发行不成功的影片,每过 7 年就重放一次,几乎在没有任何投入的情况下创造新的利润。

"内容为主,追求质量",对故事、内容创意的追求可谓是迪斯尼毕生的努力和兴趣所在。从 1923 年《爱丽丝》系列片起,迪斯尼就非常重视动画的构思和绘画的精致。为获得高质量的产品,迪斯尼不惜一切代价,对细节也是一丝不苟,力求使每一个镜头都趋于完美。由此可见,只有提供多层次的丰富内容资源,注重原创内容、题材风格多样化,才能有效地进行"深加工",使链身产业有更广阔的空间和更高的起点。

(2) 链身之一:迪斯尼乐园

1955 年 7 月 17 日,位于洛杉矶的首座迪斯尼乐园正式建成。誉为亚洲第一游乐园的东京迪斯尼乐园,是世界上现有五座迪斯尼乐园中规模最大的一座,1994 年至 2000 年连续六年的游园人次比美国本土的迪斯尼乐园还要多,1983 年春天开始营业以来,已接待旅客 2.6 亿人次,创下了数倍于投资的巨额利润。1992 年初,迪斯尼公司耗资 440 亿美元,兴建了位于欧洲的第一个迪斯尼乐园——巴黎迪斯尼乐园,它是全欧洲游客最多的付费游乐场。2005 年 9 月香港迪斯尼乐园建成并对外开放,占地126公顷。建成后约40年内,可为香港带来1480亿港元的收入,提供2万个就业机会。

迪斯尼乐园的收入是迪斯尼公司的主要部分,并带动与乐园相关联的一系列消费服务部门,这标志着迪斯尼公司的经营范围从纯粹的文化产品和文化产业,扩张到相关的"亚文化产业"——主题公园文化旅游业,这一事件被文化史学家称为影响20世纪人类的一个重大历史事件。"体验式营销"是迪斯尼公司的生存之道,"创造欢乐"则是迪斯尼乐园的主题。迪斯尼乐园第一次把观众在电影里和动画片看到的虚拟世界变成了可游、可玩、可感的现实世界。正如乐园宣传时所承诺的:"迪斯尼乐园将成为世界各种年龄的儿童提供一种新型的娱乐。"迪斯尼公园包括魔术公园、迪斯尼影城和伊波科中心等若干主题公园,同时,公司还提供餐饮、销售旅游纪念品,经营度假村、交通运输和其他服务行业。米老鼠、唐老鸭、古非等动画人物和故事情节搬到迪斯尼乐园建造新的场景,使游客与影片中的角色和情景亲密接触,亲自体验,获得快乐。

(3) 链身之二:媒体网络

迪斯尼的媒体网络产生价值:一是利用传媒的宣传的功能,传播迪斯尼公司成功的卡通形象如米老鼠、唐老鸭、小熊维尼等,播放动画影片并宣传新的VCD/CD/DVD产品、旅游产品、玩具、纪念品、书籍等相关产品,并为迪斯尼乐园招引游客呐喊助威。二是以互联网为载体,把迪斯尼卡通形象通过网络传输供消费者随心所欲地欣赏玩乐,在网络终端赚一把利润。迪斯尼公司希望通过一个大型多玩家的"卡通世界网络版"的游戏来重新塑造儿童游戏,该游戏每月收费接近10美元。当前游戏界充斥着侏儒、暴龙和"模拟人生"这类游戏,迪斯尼这个轻松幽默的游戏给网络游戏带来了新的冲击,也为迪斯尼产业链增加了筹码。

(4) 链身之三:特许经营与衍生消费产品

迪斯尼公司出名后指出,虽然"米老鼠"品牌在市场上已广为人知,但迪斯尼公司的财政状态并不佳,由于新片预算不断扩大,公司亏损严重。米老鼠一问世,就有许多厂商同迪斯尼联系,请求允许使用米老鼠形象。当初,迪斯尼公司考虑商人的使用可扩大迪斯尼系列影片的知名度,借厂商的商品做免费广告,因此没收费。后来,一是因为公司资金紧缺,二是发现使用米老鼠形象者越来越多,便决定收费。

特许经营扩大了迪斯尼公司盈利销售渠道,其第一个项目就是授权国际饮品公司生产米老鼠蛋卷冰激凌,第一个月就卖出1000万份,迪斯尼公司从销售额中提取5%的特许费。随着公司的发展壮大,特许经营产品越来越多,迪斯尼品牌的影响力和商业价值越来越大。1985年10月迪斯尼公司推出儿童电视节目《米老鼠俱乐部》,"老鼠帮"所戴的老鼠耳朵帽子一天能卖出5万顶,200项其他物品交给75家厂商制造出售。迪斯尼在美国本土和全球各地授权建立了大量的迪斯尼专卖店,目前,全球有4000余家拥有迪斯尼特许经营的商家,迪斯尼每年的特许经营额达到20亿美元。另外,迪斯尼还把《狮子王》改编成音乐剧在百老汇公映,取得1998年的最高票房,《狮子王》的最终收益达20亿元。

遍布全球的授权专卖商店,加上迪斯尼动画形象专有权的使用与出让、品牌产品的生产和销售以及相关书刊、音乐乃至游戏产品的出版发行等占到迪斯尼20%左右的利润。

(5) 成功原因分析

迪斯尼可以说是娱乐行业中产业链最长的一个娱乐品牌。现代化的企业管理手段,加上行之有效的销售手段,品牌营销、品牌推广、品牌资产管理等各种经营方式相结合,是它实现企业利益最大化的最终目标。

迪斯尼公司的产业链是一个开放的呈钻石状的立体交叉模式,它不仅以动漫影视为龙头,还将相关业务扩展到三个主要领域,构成了集团的链身部分。但其产业链模式并非单一的直线结构,各部分发挥"交叉促销"的效用,一部动画影视剧产生的同时,相关的玩具、书刊、音像制品、纪念品和游戏等产品也被同时推向市场,媒体网络也可能进行"轰炸式"的宣传,广告及主题公园都可能会同时启动,共同进行市场推广,整个集团形成立体交叉的产业链经营模式。

迪斯尼的商业模式采用"轮次收入":第一轮收入是迪斯尼的电影和动画大片的票房;第二轮收入来自这些已公映的电影的拷贝销售和录像带发行所获得的利润;第三轮收入,依靠在主题公园增添新的电影或动画角色吸引游客前来,并使其乐于为这种大银幕与现实世界完美结合的奇妙感受付钞票;第四轮收入是特许经营和品牌授权的产品。

此外,迪斯尼一直在不断收购最强势的媒体,借助电视媒体的力量扩大迪斯尼及迪斯尼产品的影响力,环环紧扣地运作其品牌价值链。

典型案例

案例 9-1　　　　　《功夫传奇》的"传奇"

《功夫传奇》是国内一部大型功夫舞台剧。它是由北京天创国际演艺制作交流有限公司制作的融中华武术、杂技、舞蹈、戏剧等多种艺术元素为一体的驻场常态演出剧目。这部剧有别于传统的展览式功夫表演,成功地将戏剧故事引入功夫表演中。它通过讲述小和尚纯一挥别母亲入山拜师,历经了启蒙、学艺、铸炼、思凡等重重考验,最终成为一代宗师的故事。剧目蕴涵了"磨难与成长"这一全世界观众都能引起共鸣的人生主题。

天创公司依照先有剧本、再造舞台的创作原则,根据剧本身的艺术效果、演出以及剧场的观赏条件等要求,运用独具匠心的舞美、灯光设计以及原创音乐为《功夫传奇》创造出了瑰丽的舞台奇观。同时为适应国内外演出市场的不同需求,不断提升剧目品质,花费巨资多次邀请美国百老汇著名音乐剧导演雷罗德里克、加拿大著名舞蹈编导马克、中国著名舞蹈家金星等国际知名导演来京修改剧目,并分别制作了英、俄、日、德四国语言、七个不同的演出版本。该剧先后赴美、英、加、日、俄、西班牙等国多个城市的主流剧场驻场和巡回演出,所到之处无不获得热烈喝彩和观众的好评。

《功夫传奇》自 2004 年 7 月 15 日在北京红剧场首演至今已连续驻场演出十年,目前实际演出场次已达到国内驻场演出 3887 场,国内外演出总场次已达 5100 多场,是目前中国一个剧目出口商演次数最多、且具有中国自主知识产权的国家品牌剧目。被文化部评为"优秀出口文化服务项目",先后两次被商务部、文化部、广电总局、新闻出版总署四部委评为"年度国家文化出口重点项目"。爱尔兰副大使赞叹:"这是一出比《大河之舞》更振奋人心的演出。"驻北京的英文媒体评论:"《功夫传奇》将北京剧场艺术带入一个新时代!"中央电视台新闻联播两度报道了《功夫传奇》在国外和国内的演出盛况。中央电视台《曲苑杂坛》栏目、北京电视台《艺术五环、绽放北京》栏目对《功夫传奇》全剧进行了拍摄和播放。这些都标志着《功夫传奇》已经成为一个代表国家走向世界的中国文化品牌。

案例 9-2　　　　　　　　　　《印象·刘三姐》的今昔

《印象·刘三姐》是全球最大的山水实景剧场；在全球最美河流广西桂林漓江之上，以山峰为背景，以江面为舞台，将漓江方圆两千米水域化身为山水实景剧场，集刘三姐的经典山歌、广西少数民族风景及漓江渔火等元素为一体；是全国第一部全新概念实景演出；是艺术性、震撼性、民族性、视觉性的集合；由桂林广维文华旅游文化产业有限公司投资建设、我国著名导演王潮歌、张艺谋、樊跃出任总导演，国家一级编剧、中国实景演出创始人、山水文化机构董事长梅帅元任总策划、制作人；历经5年零5个月；1.654平方千米水域、12座著名山峰、61位中外著名艺术家参与创作、109次修改演出方案、600多名演职人员参加演出。

这部作品于2004年3月20日正式公演。世界旅游组织官员观演后如是评价："这是全世界看不到的演出，从地球上任何地方买张机票来看再飞回去都值得。"十年中，《印象·刘三姐》累计演出4000余场，观众人数达一千多万，深受中外游客欢迎。仅2012年，就有逾150万中外游客观看演出。2013年上半年，《印象·刘三姐》的宣传广告现身纽约时代广场纳斯达克楼，代表中国山水文化向世界展示。

自《印象·刘三姐》成功后，中国内地出现了一系列"印象"系列实景演出。就连桂林本地也相继打造了《象山传奇》《夜王城》等夜游景观项目。如今，《印象·刘三姐》也进一步打造品牌文化"大礼包"，意在更加丰富该品牌内容，为它的持续发展注入活力，加强对《印象·刘三姐》演出本身的升级打造。同时，印象·刘三姐文化传播有限公司在演出获得成功的基础上，一直注重深耕文化产业，努力开发原创音乐、动漫、手机游戏等文化产品，深挖品牌价值，提升竞争力。现在，《印象·刘三姐》不仅完成了"印象刘三姐"品牌延伸产品研发基地，原创音乐、影视等基地建设，还完成了《寻找桂林印象》《印象闪拍》《漓江捕鱼者》等系列以国际旅游胜地桂林为主题的休闲益智类手机游戏前期策划。印象刘三姐集团还与广西机电职业技术学院合作启动建设动漫基地，未来将产、学、研结合，打造更多《印象·刘三姐》品牌延伸的动漫产品和更多具有影响力的原创精品，并将这些产品投放市场，产生经济效应，促进原创动漫产业集群式发展。这种校企合作也有利于充分挖掘高校精英源源不断的新鲜创意，扶持优秀的动漫创作个人与团队，培养原创精英。

本章小结

本章主要介绍了文化创意与内容产业的相关知识。第一节文化创意，从创意及创意产业的定义出发，对其内涵、特点及作用等进行了概述，并对文化创意园区的类型及成功园区的案例进行阐述；第二节内容产业，对内容产业的定义、特点等进行概述，并对文化产业链和文化价值链的构成及运作规律进行剖析，使读者能对文化创意与内容产业有一个整体的认识。

练习与思考

1. 什么是创意？创意与创新、策划有何不同之处？
2. 文化创意产业的特征有哪些？

3. 文化创意园区有哪些类型？
4. 内容产业有哪些特点？
5. 试论文化产业链的基本表现形式。

参 考 文 献

[1] 严三九,王虎主编.文化产业创意与策划[M].上海：复旦大学出版社,2008.
[2] 蒋三庚主编.文化创意产业研究[M].北京：首都经济贸易大学出版社,2006.
[3] (澳)坎宁安.从文化产业到创意产业：理论、产业和政策的涵义,载林拓等主编,世界文化产业发展前沿报告[M].北京：社会科学文献出版社,2004.
[4] 宋玉华.美国新经济研究[M].北京：人民出版社,2002.
[5] 赵子忠.内容产业论[M].北京：中国传媒大学出版社,2005.
[6] 周振华.信息化与产业融合[M].上海：上海人民出版社,2003.
[7] 李思屈,李涛.文化产业概论[M].杭州：浙江大学出版社,2007.
[8] 胡惠林.文化产业概论[M].昆明：云南大学出版社,2005.
[9] 张玉国.国家利益与文化政策[M].广州：广东人民出版社,2005.
[10] (加)考林·霍金斯等.全球电视和电影——产业经济学导论[M].北京：新华出版社,2004.
[11] 何群.文化生产及产品分析[M].北京：高等教育出版社,2006.
[12] 喻国民,张小争.传媒竞争力[M].北京：华夏出版社,2005.
[13] (美)迈克尔·波特.竞争优势[M].陈小悦,译.北京：华夏出版社,1997.

第十章　文化企业核心竞争力

> **学习目标**
>
> 1. 了解核心竞争力的含义与特征。
> 2. 掌握文化企业核心竞争力含义、构成以及培育过程。
> 3. 了解文化企业核心竞争力指标体系及体系的构建。

1990年，美国密西根大学商学院教授普拉哈拉德（C. K. Prahalad）和伦敦商学院教授加里·哈默尔（Gary Hamel）在其合著的《公司核心竞争力》（*The Core Competence of the Corporation*）一书中首先提出了核心竞争力的概念。他们认为核心竞争力是："在一个组织内部经过整合了的知识和技能，尤其是关于怎样协调多种生产技能和整合不同技术的知识和技能。"从与产品或服务的关系角度来看，核心竞争力实际上是暗含在公司核心产品或服务里面的知识和技能，或者是知识和技能的集合体。文化企业或文化经营性组织在发展中所累计的一种对外界环境和文化市场迅速做出应对的智能体系和综合素质，从根本上促进着企业或组织有效整合文化资源并且因时而变，不断推出适应大众需要的优质文化产品和文化服务，并使自身获得持续竞争优势及资本积累。

第一节　核心竞争力简述

一、核心竞争力的含义

核心竞争力又称"核心能力""核心竞争优势"，指的是组织所具备的应对变革与激烈的外部竞争，并且取胜于竞争对手的能力的集合。它是一个企业实施生产、经营和管理，从而赢得市场优势、资本增值与可持续发展的主要能力，它是企业的资产、智慧、技术和机制的综合体系并以此构成企业竞争优势的基础。

在普拉哈拉德和哈默尔看来，首先，核心竞争力应该有助于公司进入不同的市场，它应成为公司扩大经营的能力基础。其次，核心竞争力对创造公司最终产品和服务的顾客价值贡献巨大，它的贡献在于实现顾客最为核心的、最为关注的、最根本的利益，而不仅仅是一些普通的、短期的好处。最后，企业的核心竞争力应该是难以被竞争对手所复制和模仿的。正如海尔集团总裁张瑞敏所说的那样："创新是海尔真正的核心竞争力，因为它不易或无法被竞争对手所模仿。"核心竞争力是一个企业（人才，国家或者参与竞争的个体）能够长期获得竞争优势的能力，是企业所特有的具有某种延展性的、能够经得起时间考验的并且是竞争对手难以模仿和匹敌的技术或能力。

核心竞争力是企业竞争力中那些能使整个企业保持长期稳定的最基本的竞争优势、获得稳定超额利润的竞争力,是将技能资产和运作机制有机融合的企业自身组织能力,是企业推行内部管理性战略和外部交易性战略的结果。现代企业的核心竞争力是一个以知识、创新为基本内核的某种关键资源或关键能力的组合,是能够使企业、行业和国家在一定时期内保持现实或潜在竞争优势的动态平衡系统。

二、核心竞争力的特征

当前,核心竞争力理论已经成为分析企业间有效竞争和成长的一个重要工具,成为目前经济竞争的重要目标。只有正确把握核心竞争力的基本特征,才能给核心竞争力的识别、构筑及管理提供有益的理论指导和实践验证。以下是核心竞争力的主要特征。

(一) 核心竞争力用户价值

核心竞争力必须有助于实现用户特别看重的产品和服务的价值。而且只有用户才是企业核心竞争力所创造价值的最终裁判者。企业提高价值活动包括价值保障、价值提升和价值创新三个方面。价值保障是一种有效过程,它要求在不断降低成本的同时,保证产品价值和顾客可接受的价值不受影响,其本质是:第一次就把事情做好比返工重修更节省,如许多企业提出的零缺陷设计就是很好的例子。因此,对于目标是使其价值保障能力最大化的企业来说,零缺陷政策是极为重要的。这种态度不仅适用于企业的产品,也适用于企业哲学,以及所有具体的工作和管理方法。价值或质量保障是企业管理方式创新的前沿阵地,其原因部分在于它有助于企业改善有效性(产品更可靠)和成本效率(废品更少,返工率更低意味着单位成本更低)。价值提升是一个过程,是对现有产品或者服务进行不断的分析,以提高其档次和可接受价值。企业需要有规律地监督消费者可察觉价值的每个组成,控制可能发生的变化,不断地改进价值核心能力的活动和过程,使产品更加接近消费者的需求价值,达到价值提升的目标。价值创新是一种核心能力,衡量企业创新能力的重要指标之一是看在过去五年的产品销售总额中,有多少是由于企业内部创新的成分。有的企业主要是依靠对现有产品进行经常性的改进(如IBM),有的企业(如索尼公司)能够不断地开发出全新的产品。后者才是真正意义上的创新企业,因为后者更具备了在较长时期内获得平均水平利润、与众不同的质量和难以被竞争对手模仿的能力。值得注意的是:大规模的创新活动与高风险之间存在着非常密切的关系,因为在一般情况下,新产品的失败率是很高的。

> **案例 10-1　　　　　索尼公司的文化产品创新**
>
> 　　如果你到日本东京的秋叶原电器一条街逛逛,随便与老板、店员聊聊天,你一定会听到他们在大骂索尼新推出的 PlayStation II 游戏机,害得其他品牌的 DVD 机全都卖不出去。索尼是世界公认技术创新能力极强的一家公司。近年来,根据美国《财富》杂志的统计,索尼公司每年要推出一千种新产品和零件。其中八百件是以前推出产品的改进型,约两百件则是针对新市场应用的崭新产品。索尼公司在 20 世纪 90 年代平均每年推出 182 件新产品,等于每个营业日就有一种产品推出。是什么样的组织系统和企业文化,使得索尼公司能够孕育出如此光彩夺目的创新成果呢?索尼中央研究所(拥有 250 位研究员,其中 60 位为顶尖的外籍科学家)前所长菊池诚博士指出一大关键:"让研究人员、开发工程师与产品经理人尽可能地接触,让能力与技术知识可以在全企业内自由流通散布。"

（二）核心竞争能力的占用性

占用性是指个人对企业内部某些战略资产产生的，不能归企业所有的利润的占有程度。显然，对资产的占用性越低，企业持续获得利润的能力就越高。如果一种资源深深地扎根于企业之中，它就很难被其他人占用。在商界，一个优秀的管理人员转而投向竞争对手，企业就会很容易蒙受损失。但是，如果企业的利润主要来自企业内部众多管理人员和普通员工的日常工作和他们组成团队的优异表现，那么利润就很难被某些人据为己有，任何个人损失都不可能对企业利润造成很大的影响。当一个企业在一定时期内表现卓越时，其核心能力甚至可以超过个人或者团队。因此，对战略资产的占有程度越低，企业保有的利润就越高。

（三）核心竞争力的耐久性

耐久性主要是指其作为利润源泉的持久程度，而不是指其物理耐久性。耐久性的无形特征越多越重要，与十年前相比，产品和技术的生命周期已经大大缩短了，大部分资产的耐久性大大降低了，但企业更多的、无形的卓越特点却并未因此而受到影响。企业的核心竞争能力能够长期生存并经历多代产品。只要企业的核心竞争能力存在着，企业的创新、多产和高质量等最基本的特点就没有明显下降，它的商誉就不会随岁月的流逝而受到侵蚀。著名品牌是相当耐久的，尽管产品不断地出现或者消失，而家喻户晓的品牌，如家乐氏、雀巢、杜邦和施乐等的良好商誉在社会公众的眼里却长期保持不变。但是，只要有不良经营记录，任何一个企业的耐久性就会受到严重影响。很明显，企业的核心竞争力的耐久性越强，利润的可持续性就越高。

（四）核心竞争力的独特性

与竞争对手相比，企业的核心竞争力具有独特性。如果企业的专长很容易被对手模仿或对手通过努力很容易实现，那么企业就很难拥有持久的竞争优势，也就不能称为核心竞争力了。企业核心竞争力的独特性是建立在企业系统学习的基础之上的，因此只有依靠自己的不断学习，进而自行创新和在市场竞争中反复磨炼，才能逐步建立和强化独特而持久的核心竞争力。

（五）核心竞争力的延展性

企业核心竞争力的延展性是指企业能够从该项能力中衍生出一系列的新产品或服务。核心竞争力具有从"核心能力、核心技术、核心产品到最终产品"的延展过程，即企业的核心竞争力能够形成某项或几项核心技术，而这些技术或几项技术相互交叉进而形成一个或多个核心产品，再由核心产品衍生出某个或多个最终产品，如同"技能源"一样，将"能量"源源不断地扩散到产品和服务中去，不断为消费者提供创新产品。

（六）核心竞争力的可变性

核心竞争力的可变性是指价值的可变性。核心竞争力本来是通过学习积累得到的。一旦企业在某项核心能力上取得领先地位，竞争对手很难在短时间内赶上来，但核心竞争力也有从产生、成长、壮大到衰亡的生命周期。当外部环境发生剧变或管理不善时，企业的核心竞争力就会贬值甚至流失，特别是最终产品、核心产品、核心技术会随市场竞争加剧、科学技术发展等外部因素的变化而逐渐失去竞争优势，甚至被淘汰。这样，原来的核心竞争力就会变成基本的一般能力，甚至完全失去竞争能力，因此企业必须不停顿地学习和培育，维护自己的核心竞争力。

第二节 文化企业的核心竞争力

一、文化企业的核心竞争力的含义

文化企业作为知识、技术以及信息三者结合的产物,正逐渐成为全球经济发展的新增长点。为此各国政府都高度重视,并制定了相应的发展战略。我国政府也不例外,进入 21 世纪之后,不仅将文化产业纳入国家整体发展规划中,而且制定了一系列促进文化企业发展的策略。与此同时,许多省市也都高度重视文化企业,并将其作为支柱产业来培植。这表明我国文化企业竞争将日趋激烈。并且,随着 WTO 相关协议的实施,我国文化企业将直接面对强势的发达国家文化企业。这意味着国际竞争将更加激烈。在这样一个机遇与挑战并存的环境下,我国文化企业如何获得并保持竞争优势,实现可持续发展,已成了一个亟待研究的课题。对于我国文化企业来说,由于其正由粗放型阶段向集约型阶段转变,所以获得并保持竞争优势最主要的措施是培育核心竞争力。

文化企业核心竞争力——文化企业或文化经营性组织在发展中所积累的一种对外界环境和文化市场迅速做出应对的智能体系和综合素质,从根本上促进着企业或组织因时而变,有效整合文化资源,不断推出适应大众需要的优质文化产品和文化服务,并使自身获得持续竞争优势及资本积累。它主要体现为:整体创新力、市场拓展力、成本控制力、可持续发展力四大部分。

自 1990 年美国著名战略学家普拉哈拉德和哈默在《哈佛商业评论》上发《公司核心竞争力》一文之后,管理学界便围绕核心争力(core competence)展开了多层次多视角的探讨,由此掀起了核心竞争力研究的高潮。目前,国外许多学者相继阐释了企业核心竞争力概念的内涵,概括下来主要有以下几种观点:普拉哈拉德和哈默基于整合观的核心竞争力、巴顿基于知识观的核心竞争力、拉法和佐罗基于文化观的核心竞争力以及康特基于组合观的核心竞争力。其中,普拉哈拉德和哈默认为,企业核心竞争力是"一个组织中的积累性学识,特别是关于协调不同的生产技能和有机结合多种技术流的学识"[1];巴顿则将具有企业特性的、不宜交易的、并为企业带来竞争优势的企业专有知识和信息视为企业核心竞争力;而拉法和佐罗则认为,企业核心竞争力不仅仅存在于企业的业务运作的子系统中,而且存在于企业的文化系统中,根植于复杂的人与人以及人与环境的关系中;但在康特看来,核心竞争力是组织中的主要创造价值并被多个产品或多种业务共享的技能和能力。上述这些观点对于企业核心竞争力的阐释各有千秋,但综合起来无非强调了两个方面的问题,一方面强调了核心竞争力的特性:蕴藏在有机组织体的内部;另一方面强调了核心竞争力的具体表现:技术、知识和能力。

目前,我国也已开展了核心竞争力的研究。许多学者对企业核心竞争力的概念提出了自己的观点和看法。中国社会科学院副院长陈佳贵认为,核心竞争力主要是指企业在生产经营过程中的积累性知识和能力,尤其是关于如何协调不同生产技能和整合多种技术的知识和能力。刘世锦研究员等则把企业核心竞争力中最为基础的、整个企业具有长期稳定的竞争优势、企业可以获得长期高于平均水平的收益的竞争力,称为企业的核心竞争力。战略学家管益忻认为,核心竞

---

[1] 杨锡怀,冷克平,王江.企业战略管理:理论与案例.2 版[M].北京:高等教育出版社,2004:93-94.

争力是以企业核心价值观为主导的,旨在为顾客提供更大(更多、更好)"消费者剩余"的整个企业核心能力的体系。芮明杰教授提出,核心竞争力是企业独具的、企业能在一系列产品和服务中取得领先地位所必须依赖的关键性能力,这种能力是一组技术与技能的综合体,而并非是所拥有的一项技术或技能。黄津孚教授把核心竞争力理解为决定竞争力深层次的因素,即企业赖以生存和发展的核心资源和核心能力。白津夫博士则将核心竞争力定义为企业资源有效整合而形成的用以支持企业持续竞争优势的能力。

由上述分析可以看出,目前学者对于企业核心竞争力的概念并没有达成一个完全统一的认识,但对于核心竞争力的具体表现无非是认为核心竞争力是能为企业赢得竞争优势的核心(或者关键)技术、资源和能力。目前,对于文化产业核心竞争力的研究,我国并没有系统展开。在已有的关于文化产业核心竞争力的研究中,郑茂林认为,文化企业的核心竞争力是文化企业获取和保持可持续竞争优势所拥有的关键资源和核心能力的最佳组合,是文化企业竞争力当中不具有模仿性和替代性,不可以通过市场交易获得,而只能通过自身的不断学习、创造、积累和市场磨炼来建立和强化的竞争力。尽管这一概念阐述了文化企业核心竞争力最为核心的内涵,但笔者认为它仍存在一定的偏差。

从一般层面来说,核心技术、资源以及能力都可以构成产业核心竞争力,但笔者认为对于文化企业来说,只有核心能力才是其核心竞争力的组成要素,核心技术和资源不能成为核心竞争力。之所以说核心技术不能成为文化企业的核心竞争力,是因为文化企业既不是机械制造业,也不是IT业,没有什么生产技术能够为其所独有,文化产品生产和传播技术是一种普及性的技术,几乎所有同一类型的文化产品在生产过程中,所使用的物质生产技术是完全相同的。核心资源之所以不能成为文化企业的核心竞争力,是因为在通常情况下,没有什么资源仅仅只为某一文化企业所独有,无论是政策资源、人才资源以及品牌资源都很难形成独特性、不可模仿性和不可替代性,即便是目前我国有些文化组织依靠行政级别或者特殊地域获得了一定的政策资源,比如中央级各大媒体以及各种党报等,但这些特殊政策资源的独占并不是永恒的,它将随着社会、经济以及技术的进步而不断被调整和改良。换言之,这种依靠政策资源所建立起来的核心竞争力是没有生命力的。从另一个角度来说,文化产业作为知识密集性产业,政策资源的占有并不具有普遍性,由政策资源所构成的核心竞争力也不带有文化产业的普遍性规律。另外,品牌资源也不能构成文化企业的核心竞争力,它本身只是文化企业竞争力或核心竞争力所打造结果的一种外在表征。因此文化企业核心竞争力应是文化产业所特有的用以支撑自身可持续发展的内在智能体系。这种智能体系是文化企业特有的核心能力的一种综合,是文化企业在长期成长过程中自觉或不自觉地整合资源形成的,并为长期适应外界环境的结果,它以一种"通用能量"的形式向外界辐射,从而促使文化企业不断获胜。文化企业核心竞争力融化在文化组织的骨架血肉中,因而无从模仿和替代,无法精确地预计和度量,同时它的形成也没有固定的途径和方法,但可以肯定,它是在文化企业发展过程中逐步产生和巩固的,是在既有的环境和条件下,通过文化产业战略决策、文化产品生产制作、市场营销以及组织管理等全部生命活动整合而成的。因此,文化产业核心竞争力具有以下几个内涵:第一,文化企业核心竞争力来源于它所拥有的独特核心能力,这种核心能力是在其长期发展过程中,通过学习、创造、积累形成的,并且这种核心能力是其内在的稳定能力,而不是那种昙花一现的能力;第二,文化企业核心竞争力是一种能带来长期稳定的可观的经济效益的核心能力,具有核心竞争力的文化企业追求的是一种高出社会平均水平的利润,获取这一收益才是核心竞争力培育的目的；第三，文化企业核心竞争力也是一种别人无法模仿、替代和超越的优势能力，尽管其他电视媒体能够模仿湖南卫视的《快乐大本营》《玫瑰之约》甚至《超级女声》等一系列品牌栏目，但却无法模仿它所拥有的核心竞争力——持续创新能力。

> **案例 10-2 湖南卫视《爸爸去哪儿》节目引领卫视品牌节目核心竞争力潮流**
> 2013 年湖南卫视制作的大型亲子真人秀节目《爸爸去哪儿》第一期收视率破 1.1，城市网收视率达到 1.46，收视排名超过大牌明星云集的《全能星战》，领衔四季度荧屏综艺档。同时在网络和电视台双平台收视上，《爸爸去哪儿》的网台联动也是效果空前。在湖南卫视节目收视率破 1 之后，单期的综艺节目在视频平台的播放上，罕见性地有超过电视剧播放的趋势。
> 与歌唱竞技类节目相比，《爸爸去哪儿》节目以明星为切入点，动用强大的拍摄团队与制片阵容，环节设计故事性十足。重要的是，节目放弃了"秀"，保留了"真"，更像一部富有娱乐气质的纪录片，本真地记录了父亲和孩子之间真实细腻的情感互动。对此，长期从事模式节目引进的世熙传媒总裁刘熙晨指出："做电视节目的最高境界，就是要打动观众，但现在很多大型节目包括音乐选秀都已经变成了秀，很难再感动观众。"

二、文化企业核心竞争力的构成与培育

（一）文化企业核心竞争力的构成

文化企业核心竞争力的本质是一种核心能力，而且是一种能够为其带来持久稳定的并高于社会平均水平收益的能力。那么，文化企业核心竞争力具体表现为一种怎样的能力？目前有学者认为，文化企业核心竞争力具体表现为整体创新能力、市场拓展能力、成本控制能力以及可持续发展能力；也有学者认为，文化企业核心竞争力具体体现为知识架构的经营能力、角色定位的应变能力、持续发展的创新能力以及系统资源的整合能力。但笔者认为，上述两种观点都没能揭示出文化企业核心竞争力最本质的内涵，它只是概括了一般企业核心能力的组成要素，或者说只是概括了文化企业竞争力的组成要素。作为精神产品的生产部门，文化产业是知识密集型产业。文化产品具有的模糊性、主观性以及非标准性，使得文化企业的劳动是一种非标准化的劳动。虽然从表现形式上看，有些文化产品是标准化的，但在内容上，它是非标准化的。与一般企业相比，文化企业更富于能动性和创新性。创新是文化企业最为根本的特征，创新能力也就成了文化企业最为核心的能力。因此，笔者认为文化企业核心竞争力具体表现为创新能力，而且是表现为持续创新能力。

创新对于整个社会的重要作用是不言而喻的，简单地讲没有创新，就没有社会的发展和进步，也就没有人类的未来。对于文化企业来说更是如此。总的来看，创新能力是文化企业发展永不枯竭的源泉，特别是持续发展的创新能力，更是文化企业长久不衰的根本保证。从思辨的角度来看，创新是一种辨证的否定，也即所谓的"扬弃"。对于核心竞争力而言，创新是在继承原有核心竞争力的基础上拓展新的核心竞争力。按照熊彼特的思想，组织通过创新不断发现和开发新的市场机会，从而破坏现有市场状态，构建一系列新的竞争优势，将其整合为基于组织整体发展的持续核心竞争力。在变化的环境中，组织创新是一个连续的过程，没有间歇没有停顿，从而形成了一个周而复始的循环。这个循环不断运转，就成了竞争优势的连续系统，使得文化组织能够深刻地洞察和领悟其所处环境的混杂变动，持续、灵敏、迅速地把握和开发新的市场机会，连续地

整合环境中的关键性因素,进行持续的自我创造和再创造,永不停息地超越自我,不断地拓展其发展的范围和空间,从而为文化组织创造整体的持续的核心竞争力。一般来说,文化企业创新包括文化管理体制在内的多方面的创新,但其中最主要的是指文化产品的内容创新。文化产品的内容创新是文化企业发展永续的动力和源泉,特别是目前数字技术的开发和普及,内容创新在文化企业中的重要作用更为明显。当文化企业的传播技术和手段不再成为稀缺资源时,内容产品将成为文化产业发展中最主要的制约因素。

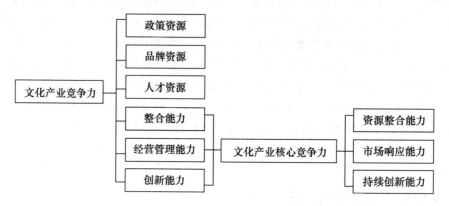

图 10-1　文化产业竞争力与文化产业核心竞争力构成要素图

文化企业核心竞争力是竞争力中最关键、最核心的部分,它在竞争中起着主导局面的作用。在前文中笔者也提到文化企业核心竞争力究其本质是一种核心能力,因为无论是关键资源还是普通资源都只能形成一定程度上的资源优势,只能算事物发展的外因,若要把资源优势转为现实的竞争力,则必须经过核心能力这个内因的整合利用才能实现。例如,政策资源、品牌资源虽然都是文化产业发展所需的重要资源,但是如果离开核心能力对其不断地进行利用、维护和改进,那么这些资源就难以产生持续的竞争优势。并且在通常情况下,没有什么资源仅仅只为某一文化企业所独有,无论是政策资源、品牌资源,都很难形成独特性、不可模仿性和不可替代性。因此,也只有核心能力要素,即整合能力、经营管理能力及创新能力才真正属于文化企业核心竞争力的构成要素,而这三种能力在具体实践中又可进一步表现为资源整合能力、市场响应能力以及持续创新能力。

1. 资源整合能力

资源是文化企业的重要生产要素之一,从事任何文化生产活动都离不开各种资源的支持,文化企业是一组资源的集合体。因此,从某种程度上说,文化企业之间的竞争实质上是资源的竞争,并且文化产业的竞争优势不仅取决于资源的数量与质量,更取决于对资源的整合能力。资源整合能力是将系统内外各种资源互相渗透整合,从而增强文化产业的市场竞争力与影响力,以实现文化产业社会效益和经济效益最大化的行为。它是文化产业核心竞争力形成的基础,许多文化产业拥有同样技术、人才与知识产权等资源,但核心竞争力差异悬殊,其主要原因在于,它们在整合资源能力上存在差异。孤立的单一的资源的利用效率是最低的,只有多种资源灵活运用,相互共享,有效配置,才能使文化产业发挥最大的优势,打造文化产业的核心竞争力。文化产业作为知识密集型产业,其资源整合不仅包括知识、技术、人力资本以及物质资本等内部资源的整合,而且也还包括一系列社会资源的整合。通过文化产业资源的相邻扩展、领域跨越以及资源重组等三种方式将分散、闲置的内部资源整合起来,提高资源利用率,节约文化生产成本,实现文化产业生产效益的最大化;通过外包、并购以及联盟的方式将社会资源整合到文化企业内部,不仅能增加获取信息的途径,提高信息的准确性以及时效性,充分识别外界环境中的机会,而且能及时获得互补性的资源,有效弥补自身资源的不足,提高自身资源创造价值的潜力。

2. 市场响应能力

文化产品是一种精神产品,精神产品又是一种特殊商品。它往往是独家生产,独家拥有。文化产品的这些特性决定了文化生产部门必须具有很强的市场响应能力,能够在第一时间洞悉市场的文化需求,并在适当的时间内生产市场所需的文化产品和服务。因此,市场响应能力是指文化产业生产部门在恰当的时间内对重要事件、机会以及外部威胁做出有意识的、具有前瞻性的反应,并迅速采取行动的能力。在如今以消费者为中心的市场经济条件下,文化产业必须形成市场响应能力,必须了解消费者现实和潜在的需求,并尽可能地接近消费者,通过洞察消费者的现实需求,以及挖掘其潜在需求并使之成为有购买能力的欲望,进而转化为现实需求,来形成消费市场,最后通过提高文化产业的经营管理水平以适应市场的变化。只有这样,文化企业才会具有很强的核心竞争力。

总之,市场响应能力使文化企业不断开拓并适应市场,领先于竞争对手做出反应,从而使文化企业与市场紧密联系在一起,创建一个与消费者互动的双向通道。可见,市场响应能力是构成文化企业核心竞争力的基本要素。

3. 持续创新能力

创新能力是文化企业核心竞争力永不枯竭的源泉,特别是持续发展的创新能力,更是文化企业核心竞争力长久不衰的根本保证,它能使文化企业在产品内容、产品形式、科技手段、组织结构等方面进行持续不断的更新。文化企业创新包括文化管理体制在内的多方面创新,但其中最主要的是文化产品的内容创新。文化产品的内容创新是文化企业发展的永续动力和源泉。当文化企业的传播技术和手段不再成为稀缺资源时,内容产品将成为文化企业发展最主要的制约因素。目前文化企业的竞争已开始逐渐演变为内容竞争,而内容竞争在一定程度上是创新能力的竞争。从本质上说,文化产业是内容产业,更是创新产业。文化经济是内容经济,更是创造力经济。目前,日本将文化产业称为内容产业,英国称之为创意产业,这些概念在一定程度上更能揭示文化产业的本质和内涵。从这一角度来看,创新是文化企业的根本使命。尽管文化企业创新主要是指文化产品的内容创新,但也还包括技术创新、体制创新、管理创新、经营创新、营销创新以及市场创新。技术创新、体制创新以及管理创新,不仅能提高文化产品的生产效率,而且更能降低文化产品的生产成本;经营创新、营销创新以及市场创新,不仅可以扩大产品的销售额,而且更能拓展产品的市场。因此,通过文化企业的持续创新能力,文化产业便获得了成本控制能力、市场拓展能力以及持续发展能力。持续创新能力是文化企业最根本的能力。

资源整合能力、市场响应能力以及持续创新能力是文化企业核心竞争力不可或缺的构成要素,并且这三要素不是孤立存在的,而是彼此联系、互相依存,离开任何一个要素,都会对核心竞争力造成巨大的影响。资源整合能力是市场响应能力和创新能力的基础,只有各种资源的合理有效配置,才能更快地响应市场和更好地进行创新;市场响应能力是在资源整合能力拥有的基础上才能实现的,没有资源的合理整合,文化企业不仅对外部环境的反应变迟钝,而且即使对外部变化做出了反应,也很难迅速采取措施;持续创新能力是在资源整合能力和市场响应能力都拥有的基础上的创新,文化企业只有实现了资源的有效整合,并及时洞悉市场需求和动向,才能集中力量进行创新。因此,在文化企业核心竞争力三个构成要素中,首先是资源整合能力起基础作用,其次才能实现市场响应能力,最后在前两个要素基础上才能实现持续创新能力。这是一个层层递进的关系。

(二)文化企业核心竞争力的培育

随着经济全球化进程的加速,文化企业获得了广阔的发展空间,世界进入了文化融合的时代。但是文化融合的同时也意味着文化激烈竞争的开始,几乎每个国家都把大力发展文化产业作为发展重点,尤其是包括美国在内的发达国家更是凭借强大的文化企业竞争优势,不遗余力地在全球推销其文化价值观和文化产品,给文化产业弱小国家带来巨大的冲击和挑战。激烈的文化竞争对我国来说既是一次机遇,更是一次大挑战。我国只有快速地发展文化产业,才不至于在竞争中沦为文化奴隶。总体来说,我国文化产业发展起步较晚,虽然已取得了相当大的成就,但文化企业整体竞争力仍远远落后于发达国家。

文化企业竞争力是核心竞争力的外在表现,而核心竞争力是文化企业整体竞争力的重要基础和保障。因此,必须培育提升各种类型文化企业核心竞争力,从而提高我国文化企业的整体竞争力,使其在文化企业竞争中立于不败之地。就目前我国文化企业发展状况而言,文化企业核心竞争力所必需的资源整合能力、市场响应能力以及持续创新能力还远没有形成,因此,加快文化企业核心竞争力培育步伐乃当务之急。文化产业是个外延广泛的产业,可以大体分为能力型、技术型、资源型三种类型,因此,在培育核心竞争力时将分别按照这三种类型来培育。

1. 文化企业核心竞争力培育过程

文化企业在激烈的国内外市场竞争中如何才能形成核心竞争力并长久保持竞争优势?一般来说,对文化企业核心竞争力的培育需要四个阶段:第一阶段为市场细分。通过文化企业市场调研,依据资源型、能力型、技术型三种不同文化企业的特点和差异,判断文化企业的发展趋势,研究文化企业的市场需求,细分文化企业的消费群,分析当前不同类型文化企业消费者满意度,进而寻找和发现新的市场机会。

第二阶段为定位。在市场细分的基础上,依据文化企业的发展趋势和消费需求,分析自身优势和劣势,确定核心竞争力构成要素,并设计和规划核心竞争力培育策略。尽管文化企业核心竞争力主要包括三个构成要素,但并不是所有文化企业都必须同时具备这三个要素。文化企业在打造培育核心竞争力时,通常是以其他两个构成要素为基础,重点培育另一构成要素。如果是资源型文化企业,那么其核心竞争力的最主要构成要素是资源整合能力,因此核心竞争力打造的重点将放在资源整合能力上;如果是能力型文化企业,其核心竞争力的培育主要在市场响应能力上;而技术型文化企业,其核心竞争力主要从创新能力上打造。

第三阶段为造就。文化企业一旦定位好核心竞争力,就应该根据自身资源的优势,不遗余力地打造和培育。通常核心竞争力的培育过程是最复杂的,也是漫长的,那种企图一夜之间就能培育和打造出核心竞争力的想法,是不现实的,也是不科学的。文化企业在培育核心竞争力的过程中,必须采取适合各自特点的策略。资源整合能力是一种将系统内外各种资源进行整合从而转化为竞争优势的能力,因此在培育时,可以通过内外资源的整合以及产业链的发展,不断获取打造核心竞争力所需的资源和能力;市场响应能力是一种对市场的快速应变能力,因此在造就时,可以从文化企业组织结构、组织形式、领导体制入手,建立扁平化组织结构、虚拟组织以及分权制领导体制;而持续创新能力则是一种创造开拓能力,它需要知识的快速更新,因此在培育时,可以通过建立学习型组织,从根本上打造文化企业组织的整体创新能力。

第四阶段为维护。核心竞争力是动态发展的,如果不采取相应措施,任由已形成的核心竞争力自由发展,那么,随着时间的不断变化,核心竞争力将很有可能演变为一般竞争力,甚至丧失。因此,在核心竞争力打造培育之后,还必须不断维护。首先应不断审视自身核心竞争力在整个市场中的地位和发展趋势;然后再根据市场的变化不断检查核心竞争力策略的培育效果,并不断调整和修正,从而使核心竞争力能长久维持下去。

在核心竞争力的培育过程中,市场细分、定位、造就、维护等四个阶段并不是单一线条的发展过程,而是一个不断循环的过程。因为文化企业核心竞争力是动态发展的,随着市场竞争的不断变化和科学技术的持续发展,构成不同类型文化企业核心竞争力的要素都将发生相应改变。如果核心竞争力打造并培育形成之后,文化企业只是进行简单的维护,其核心竞争力将会随着市场竞争环境的变化以及科学技术的发展而丧失。从另一个角度来说,被动地静态维护核心竞争力是不可能真正达到维持核心竞争力的目的的,只有不断关注文化企业内外部环境的变化,不断分析研究并细分市场,然后在原有核心竞争力构成要素中不断注入新的元素,才能培育出持久永续的核心竞争力。实际上,文化企业核心竞争力培育的四个阶段并不是截然分开的,而是同步进行、同步发展的。因此,文化企业核心竞争力培育过程是一个循环往返并不断提高、不断发展的过程。

2. 文化企业核心竞争力培育策略

资源型、能力型、技术型文化企业核心竞争力的主要构成要素分别是资源整合能力、市场响应能力以及持续创新能力,文化企业核心竞争力实质上是能力的集合体,因此这三种类型文化企业核心竞争力培育的关键就在于培育这三种能力。

(1) 资源型文化企业核心竞争力培育策略

资源型文化企业主要指以历史古迹和民俗风情为主体的文化旅游业,其核心竞争力构成要素主要为资源整合能力。而资源整合能力通常是将各种资源相互渗透整合转化成竞争优势的能力。具体到资源型文化企业,就是将各种相关文化旅游资源有机地结合在一起,形成有一定主题或规模的旅游产品,并将旅游资源融入物质商品中形成产业链,使资源优势转化为经济优势的能力。因此,在培育资源型文化产业核心竞争力时主要从以下几方面着手。

① 保护好文化旅游资源

文化旅游资源尤其是文物资源是人类历史遗留下来的不可再生的珍贵遗产,是发展文化旅游业的核心资源。文化旅游资源是一种稀缺资源,它能产生一定的资源优势,从而形成竞争优势。因此,在规划开发旅游资源时必须坚持保护原则。在充分论证评估的基础上,运用科学的方法和程序,采取一切防范措施,避免资源的破坏。科学合理地开发和利用文化旅游资源,既做到物尽其用、发掘潜力,让有限的物质资源发挥出最大的文化经济效益,又实现文化旅游资源的可持续发展。

② 利用好文化旅游资源

文化旅游资源是资源型文化企业运行的前提和基础,也是培育资源型文化企业核心竞争力的重要保证和支撑。由于文化旅游资源通常不是集中在一起的,而是分布在各个地区,因此,在利用文化旅游资源时,必须打破地域的界限。可以把相同特征的文化旅游资源结合起来,开辟专题特色旅游线路,以加快文化旅游资源的整合,充分发挥文化旅游资源的效益。比如,利用名人文化旅游资源,将名人故居、名人墓、名人题刻等进行修整,充实内涵,推出名人史迹特色旅游线路;利用宗教文化资源,将其串联,发掘宗教文化内涵,推出宗教朝圣旅游线路;利用革命史迹将革命根据地、革命纪念馆、革命路线等结合起来,推出革命史迹游,近年来推崇的"红色旅游"则为典型的革命史迹游;另外也还有山水旅游线路以及观光购物游等的旅游线路。此外,可以通过建立文化企业集群整合利用文化资源。文化企业集群是在文化产业领域中,大量产业联系密切的文化产业企业及相关支撑机构在空间上集聚,通过协同作用,形成强劲持续竞争优势的现象。资源型文化企业通过文化产业集群可以产生集聚效应,通过将不同文化旅游资源有机整合成文化企业基地,从而形成具有独特文化资源的品牌文化产品。云南资源型文化企业发展的成功,关键就在于走文化产业集群化发展之路。依托独特的文化底蕴,举办文化旅游节,从而将云南的文物资源、民俗文化、饮食文化、建筑文化等有机整合起来,形成特色文化旅游基地或文化名区,其最有名的《印象丽江》就是充分借助旅游资源和名人效应的结果。

③ 打造文化旅游资源产业链

把富有特色的文化资源融入文化商品中,推出切合实际的特色拳头产品,促进文物旅游纪念品生产的产业化和规模化。发挥人才和博物馆优势,文博单位和文化产品服务公司可联手建成文物复制装裱中心,推进馆藏文物复制、修复、装裱的规模化制作。加强博物馆的经营能力,充分调动社会各界的积极性,鼓励企事业单位、乡镇、个人创办具有行业特征和地方特色的民间博物馆,以及集旅游、商贸、展示于一体的新型博物馆,共同举办具有历史、艺术和科学价值的精品文化展览,吸引国内外游客,拉动文化旅游业的发展。奥地利维也纳虽然仅有 100 万人口,但却以其独特的文化资源,通过新年音乐会、文化会展的形式,年均吸纳国际游客 1000 多万人次,每年仅此就收入上百亿美元。

(2) 能力型文化产业核心竞争力培育策略

当今世界变幻莫测,市场瞬息万变,如果不及时捕捉信息,不及时对外界环境变化做出反应,就可能延误时机,直至对生存发展构成威胁。以新闻出版业、广播电视业等传媒业为主体的能力型文化产业,它的核心竞争力主要是市场响应能力,即及时捕捉信息、及时反应环境变化的能力。因此,如果不尽快培育市场响应能力,就有可能对整个能力型文化产业的生存发展构成威胁。根据能力型文化产业的特点,可以从以下几方面来培育其核心竞争力。

① 建立扁平化组织结构

我国传媒业组织结构大部分是金字塔形,管理层级多且幅度窄,决策执行和反馈困难,内部信息交流不畅,一条重要新闻播出、一档节目开播,常常需要级级上报,层层审批,容易错过新闻报道和节目开播的最有利时机。而且在当今媒介市场竞争如此激烈的状况下,市场反应迟钝就意味着盈利机会的丧失,一档优秀节目如果推迟开播,就有可能被竞争对手抢先,而当再推出时,就成了模仿品,吸引不了观众,提高不了收视率,自然也就得不到较高的经济回报。因此,快速反应市场能力是能力型文化企业核心竞争力中最为重要的构成要素。培养能力型文化企业快速响应市场的能力必须从组织结构开始,减少管理层级,加强内部沟通,而扁平化组织结构则成了最好的选择。扁平化组织结构是指内部管理的"扁平化",即合理地压缩管理层级,将原来仅在垂直通道内流动的信息与知识尽可能地扩展到水平层次,通过内部网络实现信息与知识的迅速传播。通过建立扁平化组织结构,传媒组织减少了管理层级,缩短了信息传递流程,最大限度地拉近了传媒领导层与下属运作部门之间的距离,使自身变得灵活、敏捷、高效、富有弹性和创造力,从而形成了快速响应市场变化的能力,提高了自身的核心竞争力。在能力型文化企业中建立扁平化组织结构,首先,要减少管理层级,增大管理幅度,打破部门界限和职位界限,一切以节目或内容的制作报道流程为中心。其次,根据制作报道流程组建跨部门的采编播队伍。在每一次制作中,都能及时地从其他部门中选出策划人员、记者、编辑和主持人等,快速组成制作团队。再次,在这些制作团队和最高决策者之间设立一个"过程协调者",在广播电视业中,"过程协调者"由制片人担当,负责上下内外沟通与管理。总之,能力型文化企业本质上是一个知识体系,通过扁平化组织结构,可以形成一个权责明确、反应迅速的传媒组织,既能提高文化内容的生产效率,又能形成了核心竞争力。

② 建立分权制领导体制

长期以来,我国传媒一直实行集权制的领导体制。无论是报社、电台还是电视台,管理权和经营权往往集中在领导者手中,下属采编播发部门很少拥有自主权,在遇到情况需要做出决断时只能先向上级汇报,听取意见后才能采取行动,导致传媒组织对市场响应滞后,因此传媒业领导体制改革迫在眉睫。建立分权制的领导体制,使传媒组织基层人员能在一定权限范围内自主处理相关事务,对于市场响应能力的形成尤为重要。而现实情况是,我国大部分传媒正处于集团化的组建浪潮中,组织规模越来越大,部门设置越来越多,信息越来越多以至难以沟通,由此也就导致了快速反应能力越来越弱,核心竞争力越来越低。而改变这一现状的唯一办法只能是建立分权的管理体制。实际上,国外的大型媒介集团一般都是采取分权制。子公司尽管属于媒介集团,但其经营管理权完全归于自己,尤其是跨国公司下的各个分部,则更具自主权。以德国著名传媒集团贝塔斯曼集团为例,其旗下的各个子公司和经营管理部门就拥有极大的自主权。这种权力模式不仅能锻炼基层人员的业务能力,而且能为贝塔斯曼开拓更广阔的市场。总之,分权制能够带来灵活性以及高效性,从而提高能力型文化企业的敏捷性,当然也就培养了核心竞争力。

③ 建立虚拟组织

随着传媒产业化进程的不断推进,传媒市场上内容产品种类越来越多,版式越来越新,更新越来越快,传媒产业的竞争也越来越激烈。尤其在国际传媒进军中国市场之后,媒介产业的竞争将更为激烈。目前国内传媒组织或集团尽管规模庞大,但机构臃肿,设置不尽合理,节目制作的速度受到了很大程度的限制。为了能更快地应对市场变化,提高反应能力,目前国内已有部分传媒组织正着手改革节目的制作方式,其措施之一就是建立虚拟组织。虚拟组织是信息网络技术的高速发展和普及的成果,它一般是指为完成向市场提供仅依靠自身资源优势难以实现的商品或服务等任务,而由众多在各自的领域内拥有相对竞争优势的企业相互联合而形成的一种合作组织形式。通过建立虚拟组织,使那些处于传媒组织产业链上下游的公司成为虚拟部门,以外向配置或外包形式将非核心业务交由他们完成,将优质的资源和独特的能力集中到自身的核心业务上,能极大地提升自身核心竞争力。目前许多传媒组织都已将娱乐类、情感类等政治属性不强的节目类型承包给节目制作公司。由于节目制作公司是专业化制作公司,拥有一流的制作人才和管理制度,并且熟知当今社会的娱乐需求和娱乐动态,因此能快速高效地生产传媒组织所需要的各种娱乐类节目。这样不仅能节省节目制作的成本,而且还能提高节目制作的质量和速度。除此之外,还有一些传媒组织将广告制作业务外包给了广告公司,由他们全权代理,等等。总之,通过建立虚拟组织完成部分环节的传媒业务,一方面能提高传媒组织的快速响应市场的能力,另一方面能更快更好地满足观众价值的需要。

(3) 技术型文化企业核心竞争力培育策略

技术型文化企业主要指动漫业、网络游戏业等具有高科技含量的文化企业,其核心竞争力的主要构成要素为持续创新能力。创新能力的实质是一种学习能力,因此在培育技术型文化企业核心竞争力时,一方面可以通过建立学习型组织,培养创新人才,形成创新能力;另一方面可以建立激励机制鼓励创新,形成持续创新能力。

① 建立学习型组织

能力是由学习获得的,学习程度如何决定了个体的能力水平。尤其是创新能力,更是在个体学习掌握了一定的知识后形成的。因此,技术型文化企业要具备创新能力,就必须不断学习,而最便捷的途径就是建立学习型组织。学习型组织是1990年美国麻省理工学院彼得·圣吉出版的《第五项修炼——学习型组织的艺术与实践》一书中首次提出的。学习型组织的核心观点是学习,强调通过组织成员在获取和共享知识方面的互动来提升组织整体的学习能力,从而有利于组织顺应形势地不断变化,主动从外部获取准确、及时的信息和知识,不断创新知识,提高抗风险能力。学习型组织的本质是在个体知识充分交流的基础上进行共同知识的创新,使每个组织成员培养自主创新能力,成为创新的主体。技术型文化企业要拥有创新能力,必须把文化企业组织培育成一个善于学习的组织,形成学习型团队。首先,技术型文化企业要创造有利于全体人员学习知识和创新知识的环境。通过自主的、适时的和全面的知识交流,使个人的知识水平不断提高,从而为创新能力形成做准备。其次,要培养团队学习能力,把个人知识变为团队知识,促进知识的积累。通过知识的不断积累,每个成员都掌握了他原先所不具备的知识,从而为持续开发创新文化产品和文化服务提供了知识保证。再次,使每个成员学有所用,定期举行临时性会议,集中所有与创意目标有关的人员,包括管理人员和一线员工,共同参与文化产品和服务的创造,从而使知识的协同作用得以高效发挥,也使项目的决策过程与实施过程保持高度的一致,最终保证了问题的全面解决。通过上述三个步骤,不仅培养了创新人才,而且形成了创新团队,技术型文化产业的创新能力自然就形成了。举世闻名的迪斯尼公司就是一个典型的学习型文化组织,它非常注重调动员工参与企业事务管理的积极性,鼓励员工参加公司决策,从而形成一个和谐的创新集体。

② 建立柔性化人力资源管理

对于技术型文化企业来说,建立柔性化人力资源管理机制,是培育持续创新能力的另一重要举措。柔性化人力资源管理模式正是适应学习型组织的新型管理模式,它是相对于金字塔结构下的刚性人力资源管理模式而言的,其最大特点在于它不是依靠规章制度来规范和约束员工行为,而是通过柔性的"以人为本"的管理方法,激发每个员工的内在潜力,提高主动性和创造性。对技术型文化企业而言,实施柔性化人力资源管理,首先应建立一个有利于创新的人才配置机制。一方面将具有创新能力的人才招聘到文化企业中,另一方面将他们配置到适当的岗位上,从而使文化企业持续创新能力具有前提和基础。其次应建立鼓励创新的激励机制。创新能力蕴藏在人体体内,无法度量、无法监管、也无法控制,因而创新能力的充分发挥只能依赖相应的激励机制。作为知识型员工,激励方式不仅有物质激励,也有精神激励。精神激励主要包括目标激励、兴趣激励、感情激励、荣誉激励以及环境激励。对于技术型文化产业的人力资源来说,物质激励是重要的,但精神激励有时可能更为重要。并且将员工工作的定性考核与定量考核相结合,建立起有效地晋升激励机制,有助于激励员工勤奋工作与发挥创新精神和团队精神。再次,必须建立完善的人力资源开发机制,实行全员培训与全程培训相结合的培养开发模式。因为在知识经济时代下,一方面新知识层出不穷,另一方面知识的淘汰速率加快。因此,技术性文化产业只有不断获取新信息和新知识,才能形成并保持其创新能力,一旦失去了人力资源的培训开发机制,也就失去了文化产业的创新能力。

(4) 文化企业核心竞争力培育环境的营造

培育和打造文化企业核心竞争力,不仅需要完善的内部运行机制,而且更需要良好的外部运营环境。离开了文化企业核心竞争力培育环境,再好的内部运行机制也打造不出真正的核心竞争力。一般来说,文化企业核心竞争力的外部环境,主要表现为政府文化产业政策和相应的法律法规。因此,在文化企业核心竞争力环境的营造中,政府发挥着至关重要甚至是决定性的作用。笔者认为,就目前我国文化企业运营环境状况来说,要构建出一个更加有利于文化企业核心竞争力培育的环境,政府应从以下几个方面入手。

① 转变政府管理模式,建立公平有序的市场环境

建立公平有序的市场环境,首先政府不仅应打破进入文化市场的壁垒,放宽准入条件,建立更加开放的文化市场准入机制,而且还应依法整治文化市场秩序,加强文化市场的管理,注重文化市场的培育,削弱文化产业的垄断。其次,政府应进一步改革文化产业管理体制,转变政府职能,理顺党和政府在文化企业管理中的相互关系,改进领导管理方式,真正使政府从文化产业市场中退出来,由参与者转变为监督者和服务者;实行政企分开以及管办分离,建立文化资源快速流通渠道,发挥市场对文化资源的基础性配置作用,从而为文化企业核心竞争力的培育,提供一个更加公平、规范、统一的文化产业市场。

② 理顺政策关系,建立完善的产业政策体系

完善的产业政策,对核心竞争力的培育有着非常重要的作用,文化产业作为一种特殊产业,更是如此。文化产品不仅具有商品属性,而且更具有意识形态属性。因此在文化企业核心竞争力的培育中,政府必须制定适应文化企业发展的特殊政策,建立包括技术政策、市场政策、投融资政策以及优惠政策在内的政策体系,并理顺产业政策之间的关系。建立和完善文化产业投融资政策,鼓励社会资本、民间资本乃至境外资本进入文化产业。一方面吸引这些资本参与文化企业的基础设施建设,另一方面鼓励他们以资本金投入(参股)、无偿资助、贷款贴息等方式直接或间接地投资文化企业。另外,也可以通过企业债券、股票等融资手段来促使文化企业的跨越式发展。与此同时,还必须加强政府政策性贷款。目前我国政府已增加了用于扶持文化产业发展的政策性专项资金,对新兴和创新型的文化企业实行低息或贴息贷款,并利用差别税率促进文化企业发展,而且对优秀的前景广阔的文化服务商品给予财政补贴。2004年4月20日国家广电总局发出《关于发展我国影视动画产业的若干意见》,提出实施国产动画产品走出去工程,明确要求增加国产动画片播出比例,对于播出时段也给予一定优惠政策,从而为动漫企业核心竞争力的培育提供了良好的平台。

③ 制定相关的法律法规,建立完善的法律保障体制

全面系统的法律保障,在文化企业核心竞争力培育中的作用是毋庸置疑的。目前我国备受国际舆论谴责的知识产权保护问题,是制约文化企业特别是创新型文化企业发展的一个重要因素。建立知识产权保护法,保护文化创新,坚决打击盗版活动,是文化企业特别是创新型文化企业核心竞争力打造的前提和基础。但实际上,文化企业核心竞争力培育所需要的法律体系远远

不止知识产权的保护,它还包括一系列的法律法规,比如反垄断法、环境保护法等。因此,在文化企业核心竞争力培育环境的营造过程中,必须建立健全这样一套法律体系。另外,在法律法规执行中,还必须克服无法可依、执法不严的现象。只有这样才能真正地有助于文化企业核心竞争力的培育。

④ 加强人力资源开发,建立创新型文化人才培育体系

文化企业属于高科技产业,对人才有着更加特殊的要求,尤其是系统数字人才、艺术人才、软件开发人才乃至媒体产业经营管理人才,更是有着特殊专业知识结构要求。目前我国文化企业人才,特别是创新型文化企业人才,十分匮乏,它严重地制约着我国文化企业进一步发展。因此,加快文化企业专门人才的培养,完善文化企业人才激励机制,拓宽文化企业人才选拔途径,创造优秀文化企业人才脱颖而出的机制,对于文化企业核心竞争力的培育具有非常重要的意义。在创新型文化人才培育体系的构建中,政府必须发挥主导作用:建设文化企业人才培训基地;鼓励国家文化企业创新与发展研究基地以及有条件的综合性大学参与文化企业人才的培养;倡导高校开办文化经营管理专业,培养复合型文化管理人才;改善文化企业人才管理制度;建立规范的文化企业人才有偿转让和流动机制,通过合理的人才流动,发挥人才资源的最大效益;实施引得进、留得住、用得活的文化企业人才发展战略,聘请海外文化企业高级人才,由此打造文化企业核心竞争力。

⑤ 调整文化企业结构,建立文化企业集群区

目前我国文化企业虽然数量较多,但产业结构不够合理,主要表现为大型文化企业以及大型文化产业集团较少,由此导致的结果是文化企业缺乏竞争力,特别是在国际上缺乏竞争力。在文化企业核心竞争力培育过程中,一方面要充分发挥政府在文化资源配置中的基础性作用,以培育文化产业集团为重点,推动文化企业的兼并和重组,打破地区、部门、行业的界限,从而组建跨媒体、跨行业、跨地域的文化产业集团,最大限度地提高文化资源的利用效率;另一方面要调整文化企业的经营策略,支持文化企业跨地区、跨行业投资,提高集约化经营水平,不断拓宽经营范围和发展空间,鼓励有实力的文化企业以市场为导向,以资本和业务为纽带,运用联合、重组、兼并、上市等方式,整合优势资源,发展成为具有超强核心竞争力的大型文化产业集团。另外,政府应积极培植文化企业集群区。将联系密切的文化企业以及相关支撑机构在空间上加以集聚,形成文化企业集群区或文化产业园区。文化产业园区能更好地促进文化企业与高新技术的结合,调整和提升文化产业结构,增加文化产业内容的科技含量。它不仅能产生较强的知识和信息积累效应,为文化企业核心竞争力的培育提供创新来源,而且能有效促进资源整合,实现文化企业内部分工的外部化,使所有参与分工的文化企业实现规模经济。总之,应通过培育大型文化产业集团,建立文化产业基地和文化产业园区,发展特色文化产业和优势文化产业,形成支柱性文化企业群,从而打造和培育我国文化企业核心竞争力,并使我国文化企业能在国际竞争中占有一席之地。

第三节 核心竞争力指标体系

自从1990年,美国战略管理学家普哈拉和哈默尔在《哈佛商业评论》*Harvard Business Review*上发表的《企业核心竞争力》(*The Core Competence Of The Corporation*)一文中第一次

明确提出了核心竞争力这一概念后,理论界围绕企业核心竞争力掀起了研究的高潮。完善的企业核心竞争力指标评价体系是企业核心竞争力的重要组成部分,它有利于对企业核心竞争力进行客观评价,科学认识企业核心竞争力的强弱,以及构成企业核心竞争力的诸要素对核心竞争力的影响,还可以有针对性地培养和提升企业核心竞争力,使企业在激烈的市场竞争中保持竞争优势。笔者将从公共出版服务绩效评价指标体系、文化创意产业集聚区竞争力评价指标体系两个方面进行阐述。

一、公共出版服务绩效评价指标体系构建

西方国家的出版机构可分为营利性出版机构、政府出版机构、大学出版机构和社团出版机构等,后三者基本属于公益性出版机构。国内出版机构一般分为经营性出版单位和公益性出版单位。绝大部分大学出版社于2009年年底完成转企改制,只有极少数高校出版社可以保留事业体制。笔者认为这是过渡时期的制度选择,随着国内出版业的充分发展和大学出版体制的理顺,今后相当部分的大学出版社最终将发展成为公益性出版单位,这是大学出版社历史使命回归之使然。

相对于经营性出版单位的评价,公益性出版单位评价自然滞后得多。这是有其原因的:① 出版体制改革进程主要以经营性出版单位的企业化、股份化、产业化为逻辑主线,整个行业将眼球投入这类单位。② 经营性出版单位的企业化,使它直接借鉴一般工业评价指标有其合理性,而公益性出版单位与一般工业评价没有更多的交集。③ 文化指标的建立较复杂性。由于统计数据的不易获得,加上文化问题自身的丰富性和复杂性,部分指标的界定也具有不确定性,研究结果难以被准确地解读,文化指标的广泛运用和推广也就较为困难。因此,对公益性出版单位的评价指标和评价活动的反思与推进就显得尤其重要。

(一)公共出版服务绩效评估的模式

公共出版服务绩效评估的模式,就是确定评估体系的框架、维度和边界。其中,框架应体现对被评估对象的全面认识和评估内容的基本分类;维度则进一步区分具体的评估范围、对象类型,以便有可操作性。一般公共部门的绩效评估模式多采用"维度、基本指标、修正指标"的结构,这一模式对一般公共部门具有通用价值,我们因而将它作为公益性出版单位的公共出版服务绩效评估的基本结构。

1. 维度与基本指标

在进行公共出版服务绩效评估指标设计时,首先要充分挖掘公益性出版单位和公共出版服务的发展轨迹、事业状态、政策方针和实践需要。目前经历改制转企后,公益性出版单位最主要的是人民出版社、盲文出版社、民族出版社等出版社,总共有六十余家,它们是我国公共出版服务体系的主体部分。公益性出版单位必须深化改革,以发展为主题,以体制机制创新为重点,进一步推动政事分开、事企分开,解放和发展文化生产力。要按照增加投入、转换机制、增强活力、改善服务的要求,深化公益性出版单位内部组织人事和收入分配制度改革,全面实行人员聘用制和岗位管理制度,加强财务管理和经济核算,建立和健全竞争、激励、约束机制,努力提高公共文化服务能力和水平。除此以外,我们还要积极利用联合国教科文组织、发达国家或国内发达地区的相关公共文化指标及内容,作为本指标体系的参考。这里有三个指标体系较有价值。

一是中国社会科学院的公共文化服务指数。服务水平、服务能力、服务潜力是三个一级指标,服务水平指数由服务规模、服务质量、均等化程度和合意性程度四个指标组成;服务能力指数由动员资源、整合资源、运用资源和创新能力4个测量指标组成;服务潜力由动力因素、社会参与和可持续性三个指标进行测量。[①]

二是台湾文化指标(TWCI)。该指标自2003年起开始研发,至2004年底基本上形成了较为完整的指标系统的架构与评价点。该文化指标架构包括"创造力"(关于作品与创作的价值)、"文化积累"(文化精神资产的累积)、"可亲性"(社会各阶层接触文化的机会)、"多元共存"(不同文化的尊重和包容,尤其是弱势文化以及生态多样性)四大核心价值以及"经济效益"(测度文化政策、计划所带动的经济效益)与"培力效益"(政策所创造的参与组织、人员与政府部门的文化培力效益)两项向度指标。[②] 该指标体系从联合国教科文组织(UNESC)的文化统计项目中筛选出适合的指标,再综合的台湾本土的特有指标,具有国际通用性高、便于操作的优点。

三是深圳市公共文化服务体系建设指标。该指标自2005年开始研究,形成五个维度76个指标,五个评估维度为:发展规模(设施、载体等基本建设情况)、政府投入(公共财政投入经费及其使用状况)和社会参与(供给的社会化、市场化及市民文化活动参与情况)、运作机制(机构管理过程中涉及的制度问题)和公众满意度(顾客角度的满意调查)。[③]

根据公益性出版单位和公共出版服务体系的指导思想和建设原则,参照以上指标体系,经过选择、归纳和提炼,指标的评估维度分为服务规模与水平、运作机制、产品与服务创新、影响力与品牌力、社会满意度等5个。

(1) 服务规模与水平

服务规模与水平是显性指标,是一个时期内公益性出版单位服务能力的外在表现,由均等化程度、多元化程度、便利化程度表征。均等化程度是一个公平性指标,考量居民受益程度及分享文化基本权利的机会,其中参与人口比例、覆盖地区范围是两个突出的量化指标。多元化程度考量文化生态环境中是否共存着不同文化形态,其中历史与民族文化积累出版、出版语种、出版主题学科类型等三个指标必不可少。便利化程度主要是居民获取产品和服务的方便性,考量公益性出版物载体、发行渠道、公益性出版单位网络体系和农家书屋等公益性文化服务设施是否为居民提供近距离、经常性文化服务。发行网点、销售方式、物流基础体系是必需的主要指标。

(2) 运作机制

这一维度主要侧重人员聘用制和岗位管理制度,加强财务管理和经济核算,建立健全竞争、激励、约束机制,以改善当前公益性出版单位效率低下的现状,提高公共服务能力。政府投入经费、社会投入情况、理(董)事会治理结构、人员聘用制和岗位管理制度、市场化运作、外部监督等作为主要指标。

[①] 贾旭东.公共文化服务指数:思路、原理与指标体系//李景源,陈威.中国公共文化服务发展报告(2007)[M].北京:社会科学文献出版社,2007:379-390.

[②] 任珺.文化指标:从理论背景到指标模型设计—以政府主办/资助的重大文化节庆活动测评指标为例//李景源,陈威.中国公共文化服务发展报告(2009)[M].北京:社会科学文献出版社,2009:312-323.

[③] 任珺.文化指标:从理论背景到指标模型设计—以政府主办/资助的重大文化节庆活动测评指标为例//李景源,陈威.中国公共文化服务发展报告(2009)[M].北京:社会科学文献出版社,2009:312-323.

(3) 图书产品与服务创新

创新性是一个较难直接评估的维度,但是公益性出版单位的创新能力又确实是客观存在并且有很大区别的。研发投入资金、国家出版工程入选项目数量与金额、版权引进、专业人才数量、获奖图书数量、获奖人次等至少是比较重要且容易计量的评价指标。

(4) 影响力与品牌力

影响力是反映图书产品内容质量的最高标准,影响力持久的图书就凝聚为品牌,拥有众多有影响力的品牌图书的出版社无一不是品牌出版社,是有影响力的出版社。影响力与品牌力在过去是一个定性或主观判断的东西,但现在,科学计量学开始借助网络等工具,做了较好的数据积累,这些数据能够为影响力说话。《出版科学》从 2010 年第一期开始,登载由南京大学中国社会科学评价中心苏新宁教授指导撰写的一系列出版社学术影响力评价的研究成果。数据采自 2000—2007 年的《中文社会科学引文索引(CSSCI)》,运用引文分析法,分别对艺术学、新闻传播学、文化学、体育学、马克思主义理论、哲学、宗教学、民族学等近 20 个学科论文引用图书的相关出版社进行统计,提出对这些相应学科最具影响力的百家出版社,对部分出版社进行简要介绍,论证其在相应学科领域的影响。[1] 这说明引用率是一个相对科学且成功的计量指标,具有很强的说服力。如人民出版社在"马克思主义理论"学科中被引次数最高,共 19157 次,且占绝对优势,第二名中央文献出版社的 1984 次无可企及。[2] 这表明人民出版社在马克思主义理论学科中拥有绝对的影响力。当然,引用率严格意义上还应包括图书对图书的引用,这样也许更准确,但是 CSSCI 对论文的基本覆盖可以忽略图书缺位所造成的分析结果的偏差。除引用率以外,版权输出、再版与重印、书评/转载/连载、应用效果等也是重要指标。

(5) 社会满意度

公共出版服务质量、效率和效益的高低,最直接、最客观的反映就是公众的满意度。事实上,发达国家和地区对一项文化服务或活动绩效评估的最直接办法,就是以问卷调查的方式了解公众的满意度,目的是体现公共出版服务以人为本、服务于公民文化权利的根本宗旨;同时满意度的调查可以在一定程度克服文化绩效难以量化测度的问题。如农家书屋的读物就是要让农民"看得懂、买得起、用得上",因此无偿性程度、价格合理程度、出版品种/数量、出版物实用性程度成为重要指标。

2. 修正指标等技术性指标

在确定评估指标时,还要多次应用技术性指标,对现有基本指标予以修正。一是指标要素:指基本指标的含义,包括定量指标的统计方法,定性标准的评议规则,如假设"外部监督"指标分为优秀、良好、中等、合格、不合格等 5 个等级,5 个等级如何评定需要有详细的说明。二是标准分值和权重:每个基本指标标准分值为 100 分,设不同评价等级,便于比较和考量;对公共出版服务绩效评估这样多维度指标进行评价时,由于不同指标所起的作用有大有小,应该根据评价指标对评价对象影响程度的大小,给每个指标进行权值设定。理论上有主观构权法和客观构权法

---

[1] 周冰清,韩哲.对艺术学最有学术影响的百家出版社分析——基于 CSSCI(2000—2007 年度)数据[J].出版科学,2010(1):60-65.
[2] 李思舒.对马克思主义理论最有学术影响的 99 家出版社分析——基于 CSSCI(2000—2007 年度)数据[J].出版科学,2010(2):56-60.

两种权重分配。① 就公共出版服务绩效评估而言,由于已经建立了 CSSCI 数据、版权引进/输出数据、出版品种/语种数据、获奖数据,以及许多定量指标可测量,那么各项定量指标可以根据影响大小或价值高低进行排序,通过回归分析法确定各指标的权值。但是另有其他一些指标必须通过专家评判和层次分析来计算指标的权值。因此可采用客观构权法和主观构权法相结合的方法,确定各指标权重值。三是修正指标:指对基本指标进行校正的少数、却是重要的辅助指标,首先用于使不同环境中的同类评估对象处于基本一致的评估起点上,其次是对基本指标中不符合实际的指标进行校正。

(二) 公共出版服务绩效评估指标模型的进一步分型

公益性出版单位的产品和服务有其特殊群体,如人民出版社(包含各地人民出版社)主要面向研究社会思潮的高端读者提供政治宣传出版物和学术性出版物及其服务;民族出版社(包含各地民族出版社)主要为特定的少数民族群众提供该民族的语言文字出版物及其服务;盲文出版社和古籍出版社都圈定了比较明显的读者群。因此在指标要素中,所取样本应该是可以而且必须对特定读者予以界定,在具体指标设计上要结合不同类型进一步予以分型。如对于以政治性出版为主要任务的人民出版社,以及以学术出版为主要职责的大学出版社,就要重视图书的影响力和品牌力。图书的影响力和品牌力从根本上决定着这类出版社的核心竞争力,是最为重要的向度,必须予以特殊的权重,在总分 100 分中给予不少于 30% 的权重系数。但是就不能以这一指标要求少数民族出版社、盲文出版社,而应该对其服务覆盖范围和主持或参与公共出版工程项目的力度方面予以较大比例的权重。总之,在具体设计公益性出版单位评价指标体系时,可进一步分型为人民出版社类、大学出版社类、古籍出版社类、少数民族出版社类和盲文出版社类。前三者以学术影响力为主,后两者则以照顾居民基本阅读权力为主。在指标要素的具体测量中,90% 的评价点可以直接采用定量方法,余下 10% 的少数指标点可以采用问卷调查法和专家评价法相结合的综合计分法。因此,测量的计量化,提高了实施的可操作性和结论的可信度。

二、文化创意产业集聚区竞争力评价指标体系构建

目前,在国家大力提升文化软实力的背景下,各地纷纷设立了众多的文化创意产业园区,并制定了相应政策以引导文化创意产业在这些园区的空间集聚。然而,在市场经济体系不够完善、产业化能力相对较弱的现实条件下,要促进文化创意产业集聚,建立文化创意产业的内生机制,形成文化创意产业集群效应,不是一蹴而就的。因此,必须构建一个文化创意产业集聚区评价指标体系用以测度某文化创意产业园区是否具有作为文化创意产业集聚区的特质,以及衡量该集聚区的健康活力与发展潜力,然后各地政府才能有的放矢地提出有针对性的扶持措施。

(一) 文化创意产业集聚区评价指标体系的构建

1. 文化创意产业集聚区综合竞争力评价指标体系的设计框架与测度变量

文化创意产业集聚区的形成和发展需要多种条件的积累,包括历史文化积淀、市场需求与繁

---

① 毛少莹.公共文化服务绩效评估指标体系的构建//李景源,陈威.中国公共文化服务发展报告(2007)[M].北京:社会科学文献出版社,2007:391-404.

荣程度、自然禀赋、创意人力资源条件、企业家素质、产业的成长空间以及文化创新环境等。在进行多方面深层次的理论研究,以及对众多产业集群的大量观察分析后,我们尝试着按以下思路构建文化创意产业集聚区综合竞争力评价指标体系的基本框架,并在具体指标下设置测度变量,通过对测度变量的考察得出相应的二级指标的评价得分,再逐层向上一级推进,最终得到文化创意产业集聚区综合竞争力的综合评价结果。

首先,将文化创意产业集聚区综合竞争力评价指标体系分解为基础现状和发展潜力两大模块。学术界现有的对高新区综合竞争力的评价研究主要是从发展现状的角度出发,本章针对文化创意产业集聚区具有高发展潜力的特征,新融入了发展潜力视角。基础现状衡量的是一个集聚区已取得的成果,是体现其综合竞争力的显性指标,而发展潜力更多的是体现其未来的发展空间。因此,本章所建立的指标体系从集聚区的基础现状和发展潜力两个模块对各集聚区进行综合评价。

其次,集聚区发展的基础现状又可进一步划分为内生竞争力和外部环境。内生竞争力是集聚区发展的原动力,而外部环境则为其发展提供政策、服务等各方面支持,内外相辅相成、缺一不可。从内外两个角度可分别设置内生竞争力和外部环境两个一级指标。

最后,考察一个集聚区的综合竞争力,还必须对集聚区的发展潜力进行衡量。

集聚区产业的发展潜力,是文化创意产业集聚区可持续发展的原动力。集聚区的发展潜力,可通过经济发展潜力、融资能力和国际化水平三个指标体系来体现。

一个文化创意产业集聚区的竞争力强弱,不单单表现在某一时间截面上的经济实力如何,还应包括竞争力的发展潜力,其核心是经济发展潜力——每个集聚区都是市场中的一个以盈利为目的、以产业化集聚为手段的经济元素,经济能力是其综合能力的核心,经济发展潜力也正是综合竞争力的根本要件。一个集聚区所在行业的发展潜力也是经济发展潜力的重要影响因素。

融资能力和国际化水平则是其今后蓬勃发展的保障。融资能力强弱表明了园区是否拥有完善融资渠道和资金是否充裕,它决定了一个园区能否不断将创意成果转化为经济利益、能否不断扩大产业规模;而国际合作的量与质则反映出园区国际交流是否顺畅,能否吸引外资,能否开拓国际市场,能否成为国际化大型高密度集聚区。

因此,应从经济发展潜力、融资能力和国际化水平三个角度来衡量集聚区的发展潜力。

产业增加值的高低、行业景气指数状况可测度行业的发展潜力,而具有健康成长前景的文化创意产业才是具有强大潜在有效市场需求的朝阳产业,应具有较高的产业增加值和良好的行业景气指数。集聚区的可拓展空间,反映了集聚区进一步吸引投资和集聚企业的能力,可拓展空间越大,则其经济发展潜力越大。因此,反映经济发展潜力的关键测度变量有:产业增加值占全市产业增加值比重(G11)、主导行业景气指数、园区可拓展空间(平方米)。

反映融资能力的关键测度变量有:近三年上市公司平均增量、近三年吸引投资额增长率。测度国际化水平的主要变量有:近三年国际合资合作项目数量增速、近三年出口创汇额平均增量。

2. 文化创意产业集聚区综合实力评价指标体系的建立

综合以上分析,建立文化创意产业集聚区综合实力的评价指标体系主要如表10-1所示。

表 10-1 文化创意产业集聚区综合实力评价指标体系

分类指标	一级指标	二级指标	三级指标	测度变量
基础现状	内生竞争力	文化资源(A)	历史文化资源(A1)	省级以上物质、非物质文化遗产数目(A11)
				省级以上艺术大师、非物质文化遗产传承人人数(A12)
				每年文化资源保护资金投入(A13)
			社会文化资源(A2)	所依托大学、科研机构数量(A21)
				所依托主管单位实物、资金投入总量(A22)
				所依托主管单位管理人员投入占集聚区管理团队比重(A23)
			文化资源影响力(A3)	国内外主流网站、报纸、杂志报道数量(A31)
				国内外以该文化资源作研究主体的学术文章数目(A32)
				旅游客流量(A33)
		创意能力(B)	创意人力资本(B1)	文化创意产业从业人数占全市文化创意产业从业人数比重(B11)
				文化创意产业从业人员大学本科以上学历人数(B12)
				文化创意产业从业人员中级以上技术职称人数(B13)
				文化创意产业从业人员平均收入与全市同行业平均收入比(B14)
			创意科技资本(B2)	R&D 投入总额(B21)
				发明专利、版权数量(B22)
				在用计算机数(B23)
			创意转换能力(B3)	每千人拥有的发明专利、版权数(B31)
				新技术、新产品销售收入占总收入比重(B32)
				近三年发明专利、著作授权新增平均数(B33)
				创意成果转换平台个数(B34)
		产业化程度(C)	产业化规模(C1)	文化创意产业资产总值(C11)
				文化创意产业利润总值(C12)
				文化创意产业企业数量占该集聚区企业数量比重(C13)
				文化创意产业的总产值占该集聚区总产值比重(C14)
				文化创意产业从业人数占该集聚总从业人数的比重(C15)
			产业效率(C2)	近三年文化创意产业资产总量平均增速(C21)
				文化创意产业产值增长对集聚区产值增长贡献率(C22)
		集聚度(D)	集中度(D1)	集聚区内文化创意龙头企业数量占本市文化创意龙头企业数量比重(D11)
				区位熵系数(D12)
				是指产业空间集聚程度的测度指标(标靶模型)(D13)
			聚合度(D2)	集聚区内各企业参加公共交流活动年平均次数(D21)
				中介服务机构数量(D22)
				各企业在集聚区内贸易收入占企业总收入比重之平均值(D23)
				企业参与集聚区内联盟、协会等的平均数(D24)
			集聚效应(D3)	集聚规模收益系数(D31)
				近三年进入集聚区新企业平均速度(D32)
				企业成本平均降低幅度(D33)

续表

分类指标	一级指标	二级指标	三级指标	测度变量
外部环境条件	硬环境(E)	基础设施(E1)		总建筑面积(E11)
				公共文化基础设施数(E12)
				人均基础设施建设投入(E13)
				集聚区内金融功能区面积(E14)
				集聚区内部及1千米范围内通过地铁、公交线路数(E15)
				集聚区地理区位(E16)
	软环境(F)	管理服务水平(F1)		企业对创新服务满意度(F11)
				公共服务平台数(F12)
				公共服务项目数(F13)
				公共服务项目企业覆盖率(F14)
				管理服务团队硕士以上学历人员占管理服务团队总人数比重(F15)
		政策环境(F2)		地区政府财政补助总额(F21)
				地区政府税收优惠(返还)比例(F22)
				企业、个体对政策支持效果的认可度(F23)
发展潜力	经济发展潜力(G)			产业增加值占全市产业增加值比重(G11)
				主导行业景气指数(G12)
				集聚区可拓展空间(平方米)(G13)
	融资能力(H)			近三年上市公司平均增量(H11)
				近三年吸引投资额增长率(H12)
	国际化水平(I)			近三年国际合资合作项目数量增速(I11)
				近三年出口创汇额平均增量(I12)

（二）文化创意产业集聚区竞争力评价体系对园区发展的作用

文化创意产业集聚区竞争力评价体系能够精确评估文化创意产业集聚区的竞争力，而精确评估文化创意产业集聚区竞争力有以下三方面作用。

（1）园区的竞争力指数能够为相关政府部门的规范化管理提供数据支持。对园区的发展状况和未来的发展潜力即园区的竞争力有清晰甚至量化的评估，进而有助于政府部门对园区实施规范管理和动态监管。

（2）通过对园区的竞争力进行总体评价，能够在横向上精确区分各园区的总体优劣程度，在此基础上将园区分为若干等级，从而使得政府能够对处于不同发展阶段的园区提供相应的政策扶持和管理。

（3）通过对园区竞争力各级指标的数据进行统计分析，能够发现各个园区的优势所在，以便进一步发挥和突出；也能够及时发现各园区存在的问题，使管理者及时采取弥补措施。

三、文化企业核心竞争力指标体系构建的意义

从以上两种文化企业核心竞争力构建的内容分析来看，文化企业要适应不断变化的市场、层出不穷的技术和不断加剧的竞争，就应该重视核心竞争力。核心竞争力超越了具体的产品和服

务,以及文化企业内部所有业务单元,将文化企业之间的竞争直接升华为文化企业整体实力之间的对抗,这种体系的构建能更准确地反映文化企业长远发展的客观需要;它可以增强文化企业在相关产品市场上的竞争地位,其意义远远超过单一文化产品市场上的胜败,对文化企业发展具有更为深远的意义。

本章小结

　　文化企业作为知识、技术以及信息三者结合的产物,正逐渐成为全球经济发展的新增长点。为此各国政府都高度重视,并制定了相应的发展战略。我国政府也不例外,进入 21 世纪之后,不仅将文化产业纳入国家整体发展规划中,而且制定了一系列促进文化企业发展的策略。与此同时,许多省市也都高度重视文化企业,并将其作为支柱产业来培植。这表明我国文化企业竞争将日趋激烈。并且,随着 WTO 相关协议的实施,我国文化企业将直接面对强势的发达国家文化企业,这意味着国际竞争将更加激烈。在这样一个机遇与挑战并存的环境下,我国文化企业如何获得并保持竞争优势,实现可持续发展,已成为一个亟待研究的课题。我国文化企业正由粗放型阶段向集约型阶段转变,所以获得并保持竞争优势最主要的措施是培育核心竞争力。本章通过对文化企业核心竞争力含义、构成、培育模式的介绍,通过对公共出版服务绩效评价指标体系构建以及文化创意产业集聚区竞争力评价指标体系构建这两个范例的分析,揭示了文化产业核心竞争力指标体系的构建模式,这些对文化产业的发展都有着不可小觑的意义。

练习与思考

1. 简述核心竞争力的含义与特征。
2. 什么是文化企业的核心竞争力?
3. 简述文化企业核心竞争力的构成。
4. 如何培育文化企业核心竞争力?
5. 建立文化企业核心竞争力指标体系有何意义?

参 考 文 献

[1] 杨锡怀,冷克平,王江.企业战略管理:理论与案例.2 版[M].北京:高等教育出版社,2004.
[2] 曾五一.统计学[M].北京:中国金融出版社,2006.
[3] 贾旭东.公共文化服务指数:思路、原理与指标体系//李景源,陈威.中国公共文化服务发展报告(2007)[M].北京:社会科学文献出版社,2007.
[4] 任珺.文化指标:从理论背景到指标模型设计—以政府主办/资助的重大文化节庆活动测评指标为例//李景源,陈威.中国公共文化服务发展报告(2009)[M].北京:社会科学文献出版社,2009.
[5] 毛少莹.公共文化服务绩效评估指标体系的构建//李景源,陈威.中国公共文化服务发展报告(2007)[M].北京:社会科学文献出版社,2007.
[6] 朱春奎.区域产业竞争力评价指标与方法[J].江西行政学院报,2003(5).

[7] 显勇,毛明海.运用层次分析法对水利旅游资源进行定量分析[J].浙江大学学报,2001(3).
[8] 赵彦云,余毅,马文涛.中国文化产业竞争力评价和分析[J].中国人民大学学报,2006(4).
[9] 向志强.文化产业类型及其核心竞争力的构成要素[J].求索,2008(11).
[10] 向志强,陈静.我国文化产业核心竞争力及其培育[J].社会科学家,2008(5).
[11] 孙敬水,黄秋虹.文化产业核心竞争力最新研究进展[J].工业技术经济,2012(12).

北京大学出版社
教育出版中心 精品图书

21世纪高校广播电视专业系列教材
电视节目策划教程（第二版）	项仲平
电视导播教程（第二版）	程 晋
电视文艺创作教程	王建辉
广播剧创作教程	王国臣
电视导论	李 欣
电视纪录片教程	卢 炜
电视导演教程	袁立本
电视摄像教程	刘 荃
电视节目制作教程	张晓锋
视听语言	宋 杰
影视剪辑实务教程	李 琳
影视摄制导论	朱 怡
新媒体短视频创作教程	姜荣文
电影视听语言——视听元素与场面调度案例分析	李 骏
影视照明技术	张 兴
影视音乐	陈 斌
影视剪辑创作与技巧	张 拓
纪录片创作教程	潘志琪
影视拍摄实务	翟 臣

21世纪信息传播实验系列教材（徐福荫 黄慕雄 主编）
网络新闻实务	罗 昕
多媒体软件设计与开发	张新华
播音与主持艺术（第三版）	黄碧云 睢 凌
摄影基础（第二版）	张 红 钟日辉 王首农

21世纪数字媒体专业系列教材
视听语言	赵慧英
数字影视剪辑艺术	曾祥民
数字摄像与表现	王以宁
数字摄影基础	王朋娇
数字媒体设计与创意	陈卫东
数字视频创意设计与实现（第二版）	王 靖
大学摄影实用教程（第二版）	朱小阳
大学摄影实用教程	朱小阳

21世纪教育技术学精品教材（张景中 主编）
教育技术学导论（第二版）	李 芒 金 林
远程教育原理与技术	王继新 张 屹
教学系统设计理论与实践	杨九民 梁林梅
信息技术教学论	雷体南 叶良明
信息技术与课程整合（第二版）	赵呈领 杨 琳 刘清堂
教育技术学研究方法（第三版）	张 屹 黄 磊

21世纪高校网络与新媒体专业系列教材
文化产业概论	尹章池
网络文化教程	李文明
网络与新媒体评论	杨 娟
新媒体概论（第二版）	尹章池
新媒体视听节目制作（第二版）	周建青
融合新闻学导论（第二版）	石长顺
新媒体网页设计与制作（第二版）	惠悲荷
网络新媒体实务	张合斌
突发新闻教程	李 军
视听新媒体节目制作	邓秀军
视听评论	何志武
出镜记者案例分析	刘 静 邓秀军
视听新媒体导论	郭小平
网络与新媒体广告（第二版）	尚恒志 张合斌
网络与新媒体文学	唐东堰 雷 奕
全媒体新闻采访写作教程	李 军
网络直播基础	周建青
大数据新闻传媒概论	尹章池

21世纪特殊教育创新教材·理论与基础系列
特殊教育的哲学基础	方俊明
特殊教育的医学基础	张 婷
融合教育导论（第二版）	雷江华
特殊教育学（第二版）	雷江华 方俊明
特殊儿童心理学（第二版）	方俊明 雷江华
特殊教育史	朱宗顺
特殊教育研究方法（第二版）	杜晓新 宋永宁等
特殊教育发展模式	任颂羔

21世纪特殊教育创新教材·发展与教育系列
视觉障碍儿童的发展与教育	邓 猛
听觉障碍儿童的发展与教育（第二版）	贺荟中
智力障碍儿童的发展与教育（第二版）	刘春玲 马红英
学习困难儿童的发展与教育（第二版）	赵 微
自闭症谱系障碍儿童的发展与教育	周念丽
情绪与行为障碍儿童的发展与教育	李闻戈
超常儿童的发展与教育（第二版）	苏雪云 张 旭

21世纪特殊教育创新教材·康复与训练系列
特殊儿童应用行为分析（第二版）	李 芳 李 丹

特殊儿童的游戏治疗	周念丽
特殊儿童的美术治疗	孙 霞
特殊儿童的音乐治疗	胡世红
特殊儿童的心理治疗（第三版）	杨广学
特殊教育的辅具与康复	蒋建荣
特殊儿童的感觉统合训练（第二版）	王和平
孤独症儿童课程与教学设计	王 梅

21世纪特殊教育创新教材·融合教育系列

融合教育本土化实践与发展	邓 猛等
融合教育理论反思与本土化探索	邓 猛
融合教育实践指南	邓 猛
融合教育理论指南	邓 猛
融合教育导论（第二版）	雷江华
学前融合教育（第二版）	雷江华 刘慧丽
小学融合教育概论	雷江华 袁 维

21世纪特殊教育创新教材（第二辑）

特殊儿童心理与教育（第二版）	杨广学 张巧明 王 芳
教育康复学导论	杜晓新 黄昭明
特殊儿童病理学	王和平 杨长江
特殊学校教师教育技能	昝 飞 马红英

自闭谱系障碍儿童早期干预丛书

如何发展自闭谱系障碍儿童的沟通能力	朱晓晨 苏雪云
如何理解自闭谱系障碍和早期干预	苏雪云
如何发展自闭谱系障碍儿童的社会交往能力	吕 梦 杨广学
如何发展自闭谱系障碍儿童的自我照料能力	倪萍萍 周 波
如何在游戏中干预自闭谱系障碍儿童	朱 瑞 周念丽
如何发展自闭谱系障碍儿童的感知和运动能力	韩文娟 徐 芳 王和平
如何发展自闭谱系障碍儿童的认知能力	潘前前 杨福义
自闭症谱系障碍儿童的发展与教育	周念丽
如何通过音乐干预自闭谱系障碍儿童	张正琴
如何通过画画干预自闭谱系障碍儿童	张正琴
如何运用ACC促进自闭谱系障碍儿童的发展	苏雪云
孤独症儿童的关键性技能训练法	李 丹
自闭症儿童家长辅导手册	雷江华
孤独症儿童课程与教学设计	王 梅
融合教育理论反思与本土化探索	邓 猛
自闭症谱系障碍儿童家庭支持系统	孙玉梅
自闭症谱系障碍儿童团体社交游戏干预	李 芳
孤独症儿童的教育与发展	王 梅 梁松梅

特殊学校教育·康复·职业训练丛书（黄建行 雷江华 主编）

| 信息技术在特殊教育中的应用 | |

智障学生职业教育模式	
特殊教育学校学生康复与训练	
特殊教育学校校本课程开发	
特殊教育学校特奥运动项目建设	

21世纪学前教育专业规划教材

学前教育概论	李生兰
学前教育管理学（第二版）	王 雯
幼儿园课程新论	李生兰
幼儿园歌曲钢琴伴奏教程	果旭伟
幼儿园舞蹈教学活动设计与指导（第二版）	董 丽
实用乐理与视唱（第二版）	代 苗
学前儿童美术教育	冯婉贞
学前儿童科学教育	洪秀敏
学前儿童游戏	范明丽
学前教育研究方法	郑福明
学前教育史	郭法奇
外国学前教育史	郭法奇
学前教育政策与法规	魏 真
学前心理学	涂艳国 蔡 艳
学前教育理论与实践教程	王 维 王维娅 孙 岩
学前儿童数学教育与活动设计	赵振国
学前融合教育（第二版）	雷江华 刘慧丽
幼儿园教育质量评价导论	吴 钢
幼儿园绘本教学活动设计	赵 娟
幼儿学习与教育心理学	张 莉
学前教育管理	虞永平
国外学前教育学本文献讲读	姜 勇

大学之道丛书精装版

美国高等教育通史	[美]亚瑟·科恩
知识社会中的大学	[英]杰勒德·德兰迪
大学之用（第五版）	[美]克拉克·克尔
营利性大学的崛起	[美]理查德·鲁克
学术部落与学术领地：知识探索与学科文化	[英]托尼·比彻 保罗·特罗勒尔
美国现代大学的崛起	[美]劳伦斯·维赛
教育的终结——大学何以放弃了对人生意义的追求	[美]安东尼·T.克龙曼
世界一流大学的管理之道——大学管理研究导论	程 星
后现代大学来临？	[英]安东尼·史密斯 弗兰克·韦伯斯特

大学之道丛书

以学生为中心：当代本科教育改革之道	赵炬明
市场化的底限	[美]大卫·科伯
大学的理念	[英]亨利·纽曼
哈佛：谁说了算	[美]理查德·布瑞德利
麻省理工学院如何追求卓越	[美]查尔斯·维斯特

大学与市场的悖论	[美]罗杰·盖格
高等教育公司：营利性大学的崛起	[美]理查德·鲁克
公司文化中的大学：大学如何应对市场化压力	[美]埃里克·古尔德
美国高等教育质量认证与评估	[美]美国中部州高等教育委员会
现代大学及其图新	[美]谢尔顿·罗斯布莱特
美国文理学院的兴衰——凯尼恩学院纪实	[美]P.F.克鲁格
教育的终结：大学何以放弃了对人生意义的追求	[美]安东尼·T.克龙曼
大学的逻辑（第三版）	张维迎
我的科大十年（续集）	孔宪铎
高等教育理念	[英]罗纳德·巴尼特
美国现代大学的崛起	[美]劳伦斯·维赛
美国大学时代的学术自由	[美]沃特·梅兹格
美国高等教育通史	[美]亚瑟·科恩
美国高等教育史	[美]约翰·塞林
哈佛通识教育红皮书	哈佛委员会
高等教育何以为"高"——牛津导师制教学反思	[英]大卫·帕尔菲曼
印度理工学院的精英们	[印度]桑迪潘·德布
知识社会中的大学	[英]杰勒德·德兰迪
高等教育的未来：浮言、现实与市场风险	[美]弗兰克·纽曼
后现代大学来临？	[英]安东尼·史密斯等
美国大学之魂	[美]乔治·M.马斯登
大学理念重审：与纽曼对话	[美]雅罗斯拉夫·帕利坎
学术部落及其领地——当代学术界生态揭秘（第二版）	[英]托尼·比彻 保罗·特罗勒尔
德国古典大学观及其对中国大学的影响（第二版）	陈洪捷
转变中的大学：传统、议题与前景	郭为藩
学术资本主义：政治、政策和创业型大学	[美]希拉·斯劳特 拉里·莱斯利
21世纪的大学	[美]詹姆斯·杜德斯达
美国公立大学的未来	[美]詹姆斯·杜德斯达 弗瑞斯·沃马克
东西象牙塔	孔宪铎
理性捍卫大学	眭依凡

学术规范与研究方法系列

如何为学术刊物撰稿（第三版）	[英]罗薇娜·莫瑞
如何查找文献（第二版）	[英]萨莉·拉姆齐
给研究生的学术建议（第二版）	[英]玛丽安·彼得 等
社会科学研究的基本规则（第四版）	[英]朱迪斯·贝尔
做好社会研究的10个关键	[英]马丁·丹斯考姆
如何写好科研项目申请书	[美]安德鲁·弗里德兰德等
教育研究方法（第六版）	[美]梅瑞迪斯·高尔等
高等教育研究：进展与方法	[英]马尔科姆·泰特
如何成为学术论文写作高手	[美]华乐丝
参加国际学术会议必须要做的那些事	[美]华乐丝
如何成为优秀的研究生	[美]布卢姆
结构方程模型及其应用	易丹辉 李静萍
学位论文写作与学术规范（第二版）	李 武 毛远逸 肖东发
生命科学论文写作指南	[加]白青云
法律实证研究方法（第二版）	白建军
传播学定性研究方法（第二版）	李 琨

21世纪高校教师职业发展读本

如何成为卓越的大学教师	[美]肯·贝恩
给大学新教员的建议	[美]罗伯特·博伊斯
如何提高学生学习质量	[英]迈克尔·普洛瑟等
学术界的生存智慧	[美]约翰·达利等
给研究生导师的建议（第2版）	[英]萨拉·德拉蒙特等
高校课程理论——大学教师必修课	黄福涛

21世纪教师教育系列教材·物理教育系列

中学物理教学设计	王 霞
中学物理微格教学教程（第三版）	张军朋 詹伟琴 王 恬
中学物理科学探究学习评价与案例	张军朋 许桂清
物理教学论	邢红军
中学物理教学法	邢红军
中学物理教学评价与案例分析	王建中 孟红娟
中学物理课程与教学论	张军朋 许桂清
物理学习心理学	张军朋
中学物理课程与教学设计	王 霞

21世纪教育科学系列教材·学科学习心理学系列

数学学习心理学（第三版）	孔凡哲
语文学习心理学	董蓓菲

21世纪教师教育系列教材

青少年心理发展与教育	林洪新 郑淑杰
教育心理学（第二版）	李晓东
教育学基础	庞守兴
教育学	余文森 王 晞
教育研究方法	刘淑杰
教育心理学	王晓明
心理学导论	杨凤云
教育心理学概论	连 榕 罗丽芳
课程与教学论	李 允
教师专业发展导论	于胜刚
学校教育概论	李清雁
现代教育评价教程（第二版）	吴 钢
教师礼仪实务	刘 霄
家庭教育新论	闫旭蕾 杨 萍
中学班级管理	张宝书
教育职业道德	刘亭亭
教师心理健康	张怀春

现代教育技术	冯玲玉
青少年发展与教育心理学	张清
课程与教学论	李允
课堂与教学艺术（第二版）	孙菊如 陈春荣
教育学原理	靳淑梅 许红花
教育心理学（融媒体版）	徐凯
高中思想政治课程标准与教材分析	胡田庚 高鑫

21世纪教师教育系列教材·初等教育系列

小学教育学	田友谊
小学教育学基础	张永明 曾碧
小学班级管理	张永明 宋彩琴
初等教育课程与教学论	罗祖兵
小学教育研究方法	王红艳
新理念小学数学教学论	刘京莉
新理念小学音乐教学论（第二版）	吴跃跃
初中历史跨学科主题学习案例集	杜芳 陆优君
青少年心理发展与教育	林洪新 郑淑杰
名著导读12讲——初中语文整本书阅读指导手册	文贵良
小学融合教育概论	雷江华 袁维

教师资格认定及师范类毕业生上岗考试辅导教材

教育学	余文森 王晞
教育心理学概论	连榕 罗丽芳

21世纪教师教育系列教材·学科教育心理学系列

语文教育心理学	董蓓菲
生物教育心理学	胡继飞

21世纪教师教育系列教材·学科教学论系列

新理念化学教学论（第二版）	王后雄
新理念科学教学论（第二版）	崔鸿 张海珠
新理念生物教学论（第二版）	崔鸿 郑晓蕙
新理念地理教学论（第三版）	李家清
新理念历史教学论（第二版）	杜芳
新理念思想政治（品德）教学论（第三版）	胡田庚
新理念信息技术教学论（第二版）	吴军其
新理念数学教学论	冯虹
新理念小学音乐教学论（第二版）	吴跃跃

21世纪教师教育系列教材·语文教育系列

语文文本解读实用教程	荣维东
语文课程教师专业技能训练	张学凯 刘丽丽
语文课程与教学发展简史	武玉鹏 王从华 黄修志
语文课程学与教的心理学基础	韩雪屏 王朝霞
语文课程名师名课案例分析	武玉鹏 郭治锋等
语用性质的语文课程与教学论	王元华
语文课堂教学技能训练教程（第二版）	周小蓬
中外母语教学策略	周小蓬
中学各类作文评价指引	周小蓬
中学语文名篇新讲	杨朴 杨旸
语文教师职业技能训练教程	韩世姣

21世纪教师教育系列教材·学科教学技能训练系列

新理念生物教学技能训练（第二版）	崔鸿
新理念思想政治（品德）教学技能训练（第三版）	胡田庚 赵海山
新理念地理教学技能训练（第二版）	李家清
新理念化学教学技能训练（第二版）	王后雄
新理念数学教学技能训练	王光明

王后雄教师教育系列教材

教育考试的理论与方法	王后雄
化学教育测量与评价	王后雄
中学化学实验教学研究	王后雄
新理念化学教学诊断学	王后雄

西方心理学名著译丛

儿童的人格形成及其培养	［奥地利］阿德勒
活出生命的意义	［奥地利］阿德勒
生活的科学	［奥地利］阿德勒
理解人生	［奥地利］阿德勒
荣格心理学七讲	［美］卡尔文·霍尔
系统心理学：绪论	［美］爱德华·铁钦纳
社会心理学导论	［美］威廉·麦独孤
思维与语言	［俄］列夫·维果茨基
人类的学习	［美］爱德华·桑代克
基础与应用心理学	［德］雨果·闵斯特伯格
记忆	［德］赫尔曼·艾宾浩斯
实验心理学（上下册）	［美］伍德沃斯 施洛斯贝格
格式塔心理学原理	［美］库尔特·考夫卡

21世纪教师教育系列教材·专业养成系列（赵国栋 主编）

微课与慕课设计初级教程	
微课与慕课设计高级教程	
微课、翻转课堂和慕课设计实操教程	
网络调查研究方法概论（第二版）	
PPT云课堂教学法	
快课教学法	

其他

三笔字楷书书法教程（第二版）	刘慧龙
植物科学绘画——从入门到精通	孙英宝
艺术批评原理与写作（第二版）	王洪义
学习科学导论	尚俊杰
艺术素养通识课	王洪义